中国国际减贫中心
IPRCC International Poverty Reduction Center in China

国际减贫理论与前沿问题
（2024）

Theory and Frontier Issues in International
Poverty Reduction

刘俊文　主　编

夏庆杰　刘　震　徐丽萍　副主编

中国财经出版传媒集团

经济科学出版社
Economic Science Press

·北京·

图书在版编目（CIP）数据

国际减贫理论与前沿问题．2024／刘俊文主编；夏
庆杰，刘震，徐丽萍副主编．-- 北京：经济科学出版社，
2024.9．-- ISBN 978 - 7 - 5218 - 6193 - 8

Ⅰ. F113.9 - 53

中国国家版本馆 CIP 数据核字第 2024UJ2977 号

责任编辑：吴　敏
责任校对：郑淑艳
责任印制：张佳裕

国际减贫理论与前沿问题（2024）

GUOJI JIANPIN LILUN YU QIANYAN WENTI (2024)

刘俊文　主　编

夏庆杰　刘　震　徐丽萍　副主编

经济科学出版社出版、发行　新华书店经销

社址：北京市海淀区阜成路甲 28 号　邮编：100142

总编部电话：010 - 88191217　发行部电话：010 - 88191522

网址：www. esp. com. cn

电子邮箱：esp@ esp. com. cn

天猫网店：经济科学出版社旗舰店

网址：http://jjkxcbs. tmall. com

北京季蜂印刷有限公司印装

710 × 1000　16 开　23.25 印张　380000 字

2024 年 9 月第 1 版　2024 年 9 月第 1 次印刷

ISBN 978 - 7 - 5218 - 6193 - 8　定价：92.00 元

总　序

消除贫困是人类梦寐以求的理想，人类发展史就是与贫困不懈斗争的历史。中国拥有 14 亿人口，是世界上最大的发展中国家，基础差、底子薄，发展不平衡，长期饱受贫困问题困扰。消除贫困、改善民生、实现共同富裕是社会主义的本质要求，也是中国共产党的重要使命。为兑现这一庄严的政治承诺，100 多年来，中国共产党团结带领中国人民，以坚定不移、顽强不屈的信念和意志与贫困进行了长期艰苦卓绝的斗争。改革开放以来，中国实施了大规模、有计划、有组织的扶贫开发项目，着力解放和发展社会生产力，着力保障和改善民生，取得了前所未有的伟大成就。党的十八大以来，以习近平同志为核心的党中央把脱贫攻坚摆在治国理政的突出位置，习近平总书记亲自谋划、亲自挂帅、亲自督战，推动实施精准扶贫、精准脱贫基本方略，动员全党全国全社会力量，打赢了人类历史上规模空前、力度最大、惠及人口最多的脱贫攻坚战。

脱贫攻坚战的全面胜利，离不开有为政府和有效市场的有机结合。八年间，以习近平同志为核心的党中央加强对脱贫攻坚的集中统一领导，发挥中国特色社会主义制度能够集中力量办大事的政治优势，把减贫摆在治国理政的突出位置，为脱贫攻坚提供了坚强政治和组织保证，并广泛动员社会力量积极参与，实施"万企帮万村"等行动，鼓励民营企业和社会组织、公民个人参与脱贫攻坚，促进资金、人才、技术等要素向贫困地区集聚。截至 2020 年底，现行标准下 9899 万农村贫困人口全部脱贫，832 个贫困县全部摘帽，12.8 万个贫困村全部出列，区域性整体贫困得到解决，完成了消除绝对贫困的艰巨任务，建成了世界上规模最大的教育体系、社会保障体系、医疗卫生体系，实现了快速发展与大规模减贫的同步、经济转型与消除绝对贫困的同步。

一直以来，中国始终是世界减贫事业的积极倡导者、有力推动者和重要贡献者。按照世界银行国际贫困标准，改革开放以来，中国减贫人口占同期全球减贫人口的70%以上，占同期东亚和太平洋地区减贫人口的80%。占世界人口近五分之一的中国全面消除绝对贫困，提前10年实现联合国2030年可持续发展议程的减贫目标，这不仅是中华民族发展史上具有里程碑意义的大事件，也是人类减贫史乃至人类发展史上的大事件，为全球减贫事业发展和人类发展进步作出了重大贡献。

中国立足自身国情，把握减贫规律，走出了一条中国特色减贫道路，形成了中国特色反贫困理论，创造了减贫治理的中国样本。坚持以人民为中心的发展思想，坚定不移走共同富裕道路，是扶贫减贫的根本动力。坚持把减贫摆在治国理政突出位置，从党的领袖到广大党员干部，目标一致、上下同心，加强顶层设计和战略规划，广泛动员各方力量积极参与，完善脱贫攻坚制度体系，保持政策连续性和稳定性。坚持用发展的办法消除贫困，发展是解决包括贫困问题在内的中国所有问题的关键，是创造幸福生活最稳定的途径。坚持立足实际推进减贫进程，因时因势因地制宜，不断调整创新减贫的策略和政策工具，提高贫困治理效能，精准扶贫方略是打赢脱贫攻坚战的制胜法宝，开发式扶贫方针是中国特色减贫道路的鲜明特征。坚持发挥贫困群众主体作用，调动广大贫困群众积极性、主动性、创造性，激发脱贫内生动力，使贫困群众不仅成为减贫的受益者，也成为发展的贡献者。

脱贫攻坚战取得全面胜利后，中国政府设立了5年过渡期，着力巩固拓展脱贫攻坚成果，全面推进乡村振兴。按照党的二十大部署，在以中国式现代化全面推进中华民族伟大复兴的新征程上，中国正全面推进乡村振兴，建设宜居宜业和美乡村，向着实现人的全面发展和全体人民共同富裕的更高目标不断迈进。中国巩固拓展脱贫成果和乡村振兴的探索和实践，将继续为人类减贫和乡村发展提供新的中国经验和智慧，为推动构建没有贫困的人类命运共同体贡献中国力量。

　　面对国际形势新动向和新特征，习近平总书记提出"一带一路"倡议、全球发展倡议等全球共同行动，将减贫作为重点合作领域，致力于推动构建没有贫困、共同发展的人类命运共同体。加强国际减贫与乡村发展经验分享，助力推动全球减贫与发展进程，也已成为全球广泛共识。为此，自2019年起，中国国际减贫中心与比尔及梅琳达·盖茨基金会联合实施国际合作项目，始终坚持站在未来的角度、政策的高度精心谋划项目选题，引领国内外减贫与乡村发展前沿热点和研究走向。始终坚持将中国减贫与乡村发展经验与国际接轨，通过国际话语体系阐释中国减贫与乡村振兴道路，推动中国减贫与乡村发展经验的国际化传播，至今已实施了30余个研究项目，形成了一批形式多样、影响广泛的研究成果，部分成果已在相关国际交流活动中发布。

　　为落实全球发展倡议，进一步促进全球减贫与乡村发展交流合作，中国国际减贫中心精心梳理研究成果，推出四个系列丛书，包括"全球减贫与发展经验分享系列""中国减贫与发展经验国际分享系列""国际乡村发展经验分享系列"和"中国乡村振兴经验分享系列"。

　　"全球减贫与发展经验分享系列" 旨在跟踪全球减贫进展，分析全球减贫与发展趋势，总结分享各国减贫经验，为推动联合国2030年可持续发展议程、参与全球贫困治理提供知识产品。该系列主要包括"国际减贫年度报告""国际减贫理论与前沿问题"等全球性减贫知识产品，以及覆盖非洲、东盟、南亚、拉丁美洲及加勒比地区等区域性减贫知识产品。

　　"中国减贫与发展经验国际分享系列" 旨在讲好中国减贫故事，向国际社会分享中国减贫经验，为广大发展中国家实现减贫与发展提供切实可行的经验。该系列聚焦中国精准扶贫、脱贫攻坚和巩固拓展脱贫攻坚成果的经验做法，基于国际视角梳理形成中国减贫经验分享的知识产品。

　　"国际乡村发展经验分享系列" 聚焦国际乡村发展历程、政策和实践，比较中外乡村发展经验和做法，为全球乡村发展事业提供交流互鉴的知识产品。该系列主要包括"国际乡村振兴年度报告"

"乡村治理国际经验比较分析报告""县域城乡融合发展与乡村振兴"等研究成果。

"中国乡村振兴经验分享系列"聚焦讲好中国乡村振兴故事，及时总结乡村振兴经验、做法和典型案例，为国内外政策制定者和研究者提供参考。该系列主要围绕乡村发展、乡村规划、共同富裕等议题，梳理总结有关政策、经验和实践，基于国际视角开发编写典型案例等。

最后，感谢所有为系列图书顺利付梓付出辛勤汗水的相关项目组、出版社和编辑人员，以及关心和支持中国国际减贫中心的政府机构、高校和科研院所、社会组织和各界朋友，在此表示衷心感谢！

全球减贫与乡村发展是动态、不断变化的，书中难免有挂一漏万之处，敬请读者指正！

刘俊文
中国国际减贫中心主任
2024 年 1 月

目　　录

第一部分　理论前沿

第二部分　实践探索

第三部分　国别案例

第一部分

理论前沿

贫困和包容性发展[*]

乔伊塔·古普塔　等[**]

摘　要： 新冠疫情再次凸显了包容性发展的重要性。在国际社会和部分国家应对新冠疫情的过程中，逐渐暴露出贫困国家和贫困人民不够团结的问题。在此背景下，本文探讨了新冠疫情中暴露出的发展问题，以及经济复苏过程中应当学习的经验和吸取的教训。本文使用包容性发展和"驱动力—压力—状态—影响—响应"（DPSIR）模型进行研究，得出了以下结论：第一，当前部分国家的应对措施优先考虑富裕阶层的问题，而将其他阶层置于次要地位。第二，应对措施仅着眼于经济的快速恢复，忽略了造成危机的直接和间接原因。第三，部分国家利用政府资金推动经济复苏将导致生态进一步退化、社会经济不平等和家庭暴力等问题，从而加剧疫情的蔓延，导致发展的恶性循环。本文主张包容性发展，以人类健康、福祉和生态系统再生为重点，推动实现良性循环。发展的衰退并非始于 2020 年，实际上，在过去的 30 年里，这种下降趋势一直在延续。

一、引言：疫情冲击与经济发展

新冠疫情暴露了社会治理的弱点和全球社会经济体系的重大缺陷。当这场

　＊ 本文原文请参见：https：//www.sciencedirect.com/science/article/pii/S0305750X2100139X。

　＊＊ 作者简介：乔伊塔·古普塔（Joyeeta Gupta）为本文的通讯作者，供职于阿姆斯特丹大学。本文其他作者包括：马丁·巴文克（Maarten Bavinck）、米尔贾姆·罗斯·托宁（Mirjam Ros-Tonen）、夸贝纳·阿苏博腾（Kwabena Asubonteng）、席尔默·博世（Hilmer Bosch）、艾迪斯·范维克（Edith van Ewijk）、米凯拉·霍尔迪克（Michaela Hordijk）、伊夫·范雷恩斯勒（Yves van Leynseele）、麦克·洛佩兹·卡多佐（Mieke Lopes Cardozo）、爱思特·米德玛（Esther Miedema）、尼奇·鲍（Nicky Pouw）、克雷里斯·拉梅尔（Crelis Rammelt）、约里·苏尔腾斯（Joeri Scholtens）、考特尼·维基林（Courtney Vegelin）、赫柏·维雷斯特（Hebe Verrest）。

危机过去，全球治理体系是会被重新制定，还是会回到原来的状态？这是全球面临的一个重大发展问题。

联合国2030年可持续发展议程中提及的可持续发展目标（SDGs）旨在"加快在消除……传染病和流行病方面的进展步伐"，增加"负担得起的基本药品和疫苗"（#3b），到2030年结束流行病（目标3.3）并实现全民健康覆盖（目标3.8）。上述目标是在新冠疫情暴发之前制定的，是一个实现全球健康的短期目标。但是，它缺乏概念化的分析，不能解决当前危机背后的社会、生态和包容性发展的关系问题。

在此背景下，本文认为，新冠疫情不仅是一场危机，更重要的是，这场危机暴露了世界经济发展中既有的一系列潜在问题。因此，本文探讨了以下内容：新冠疫情揭示了哪些发展挑战？可从中吸取哪些教训？本文基于包容性发展视角和DPSIR框架（见第二部分），系统回顾了新冠疫情的间接原因（"驱动力"）和直接原因（"压力"），以及人类面临的各种风险（"状态"）及其影响（"影响"）（见第三部分），并探讨了应对策略，理论上这些策略需要考虑直接原因、间接原因、所面临的风险及产生的影响（见第四部分）。本文的作者团队成员拥有不同的专业背景，涵盖环境研究、贫困和不平等研究、性别研究、健康研究以及教育研究等国际发展研究的不同领域，每位作者都整理并分析了相关领域的文献。研究发现，目前经济复苏进程更侧重于问题本身，而没有考虑潜在的结构性原因（见第五部分）。

二、包容性发展和 DPSIR 框架

（一）引言

本文选择从包容性发展视角出发，是因为它定义了三个相互关联的维度——社会包容性、生态包容性和关系包容性，以此评估（经济）挑战。通过重点关注边缘国家及其民众的福祉，并将生态系统恢复视为公共产品，包容性发展提出了应对新冠疫情的替代方案。这一发展理念认为，在社会、生态和经济领域之间进行权衡而产生的解决方案往往会优先考虑经济增长（或"弱

可持续性", Gutés, 1996）。通过国家核算体系计算的经济增长忽略了自然对人类的贡献（NCP）（Díaz et al., 2018），并假设个人财富最大化会转化为社会福利最大化（Pouw, 2020）。然而，如果经济增长经常会导致环境问题（Ekins et al., 2019），而新自由资本主义往往集中财富，外化社会生态危害，提倡精简政府和放松管制（Buscher and Fletcher, 2020），那么对经济增长的先验和无条件承诺应该被拒绝。在一个日益放松管制的世界中，以国内生产总值（GDP）衡量的经济增长既不能成为可持续和包容性发展的推动力，也不符合全人类的利益和需求。虽然低收入群体收入增加是可取的，并将转化为 GDP 的扩大，但 GDP 增长并不一定意味着减贫。全球 70% 的贫困人口生活在 GDP 增长率强劲的国家，但他们未必从中受益（Sumner, 2016）。此外，尽管经济发展很重要，但如果不能惠及那些每天生活费不足 5.5 美元的人口（占全球人口总数的一半），那么就应该重新审视这种经济体系了。

然而，政策制定者担心经济增长与发展脱钩，因为 GDP 是获得全球各种机构成员资格和投票权至关重要的基准指标（Fioramonti, 2013）。越来越多的国家和机构采用"包容性增长"作为一种更具社会驱动力的经济增长模式，旨在将穷人纳入市场生产（de Mello and Dutz, 2012; Anand et al., 2014）。相比之下，包容性发展注重贫困人口，关注可持续性发展，并提出非市场解决方案。转变发展（不让任何一个人掉队）和增长需求之间的矛盾在联合国 2030 年可持续发展议程中被多次提及，其中 41 次提到"包容性"，16 次提到"增长"（Gupta and Vegelin, 2016）。但无论优先考虑社会生态问题，还是强调经济增长，都掩盖了更深层次的矛盾（Koehler, 2016; Fletcher and Rammelt, 2017; Spencer et al., 2018）。实际上，增长的分配（即收入和财富的公正分配），以及增长的质量（即实现增长的社会和环境条件）比增长本身更重要。

因此，另一些人抛弃了"增长"，转而采用"包容性发展"这一概念。包容性发展被定义为"将被边缘人群、部门和国家纳入社会、政治和经济进程，以提高人类福祉、社会和环境可持续性以及赋权"（Gupta et al., 2015）。包容性发展超越了现有社会包容性和减贫的范围（UNDESA, 2010; de Mello and Dutz, 2012; World Bank, 2013），并坚持认为没有生态和关系包容性的发展是片面的（Bavinck and Gupta, 2017; Gupta et al., 2015; Pouw and Gupta, 2017）。包容性发展是可以确保获得过上有尊严生活的最低限度手段，并公平分配剩余资源、风险和相关责任（Gupta and Lebel，2010/20）。

（二）社会包容性/社会正义

新冠疫情引发了有关公平、平等和分配正义等令人不安的问题。分配正义包含获取和分配两个维度（Gupta and Lebel，2010/20）。社会包容性能够让人们获得必需的公共产品和服务，保证人们过上有尊严的生活，尤其是在当前全球有19亿人和30亿人每日收入分别低于3.20美元和5.50美元的情况下（World Bank，2018）。基本需求包括食物、水、能源、健康、教育、收入和工作，以及其他有形和无形内容（Raworth，2017；Agenda，2030）。社会包容性还指在不同的社会阶层、国家和各代之间公平分配剩余资源、风险和责任。如果没有公平分配，想要获得机会就会变得非常困难（Gupta and Lebel，2020）。增强社会包容性不是简单地了解哪些人属于弱势群体，而是要分析导致其脆弱性的原因，并允许弱势群体能够获取和掌握市场和非市场资源（Mikulewicz，2018；Eriksen et al.，2015；Klepp and Chavez-Rodriguez，2018）。

就健康而言，社会包容性意味着人们应该能够获得最基本的水、环境卫生、个人卫生服务，以及食物、住房、教育、能源、信息通信技术和负担得起的/免费的医疗保健服务。良好的基本健康状况可以降低面对疾病的脆弱性。此外，还需要检查风险，以便采取相应措施来保护人们免受疾病和健康问题的影响（Bassett and Fogelman，2013；Barrowman and Kumar，2018）。

（三）生态包容性

生态包容性指关于自然对人类的贡献（NCP）的能力，包括自然的物质、非物质和调节服务，并重新定义了现有的生态系统服务概念（Díaz et al.，2018）。在世界上最贫穷的12亿人中，约有70%的人依靠自然对人类的贡献生存；25亿人以自然对人类的贡献为生；32亿人受到土地退化的影响（Ekins et al.，2019）。人类，尤其是穷人，依赖于清洁的空气和水、肥沃的土地、免费的种子、多样的生物、可预测的天气系统以及大自然对疾病的控制能力。可持续发展目标（UNGA，2015）强调享有清洁的水和干净的生活环境、土地和绿色空间，以及对渔民而言，能获得海洋资源。随着时间的推移，人们逐渐认识到享有清洁环境和应对气候变化方面的权利。分配问题包括：如何分配剩余的土地、水、森林、渔业、生物多样性和其他物质资源并共享利益？如何划分风险？如何安排物质、非物质相关服务和规范的职责？如果单纯依靠市场分配剩余资源，那么富人将垄断资源；事实上，最富有的 1% 人口已经控制了全球65% 的土地资源（IAASTD，2019）。

在健康领域，全球约 25% 的疾病负担可归因于环境退化（Landrigan et al.，2017）；每年分别有 700 万人和 140 万人死于可预防的空气污染和水污染；2005～2015 年，灾害造成 70 万人死亡，17 亿人受到影响（Ekins and Gupta，2019）。人畜共患疾病也是一个重要的挑战，因为与其他健康影响不同，这种疾病具有传染性，可以在世界各地传播。最严重的影响最终会落在那些健康状况不佳、年幼或年老的人身上，他们通常生活在非正式住宅区（Arabindoo，2016；Verrest et al.，2020；Pouw et al.，2020）。这些影响最终转化为财政成本：空气污染导致医疗费用上升（例如，2015 年为 210 亿美元），生产力和收入方面损失 4.6 万亿美元。到 2050 年，生态系统功能的损失可能造成占全球损失 GDP 的 7%（约 14 万亿美元）（Ekins et al.，2019）。生物多样性丧失是人畜共患病的一个驱动因素，可能会增加上述成本。因此，实施预防措施对于控制风险而言至关重要。

（四）关系包容性

关系包容性涉及从家庭内部的人际关系到国际关系，以及使社会生态排斥和不平等永久化的潜在机制。例如，2018 年，全球最贫穷的 50% 人口的财富减少了 11%，而那些亿万富翁的财富却增加了 9 000 亿美元（Lawoson et al.，2019）。关系包容性是指获得认可、代表权、参与权、决策权和司法救济，并涉及权力如何在地方层面和全球层面分配。此外，它还涉及控制权力的滥用，如诉诸宪法、要求法治和权力平衡。为了确保医疗服务的公平性，利益相关者需要在关键决策机构（如国家医疗保健委员会）中拥有公平的代表权（Akmal and Gauld，2021）。

关系包容性将健康视为"一种生理、心理和社会适应都臻于完满的状态，而不仅仅是没有疾病和虚弱的状态"（WHO，1948）。健康受到各种关系问题的影响，从基于性别的暴力到医疗专利造成的垄断。关系包容性研究了卫生部门如何影响卫生公平，以及与其他部门的关系（Spencer et al.，2018）。全球的卫生组织制定了改善健康状况的战略，但在新冠疫情的影响下，该战略可能需要重构，较为贫穷的国家需要从垂直的公共卫生系统转向横向性和具有响应性的公私合作模式（Khan et al.，2021）。

（五）DPSIR 模型

本文将上述包容性发展框架与欧洲环境署和联合国开发计划署（UNDP）使用了 20 多年的 DPSIR 模型相结合（见表 1），分析新冠疫情对环境和发展的挑战。这种线性模型正日渐完善（例如，Elliott et al.，2017），当前的模型考虑了公平性（Gupta et al.，2020），能够评估问题的潜在驱动因素、直接原因、环境状况或面对问题的脆弱性、对人的影响以及解决问题涉及的每一个因素的应对策略。仅仅解决一个问题的影响是一种治标不治本的方法，因此为了使解决办法产生持久性影响，需要进一步研究驱动因素和脆弱性的状况。

表 1　　　　　　　　　用于评估新冠疫情的包容性发展框架

类别	资源获取	资源分配		
	有尊严生活的最低资源	资源：公平地分配医疗资源	责任：需要解决间接原因、直接原因、状态和影响问题	风险：减少脆弱性（"状态"）
社会包容性	提供基本服务（水、食物、住房、能源、卫生、教育、信息和通信技术），以满足人权并促进基本健康；平等待遇，如性别平等、生育权、劳动权益、防止犯罪和（基于性别的）暴力；获得信贷，进入市场	将医疗保健视为公共产品，而不是仅为负担得起的人提供的私人商品；确保共享医疗设备、疫苗和药品；确保市场在医疗规范内运行；确保包容性会计方法和工具	分配职责：直接医疗（"影响"）——医院和养老院；间接医疗（"状态"）；"驱动力"和"压力"问题	将暴露于医疗风险的风险最小化；将暴露于相关风险的风险最小化
生态包容性	获得最低 NCP：清洁空气、水、土地、健康的生物多样性、稳定的气候	应对导致生态脆弱性加剧的直接和间接原因	管理和处理"驱动力""压力""状态""影响""风险"	实施预防性的措施和风险最小化
关系包容性	获得更多平等待遇，能够使用参与性工具	处理从家庭到国际层面的关系；处理卫生部门的地方治理和全球治理 获取能力建设、信息；认知、代表、参与权；司法救济；代表权；异议渠道；输入/输出合法性和向上/向下问责		

资料来源：改编自 Gupta and Lebel（2020）。

三、新冠疫情的"驱动力"和"压力"、"状态"和"影响"

（一）直接原因与间接原因（"驱动力"和"压力"）

本文使用包容性发展理论和 DPSIR 框架进行研究。新冠肺炎是一种人畜共患病，可从动物传播到人类。人畜共患病占传染病的60%（Ekins et al.，2019），占新发传染病的75%（Salyer et al.，2017）。1990～2010 年，人畜共患病（包括黄热病、SARS 和埃博拉）每年造成约 100 万人死亡（WHO EMRO，2020），数十亿人患病，并导致数十亿美元的损失（Karens et al.，2012）。生物多样性丧失、人类与野生动物的高频率接触是主要原因之一（Chakroborty and Maity，2020；Gillespie et al.，2008）。

根据《全球环境展望》（*Global Environment Outlook*），追求以 GDP 衡量的经济增长、促进增长的技术、气候变化和人口发展趋势是导致生物多样性丧失的驱动因素（Ekins et al.，2019）。"压力"来自土地使用的变化、污染、资源的过度使用和物种入侵。这些"驱动因素"和"压力"可归因于：（1）系统性的社会和关系排他性，这导致财富集中、土地掠夺和不可持续的投资、生产、分配和消费模式（Dabla-Norris et al.，2015）；（2）生态和关系外部化，其通过过度利用自然界和外部化风险，忽视了自然资源的边界和承载力（Ekins et al.，2019；IPBES，2019；Jones et al.，2013；Daszak，2020）。

（二）"状态"和"影响"

面对新冠疫情，多个因素会加重贫困群体的脆弱性。

一是健康问题带来的脆弱性。例如，患有心肺疾病、癌症和糖尿病的人（Lai et al.，2020；Pineda and Corburn，2020），超重者（全球有 19 亿人体重超重）和营养不良的人（Headey and Ruel，2020）更加脆弱。此外，还有 4.62 亿成年人体重不足，4 700 万消瘦或发育不良的 5 岁以下儿童（WHO，2020）。受室内和室外空气污染的人也更加脆弱（Thornton，2020）。残疾人受影响的可能性约为正常人的 4 倍（Pineda and Corburn，2020）。由于生活条件有限，约 23 亿人无法获得供水服务，这可能会导致他们更加脆弱（Ekins et al.，2019）。由于卫生条件和习惯较差，这些人面临着更大的风险（Satterthwaite et al.，2019；Manderson and Levine，2020；Wilkinson，2020）。此外，约 9 亿人居住在非正式、拥挤的住宅区，使得病毒迅速传播（Wilkinson，2020；Gibson and Rush，2020；Corburn et al.，2020）。例如，印度德里 1380 万人中有 13% 的人生活在贫民窟，需要针对贫民窟制定专门的应对传染病的政策（Adiga et al.，2018）。

二是社交网络带来的脆弱性。由于贫困，很多人需要依靠社会网络来维持生计。然而，在贫困率较高的地区，这种网络就不再适用（Ahmed et al.，2020），并且可能导致"共同贫困"（Geert，1963）。同时，新冠疫情等新的风险会加剧脆弱性（Alkire et al.，2020；Buggy and McNamara，2016）。

三是家庭问题带来的脆弱性。许多人在家庭中遭受亲密伴侣暴力（IPV）、虐待儿童和老人等问题的困扰（Bradbury-Jones and Isham，2020）。据报道，在疫情隔离的第一周，巴西的紧急求助电话增加了 40% ~ 50%，加泰罗尼亚地区增加了 20%，塞浦路斯增加了 30%（Graham-Harrison et al.，2020）。

由于上述原因，疫情对最贫穷群体和弱势群体（如无家可归者、难民、无证移民）的影响最为严重（Manderson and Levine，2020；Ahmed et al.，2020；Douglas et al.，2020）。医院工作人员生病、医院关闭、无法支付医疗费用等问题，都给这一群体带来了更大的挑战。新冠疫情在全球范围内传播导致一些已经脱贫的人重新陷入贫困（WHO and World Bank，2017）。

（三）启示

我们将上文提到的 DPSI 模型的分析与包容性发展联系起来（见表 2）。分析表明，生态环境被破坏与疫情流行可能既与我们追求经济增长的方式有关，也与全球应对疾病的脆弱性以及医疗卫生系统的不平等有关。

表 2　　新冠疫情："驱动力""压力""状态""影响"与包容性发展

项目	包容性发展评估	要素
"驱动力"	社会排斥的过程导致了不平等，而这种不平等又支撑并加剧了"驱动力"和"压力"，以及"状态"和"影响"	增长导向、技术、气候变化、人口增长和城市化导致生态破坏、生物多样性丧失和不平等加剧

续表

项目	包容性发展评估	要素
"压力"	生态外部化加剧了生物多样性的丧失和空气污染，对人类的肺部构成威胁；减少获得干净用水的机会	土地利用变化、污染、过度开发；气候变化和入侵物种；医疗保健系统私有化；公共卫生系统遭到破坏
"状态"	关系排斥使得难以优先考虑社会和生态包容性	新冠肺炎导致的脆弱性使人们面临潜在健康挑战；获得水和卫生设施的机会有限；社交距离选项；获得医疗保健的机会有限；医疗行业的劳动保护；安全网；社交网络；疫苗；并陷入家庭虐待的困境
"影响"		"影响"包括疾病和死亡；医疗保健压力；贫困程度加剧

四、新冠疫情的应对措施

面对新冠疫情，大多数国家政府希望尽快恢复正常，而非政府组织则希望国家提供的资金支持能优先用于工人阶层的卫生健康和扶持救济，以增强经济发展的韧性（350. org，2020）。

（一）政策重点

通过隔离、检测、接触者追踪等方式降低感染风险，关闭学校和企业，采用个人防护设备和接种疫苗，这些措施带来了积极的影响（Ghosal，Bhattacharyya and Majumder，2020）。然而，这种影响因衡量标准以及不同地点和社会群体而异。此外，这些措施会带来巨大的经济、社会、（身体和精神）健康和政治成本。

第一，避免感染的措施，如保持社交距离、限制人员流动、洗手和获得个人防护装备，对贫民窟居民、无家可归者、临时工和难民来说意义不大。越来越多的流离失所者生活在不稳定的环境中，他们很容易接触到病毒（EEAS，2020）。而防感染建议并未考虑那些无法直接获得水和卫生设施的家庭，也未考虑医疗保健的供给情况（Brown，Ravallion and van de Walle，2020）。

第二，许多国家采取了封锁措施，但不同国家的应对措施在地理和时间上也存在差异。一些国家在疫情初期未采取行动，如美国、瑞典、巴西和俄罗斯，一些国家则立即采取封锁，后逐步解除，如印度。在封锁政策的高峰期，大多数国家的经济活动都暂停了。

封锁虽然能够减缓传染病的传播速度，但它进一步对当地的粮食系统产生了负面影响，因为这一政策使得农民无法进入田地耕种。由于粮食供应链的中断和价格上涨，农民受到了生产投入增加（如肥料）和劳动力减少的影响。这可能会引发社会动荡和粮食危机，就如 2008 年和 2011 年的粮食价格飙升时所引发的系列危机。粮食价格指数是根据五种商品组的平均价格进行计算得到的，该指数在 2020 年上半年下降，但随后开始上升。2021 年 1 月该指数为113.3，接近 2008 年的水平（117.5），这可能会引发"危机中的危机"。超级市场的地位进一步加强，促使决策权集中在跨国公司，并侵蚀了政府的监管体系。此外，封闭措施还导致了饥饿、冲突等问题。例如，在印度，所有的交通工具都停运，数百万人不得不步行回到村庄。全球北部国家也是如此，许多自营职业者和持有临时、短期和按需合同的人首先失去了工作。

第三，疫苗是应对疫情的关键措施。然而，向贫困国家分配疫苗存在巨大的不确定性，而较富裕的国家则为本国的民众储备疫苗（Baraniuk，2021）。在 2020 年全球努力开发针对新冠肺炎的疫苗期间，出现了"疫苗民族主义"的概念，该术语指的是"在跨国公共卫生危机中保留数百万剂疫苗供国内使用的行为"（Rutschman，2021）。然而，生产疫苗并不意味着疫苗的可获得性增加（Su et al.，2021）。截至 2020 年 8 月，高收入国家（占全球人口的 13%）已经预订了 20 亿剂疫苗，超过最初的全球制造能力（Rutschman，2021）。这反映并凸显了全球南北公共卫生的不平等问题。在 2009 年 H1N1 流感病毒流行期间也出现过类似的情况（Awadasseid et al.，2021）。这种不平等的现象会对社会和经济产生巨大的负面影响（Nhamo et al.，2020；Hafner et al.，2020），而病毒的进一步传播会导致出现新的变异，从而延长病毒流行的时间（Bollyky and Bown，2020；Security Council，2021）。世界卫生组织的新机制"新冠疫苗全球获得机制"（COVAX）旨在解决南北卫生不平等问题，承诺提供覆盖参与国人口 20% 的疫苗（Rutschman，2021；WHO，2020）。

第四，应对新冠疫情的政策措施占用了解决其他卫生问题的资源，对初级卫生保健的核心功能构成了威胁（Verhoeven et al.，2020；van Weert，2020），而初级卫生保健本来在许多国家和地区就非常脆弱。生殖健康计划也受到了影响，导致计划外怀孕和不安全堕胎增加（Todd-Gher and Shah，2020；UNFPA，2020）。此外，儿童营养计划也受到了影响，加剧了营养不良（Upadhyay et al.，2020）。更重要的是，长期的应对措施加重了心理健康问题，对那些没有稳定收入的群体和年轻人的影响尤为严重（Pfefferbaum and North，2020）。

第五，"居家令"政策刺激了在线教育的发展，但是在低收入家庭，由于缺乏足够的信息通信技术设备（ICT 设施），教育陷入了停滞状态。这进一步拉大了现有的教育差距，并使数十亿儿童和青年无法获得学校提供的膳食和健康服务。此外，研究表明，缺乏面对面的教育对所有儿童的成绩都产生了负面影响，并降低了他们的社会情感福祉，特别是那些来自弱势群体的儿童（Young Lives，2021）。

第六，在全球范围内，"居家令"加剧了在被迫近距离接触并伴有经济困难的情况下发生家庭暴力的风险（Ndedi，2020）。自学校关闭以来，针对儿童的暴力行为增加，拨打求助电话的人也越来越多（UNESCO，2020）。换言之，旨在减少脆弱性的大量措施产生了巨大的副作用，特别是对资源匮乏的人。

（二）应对和解决影响

针对疫情带来的影响，应对新冠疫情相关的政策措施主要集中于治疗和缓解措施以及提高公共医疗的覆盖面。已有大量关于寻找新冠肺炎的治疗和缓解方法的医学文献（例如，Song et al.，2020）。

除了医疗方面的措施外，还包括食品、金融和就业方面的应对措施。一些国家实施了食品和收入分配计划，但覆盖范围有限，特别是在全球南部国家。根据国际劳工组织（ILO，2020b）的数据，144 个国家采取的社会保护措施侧重于特殊社会补助（17.3%）、失业保护（13.3%）、多方面的社会保护措施（12.9%）、收入/就业保护（10.8%）、住房和基本服务（10%）以及粮食分配（9.6%）。然而，问题在于政府是否能够长期扩大和维持这些措施（ILO，2020a），并且这样做不会加剧原有的社会不平等（Bambra et al.，2020）。

（三）关键问题

表 3 中总结了上述分析，可以看出，大多数新冠疫情的预防措施，从个人防护、封锁到获得疫苗，都对全球贫困人口产生了不利影响。这是因为他们要

么无法获得良好的卫生条件，生活在拥挤的非正规住宅区内，无法保持社交距离；要么没有互联网设施，无法参与在线课程或进行远程工作；此外，他们无法及时接种疫苗。在卫生保健方面，精简政府、放松管制和成本效益原则一直在削弱公共卫生系统的复原力，加剧了整体发展的脆弱性。一些政策措施可能比疾病本身具有更多的不利影响。研究估计表明，撒哈拉以南非洲和南亚地区的新冠疫情应对措施将加剧贫困，并且危及 2030 年消除贫困目标的实现。同时，一些国家投入大量资金用于应对新冠疫情。但正如美国脱口秀主持人崔弗·诺尔所说：如果在一个房间里有食物，有大狗和小狗，它们中的谁会得到食物。政府的钱是否流向了大型跨国公司和航空公司？在古代伊斯兰世界，水资源法条有"优先使用"原则，并要求遭受干旱的地区优先获得水资源分配。在推动经济复苏的过程中，我们也需要一个类似的"优先使用"原则。

表 3   现有的应对措施侧重于"状态"和"影响"

项目	应对措施	应对措施的"影响"/相关性
"驱动力"/"压力"	大多数政策制定者没有解决间接原因和直接原因，而是专注于短期解决方案。侧重于尽快回归正常；非政府组织、社会活动和学术界强调需要包容性发展	不解决"驱动力"（特别是对 GDP 的关注）和"压力"，使世界面临快速变异的病毒和更多的人畜共患病风险；在当前危机期间，关注经济复苏是有意义的，但复苏过程需要预先预防未来的问题
"状态"	遏制、检测、接触者追踪、公共卫生保健	降低全球北方的感染水平，但却忽略了在被迫封控的情况下，再加上经济衰退，家庭暴力的风险增加；公共卫生保健系统存在缺陷，无法应对，特别是在发展中国家
	关于社会距离的规定；洗手；个人防护设备和疫苗	忽视了保持社交距离、洗手和获得个人防护设备的困难，以及无法获得疫苗的问题，特别是在发展中国家
	封锁	忽视了对临时劳动者的影响，导致了贫困；忽视了粮食供应链中断的中期影响，导致了饥饿
	转向网上远程教学和工作	忽视了贫困学生/员工获得信息和通信技术的困难，以及学校关闭的长期影响；对一些环境条件产生了微小的积极影响，但对国家生产力和收入产生了负面影响
	国家隔离	监管，法治中断、国际合作倒退，阻碍了全球的团结
"影响"	医学治疗；食品保障；社会保护	对最终的治疗方法、缓和剂和疫苗的可负担性缺乏明确认识；失业救济金和救援计划被精英阶层掌控

另外，应对策略总体上一直在优先考虑国家问题，削弱了全球团结方面的需要。各国都对个人防护装备的贸易往来设置了障碍，有些国家甚至阻止其出口，同时"疫苗民族主义"也在抬头。需要特别注意传染病已经上升为全球性的安全问题（Metelmann et al.，2020）。联合国安理会于 2000 年宣布艾滋病毒/艾滋病可能对安全构成风险（UNSC，2000），并在 2014 年启动维和行动以应对埃博拉（UNSC，2014）。

新冠疫情是一场危机，其根源在于土地使用方式的变化和人类与野生动物接触的增加。新冠肺炎等大流行病成为社会生态挑战，其他社会生态挑战还包括气候变化、第六次生物多样性大灭绝、跨越氮地球边界和大规模土地退化。所有这些都可能源于当前的经济增长模式以及我们的开采、生产、消费和分配模式，以及放松管制（Ekins et al.，2019）。

五、经济复苏的进程

全世界已经对新冠疫情作出了积极响应，并成功地降低了感染率。然而，与任何紧急情况一样，应对措施较少关注问题的直接原因和间接原因。我们分析得出的结论是，目前的应对措施较少考虑弱势群体，同时没有考虑加剧这种脆弱性的制度性问题。基于上述分析，本文确定了与"状态"有关的一个驱动因素和两个问题，这对复苏进程至关重要。

（一）"驱动力"：复苏需要从强调增长转向注重福祉和包容性发展

本文认为恢复经济增长不应是后疫情时代复苏的唯一目标，需要更多地关注社会、生态和关系包容性。

首先，应该转移发展重点，从经济增长转移到解决气候危机、生物多样性丧失、大规模贫困和不平等问题。国际货币基金组织（IMF）预计全球经济将陷入衰退，随之而来的是经济结构和物流服务的崩溃，以及关闭和开放公司和行业的困难，然而危机中也蕴含着机遇，可能为全球变革提供了机会。面对 GDP 下滑，政治家可能会试图通过大量信贷为经济复苏提供动力。但这可能会增加未来社会生态和经济崩溃的风险，并导致公共服务的进一步紧缩

（Savini et al.，2020）。此外，这种做法没有解决危机的"驱动力"和"压力"，并且在维持现状的过程中加剧了社会生态脆弱性。尽管数万亿美元正在证券交易所蒸发（Forbes，2020），但实际受损的是 1.1 亿~1.5 亿脆弱人群，他们可能会因新冠疫情危机在 2021 年重新陷入极端贫困（World Bank，2020）。

其次，我们注意到现在经济增长重数量而非质量，关注总量和平均值而忽略了中位数，只衡量正式现金交易而不考虑非正式交易，以及忽视破坏互联网、免费知识和生态环境的负外部性（Stiglitz et al.，2018）。因此，我们需要重新构建国家核算体系，比如建立包容性财富或"福祉经济矩阵"（Pouw，2020）。基于价值多元主义的观点，我们应该将人类福祉放在中心位置，而不是GDP 增长。这种转变的潜力必须在新冠疫情背景下得到充分发挥，也要响应全球卫生战略和提高响应能力、驱动科学治理的呼吁（Nabyonga-Orem et al.，2021）。

（二）"状态"：通过公共卫生服务降低脆弱性

随着时间的推移，人们会受到多种健康问题的影响。自 1990 年以来，公共卫生系统已经越来越私有化，只有负担得起的人才能享受。但是，私人医疗能否确保所有人的基本健康并应对流行病呢？维嘉和古达瓦西（Vijay and Gudavarthy，2020）认为，如果新自由主义模式继续，那么将无法避免各种流行病造成的危机。他们建议在公共医疗卫生领域改善市场失灵的现象，以及扩大公共卫生服务的供应，而不是将它们商业化。迈克凯宾和费尔南多（McKibbin and Fernando，2020）建议发展中国家应该尽快加大对公共卫生领域的投资，以在短期内降低应对流行病的成本。由于人口密度较高，公共卫生系统较弱，低收入国家的改善成本将相对较高。但从积极的方面来看，发展中国家如果能够加强这种具有进步性的治理体系，那么在稳步推进扶贫进程的过程中，能够抵消公共卫生投入成本较高的负面影响（Ferguson，2015）。未来，确保健康需要持续关注潜在的发展障碍，如获得资源和公共产品的不平等、剩余资源的分配等（详见表1）。同时，需考虑对医疗健康水平的直接影响因素，如对公共卫生系统的投资。解决卫生脆弱性需要评估卫生服务分配，可以通过市场（有或没有医疗保险）或通过公共卫生系统实现。应用全收入方法的研究结果表明，2015~2035 年，全球南方国家实现普及卫生服务的收益将超过成本 9~20 倍（Jamison et al.，2013）。然而，目前的成本效益方法倾向于将决策导向卫生私有化和风险外部化。

为筹集公共卫生基金，需要摒弃"精简"政府的理念。第一，在危机时期（如 2007 年和现在的衰退期），人们需要依靠政府的领导和保护。第二，政府需要提高医疗卫生、教育等公共服务的供给水平，尤其是目前数百万贫困人口无法获取这些服务（Mitlin and Walnycki，2020）。第三，获得健康环境等公共产品需要政府干预。非营利产品的私有化、商品化和交易化使得生态恶化和社会影响外部化，并且加剧了对穷人的影响。有效预防人畜共患病需要政府能制定和实施相关的生态原则（Karesh et al.，2012）。第四，只有政府才能保证平等待遇和法治。第五，在资源分配方面，如果不平等和贫困加剧了新冠病毒的传播，那么通过税收重新分配经济资源就变得至关重要（Guliani，2020），这同样需要一个强大和负责任的政府。第六，行动责任的分配，以及对某些社区和空间位置风险的实际分配，应由负责任的政府来决策。然而，许多政府表现不佳。但同时也有负责任的政府从错误中吸取教训，根据群众的需求量身定制应对策略，将民众的健康置于财富之上。

因此，本文认为，在存在与民众的社会契约的背景下，应该努力建设负责任的政府。这样的政府遵循宪法和法治，在行政、立法和司法之间保持明确的权力平衡，保障新闻自由、私营和非政府部门的蓬勃发展，建立健全税收体系并对全体民众负责。"精简"政府并不能确保民主的繁荣。关系包容性要求解决诸如获得承认、代表权、参与权、决策权和司法机会等权益，同时赋予民众资源，增强其参与能力，并广泛提供法律援助等工具。这在那些人们无法获得资源的地方尤为重要，人们需要一个非歧视性的和维护人权的政府。

（三）"状态"：复苏需要团结和负责任的国家

大多数国家在应对疫情时采取安全化方法，包括关闭边境、遣返公民、停止医疗设备贸易、拒绝与他人共用医疗设备，以及隔离感染者。然而，这种做法不应成为"新常态"。多边主义已经衰落（Newman et al.，2006），国家安全目标与国际发展政策的融合引起了人们的疑虑（Lopes Cardozo and Novelli，2018）。这种情况使得新自由主义体系在日益放松管制的世界中蓬勃发展。全球垄断企业要求放松管制，并进行大规模的逃税和避税，这进一步边缘化了政府的作用。如果"精简"政府被迫通过混合金融和公私伙伴关系让私营部门参与解决问题，就无法成为中立的仲裁者。因此，民主本身就会成为私营部门的俘虏。

全球经济体系不断减少公共产品的供给，并推动着医疗保健、教育等关键领域的私有化，同时环境问题也不断商品化。这些因素导致本文所述的医疗卫生系统、环境和教育系统的抵御能力远低于其应有的水平（Shah et al.，2019）。同时，这也意味着预防原则没有得到重视，该原则要求开采、生产、分配、消费和处置系统不要过多地将风险外部化。阿拉伯国家联盟（EADI，2020）指出："全球危机有可能加剧所有领域和南北之间的不平等……与团结、社会正义和人的尊严背道而驰。"欧盟的国际战略旨在帮助脆弱国家改善卫生系统，增强流行病学监测和流动实验室，加强卫生活动规划，为政府提供预算支持，以及获得贷款和担保（EC，2020b）。

尽管加强团结是必要的，但仍需警惕：虽然货币过剩导致西方国家出现负利率，但现在向发展中国家放贷似乎是有利可图的。在新冠疫情之前，2018年发展中经济体和新兴经济体的债务占GDP的170%（约55万亿美元），自2010年以来大幅增加（Kose et al.，2020）。新冠疫情暴发后，发达国家对发展中国家的援助可能会导致新的全球债务危机。

（四）将恶性循环转化为良性循环

通过整合上述论点，我们可以发现，如果在经济复苏过程中侧重于追求经济增长，政府将会放松监管，将价值和公共产品商品化，转移人们对人畜共患病背后直接原因和间接原因的注意力（Scobie，2020；Gonenc et al.，2020）。然而，本文采取了不同的视角，强调需要打破过去的发展惯性，走向强调福祉和生态系统的良性循环。我们需要将健康和自然环境视为至关重要的公共产品，并需要负责任的国家和税收正义来辅助实现。良性循环侧重于分析导致危机的直接因素与间接因素。在国家的应对策略中，不仅要关注中产阶级，还要注重弱势阶层，因为他们必须保证每天有收入才能生存。同时，我们强调降低脆弱性，这需要从地方到全球层面团结一致（见图1）。向良性循环转型意味着致力于建设基于合作和共同责任的人类系统，致力于可持续规划，使人们普遍获得医疗保健、清洁水资源或教育等公共产品，因为这些可以创造健康、高效和公平的社会（Mang and Haggard，2016）。

新冠疫情有助于推动社会转型，因为疫情凸显了医护人员、教育工作者、农民等职业的重要性。不同的全球危机汇聚在一起，表明有必要采取行动以推动世界发展走出恶性循环，进入良性循环。因此，新冠疫情为我们提供了反思当前发展模式的机会，危机中蕴含变革的机遇。

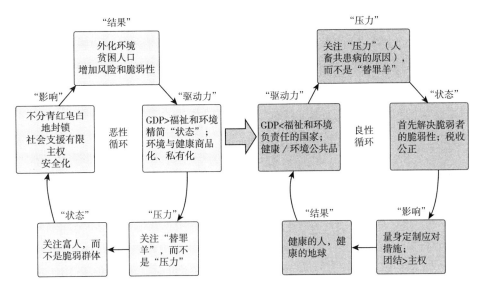

图1　通过包容性发展，将恶性循环转为良性循环

六、结　　论

本文研究了新冠疫情带来的发展挑战，以探究未来应对类似危机的经验和教训，尤其是在联合国2030年可持续发展议程及其可持续发展目标寻求在2030年前减少疫情发生的情况下。研究结论表明，应对新冠肺炎集中在疫情的"状态"和"影响"上，忽略了穷人和弱势群体的利益。大多数应对措施对于日薪族和那些居住在非正式定居点和难民营的人来说没有太大的作用。此外，一揽子应对措施扰乱了粮食供应系统，加剧了最贫困人口的生存问题，也加剧了那些无法到医院就诊的病人的问题。

　　当前的一些复苏政策依然没有解决新冠疫情的直接原因和间接原因。本文认为，如果仅刺激经济发展，将会导致更多的生态退化、不平等和家庭暴力等问题，从而进一步增加流行病的扩散程度，加剧贫困人口的脆弱性。当这种情况伴随着民族主义，以及全球治理系统导致更大的社会生态破坏时，这种"新常态"将会变得更加危险。因此，本文主张采取一种包容性的发展方法，强调人类健康、福祉和生态系统再生，实现良性循环，将这些视为重要的公共产品，通过投资于负责任的国家和税收正义来解决不平等问题，同时促进全球大团结，以实现良性循环。

　　新冠疫情的流行让各国重新认识到了优先考虑包容性发展的重要性。1990～2020 年是贫富差距日益严重的几十年，而新冠疫情的流行迫使各国重视现有发展模式的问题，重视通过包容性发展促进良性循环。

参 考 文 献

Aborode, A. T., Ogunsola, S. O., Adeyemo, A. O. (2020). A crisis within a crisis: COVID-19 and hunger in African children. The American Journal of Tropical Medicine and Hygiene, 104 (1), 30 – 31. https://doi. org/10. 4269/ajtmh. 20 – 1213.

Adiga, A., Chu, S., Eubank, S., Kuhlman, C. J., Lewis, B., Marathe, A., et al. (2018). Disparities in spread and control of influenza in slums of Delhi: Findings from an agent-based modelling study. BMJ Open, 8 (e017353), 1 – 12. https://doi. org/10. 1136/bmjopen – 2017 – 017353.

Ahmed, F., Ahmed, N. E., Pissarides, C., Stiglitz, J. (2020). Why inequality could spread COVID-19. The Lancet Public Health, 5 (5), E220. https://doi. org/10. 1016/S2468 – 2667 (20) 30085 – 2.

Akmal, A., Gauld, R. (2021). What components are important for effective healthcare alliance governance? Findings from a modified Delphi study in New Zealand. Health Policy, 125 (2), 239 – 295. https://doi. org/10. 1016/j. healthpol. 2020. 12. 012.

Alkire, S., Dirksen, J., Nogales, R., Oldiges, C. (2020). Multidimensional poverty and COVID-19 risk factors: A rapid overview of interlinked deprivations across 5. 7 billion people. OPHI Briefing 53. Oxford Poverty and Human Development Initiative (OPHI). Retrieved May 25 2020 from https://ophi. org. uk/wp-content/uploads/B53_Covid-19_vs3 − 2_2020_online. pdf.

Anand, R. , Tulin, V. , Kumar, N. (2014). India: Defining and explaining inclusive growth and poverty reduction (IMF Working Paper 14/63). Retrieved February 13, 2021 from https://www. elibrary. imf. org/doc/IMF001/21270 − 97814 84354230/21270 − 9781484354230/Other_formats/Source_PDF/21270 − 97814755 27124. pdf?redirect = true.

Angel, J. , Loftus, A. (2019). With-against-and-beyond the human right to water. Geoforum, 98, 206 − 213. https://doi. org/10. 1016/j. geoforum. 2017. 05. 002.

Arabindoo, P. (2016). Unprecedented natures? An anatomy of the Chennai floods. City, 20 (6), 800 − 821. https://doi. org/10. 1080/13604813. 2016. 1239410.

Armitage, R. , Nellums, L. B. (2020). Considering inequalities in the school closure response to COVID-19. The Lancet Global Health, 8 (5). https://doi. org/10. 1016/S2214 − 109X (20) 30116 − 9 e644.

Armocida, B. , Formenti, B. , Ussai, S. , Palestra, F. , Missoni, E. (2020). The Italian health system and the COVID-19 challenge. The Lancet Public Health, 5 (5), E253. https://doi. org/10. 1016/S2468 − 2667 (20) 30074 − 8.

Arnetz, J. E. , Goetz, C. M. , Sudan, S. , Arble, E. , Janisse, J. , Arnetz, B. B. (2020). Personal protective equipment and mental health symptoms among nurses during the COVID-19 pandemic. Journal of Occupational and Environmental Medicine, 62 (11), 892 − 897. https://doi. org/10. 1097/JOM. 000000000000 1999.

Awadasseid, A. , Wu, Y. , Tanaka, Y. , Zhang, W. (2021). Current advances in the development of SARS-CoV-2 vaccines. International journal of biological sciences, 17 (1), 8 − 19. https://doi. org/10. 7150/ijbs. 52569.

Bambra, C. , Riordan, R. , Ford, J. , Matthews, F. (2020). The COVID-19 pandemic and health inequalities. Epidemiol Community Health, 74 (11), 964 − 968. https://doi. org/ 10. 1136/jech − 2020 − 214401.

Baraniuk, C. (2021). How to vaccinate the world against covid-19? BMJ, 372.

https：//doi. org/10. 1136/bmj. n211 n211.

Barrett, C. B. (2020). Actions now can curb food systems fallout from COVID-19. Nature Food, 1 (6), 319 – 320. https：//doi. org/10. 1038/s43016 – 020 – 0085 – y.

Barrowman, H. M. , Kumar, M. (2018). Conceptions of vulnerability in adaptation projects：A critical examination of the role of development aid agencies in Timor-Leste. Regional Environmental Change, 18, 2355 – 2367. https：//doi. org/10. 1007/s10113 – 018 – 1333 – 7.

Bassett, T. J. , Fogelman, C. (2013). Déjà vu or something new? The adaptation concept in the climate change literature. Geoforum, 48, 42 – 53. https：//doi. org/10. 1016/j. geoforum. 2013. 04. 010.

Bavinck, M. , Gupta, J. (Eds.). (2017). Inclusive development and coastal adaptiveness：A global assessment. Ocean & Coastal Management, 150, 1 – 82. Retrieved from https：//www. sciencedirect. com/journal/ocean-and-coastalmanagement/vol/150/suppl/C.

Béné, C. (2020). Resilience of local food systems and links to food security – A review of some important concepts in the context of COVID-19 and other shocks. Food Security, 12, 1 – 18. https：//doi. org/10. 1007/s12571 – 020 – 01076 – 1.

Bollyky, T. J. , Bown, C. P. (2020). The tragedy of vaccine nationalism：Only cooperation can end the pandemic. Foreign Affairs, 99 (5), 96 – 109.

Boniol, M. , McIsaac, M. , Xu, L. , Wuliji, T. , Diallo, K. , Campbell, J. (Eds.). (2019). Gender equity in the health workforce：Analysis of 104 countries – Health Workforce Working Paper 1. Retrieved May 25, 2020, from https：//apps. who. int/iris/bitstream/handle/10665/311314/WHO-HIS-HWF-Gender-WP1 – 2019. 1-eng. pdf.

Bradbury-Jones, C. , Isham, L. (2020). The pandemic paradox：The consequences of COVID-19 on domestic violence. Journal of Clinical Nursing, 29 (13 – 14), 1 – 3. https：//doi. org/10. 1111/jocn. 15296.

Brown, C. S. , Ravallion, M. , Van De Walle, D. (2020). Can the world's poor protect themselves from the new coronavirus? (No. w27200). National Bureau of Economic Research. Retrieved January 12, 2021, from http://acdc2007. free. fr/nber27200. pdf.

Buggy, L., McNamara, K. E. (2016). The need to reinterpret "community" for climate change adaptation: A case study of Pele Island, Vanuatu. Climate and Development, 8 (3), 270 – 280. https://doi. org/10. 1080/17565529. 2015. 10 41445.

Büscher, B., Fletcher, R. (2020). The conservation revolution: Radical ideas for saving nature beyond the anthropocene. London: Verso Trade.

Buzan, B., Wæver, O., Wæver, O., De Wilde, J. (1998). Security: A new framework for analysis. London: Lynne Rienner Publishers.

Carr, E. R., Wingard, P. M., Yorty, S. C., Thompson, M. C., Jensen, N. K., Roberson, J. (2007). Applying DPSIR to sustainable development. International Journal of Sustainable Development & World Ecology, 14 (6), 543 – 555. https://doi. org/10. 1080/13504500709469753.

Cash, R., Patel, V. (2020). Has COVID-19 subverted global health? The Lancet, 395 (10238), 1687 – 1688. https://doi. org/10. 1016/S0140 – 6736 (20) 31089 – 8.

Chakroborty, I., Maity, P. (2020). COVID-19 outbreak: Migration, effects on society, global environment and prevention. Science of the Total Environment, 728, 1 – 7. https://doi. org/10. 1016/j. scitotenv. 2020. 138882.

Clapp, J., Purugganan, J. (2020). Contextualizing corporate control in the agrifood and extractive sectors. Globalizations, 17 (7), 1265 – 1275. https://doi. org/10. 1080/14747731. 2020. 1783814.

Corburn, J., Vlahov, D., Mberu, B., Riley, L., Caiaffa, W. T., Rashid, S. F., et al. (2020). Slum health: Arresting COVID-19 and improving well-being in urban informal settlements. Journal of Urban Health, 97, 348 – 357. https://doi. org/10. 1007/s11524 – 020 – 00438 – 6.

Coronavirus Resource Center (n. d.). COVID-19 dashboard by the Center for Systems Science and Engineering (CSSE) at Johns Hopkins University (JHU). Baltimore: Johns Hopkins University & Medicine. Retrieved December 27, 2020, from https://coronavirus. jhu. edu/map. html.

Csernatoni, R. (2020). New states of emergency: Normalizing techno-surveillance in the time of COVID-19. Global Affairs, 6 (3), 301 –310. https: //doi. org/10. 1080/23340460. 2020. 1825108.

Dabla-Norris, M. E. , Kochhar, M. K. , Suphaphiphat, M. N. , Ricka, M. F. , Tsounta, E. (2015). Causes and consequences of income inequality: A global perspective. Washington DC: IMF. Retrieved May 25, 2020, from https: //www. imf. org/external/pubs/ft/sdn/2015/sdn1513. pdf.

Daszak, P. (2020). The ecology of the pandemic era. Future Earth Webinar: Earth Day 2020 and COVID-19. How are Environmental and Health Crises Linked? Retrieved May 25, 2020, from https: //futureearth. org /2020/04/15/webinarearth-day-2020-and-covid-19-how-are-environmental-and-health-criseslinked/.

De Mello, L. , Dutz, M. A. (2012). Promoting inclusive growth: Challenges and policies. Paris: OECD and the World Bank. Retrieved January 17, 2021, from https: //openknowledge. worldbank. org/handle/10986/16948.

Díaz, S. , Pascual, U. , Stenseke, M. , Martín-López, B. , Watson, R. T. , Molnár, Z. , et al. Assessing nature's contributions to people. Science 359 6373 2018 270 27210. 1126/science. aap8826.

Douglas, M. , Katikireddi, S. V. , Taulbut, M. , McKee, M. , McCartney, G. (2020). Mitigating the wider health effects of covid-19 pandemic response. British Medical Journal, 369 (m1557). https: //doi. org/10. 1136/bmj. m1557.

Ekins, P. , Gupta, J. (2019). Perspective: A healthy planet for healthy people. Global Sustainability, 2 (e20), 1 – 19. https: //doi. org/10. 1017/sus. 2019. 17.

Ekins, P. , Gupta, J. , Boileau, P. (Eds.) (2019). Global environment outlook-GEO-6: Healthy planet healthy people. Cambridge: Cambridge University Press.

Elliott, M. , Burdon, D. , Atkins, J. , Borja, A. , Cormier, R. , Jonge, V. N. , et al. (2017). "And DPSIR begat DAPSI (W) R (M)!" – A unifying framework for marine environmental management. Marine Pollution Bulletin, 118 (1 –2), 27 –40. https: //doi. org/10. 1016/j. marpolbul. 2017. 03. 049.

Enloe, C. (2016). Globalization and militarism: Feminists make the link

(2nd Edition). Lanham: Rowman & Littlefield.

Eriksen, S. H., Nightingale, A. J., Eakin, H. (2015). Reframing adaptation: The political nature of climate change adaptation. Global Environmental Change, 35, 523 – 533. https://doi. org/10. 1016/j. gloenvcha. 2015. 09. 014.

European Association of Development Research and Training Institutes (EADI) Statement on COVID-19, 31 March 2020. Retrieved 25 May, 2020, from https://www. eadi. org/eadi-statements/statement-on-covid19-31-march-2020/ 2020.

E. Commission International Cooperation and Development: EU global response to COVID-19. Retrieved May 25, 2020, from https://ec. europa. eu/internationalp-artnerships /topics/eu-global-response-covid-19_en 2020.

E. Commission D. G. Economic F. Affairs policy measures taken against the spread and impact of the coronavirus, 14 April 2020. Retrieved May 25, 2020, from https://ec. europa. eu/info/sites/info/files/policy_measures_taken_against_ the_spread_and_impact_of_the_coronavirus_14042020. pdf 2020.

European External Action Service (EEAS). "Team Europe" – Global EU response to Covid-19 supporting partner countries and fragile populations. Retrieved May 25, 2020, from https://eeas. europa. eu/headquarters/headquarters-homepage/77470/% E2% 80% 9Cteam-europe% E2% 80% 9D-global-eu-response-covid-19-supporting-partner-countries-and-fragile-populations_en 2020.

Evanega, S., Lynas, M., Adams, J., Smolenyak, K., Insights, C. G. (2020). Coronavirus misinformation: Quantifying sources and themes in the COVID-19 "infodemic". JMIR Preprints. Retrieved February 13, 2021, from https://allianceforscience. cornell. edu/wp-content/uploads/2020/09/Evanega-et-al Coronavirus-misinformationFINAL. pdf.

Farcas, A. C., Galanakis, C. M., Socaciu, C., Pop, O. L., Tibulca, D., Paucean, A., et al. (2021). Food security during the pandemic and the importance of the bioeconomy in the new era. Sustainability, 13 (1), 150. https://doi. org/10. 3390/su13010150.

Fioramonti, L. (2013). Gross domestic problem: The politics behind the world's most powerful number. Londen: Zed Books Ltd.

Fletcher, R., Rammelt, C. F. (2017). Decoupling: A key fantasy of the post-2015 sustainable development agenda. Globalizations, 14 (3), 450 – 467. https://doi. org/10. 1080/14747731. 2016. 1263077.

Food and Agricultural Organization of the United Nations (FAO). World food situation: FAO food price index. Retrieved February 13, 2021, from http://www. fao. org/worldfoodsituation /foodpricesindex/en/ 2021.

Forbes (2020). World's billionaires list – The richest in 2020. Retrieved May 25, 2020, form https://www. forbes. com/billionaires/ 2020.

Geertz, C. (1963). Agricultural involution: The processes of ecological change in Indonesia. Berkeley and Los Angeles: University of California Press.

Ghosal, S., Bhattacharyya, R., Majumder, M. (2020). Impact of complete lockdown on total infection and death rates: A hierarchical cluster analysis. Diabetes & Metabolic Syndrome: Clinical Research & Reviews, 14 (4), 707 – 711. https://doi. org/10. 1016/j. dsx. 2020. 05. 026.

Gibson, L., Rush, D. (2020). Novel coronavirus in Cape Town informal settlements: Feasibility of using informal dwelling outlines to identify high risk areas for COVID-19 transmission from a social distancing perspective. JMIR Public Healthand Surveillance, 6 (2), 1 – 9. https://doi. org/10. 2196/18844.

Gillespie, T. R., Nunn, C. L., Leendertz, F. H. (2008). Integrative approaches to the study of primate infectious disease: Implications for biodiversity conservation and global health. American Journal of Physical Anthropology: The Official Publication of the American Association of Physical Anthropologists, S47, 53 – 69. https://doi. org/10. 1002/ajpa. 20949.

Global Research Programme on Inequality (GRIP) (2020). #1 Miniseries Covid-19 and global dimensions of inequality. Retrieved may 25, 2020, from https://gripinequality. org/ 2020/03/miniseries-covid-19-and-global-dimensions-of-inequality/2020.

Gonenc, D., Piselli, D., Sun, Y. (2020). The global economic system and access and allocation in earth system governance. International Environmental Agreements: Politics, Law and Economics, 20, 223 – 238. https://doi. org/10. 1007/s10784 – 020 – 09472 – w.

Graham-Harrison, E., Giuffrida, A., Smith., H., Ford, L. (2020). Lockdowns around the world bring rise in domestic violence. The Guardian, March 28, 2020. Retrieved January 12, 2021, from https：//www. theguardian. com/society/2020/mar /28/lockdowns-world-rise-do mestic-violence.

Gupta, J., Lebel, L. (2020). Access and allocation in earth system governance：Justice, inclusive development and the sustainable development goals. International Environmental Agreements： Politics, Law and Economics, 20, 393 – 410. https：//doi. org/10. 1007/s10784 – 010 – 9139 – 1.

Gupta, J., Lebel, L. (2010). Access and allocation in earth system governance：Water and climate change compared. International Environmental Agreements： Politics, Law and Economics, 10, 377 – 395. https：//doi. org/10. 1007/s10784 – 010 – 9139 – 1.

M. T. A. Lopes Cardozo M. Novelli (2018). Education in emergencies, tracing the evolution of a field. A, Verger, H, Kosar-Altinyelken, M. Novelli, Global Education Policies (second edition). 2018 Bloomsbury London/New York, 233 – 254.

Manderson, L., Levine, S. (2020). COVID-19, risk, fear, and fall-out. Medical Anthropology, Cross-Cultural Studies in Health and Illness, 39 (4), 367 – 370. https：//doi. org/10. 1080/01459740. 2020. 1746301.

Mang, P., Haggard, B. (2016). Regenerative development and design：A framework for evolving sustainability.

McKibbin, W., Fernando, R. (2020). The global macroeconomic impacts of COVID-19：Seven scenarios. Asian Economic Papers ［Online first］. https：//doi. org/10. 1162/asep_a_00796.

Metelmann, I. B., Flessa, S., Busemann, A. (2020). Does health securitization affect the role of global surgery? Journal of Public Health, 1 – 6. https：//doi. org/10. 1007/s10389 – 020 – 01347 – 3.

Mikulewicz, M. (2018). Politicizing vulnerability and adaptation：On the need to democratize local responses to climate impacts in developing countries. Climate and Development, 10 (1), 18 – 34. https：//doi. org/10. 1080/17565529.

2017. 1304887.

Mitlin, D., Walnycki, A. (2020). Informality as experimentation: Water utilities' strategies for cost recovery and their consequences for universal access. The Journal of Development Studies, 56 (2), 259 – 277. https://doi. org /10. 1080/00220388. 2019. 1577383.

Molnár, A., Takács, L., Harnos, É. J. (2020). Securitization of the COVID-19 pandemic by metaphoric discourse during the state of emergency in Hungary. International Journal of Sociology and Social Policy, 40 (9/10), 1167 – 1182. https://doi. org/ 10. 1108 /IJSSP – 07 – 2020 – 0349.

Munich Security Conference Munich Security Report 2020: Westlessness. Retrieved 25 May, 2020, from https://securityconference. org/assets/user_upload/MunichSecurityReport2020. pdf 2020.

Nabyonga-Orem, J., Asamani, J. A., Makanga, M. (2021). The state of health research governance in Africa: What do we know and how can we improve? Health Research Policy and Systems, 19 (1), 1 – 14. https://doi. org/10. 1186/s12961 – 020 – 00676 – 9.

Ndedi, A. A. (2020). Framework in ending violence against women and girls with the advent of the COVID-19 from an African Perspective. SSRN, 1 – 8. https://doi. org /10. 2139/ ssrn. 3575288.

Newman, R. Thakur, J. Tirman (2006). Multilateralism under challenge? Power 2006 Normative Structure and World Order.

Tokyo UNU, Tokyo Nhamo, N., Chikodzi, D., Kunene, H. P., Mashula, N. (2020). COVID-19 vaccines and treatments nationalism: Challenges for low-income countries and the attainment of the SDGs. Global Public Health. https://doi. org/ 10. 1080/17441692. 2020. 1860249. org, Open Letter: Principles for a #JustRecovery from COVID-19 Retrieved May 25, 2020, from https://350. org/just-recovery/?source = tw_just_recovery_video_070420&utm_medium = tw&utm_source = 350_global&utm_campaign = just_recovery_video_070420#signletter 2020.

Pascual, U., Phelps, J., Garmendia, E., Brown, K., Corbera, E., Martin, A., et al. (2014). Social equity matters in payments for ecosystem services.

Bioscience, 64 (11), 1027 – 1036. https：//doi. org/10. 1093/biosci/biu146.

Pfefferbaum, B. , North, C. S. (2020). Mental health and the Covid-19 pandemic. New England Journal of Medicine, 383 (6), 510 – 512. https：//doi. org/10. 1056/NEJMp2008017.

Pineda, V. S. , Corburn, J. (2020). Disability, urban health equity, and the coronavirus pandemic：Promoting cities for all. Journal of Urban Health, 97, 336 – 341. https：//dx. doi. org/10. 1007%2Fs11524 – 020 – 00437 – 7.

Pouw, N. , Gupta, J. (2017). Inclusive development：A multi-disciplinary approach. Current Opinion in Environmental Sustainability, 24, 104 – 108. https：// doi. org/ 10. 1016/j. cosust. 2016. 11. 013.

Pouw, N. (2020). Economics of wellbeing. Or why economics should be done differently? Amsterdam：Amsterdam University Press.

Pouw, N. , Rohregger, B. , Schüring, E. , Alatinga, K. A. , Kinuthia, B. , Bender, K. (2020). Social protection in Ghana and Kenya through an inclusive development lens：Complex effects and risks. World Development Perspectives, 17. https：//doi. org/10. 1016/j. wdp. 2020. 100173 100173.

Qian, X. , Ren, R. , Wang, Y. , Guo, Y. , Fang, J. , Wu, Z. D. , et al. (2020). Fighting against the common enemy of COVID-19：Apractice of building a community with a shared future for mankind. Infectious Diseases of Poverty, 9 (1), 1 – 6. https：//doi. org/10. 1186/s40249 – 020 – 00650 – 1.

Raworth, K. (2017). A doughnut for the Anthropocene：Humanity's compass in the 21st century. The Lancet Planetary Health, 1 (2), e48 – e49. https：// doi. org/ 10. 1016/S2542 – 5196 (17) 30028 – 1.

Rutschman, A. (2021). Is there a cure for vaccine nationalism? Current History, 120 (822), 9 – 14. https：//doi. org/10. 1525/curh. 2021. 120. 822. 9.

Salyer, S. J. , Silver, R. , Simone, K. , Barton Behravesh, C. (2017). Prioritizing zoonoses for global health capacity building-themes from one health zoonotic disease workshops in 7 Countries, 2014 – 2016. Emerging infectious diseases, 23 (13), S55 – S64. https：//doi. org/10. 3201/eid2313. 170418.

Satterthwaite, D. , Sverdlik, A. , Brown, D. (2019). Revealing and responding to multiple health risks in informal settlements in Sub-Saharan African Cities. Journal of Urban Health, 96 (1), 112 – 122. https：//doi. org/10. 1007/s11524 – 018 – 0264 – 4.

Savini, F. , Meissner, M. , Rammelt, C. F. (2020). Recovering from COVID-19? Let's do it without GDP growth. Retrieved May 25, 2020, from https：//www. thebrokeronline. eu/recovering-from-covid-19-lets-do-it-without-gdp-growth/.

Scobie, M. (2020). International aid, trade and investment and access and allocation. International Environmental Agreements：Politics, Law and Economics, 20, 239 – 254. https：//doi. org/10. 1007/s10784 – 020 – 09480 – w.

Security Council. (2021). Secretary-general calls vaccine equity biggest moral test for global community, as Security Council considers equitable availability of doses. Retrieved, February 19, from https：//www. un. org/press/en/2021/ sc14438. doc. htm.

Shah, R. , Paulson, J. , Couch, D. (2019). The rise of resilience in education in emergencies. Journal of Intervention and Statebuilding, 14 (3), 303 – 326. https：//doi. org/10. 1080/17502977. 2019. 1694390.

Song, Y. , Zhang, M. , Yin, L. , Wang, K. , Zhou, Y. , Zhou, M. , et al. (2020). COVID-19 treatment：Close to a cure? – A rapid review of pharmacotherapies for the novel coronavirus (SARS-CoV-2). International Journal of Antimicrobial Agents, 56 (2). https：//doi. org/10. 1016/j. ijantimicag. 2020. 106080.

Spencer, G. , Corbin, H. , Miedema, E. (2018). Sustainable development goals for health promotion：A critical frame analysis. Health Promotion International, 34 (4), 847 – 858. https：//doi. org/10. 1093/heapro/day036.

Stiglitz, J. E. , Fitoussi, J. -P. , Durand, M. (2018). Beyond GDP：Measuring what counts for economic and social performance. Paris：OECD. https：//doi. org/ 10. 1787/ 9789264307292-en.

Su, Z. , Wen, J. , McDonnell, D. , Goh, E. , Li, X. , Šegalo, S. X. , et al. (2021). Vaccines are not yet a silver bullet：The imperative of continued communication about the importance of COVID-19 safety measures. Brain, Behavior, & Immunity-Health, 12. https：//doi. org/10. 1016/j. bbih. 2021. 100204.

Sumner, A. (2016). Global poverty：Deprivation, distribution, and development since the cold war. Oxford: Oxford University Press.

Sumner, A. , Hoy, C. , Ortiz-Juarez, E. (2020). Estimates of the impact of COVID-19 on global poverty. UNU-WIDER Working Paper 2020/43. Retrieved May 25, 2020, from http: //www. indiaenvironmentportal. org. in/files/file/Estimates-ofthe-impact-of-COVID-19-on-globalpoverty. pdf.

Thornton, J. (2020). Don't forget chronic lung and immune conditions during covid-19, says WHO. British Medical Journal, 368. https: //doi. org/10. 1136/bmj. m1192.

Todd-Gher, J. , Shah, P. K. (2020). Abortion in the context of COVID-19: A human rights imperative. Sexual and Reproductive Health Matters, 28 (1). https: //doi. org/10. 1080/ 26410397. 2020. 1758394.

Treanor, M. C. (2020). How COVID-19 crisis measures reveal the conflation between poverty and adversity. Scottish Affairs, 29 (4), 475 – 492. https: //doi. org/10. 3366/scot. 2020. 033 8.

United Nations Department of Economic and Social Affairs Population Division (UNDESA) (2010). Analysing and measuring social inclusion in a global context. New York: United Nations.

United Nations Educational, Scientific and Cultural Organization (UNESCO) (2020). Mapping of online articles on Covid-19 and gender. Retrieved May 25, 2020, from https: //en. unesco. org/news/mapping-online-articles-covid-19-and-gender 2020.

United Nations Family Planning Agency (UNFPA) (2020). Impact of the COVID-19 pandemic on family planning and ending gender-based violence, female genital mutilation and child marriage: Interim technical note. Retrieved May 25, 2020, from https: //www. unfpa. org/sites/default/files/resource-pdf/COVID-19 _ impact_brief_for_ UNFPA_24_April_2020_1. pdf.

United Nations General Assembly (UNGA) (2015). General Assembly resolution 70/01, Transforming our world: The 2030 Agenda for Sustainable Development, A/RES/70/1 (21 October 2015), available from https: //undocs. org/A/RES/70/1.

United Nations Security Council (UNSC) (2000). Security Council resolution

1308（2000）［on the responsibility of the Security Council in the maintenance of international peace and security：HIV/AIDS and international peacekeeping operations］, S/RES/1308（2000）（17 July 2000）, Retrieved from http：//unscr. com/files/ 2000/01308. pdf.

United Nations Security Council（UNSC）（2014）. Security Council resolution 2177（2014）［on the outbreak of the Ebola virus in, and its impact on, West Africa］, S/RES/2177（2014）（18 September 2014）, available from http：//unscr. com/en/ resolutions/doc/2177.

Upadhyay, K. , Patra, S. , Khan, A. M.（2020）. Ensuring availability of food for child nutrition amidst the COVID-19 pandemic：Challenges and way forward. Indian Journal of Community Health, Retrieved from 32（2）Special 2020, 251 – 254. https：//www. scopus. com/record/display. uri?eid = 2-s2. 0-85083794221&origin = inward&txGid = be6e21733b4912bb729eb0b09e47f55f.

Van Weert, H.（2020）. After the first wave：What effects did the COVID-19 measureshave on regular care and how can general practitioners respond to this? European Journal of General Practice, 26（1）, 126 – 128. https：//doi. org/10. 1080/ 13814788. 2020. 1798156.

Verhoeven, V. , Tsakitzidis, G. , Philips, H. , Van Royen, P.（2020）. Impact of the COVID-19 pandemic on the core functions of primary care：Will the cure be worse than the disease? A qualitative interview study in Flemish GPs. BMJ Open, 10（6）. https：//doi. org/10. 1136/bmjopen – 2020 – 039674.

Verrest, H. , Groennebaek, L. , Ghiselli, A. , Berganton, M.（2020）. Keeping the business going：SMEs and urban floods in Asian megacities. International Development Planning Review, 42（2）, 241 – 261. https：//doi. org/10. 3828/idpr. 2020. 3.

Vijay, G. , Gudavarthy, A.（2020）. A pandemic as a political reality check. The Hindu Centre of Politics and Policy. Retrieved May 25, 2020, from https：// www. thehinducentre. com/the-arena/current-issues/article31336498. ece.

Wilkinson, A.（2020）. Local response in health emergencies：Key considerations for addressing the COVID-19 pandemic in informal urban settlements Environment and Urbanization, 32 (2), 503 – 522, 10. 1177％2F0956247820922843.

World Bank (2013). Inclusion matters：The foundation for shared prosperity. New Frontiers of Social Policy. Washington, DC：The World Bank.

World Bank (2018). Poverty and shared prosperity 2018：Piecing together the poverty puzzle. Washington DC：International Bank for Reconstruction and Development/The World Bank.

World Health Organization, World Bank (2017). Tracking universal health coverage：2017 global monitoring report. Geneva：WHO Document Production Services.

World Health Organization Regional Office for the Eastern Mediterranean (WHO EMRO) (no date.). Zoonotic disease：Emerging public health threats in the Region. Retrieved May 25, 2020, http：//www. emro. who. int/about-who/rc61/zoonotic-disea ss. html.

World Health Organization (1948). Constitution of the World Health Organization. Geneva：World Health Organization.

World Health Organization (2020). Malnutrition, Retrieved 25 May, 2020, https：//www. who. int/news-room/fact-sheets/detail/malnutrition 2020.

Lives, Young (2021). COVID-19 could reverse two decades of progress：Emerging policy recommendations to support young people in developing countries. Oxford：Oxford Department of International Development (ODID), University of Oxford.

Zarocostas, J. (2020). How to fight an infodemic. The Lancet, 395 (10225), 676. https：//doi. org/10. 1016/s0140 – 6736 (20) 30461 – x.

Zhang, S. , Wang, Z. , Chang, R. , Wang, H. , Xu, C. , Yu, X. , et al. (2020). COVID-19 containment：China provides important lessons for global response. Frontiers of Medicine, 14 (2), 1 – 5. https：//doi. org/10. 1007/s11684 – 020 – 0766 – 9.

收入分布、国际一体化和持续减贫[*]

皮内洛普·K. 戈德伯格　特里斯坦·里德[**]

摘　要： 在一个国际一体化程度更低的世界中，发展的道路是什么？本研究建立了一个模型来回答这个问题，这个模型强调需求端对国家发展的限制作用。在这个框架内，不完全竞争公司所采用的规模报酬递增技术与发展联系在了一起，而这些公司则需要支付转换到该种技术的固定成本。持续减贫的衡量标准是，每天生活费少于 1.90 美元（按 2011 年购买力平价计算）的人口比例连续五年下降。这一结果在统计显著性上和经济意义上受到多方面因素的影响：国内市场规模（由收入分布函数测算）、国际市场规模（是具有法律约束效应的国际贸易协定数据的函数，这些协定包括关税与贸易总协定、世界贸易组织和279 项特惠贸易协定）。反事实估计表明，在缺乏国际一体化的情况下，低收入和中低等收入国家的居民平均生活在一个不足以实现持续减贫的市场中。

一、引　　言

20 世纪，许多经济体的发展都伴随着出口增长和贸易顺差，如东亚（Stiglitz，1996）。技术进步威胁到了廉价劳动力所提供的比较优势，并且发达经济体开始热衷于保护主义，目前尚不清楚这种出口拉动型模式在未来是否还适用。隆德等（Lund et al.，2019）发现，基于劳动力成本差异的贸易份额（定义为出口国家的人均 GDP 等于或者少于进口国人均 GDP 的 1/5）在某些价值链上一直在下降，尤其是在劳动密集型的制造业价值链中，从 2005 年的

---

　　* 本文原文请参见：http：//www. nber. org/papers/w27286。

　　** 作者简介：皮内洛普·K. 戈德伯格（Pinelopi K. Goldberg）供职于耶鲁大学经济系；特里斯坦·里德（Tristan Reed）供职于世界银行。

55%下降到 2017 年的 43%。这样的观察结果让政策制定者不禁要问：在一个国际一体化程度降低的世界里，通向发展的道路是什么？

本研究使用一个强调需求侧约束的国家发展模型来回答这个问题。在这个模型中，将持续减贫定义为每天生活费低于 1. 90 美元（按 2011 年购买力平价计算）的人口在五年内保持下降。在这个框架中，不完全竞争公司所采用的规模报酬递增技术与发展联系在了一起，而这些公司则需要支付转换到该种技术的固定成本。新技术的采用启动了一种增加工资的结构转型，在该转型过程中贫困减少了。为了覆盖采用新技术所产生的固定成本，需要产生额外的需求，这些需求可能来自国内或者国际市场。重要的是，即使在主要服务于国内需求的部门（如服务业），也可以实现规模经济；在这种情况下，来自可贸易部门的出口的作用是，它们可以创造收入并将其转化为对所有部门的额外需求，包括那些不可贸易部门。在本研究用于激励实证分析的一般均衡模型中，由家庭广泛拥有企业利润而产生的需求增加是财富和收入公平分配从而提高劳动生产率的关键渠道。在本研究使用的一般均衡模型中，家庭对公司利润的所有权引发需求增加是一个关键的渠道。通过这一渠道，公平的财富和收入分配可以提高劳动生产率，而这也驱动了本研究的实证分析（Murphy，Shleifer and Vishny，1989a）。

国际市场规模的测算基于新的具有法律约束力的国际贸易协定条款数据库，包括关税及贸易总协定（GATT，以下简称"关贸总协定"）、世界贸易组织（WTO，以下简称"世贸组织"）的各项协定，以及霍夫曼、奥斯纳戈和鲁塔（Hofmann，Osnago and Ruta，2017）记录的 279 项优惠贸易协定（PTAs）的条款。这些条款主要确立了与货物和服务贸易有关的权利，但也涉及资本、观念和劳动力的流动，这些共同构成了国际经济的法律架构。一个国家的一体化国际市场的规模是通过对所有贸易伙伴的人口和收入的加权求和计算出来的，贸易伙伴的权重是与该国签订的经济一体化条款的数量。按照这一标准，撒哈拉以南非洲已经接触到世界上收入相对最高的国际市场。虽然在研究样本中，一体化国际市场的人均收入相对于国家收入快速下降，但是我们发现一体化国际市场对于减贫的影响是正向的、大幅度的，且在统计上具有显著性。这表明，过去国际一体化为贫穷的国家消除贫困提供了一条道路。这些结果与现有的证据高度相关：最初贫穷的国家的贫困率往往下降得更慢（Ravallion，2012）。

在反事实分析中，本研究将一体化国际市场的规模设为零，这使我们能够单独考虑国内市场规模对持续减贫的影响，这就量化了在一体化程度较低的经济体中实现发展的前景。国内市场的规模以收入分配的函数来衡量，以中产阶级人口所占的份额作为总结性代表指标，而中产阶级是按照哈拉斯（Kharas，2017）的定义，即按2011年购买力平价计算，每天生活费为11～110美元的人。本研究对中产阶级使用绝对定义，而非相对定义，反映了这样一种假设：各国的规模报酬递增技术是相同的。与国际市场的规模一样，中产阶级的份额对持续减贫具有显著的正向影响①。

本研究的实证框架受到产业组织文献的启发，特别是布雷斯纳汉和赖斯（Bresnahan and Reiss，1991），他们开发了一种基于不完全竞争市场中报酬递增的企业的利润函数来估计行业进入门槛的方法。他们的方法在本研究的情景中特别有用，因为在估计可变利润和固定成本参数时不需要市场价格的数据，而我们计算盈亏平衡点正需要可变利润和固定成本参数。通过这种方法，可以估计，如果市场人群的购买力低于全球中产阶级，那么持续减贫的市场规模门槛是3.28亿人。

在一体化国际市场规模为零的情况下，2011～2015年低收入和中低等收入国家的普通居民所生活的市场规模不足以实现持续减贫，因为这些国家的中产阶级还不够多。对于研究样本中一个平均水平的国家来说，中产阶级人口比例每增加10%，就相当于人口增加5 400万人。因此，对于人口少的国家来说，平等显得格外重要。这表明，如果国际一体化在持续减贫中的重要性确实下降，那么贫困国家要消除贫困，决策者必须注重均衡收入的分布，例如用税收（正如本文分析的模型所暗示的那样）或者给穷人重新分发产权来促

---

① 中产阶级的下限（每天11美元购买力平价）和贫困的上限（每天1.90美元购买力平价）之间的巨大差距，确保了这两个状态中的人口份额之间的关系不是机械的。其他人已经研究过中产阶级的其他定义。例如，伯德索尔、格雷厄姆和佩蒂纳托（Birdsall，Graham and Pettinato，2000）和伊斯特利（Easterly，2001）相对于国民收入分配，定义了每个国家的中产阶级（分别为收入中位数的0.75～1.25和消费的20分位数到80分位数）。班纳吉和迪弗洛（Banerjee and Duflo，2008）以及拉瓦利恩（Ravallion，2009）研究了国家特定的替代定义，可能适用于不同的收入水平（分别为2～4美元/天和6～10美元/天；或者发展中国家的中产阶级定义为收入高于发展中国家的贫困线，而西方的中产阶级收入高于美国的贫困线）。如本文所述，采用与发达国家生活水平挂钩的绝对门槛在私人部门更为常见，例如考虑是否进入某个市场的零售商。关于这是利润最大化的观点，请参见西马尼斯（Simanis，2012）对"金字塔底部"零售策略的评论。

进平等。

在方法论上，本研究与经济增长文献中的一种特定方法相关。在这种方法中，研究人员确定了一组在一段时间内表现异常出色的国家，然后将它们与世界其他地区进行比较。在增长与发展委员会的报告中，斯彭斯等（Spence et al.，2008）确定的13个经济体自1950年以来年均GDP累计增长超过7%，并持续了25年以上[①]。韦尔克（Werker，2012）研究了所有实现超过8年两位数增长（每年超过10%）的国家，并发现，其中近2/3的时期或是战争后的复苏，或是资源繁荣时期，特别是有很多由石油繁荣驱动的时期。豪斯曼（Haussman et al.，2005）通过识别每年增长率变化大于或等于2个百分点的所有时期，识别出增长加速的时期。同时，如果一段时间的年增长率超过3.5%且最后的收入高于该期间的最高收入，就将这连续7年的数据编码为1，否则为0。他们发现，这种加速是高度不可预测的。在所有研究中，观察到增长的年份是允许变化的，并且研究的时间长度都超过了5年。相比之下，本研究的方法在时间上是固定的，每个时期都包含一个互不关联的五年窗口期（例如，1981~1985年、1986~1990年等）。这种方法使我们在选择时间窗口时不能不成比例地描绘某一特定国家的表现的正面或负面情况。这也意味着本研究的预测与政府作出决定的相对较短的时间范围是相关的。

本研究对几类不同的文献都有所贡献。首先，对可持续减贫的关注与贫困动态的文献有关，这些文献所研究的是特定的国家（Ferreira, Leite and Ravallion，2010）和家庭（Carter and Barrett，2006；Baulch and Hoddinott，2000）。这类文献的一个关键信息是，家庭会反复地脱贫和返贫，而永久脱贫比脱离贫困后再次返贫罕见得多（Shepherd and Diwakar，2019）。纵观各经济体，在一半以上的时间里，一经济体在总体水平上持续实现减贫。本文的研究结果还强调了发达经济体商业周期对发展中经济体减贫的影响有限，至少在2006~2010年和2011~2015年窗口期内是如此。这期间发达经济体经历了金融危机和增长减速，但这些年仍是发展中经济体持续减贫表现最好的年份。

其次，本文补充了大量有关不平等、贫困和增长的文献。我们发现，在低

---

① 这些经济体包括博茨瓦纳、巴西、中国、印度尼西亚、日本、韩国、马来西亚、马耳他、阿曼、新加坡、泰国、中国台湾和中国香港。

收入水平下，平等和减贫在一定程度上是齐头并进的，这一结果与巴罗（Barro，2000，2008），以及奥思特锐、伯格和桑加雷斯（Ostry，Berg and Tsangarides，2014）的结论大体一致。我们在这方面的工作与德赛和哈拉什（Desai and Kharas，2017）的研究密切相关，他们强调中产阶级在减贫中的重要性。这些研究者使用 1870 年以来的历史数据来探索中产阶级和减贫之间的关系，而我们关注的是较近的、以全球一体化不断增强为特征的时期，并使用反事实模拟量化了中产阶级在持续减贫中的作用。

再次，本研究对贸易政策对贫困影响的文献有所贡献（Autor，Dorn and Hanson，2016；Topalova，2010；Harrison，2007；Goldberg and Pavcnik，2004；Winters，McCullopch and Mckay，2004）。本文引入了一种衡量一体化国际市场规模的新方法，在模型中预测了持续的减贫。该指标补充并扩展了萨克斯和华纳（Sachs and Warner，1995）以及瓦齐亚尔和韦尔奇（Wacziarg and Welch，2008）的数据集，这些数据集确定了经济自由化的具体年份。根据基于相关条约度量的自由化指标，一个国家一旦签署贸易协定就可以进入某些国际市场，所以当其他数据集认为一些国家是封闭的时候，它们实际上在部分年份是开放的。尽管根据 1981 年的衡量标准，许多国家处于封闭状态，但鉴于联合国的成员国几乎全部都加入了世界贸易组织，从今天来看，几乎没有一个国家当时处于完全封闭的状态。

最后，尽管企业层面收益递增的模型假设供应方面存在约束，如资本市场的不完善，这解释了为什么一些国家仍然贫穷（Banerjee and Duflo，2005），但是本研究的框架并不依赖于这样的假设。本研究的需求侧框架表明，市场规模较小本身可能解释了一国仍然贫穷的原因。此外，这种平衡在本研究的特征框架中是独一无二的。来自中小企业成长的实证文献（Woodruff，2018）有力地证明了需求侧约束。虽然十年来对供给侧干预的研究，如小额信贷（Banerjee，Karlan and Zinman，2015）和商业培训（McKenzie and Woodruff，2014）发现了大多数令人失望的效果，但一项新兴文献发现提高需求可能会有效促进生产率增长（Alfaro-Urena，Manelici and Vasquez，2020；Atkin，Khandelwal and Osman，2017；Ferraz，Finan and Szerman，2015）。

本文后续内容安排如下：第二部分介绍了概念框架，引出了第三部分的实证策略。在第四部分中，描述了将数据带入模型的变量，即持续减贫、中产阶级的份额以及一体化市场的相对规模。第五部分呈现了实证结果。第六部分讨论了在一个没有国际一体化的经济体中对市场规模的反事实估计。第七部分给出结论并提供了一些对政策影响的思考。

二、概念框架

我们把发展定义为持续减贫。虽然有许多指标可以概括一个国家的进步，但减贫可以说是衡量一个国家步入发达经济体轨道的最佳指标。消除贫困是世界银行两大目标中的首要目标，也是联合国可持续发展目标中的首要目标。所有发达经济体都消除了极端贫困。

出于实际目的，世界银行对极端贫困消除的定义是，每日生活费少于1.90 美元的人口总数降至总人口的 3% 以下。所以，需要认识到，即使在发达经济体，仍将存在一些小规模的贫困人口。PovcalNet 的最新数据显示，美国的极端贫困人口占 1.25%，日本占 0.22%，德国占比为 0。

本研究的重点是两个重要的发展阶段之间的过渡期，遵循刘易斯（W. Arthur Lewis）等的传统，分为一个极端贫困阶段和一个没有极端贫困阶段。在这个框架下，经济有两种可选的生产技术，一种是规模收益不变的，另一种是规模收益递增的①。当企业为采用递增报酬技术支付固定的安装成本时，企业就得到了发展，这导致劳动生产率提高。即使穷人不在采用新技术的公司工作，也会因为付给所有工人的普通工资提高而有助于减少贫困。这一框架的主要含义是，发展需要一个市场规模的门槛——如果没有足够的需求，一家公司采用回报递增的技术将无法达到收支平衡。发展通过以下的门槛跨越模型给出：

$$D = 1(\textstyle\prod > 0) \tag{1}$$

其中，$\prod$ 是规模报酬递增部门的利润。

---

① 班纳吉和迪弗洛（Banerjee and Duflo, 2005）提出了一个类似的发展模型，在这个模型中，企业选择升级为一种新技术，并强调了资本市场的不完善在阻止采用这种技术方面所起的作用。

国际市场允许企业达到最小有效规模的观点在贸易理论中得到了很好的证实（Helpman and Krugman，1985）。然而，在原则上，一个足够大的国内市场也可以允许公司使用报酬递增的技术来达到收支平衡。墨菲、施莱弗和维什尼（Murphy，Shleifer and Vishny，1989a）提供了一个模型来解释这一现象，其中一个具体的机制是，来自农业生产率或出口的正向收入冲击的影响取决于社会中个人的初始持股。当公司的股票在人口中更公平地分配时，社会就会发展得更快，从报酬递增部门产生的利润提高了边际消费倾向。这一模式表明，即使在没有贸易的情况下，庞大的内部市场也可以提供发展的途径。决定这个市场规模的中产阶级是最初的财富冲击和公司所有权最初相对公平分配的内生结果①。这些想法意味着，市场规模的门槛可以通过以下几个方面的组合来实现：（1）庞大的人口；（2）公平的收入分配；（3）庞大的国际市场。

挪威就是一个例子。挪威的石油勘探始于 1963 年，并于 1969 年发现了石油。由于最初的收入分配更加公平，该国的发展比其他国家更快。1960 年，该国的人均收入为 23 167 美元（按 2010 年美元计算）。在发现石油多年后的 2018 年，其人均收入翻了近两番，达到 92 077 美元。根据《卢森堡收入研究》（*Luxembourg Income Study*），1979 年挪威的基尼系数相对较低，为 26.8，这是可获得数据的第一年，表明收入分配相对平等。相比之下，同样在 20 世纪 70 年代发现大量石油的墨西哥，其 1984 年的基尼系数要高得多，为 48.4，这表明其不平等程度相对较高。1960 年，墨西哥的人均收入为 3 907 美元，2018 年仅增长了约 2.7 倍，至 10 403 美元。

三、实证策略

本研究的实证策略是基于式（1）的门槛跨越模型，采用的是跨国面板数据。研究面临的挑战是估算回报递增部门的利润函数，此后就可以计算国内和

---

① 为了明确起见，我们注意到这个模型中的均衡是唯一的。因此，这不是一个和本文话题类似的一些论文（Murphy，Shleifer and Vishny，1989b）所探讨的多重均衡的环境，即一个高发展的均衡和一个低发展的贫困陷阱均衡并存的环境。克雷和麦肯齐（Kraay and McKenzie，2014）认为，这种贫困陷阱的经验证据有限，尤其是在影响整个经济的规模方面。

国际市场规模对持续减贫的相对贡献。布雷斯纳汉和赖斯（Bresnahan and Reiss，1991）提出了一种方法，在价格和数量数据都不可用的情况下，估计利润最大化企业的利润函数。本研究基于这一方法对规模收益递增部门的利润函数进行建模，同时让因变量 $D = D_{it}$，作为 i 国在以 t 为标记的 5 年期间实现持续减贫的指标。

假设国家 i 在时间 t 规模报酬递增部门的利润为：

$$\prod_{it} = S(M_{it}, \lambda) \times V(Z_{it}, W_{it}, \beta) - F(W_{it}, \gamma) + \varepsilon_{it} \qquad (2)$$

其中，λ、β、γ 是利润函数的参数，M_{it} 是捕捉市场规模的变量。Z_{it} 和 W_{it} 分别是人均需求和转换安装成本，ε_{it} 捕捉了观测不到的影响利润的因素。对应于墨菲、施莱弗和维什尼（Murphy，Shleifer and Vishny，1989a）的函数形式，其中用中产阶级的支出乘以出口或农业生产率的利润来确定工业化水平。

函数 S 概括了由人口、收入分配和国际一体化所决定的国内和国际市场。假设一个如下的线性函数：

$$S(M_{it}, \lambda) = M_{it}\lambda = 人口_{it} + \frac{\lambda_1 中产阶级占}{总人口的比例_{it}} + \frac{\lambda_2 一体化市场}{的相对人口_{it}} + \frac{\lambda_3 一体化市场}{的相对收入_{it}}$$

$$(3)$$

在每个数据窗口中，所有变量都是预先确定的，t 指的是五年期间的第一年。设 $S(M_{it}, \lambda)$ 中人口系数为 1，因为 V 包含常数项。这个标准化处理将市场需求单位转化为人口单位，使得 S 有了一个简单的解释。这样，对市场规模的定量估计根据消费少于中产阶级的人群就更容易解释了，在估计之前要从人口中减去中产阶级的人数[1]。

V 代表平均利润变量，被建模成经济变量 $X_{it} = [Z_{it}, W_{it}]$ 的函数。假设：

$$V = X_{it}\beta = \beta_1 + \beta_2 出口增长_{it-1} + \beta_3 农业生产率增长_{it-1} \qquad (4)$$

其中，$t-1$ 指的是过去五年的增长，X_{it} 中包含了变量来解释各国规模报酬递增部门的平均利润差异。最后，在"固定成本"项下既包含固定生产成本又包含固定进入壁垒的变量。假设：

---

[1] 这一决定对 λ 的估计没有很大的影响。

$$F = W_i^L \gamma = \gamma_1 + \gamma_2 \text{热带气候}_i + \gamma_3 \text{沙漠气候}_i + \gamma_4 \text{到海岸的距离}_i$$
$$+ \gamma_5 \text{地势崎岖度}_i + \gamma_6 \text{英国法律起源}_i + \gamma_7 \text{法国法律起源}_i \quad (5)$$

其中，W_i^L 中的变量包括可能影响启动或进入成本的预先确定的因素。布雷斯纳汉和赖斯（Bresnahan and Reiss，1991）研究非贸易服务，使用农地价格来捕捉土地成本的市场间差异。各国土地成本的一个自然指标是气候，它可能通过经常性的降雨影响土地价格，这可能会降低房产价格，减缓建设和维修速度。因此，前两个控制项是热带气候的土地面积百分比和沙漠气候的土地面积百分比。当然，众所周知，热带国家长期经济表现不佳，这或许是由于地理劣势（Sachs，2001），或是与历史冲击因素的相互作用，如殖民主义（Acemoglu, Johnson and Robinson，2001）。因此，将固定成本变量解释为针对制度或技术长期决定因素的控制，而非结构化的参数。在另一种可选设定中，还在模型中包含了到海岸的距离（Rappaport and Sachs，2003）和地势崎岖度（Nunn and Puga，2012），以及法律起源的虚拟变量（La Porta, Lopez-de Silanes, Shleifer and Vishny，1999）。

ε_{it} 进一步被假设为零均值的正态分布变量，结合式（1）的门槛条件，得到一个 probit 模型，其中，发展的概率取决于市场规模、需求和成本：

$$\Pr(D_{it} = 1) = \Pr\left(\prod_{it} > 0\right) = \Phi\left(\overline{\prod}_{it}\right) \quad (6)$$

其中，D_{it} 是一个指标，如果国家 i 在时间 t 内一直持续减贫，那么等于 1，否则等于 0。$\overline{\prod}_{it} = \prod_{it} - \varepsilon_{it}$，$\Phi(\cdot)$ 是正态累积分布函数。我们使用极大似然估计这个模型。

估计的市场规模门槛为：

$$\hat{S} = \frac{\overline{X}^L \hat{\gamma}}{\overline{X} \hat{\beta}} \quad (7)$$

上划线表示样本平均，上尖线表示 probit 模型的估计值。通过设置 $S(M_{it}, \hat{\lambda}) = \hat{S}$，有可能确定哪种反事实的 M_{it} 组合足以使一个国家实现发展。

四、数据和测算

本研究把 347 个经济体五年期间的样本称为持续减贫样本。它包括 93 个经济体 1981～2015 年的数据，五年为一个周期，即 1981～1985 年、1986～1990 年、1991～1995 年、1996～2000 年、2001～2005 年、2006～2010 年、2011～2015 年。这个样本包括发达经济体，以及 PovcalNet 数据中那些贫困人口占比常年低于 3% 的经济体。发达经济体无法提供任何有关持续减贫的信息，因为贫困（按照世界银行的定义）在观察到的所有年份里都已被消除。本研究构造了三个新的变量来估计实证模型。第一个是结果，这是一个二元变量，表明一个经济体在五年期间是否经历了持续的极端贫困减少。第二个是根据国际贸易协定具有法律约束力的条款，衡量国际市场的相对规模。第三个是衡量经济体内部市场规模，我们将其定义为一经济体的人口在全球中产阶级中所占的比例。本部分将解释这些变量是如何构建的，并建立一些关于它们如何随时间变化的特征事实。

现有数据集被用来衡量可变利润和固定成本的组成部分。出口增长是可变利润的第一个决定因素，为了计算出口增长，使用世界银行的商品和服务出口系列数据作为 GDP 的一部分（世界发展指标中的 NE. EXP. GNFS. ZS）①。对于可变利润的第二个决定因素——农业的劳动生产率增长，使用美国农业部经济研究服务局的国际农业生产率系列数据（Fuglie et al.，2012）。对于固定成本的地理成分，使用努恩和普加（Nunn and Puga，2012）的数据：热带气候的土地份额、沙漠气候的土地份额、到无冰海岸的平均距离和地形崎岖度。对于法律体系的起源（即英国法律起源或法国法律起源），使用拉波特、洛佩兹–德西拉内斯、施莱弗和维什尼（La Porta, Lopez-de Silanes, Shleifer and Vishny，1999）的数据。

---

① 对于没有这一系列的六个国家，以国际货币基金组织的商品、服务和基本收入出口系列（BX. GSR. TOTL. CD）作为补充，在大多数情况下数据与世界银行系列相当。补充数据的国家有吉布提、埃塞俄比亚、斐济、伊朗、莱索托、圣多美和普林西比。

（一）持续减贫

用于构建结果变量 D_{it} 的数据来自 PovcalNet，该数据报告了一个国家的极端贫困人口总数，即按 2011 年的购买力平价计算每日生活费少于 1.90 美元的人口比例，2011 年是有家庭调查数据的年份。各国的人员统计数据可通过以下四个步骤转化为一系列持续减贫进展。第一，对于国内人口数缺失的年份，在年份之间估计一个线性趋势，并用于插值缺失的数据。第二，将数据划分为七个相互排斥的五年周期。第三，对于所有年份，都创建了一个指标，说明人口是否比前一年更少，参考观测值或插值的数值。第四，这一指标是用来建立整个期间持续减贫的指标。如果插值并观察到五年内所有年份的贫困都在下降，就将该时期的指标赋值为 1。如果贫困人数每年都没有减少，将变量设为 0。如果在所有五年中没有观察到的或插值的人口，该指标在这期间就为缺失。

要了解这一框架如何运作，可以看看安哥拉和尼日利亚这两个高度贫困的大国的例子。安哥拉只统计了两次极端贫困人口数据，2000 年为 32.3%，2008 年为 30.1%，使用线性插值法，因此只观察到 2001～2008 年每年持续的贫困减少。当将数据划分为期间时，只有 2001～2005 年这五年能观察到人数变化。因此，这是唯一能够为安哥拉编码的时期：这一时期持续减贫的编码为 1，因为线性趋势总是为负，并设置安哥拉的编码在所有其他时期为缺失。在尼日利亚，贫困人口统计在 1985 年、1992 年、1996 年、2003 年和 2009 年进行了五次。因此，我们能够在 1986～1990 年、1991～1995 年、1996～2000 年和 2001～2005 年得到编码。在这些时期，该国的贫困率确实有所下降，但仍然将所有时期的编码定为 0，因为这些下降在四个时期中的任何一个时期都不是连续的。具体来说，1996～2003 年贫困率从 63.5% 下降到 53.46%。然而，贫困率在 2009 年略有上升，达到 53.47%，鉴于 2003～2005 年的内插增长，2001～2005 年期间被编码为 0。同样，由于 1996 年的人口统计意味着贫困率较 1992 年的 57.1% 有所上升，1995～2000 年也被编码为 0，因为内插的贫困趋势在 1995 年增加。这些例子突出了在国家层面测算贫穷变化所面临的一个挑战，即统计机构可能不经常发布数据。

为了总结这些结果，图 1 显示了六个地区在五年间持续推动减贫的进展及所占份额。值得注意的是，在大多数地区，大多数年份的这一比例都在 50%

以上。这反映了过去 40 年全世界在消除极端贫困方面取得的巨大进展。例如，在特定区域的四个特定阶段，100% 的国家实现了持续减贫：中东和北非地区的 1985～1990 年和 2006～2010 年，南亚地区的 2006～2011 年和 2011～2015 年。有趣的是，2006～2010 年这段时间涵盖了最近起源于美国的危机的大部分时间，对全球减贫来说，这似乎并不是一个特别糟糕的时期。这凸显出发达经济体和发展中经济体之间的周期分离。有两个时期的减贫表现不佳，分别是撒哈拉以南非洲的 1981～1995 年，以及拉丁美洲的 1985～2005 年。

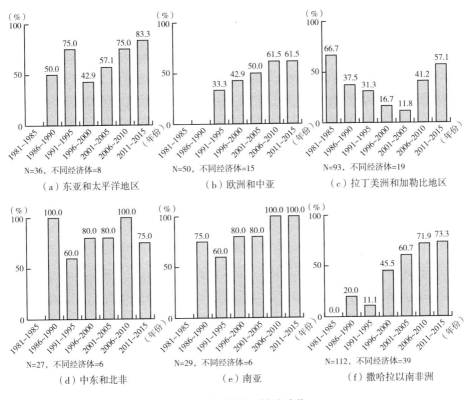

图 1　五年期间的持续减贫

注：N 是指每个地区的"五年期"数量。该样本包括来自 93 个不同经济体的 347 个五年期间，不包括发达经济体，即在样本中所有时期处于极端贫困人口占比不到 3% 的经济体。极端贫困减少是指按 2011 年购买力平价计算生活费低于每日 1.90 美元的人口所占比例的持续下降。假设多年调查数据之间的贫困人口比例变化呈线性趋势。

众所周知，非洲在此期间的表现不佳，但为什么拉丁美洲和加勒比地区持续的减贫水平也如此之低？一个可能的原因是，在这些地区，贫困调查通常衡量的是收入，而不是消费，这可能会引入测量误差。假设家庭有一些储蓄或者可以接触信贷市场，人们预估的收入波动性将大于消费，因为随着时间的推移，收入的冲击会逐渐缓和。例如，在欧洲和中亚，54%的人口统计来自收入调查，而不是消费调查，在拉丁美洲和加勒比地区，这一数字为98%。然而，在撒哈拉以南非洲，只有2%的人口是基于收入调查的，而在中东和北非，没有人口是基于收入调查的。因此，在对模型的估计中，本研究考虑了一个额外的范式，去掉了从收入调查中得到的观察结果。虽然标准误差在删除这么大一部分数据时有所增加，但基本结论仍然是可靠的。

衡量持续减贫的另一个挑战是，调查的频率也可能在测算中引入误差。例如，在人口统计数据为 0 或 1 的时期（安哥拉和尼日利亚的所有时期都是如此），将不可能看到人口统计的短期增长（例如 1~2 年），因为这种增长不会持续到以后的年份。因此，由于观察到的波动性较大，家庭调查越频繁的国家，持续减贫的情况似乎就越少。在研究结果中还给出了一个估计的范式，同时去掉了 131 个观测值，这些观测值在五年期间拥有两年以上的数据，它们占样本的37%。这些观察结果受短期波动影响最大。

在经济学中有一个强有力的假设，即劳动生产率的增长和减贫是密切相关的。为了检验这种关系是否在本研究的数据中得到证实，我们比较了持续减贫和实际人均 GDP 持续增长的情况，后者被认为发生在实际人均 GDP 在一段时期内完全没有减小的情况下。为了防止对人均 GDP 的观察频率影响研究结果，我们只考虑测算贫困人口数量的年份的人均 GDP，并在年份之间插值计算人均GDP，就像我们对人口数量所做的那样。研究发现，持续的人均 GDP 增长似乎确实与持续的减贫呈正相关，在 76% 的减贫成功的案例中，该国也实现了持续的人均 GDP 增长。然而，更有趣的是，尽管存在这种正向的关系，仍然有 82 个时期（占样本的 23%）在没有持续减贫的情况下实现了 GDP 的持续增长。减贫和 GDP 增长虽然呈正相关关系，但并不必然相伴而行。

（二）国际市场规模

本研究开发的第二个数据集是每个国家国际市场的相对收入和人口的数据库，由贸易协定的签署定义。本研究通过汇总所有其他国家的人口和收入来定义每个国家的全球市场，并根据该国与所有其他国家之间的多边协议中具有法律效力的条款的数量进行加权。对于本研究来说，这个方法有三个主要优点。首先，它使我们能够直接衡量国际一体化条约的影响，因为参与这些条约是政府的一种政策选择。贸易自由化的其他分析（Sachs and Warner，1995；Wacziarg and Welch，2008；Easterly，2019）通常关注的是政策决定（如放开出口部门的国家垄断）和贸易结果（如贸易占 GDP 的比例异常低）的混合。通过特别关注由贸易协定实现经济一体化的政策决策，确保本研究的反事实与政府实际控制范围内的政策相联系。其次，由于我们是根据 GDP 和人口来计算市场规模的，因此这个方法可以直接估算与人口更多的市场整合的相对价值。最后，我们的方法能够利用由于其他国家加入一项贸易协定而造成的市场规模的差异。

1. 具有法律效力的多边贸易协定的核心条款

本研究对市场规模的测算基于对两国间贸易协议深度的衡量，也就是协议中涉及国际贸易不同领域（如货物、服务、资本、劳动力和观念流动）的条款的数量。本研究关于条款的数据主要来自霍夫曼、奥斯纳戈和鲁塔（Hofmann，Osnago and Ruta，2017），他们对所有生效的 279 个区域贸易协定的所有条款的法律内容进行了编码，并于 2015 年通知世贸组织。他们的数据建立在霍恩、马夫罗依迪斯和萨皮尔（Horn，Mavroidis and Sapir，2010）为涉及美国和欧共体的优惠贸易协定所发展的方法之上。本研究对三个主要的国际（而非区域）贸易协定，包括关贸总协定、世贸组织的各种协定和政府采购协定（GPA）的相关条款进行编码，以补充他们的工作。

首先，在研究中纳入了保护货物和服务、劳动力、资本和观念流动的权利规定。货物贸易的权利，如获得最惠国关税的权利，已经执行了一段时间，主要是根据关贸总协定第 1 条，以及之后的世贸组织的规定。与服务贸易有关的权利的确立仍然限于《服务贸易总协定》所涵盖的主要部门未包括在内的领域，如海事服务。强制执行劳动力和资本流动的条款是最罕见的。例如，签证和庇护规定只在区域贸易协定中受到保护，如欧共体或西非国家经济合作组织（西非共同体）。在某些优惠贸易协定下，资本自由流动的权利直到最近才出现，如有关要求当地成分的禁令和保护利润汇回的权利。此外，一些条款通过有争议的知识产权保护来强制执行观念的流动性，如在消费者福利可能遭受重大损失的制药行业（Chaudhuri，Goldberg and Jia，2006）。

其次，这些协议还附加了保护特定权利的条款，限制了政府撤销这些权利的自由裁量权。例如，《补贴与反补贴措施协定》（ASCM）赋予取消补贴或消除其不利影响的权利。在经过调查后，如果发现受补贴的进口产品损害了国内生产商，各国还有权对这些产品征收反补贴税。有一种观点认为，特别是关于观念资本和服务流动性的条款，贸易协定已经被富裕国家的商业精英所控制（Rodrik，2018），并不一定是为发展中国家服务的。鉴于此，我们将任何观察到的加入一个协议的影响解释为潜在的正向和负向影响抵消后的净影响。

一个问题是，本文采取的法律决定的市场一体化度量方式与文献中其他自由化度量指标相比如何。根据统计，1981 年联合国会员国中有 67 个封闭的经济体。这些经济体中只有四个（博茨瓦纳、厄瓜多尔、约旦和泰国）被萨克斯和华纳（Sachs and Warner，1995）以及瓦克齐亚格和韦尔奇（Wacziarg and Welch，2008）列为是开放的。然而，他们的分类更有可能将经济体归类为是封闭的，即使在我们的样本中它们看起来是开放的。例如，瓦克齐亚格和韦尔奇（Wacziarg and Welch，2008）认为中国和印度在 2001 年是封闭的，尽管印度从 1995 年就成为世贸组织成员，从 1948 年就成为关贸总协定成员。中国在 2001 年加入世贸组织。根据本研究基于条约的开放分类，很少有经济体在 2015 年仍然是封闭的，其中三个最大的经济体是阿富汗、伊朗和朝鲜，另外还有一些非常小的经济体，后者经常有特殊的海关协议（例如，摩纳哥与法国、马绍尔群岛和帕劳与美国），可能排除多边协议获得市场整合的必要性。而阿富汗于 2016 年 7 月加入世贸组织。

2. 相对市场规模

本研究利用国家间签署的成对条款来构建一个具体的衡量国际市场相对规模的指标。我们的相对市场规模指标同时使用了人均收入（income）或以当前美元计算的人均 GDP（世界发展指标中的 NY. GDP. MKTP. CD 序列）和人口（population）（SP. POP. TOTL 序列）。在形式上，对于每个一体化市场 M 和国家 i 在年份 t 的人均收入和人口为：

$$\text{income}_{it}^{M} = \sum_{j} \rho_{ijt}\,\text{income}_{jt}$$
$$\text{population}_{it}^{M} = \sum_{j} \rho_{ijt}\,\text{population}_{jt} \tag{8}$$

其中，有效条款 ρ_{ijt} 等于在 t 年国家 i 和国家 j 之间签署的有效条款的数量，最多的是 32 个。利用这些统计数据，计算出每个国家每年一体化市场的相对规模，包括人口和收入：

$$一体化市场的相对人口_{it} = \frac{population_{it}^{M}}{population_{it}}$$

$$一体化市场的相对收入_{it} = \frac{\dfrac{income_{it}^{M}}{population_{it}^{M}}}{\dfrac{income_{it}}{populaion_{it}}} \tag{9}$$

图 2 显示了这些变量每年按该国人口加权后的区域平均值。从图中可以看到，各个地区国际综合市场的相对规模是如何随时间变化的。每条线都是当年相对市场规模的人口加权平均值。一些观察结果引人注意。首先，撒哈拉以南非洲是全球一体化较早的参与者，该地区许多最大的经济体很早就加入了关贸总协定，如南非（1948 年 6 月 13 日）、尼日利亚（1960 年 11 月 18 日）和肯尼亚（1964 年 2 月 5 日）。直到 1995 年，撒哈拉以南非洲地区被拉丁美洲和加勒比地区超过，这两个地区的相对市场规模从人口上看是最大的。

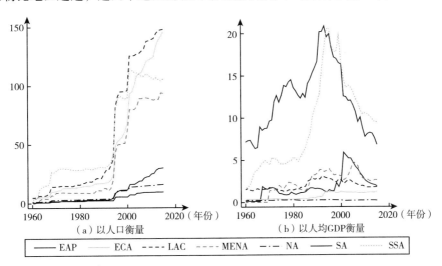

图 2　一体化国际市场的相对规模

注：区域平均值按人口加权。如果一个经济体没有签署任何贸易协定，那么它的相对人口和收入将被设定为 0。EAP = 东亚和太平洋地区，ECA = 欧洲和中亚地区，LAC = 拉丁美洲和加勒比海地区，MENA = 中东和北非地区，NA = 北美洲，SA = 南亚地区，SSA = 撒哈拉以南非洲地区。

其次，南亚和撒哈拉以南非洲地区都与富裕国家共同参与了一体化组织。例如，在整个 20 世纪 80 年代和 90 年代，随着更多的富裕国家加入诸如关贸总协定这样的贸易协定，非洲与之相关的市场规模经历了迅速增长。

最后，各国自身的人均 GDP 和人口增长会影响市场的相对规模。这一点在东亚可以清楚地观察到，随着中国越来越富裕，从人均 GDP 角度来看，东亚市场的相对规模有所下降。此外，还可以看到，随着非洲人口的增长速度超过世界其他地区，撒哈拉以南非洲国际市场的相对人口在 21 世纪是如何下降的。

（三）收入分布

本研究对国内市场规模的测算依赖于收入分配。与基本的概念框架一致，本研究将"国内市场规模"与在全球中产阶级人口中所占的份额挂钩，这一统计数据既取决于平均收入，也取决于平等程度。本研究假设各国具有相同程度的潜在规模收益递增趋势，并根据哈拉斯（Kharas，2010，2017）的研究定义全球中产阶级，他提出以 2011 年的购买力平价衡量，每天消费 11 ~ 110 美元即为中产。按照该标准，中产阶级的下限刚好是葡萄牙和意大利的国家平均贫困线，上限是卢森堡中等收入的两倍。也就是说，要成为全球中产阶级，一个人在最贫穷的富裕国家不会是穷人，同样在最富裕的国家也不会是富人。接下来，我们将采用上述界限，估计中产阶级所占的份额。

为了衡量平等程度，我们使用了基尼系数（G_{it}），这是衡量平等程度的标准指标，同样来自 PovcalNet，它与我们测算持续减贫的指标一致。至于平均收入，使用的是佩恩表 9.1（Penn World Tables 9.1）中的实际人均 GDP 数据。考虑到可能存在最高分布收入报告缺失的问题，并且我们感兴趣的部分正是分布的中间和顶端，特别是在低收入和中低等收入国家，因此选择了基于家庭调查的收入数据（Deaton，2005；Ravallion，2003）。为了结合我们对平等和收入的测算来得到中产阶级的估计，我们做了一个参数假设，即国家内部的收入呈对数正态分布。平科夫斯基和萨拉马丁（Pinkovskiy and Sala-i-Martin，2009）的研究表明，对数正态分布对大多数国家的收入分布都有很好的拟合，其分布与核密度估计得到的分布非常相似，而且更适合伽马分布和威布尔分布，这两种选择也有两个参数。

假设个体每天的收入 y 按 $\ln y \sim N(\mu_{it}; \sigma_{it}^2)$ 分布，所以：

$$\mu_{it} = \ln\!\left(\frac{\overline{Y}_{it}}{365}\right) - \frac{\sigma_{it}^2}{2},$$

$$\sigma_{it} = \sqrt{2}\,\Phi^{-1}\!\left(\frac{G_{it}+1}{2}\right) \qquad (10)$$

其中，$\Phi^{-1}(\,\cdot\,)$ 是累计正态分布的反函数。艾奇森和布朗（Aitchison and Brown，1957）首次提出了基尼系数和对数正态分布参数之间的联系，克罗和清水（Crow and Shimizu，1987）对基尼系数的性质进行了综述。

$$中产阶级的人口份额 = \Phi\!\left(\frac{\ln(110)-\mu_{it}}{\sigma_{it}}\right) - \Phi\!\left(\frac{\ln(11)-\mu_{it}}{\sigma_{it}}\right) \qquad (11)$$

人们常说，高收入与平等之间存在一种取舍关系。本研究将说明，如果一个政府关注中产阶级，它就不需要面对这样的取舍。

图 3 显示了在 1981~1990 年、1991~2000 年、2000~2010 年、2011~2015 年这四个时期一些国家的中产阶级比例。本文展示了两个样本，一个是只使用 PovcalNet 基尼系数的持续减贫样本，另一个是使用米拉诺维奇（Milanovic，2013）基尼系数的世界其他地区样本，在每个国家选取了随时间推移观察量最多的序列。图中的第一种模式显示，虽然在一个低收入水平上，收入和中产阶级在人口中的份额是高度相关的，但是在很大的收入范围内，在对数值为 8~10，或者收入水平为 3 000~22 000 美元时，中产阶级所占份额呈现出很大的分散度。这表明，在给定的收入水平下，平等程度有多种可能。

还有一个引人注意的现象是，随着时间的推移，在富裕国家出现了一些地区的中产阶级收入下降的情况，即这些地区的中产阶级不断萎缩。在最近的一段时间里，一些收入超过 22 000 美元的国家，如爱尔兰、荷兰、挪威、瑞士和卢森堡，其中产阶级占人口的比例不到 50%，其中卢森堡的中产阶级只占人口的 13%。显然，110 美元的上限远低于卢森堡收入中位数的两倍，至少根据我们对该国最近十年收入分配的估计是这样的。本研究的方法与哈拉斯（Kharas，2010）的方法的区别在于，他使用的是平均家庭消费数据，而本研究使用的是人均 GDP。后者包括投资部门（即建筑、机械和设备）的支出，从而增加了平均收入，使得本研究对中产阶级的估计数据比他获得的估计值更大。因此，本研究没有假设在投资或消费部门是否可以获得不同的增长回报。在研究收入分配的尾部时，使用国民账户代替平均收入是最具争议的（Pinkovskiy and Sala-i-Martin，2014）。

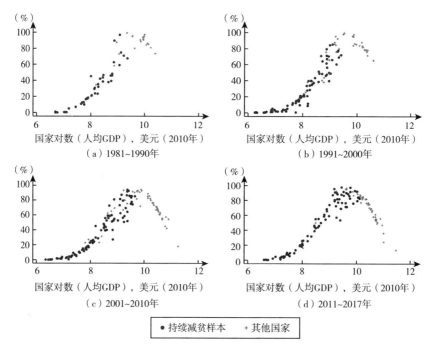

图 3　全球中产阶级份额所占百分比

注：全球中产阶级是指按照2011年的购买力平价计算，每天消费11～110美元的人群。图中每个点是一个国家在同一时间段的平均值。计算中产阶级的份额时，考虑了实际人均GDP和基尼系数，假设每个国家的收入分布是对数正态分布。

五、研究结果

从可视化数据总结开始。图4显示了市场规模变量的样本数据，并与五年期间第一年观察到的人均收入进行了对比。国家人口和一体化市场的相对人口在不同收入的国家间分布广泛，但两者之间没有明确的关系。中国和印度的人口异常值是可见的，一体化市场的相对人口异常值也是可见的，比如吉布提在2011～2015年的一体化市场人口是其国家人口的2 930倍。冈比亚是另一个异类，其相对市场人口为本国人口的1 313倍，博茨瓦纳则为1 218倍[1]。虽然一

---

[1] 博茨瓦纳、吉布提、冈比亚都是世贸组织的成员。冈比亚于1965年加入关贸总协定，博茨瓦纳于1987年加入。吉布提在1994年12月加入关贸总协定，恰在世贸组织成立之前。

体化市场的人口和相对人口在各个收入水平上均匀分布，但国际市场的相对收入在较低的收入水平上迅速下降，在第 9 个对数点，即收入约为 8 000 美元之后趋于平缓。至于中产阶级，在第 7 个对数点（即大约 1 000 美元的收入）之后，差距尤其明显。这表明，尽管平均收入增加了中产阶级人口的比例，但基尼系数仍然造成了巨大的差距。最后，转到收入增长方面，农业生产率和出口冲击似乎在整个收入中均匀分布。

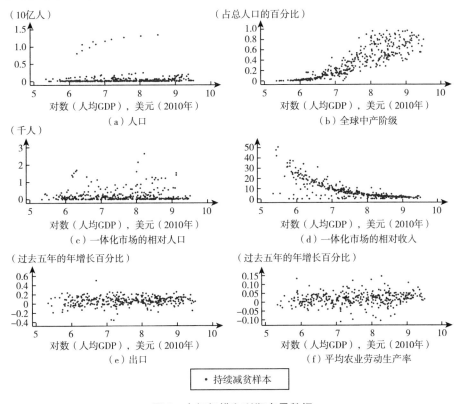

图 4 市场规模和利润变量数据

注：包括所有不发达国家（即样本中所有时期极端贫困人口占比都超过 3% 的国家），1981～2015年共 347 个国家—五年期。所有变量均在每个五年期的第一年计量。对于封闭的经济体，一体化市场的收入和人口为 0。

在估计本研究的概念框架所隐含的利润函数的参数之前，我们总结了数据集中的变量在持续减贫时期和未持续减贫时期之间的差异。从人口开始，显然较大的国家更易出现持续减贫，平均来看，持续减贫的样本的人口要比未持续减贫的样本的多 5 000 万人（p = 0.016）。在持续减贫期间，中产阶级的人数也会增加（p＝0.071）。这些结果为我们的假设提供了一些初步的支持，即国内市场规模很重要。然而，有趣的是，我们没有发现以相对人均收入（p＝0.907）或相对人口（p＝0.122）衡量的国际市场规模有显著差异。这是令人惊讶的，因为在本研究的框架中，国际市场的规模应该会影响减贫。

至于收入增长，研究发现，在持续减贫的情况下，早期的出口增长要高得多，过去五年的年化增长率为8%，而没有持续减贫的时期仅为4%（p＝0.0004）。在这些简单的t检验中，国际市场对贫困的影响似乎取决于出口，而非国际市场的规模。在对利润函数的结构估计中，将研究它们同时包含在同一个模型中的影响。再来看农业，两个样本的农业生产率增长没有显著差异，均为每年2%（p＝0.266）。最后，从固定成本来看，热带气候对减贫具有显著的负面影响，在持续减贫期间，热带气候的平均土地份额要少20个百分点（p＝0.00001）。沙漠气候（p＝0.002）、到无冰海岸的距离（p＝0.036）似乎也是重要的预测因子，但地形崎岖度并不是（p＝0.301）。就法律制度而言，与没有持续减贫的时期相比，源于英国的法律制度在持续减贫时期出现的频率明显更高（p＝0.001），而源于法国的法律制度出现的频率明显更低（p＝0.001）。这些结果与过去的研究一致，过去的研究表明，地理和制度因素是与发展有关的结果的强有力的预测因素。

现在我们来看看门槛模型的估计（如表1所示）。表中的每一列都报告了对每个参数的系数估计，以及对$\hat{S}$的估计，$\hat{S}$是回报递增行业实现盈亏平衡所需的门槛市场规模。在列（1）~列（4）中，该模型的市场规模和可变利润组成部分是相同的，但本研究考虑了固定成本的其他方面，以便探索地理和制度因素如何影响该模型。

表1　　　　　　　　　用不同形式的门槛模型估计的利润函数

因变量		(1)	(2)	(3)	(4)	(5)	(6)
		可持续减贫	可持续减贫	可持续减贫	可持续减贫	可持续减贫	可持续减贫
市场规模（S）	中产阶级（占总人口的百分比）	0.60 (0.08)	0.59 (0.11)	0.56 (0.12)	0.54 (0.07)	0.67 (0.41)	1.49 (2.41)
	一体化市场的相对人口（千人）	0.17 (0.01)	0.18 (0.02)	0.20 (0.03)	0.16 (0.02)	0.12 (0.01)	0.44 (0.22)
	一体化市场的相对收入	0.02 (0.0001)	0.02 (0.0002)	0.02 (0.0002)	0.02 (0.0001)	0.01 (0.0001)	0.02 (0.0007)

续表

因变量		(1) 可持续减贫	(2) 可持续减贫	(3) 可持续减贫	(4) 可持续减贫	(5) 可持续减贫	(6) 可持续减贫
利润 变量 (V)	常数	1.15 (0.34)	0.88 (0.28)	0.81 (0.28)	1.18 (0.35)	1.90 (4.09)	0.49 (0.3)
	出口（过去五年的年 增长百分比）	6.13 (10.96)	5.61 (10.64)	5.72 (12.43)	6.26 (11.45)	9.76 (84.34)	4.95 (25.25)
	农业劳动生产率 （过去五年的 年增长百分比）	-1.69 (19.19)	-0.14 (14.52)	-0.38 (15.7)	-0.66 (22.46)	9.88 (126.17)	-1.11 (18.15)
固定 成本 (F)	常数	0.56 (0.04)	0.28 (0.06)	0.05 (0.11)	0.25 (0.15)	0.24 (0.24)	0.34 (0.28)
	热带气候（占土地 面积的百分比）	0.54 (0.03)	0.65 (0.05)	0.68 (0.06)	0.73 (0.11)	0.79 (0.09)	
	沙漠气候（占土地 面积的百分比）	-1.67 (0.56)	-1.30 (0.65)	-1.35 (0.73)	-0.36 (0.97)	0.36 (0.99)	
	到无冰海岸的距离 （1 000 千米）	-0.02 (0.04)	0.01 (0.04)	-0.10 (0.08)	-0.35 (0.1)		
	地形崎岖度	0.09 (0.01)	0.10 (0.0074)	0.20 (0.0067)	0.09 (0.0067)		
	英国法律起源	-0.58 (0.07)	-0.35 (0.14)	-0.68 (0.14)			
	法国法律起源	-0.02 (0.05)	-0.15 (0.14)	-0.39 (0.15)			
样本		全部	全部	全部	全部	仅消费 调查国家	每个时期最 多观察 2 年
对数似然		-224.3	-214.7	-213.7	-207.6	-118.1	-134.6
接受者工作特性 曲线（AUC）下的面积		0.667	0.708	0.706	0.735	0.770	0.742
市场规模门槛（中产阶级 以外人口，10 亿人）		0.227	0.391	0.371	0.328	0.222	0.371
观测值		347	347	347	347	216	234

注：括号中是渐近标准误差。市场规模也包括了非中产阶级的人口，其系数设为 1。这使得门槛市场的规模可以用非中产阶级的人数来解释。

表 1 列（1）中固定成本常数参数是正的，并且在统计上具有显著意义：$\gamma_1 = 0.56$（标准差 $= 0.04$）。这与规模报酬递增的前提是一致的。在列（2）～列（4）中，为固定成本添加了额外的地理和制度的控制变量。在列（2）中，热带气候的土地份额的系数为正且显著，沙漠气候的土地份额系数为负且显著，表明热带气候提高了固定成本，而沙漠气候降低了固定成本。考虑到热带国家的增长经验，这是符合预期的。在列（3）中，加入了到无冰海岸的距离和地形崎岖度。地形崎岖度的系数是显著的和正向的，说明它提高了固定成本，到无冰海岸的距离的系数是负的，但并不显著。在列（4）中，添加了源于英国的法律制度，这对固定成本有很大的负面影响，减少了相当于 5.8 亿人的固定成本，而法国的法律制度下市场的固定成本没有显著差异。从列（1）～列（4）可以看出，对门槛市场规模的估计增加了 44%，这表明地理和制度因素对发展构成了重大障碍。

本研究利用接受者工作特性曲线（AUC）下的面积来评估这些估计模型的拟合程度①。在列（1）的模型中 AUC $= 0.667$，说明该模型相对于随机猜测具有更好的预测能力。在控制气候变量后，该值增加到 0.708。当加上强度和到无冰海岸的距离时，它实际上降至 0.706，这表明该模型的预测能力反而下降了。增加法律制度体系变量，将 AUC 提高到 0.735。虽然拟合并不完美，但比随机猜测要好。值得注意的是，虽然控制地理和制度后拟合度提高了，但相对于基准模型而言，改进并不大。作为对比，克莱因伯格、拉克拉朱、莱斯科韦茨、路德维希和穆莱纳桑（Kleinberg, Lakkaraju, Leskovec, Ludwig and Mullainathan, 2017）开发了一种机器学习工具，可以使纽约市的法官作出同意或拒绝保释的决定得以改进；它的 AUC 是 0.707。在例子中，模型中的变量是由经济理论选择的，而非是由机器选择的，但是拟合程度并不差。

本研究将重点讨论列（4），因为这是研究首选的估计模型，控制了所有的地理和制度变量。与单变量 t 检验相比，该模型显示出国内和国际市场规模对持续减贫的显著影响。中产阶级占人口份额的系数为 0.54（标准差 $= 0.07$），这意味着中产阶级人口份额从 0 增加到 100%，相当于人口增加了 5.4

———————————

① 接受者工作特性曲线刻画了实证所暗示的真减贫和伪减贫。曲线下的面积可以解释为模型对一个持续减贫的实例和一个没有持续减贫的实例进行正确区分的概率，如果随机猜测的话，正确率为 50%。

亿人。不要忘记变量是经过缩放的，所以该结果可以用平均收入低于中产阶级的人口来解释。

国际市场规模的影响也很大，当用相对人口（以千人为单位）测算国际市场规模时，系数 $\lambda_2 = 0.16$（标准差 $= 0.02$），当用相对人均收入来测算时，$\lambda_3 = 0.02$（标准差 $= 0.0001$）。要了解这些影响的规模，可以考虑人口约为 3 500 万人的阿富汗的情形。假设阿富汗正在考虑是否与它的一个邻国——拥有 2 亿人口的巴基斯坦或拥有 8 000 万人口的伊朗形成一体化市场。就人口而言，伊朗的人口是阿富汗的 2.3 倍，巴基斯坦的人口是阿富汗的 5.7 倍。根据系数估计，开放相同人口的一体化市场，平均市场规模能增加 16 万人。显然如果阿富汗与巴基斯坦形成一体化市场，这个倍数会更大。然而，以同样的人均相对收入加入一个市场，会产生更大的影响。在研究样本中，市场规模相当于增加了 2 000 万人，巴基斯坦的人均收入是阿富汗的 3 倍，即将增加 6 000 万人口。然而，伊朗的人均收入是阿富汗的 10 倍，因此一体化将产生相当于 2 亿多的人口。在这个例子中，如果人口和收入都是一对一解释的，伊朗就是一个更有价值的市场。虽然在人口方面拥有一个巨大的市场会带来好处，但主要的增加值来自贸易伙伴的购买力。这表明，所谓的相似收入的南南国家之间的一体化将不如收入不同的南北国家之间的一体化有价值。

至于可变利润的组成部分，常数部分的估计是 $\beta_1 = 1.18$（标准差 $= 0.35$），是正向的且在标准统计水平上是显著的。但出口和农业劳动生产率的影响系数在统计上不显著。因此，没有量化这两种收入冲击对减贫的具体影响。但是，让人放心的是，出口的系数 $\beta_2 = 6.26$（标准差 $= 11.45$），是正向的且数值较大。有些令人惊讶的是，农业生产力增长的效果 $\beta_3 = -0.66$（标准差 $= 22.46$），是负向的。

在估计了利润函数的系数并确认了规模经济的存在和市场规模变量的统计显著性之后，检查这些系数对本研究所关注的经济结果——持续减贫——意味着什么。在本研究首选的模型，即列（4）中，实现持续减贫的门槛市场规模 $\hat{S}$ 为 3.28 亿人，并且这些人的购买力低于全球中产阶级。我们可以从支出的角度来看待这个数字。如果这些人每天的支出为 2 美元，那么他们的支出为 2 394.4亿美元（2 美元 × 365 × 3.28 亿），略低于摩洛哥的 GDP（按 2011 年购买力平价计算）。如果这些人每天的支出是 5 美元，那么他们的支出就是 5 986

亿美元（5 美元 ×365 ×3.28 亿），低于菲律宾的 GDP。这些估计表明，持续减贫确实需要一个大的市场。然而，这种市场规模可以通过国际贸易协定或通过更公平的收入分配在一个小国实现。参数向量拟合中的系数将国内和国际市场规模变量转换为人口单位，这样就可以确定一个给定国家需要多少人口才能达到这个门槛。因此，收入分配和国际一体化对小国来说显然更为重要。一些非常大的国家，如印度和中国，已经能够仅凭自身的人口就达到这个门槛。

最后，在列（5）和列（6）中，为了检验结果是否受前面讨论过的两个度量问题影响，用筛选的子样本重新进行了估计。两个度量问题分别是：用收入调查来测算贫困会增加额外的波动，以及使用更高频率的家庭调查的影响。列（5）只包括消费调查，将样本减少到 216 个观察值。列（6）只包括观察 0 年、1 年或 2 年贫困人口总数的调查，将样本减少到 234 个观察值。虽然在列（6）中中产阶级估计不再显著，但在列（5）中其系数仍然是显著的。在所有模型中，国际市场规模变量的系数均显著。然而，除了列（5）中关于国际市场的相对收入的系数，其他模型估计的系数都与列（4）中的估计相同，但列（5）的估计仍然是正的（尽管比其他模型的数值小），并且非常显著。

六、封闭经济下的反事实估计

为评估国际一体化对持续减贫的影响效果，本研究模拟了一个反事实的封闭经济，完全不参与国际一体化，即 $\lambda_2 = \lambda_3 = 0$。这可以被理解为发展政策的末日场景，贸易的比较优势对持续减贫变得无关紧要。本文报告了数据集中每个国家、每个时期开放和封闭市场规模的估计，以及各国达到门槛市场规模时需要增长多少百分比。

可以将这些结果总结为两幅图。图 5 显示了平均估计的市场规模，计为 $M_{it}\hat{\lambda}$，按照人均 GDP 的十分位平均，观测值仅使用 2011~2015 年的数据和人口加权，以提供一个和福利相关的最近视角。浅色条形对应于开放经济（在当前一体化水平下），其中的市场规模是用表 1 列（4）中报告的 λ 计算的。深色条形是当 $\lambda_2 = \lambda_3 = 0$ 时估算的市场规模，因此市场规模仅由人口和中产阶级的规模决定。值得注意的是，在这种封闭经济情形下，直到达到样本人均

GDP 的六分位上，即 2 417 美元，市场才足够达到估计的门槛 $\hat{S}=328$。然而，国际一体化似乎有所帮助。除了人均 GDP 十分位数和五分位数，开放经济市场的平均规模都大于阈值。这表明，如果国际市场仍然保持过去的价值，大多数国家应该能够实现持续减贫。然而，开放型经济的平均市场规模并未远超这个阈值。

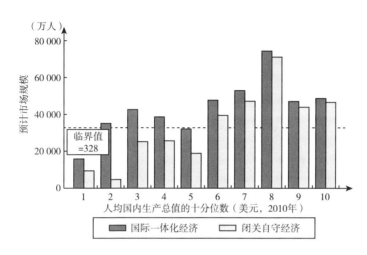

图 5　按人均 GDP 划分的反事实市场规模

注：仅 2011～2015 年。条形图显示了持续减贫样本的市场规模平均值，按基准年的人口加权。市场规模以中产阶级以外的人群定义，即按 2011 年购买力平价计算，每天消费不足 11 美元的人群。在封闭经济的情形下，一体化市场的相对人口和收入的系数设为 0。

　　图 6 是一个类似的条形图，其中国家是按地区而不是收入进行分组的。在这里，南亚和撒哈拉以南非洲地区都低于封闭经济情形下的阈值。南亚的统计结果不包括印度，印度自 2011 年以来就没有公布过全国贫困人口统计数据。印度由于人口众多，长期以来拥有足够大的市场，而且在观察到的每个时期都实现了持续的减贫。然而，南亚其他人口众多的国家或是未能达到这个门槛，或只是勉强达到，因为它们的中产阶级人数不够多。以孟加拉国为例，该国 2011 年有 1.29 亿人不属于中产阶级，但考虑到其中产阶级的规模相对较小（占人口的 13%），在封闭经济条件下，其市场仍需要增长 62%，才能达到研究计算的反事实阈值。2011 年，巴基斯坦有 1.02 亿人不属于中产阶级，但该国有规模更大的中产阶级（占人口的 44%），因此该国刚刚达到门槛，但在之前的时期都没有达到持续减贫的门槛。

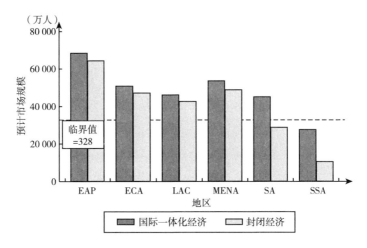

图 6　按地区划分的反事实市场规模

注：EAP = 东亚和太平洋地区，ECA = 欧洲和中亚地区，LAC = 拉丁美洲和加勒比地区，MENA = 中东和北非地区，SA = 南亚地区（不包括印度），SSA = 撒哈拉以南非洲地区。仅 2011 ~ 2015 年。条形图显示了持续减贫样本的平均值，市场规模通过上表 1 列（4）估计的系数计算可得。平均数按基准年的总人口加权。市场规模的单位是中产阶级以外的人，在这个样本中，即按 2011 年购买力平价计算，每天消费少于 11 美元的人。在封闭经济情形下，综合市场的相对人口和收入的系数设为 0。

七、结　　论

本文研究的结论有助于推动各国明确应优先考虑的发展目标。经济学家的传统方法建议，即使关注减贫，也应该主要关注经济增长，因为这是实现发展的"最直接的途径"（Hausmann，Rodrik and Velasco，2008）。尽管经济增长确实对穷人有利（Dollar and Kraay，2002；Dollar，Kleineberg and Kraay，2013），但研究证实它也不一定足以支持持续减贫。2015 年，联合国通过了 17 项可持续发展目标，旨在将比单纯增长更广泛的发展目标纳入决策当中。这些目标包括目标所涉及的从事专项工作的部门和个人，一共 169 项具体指标，针对贫困、水、教育、气候和性别等问题①。但其存在一个缺点是，这些目标不能很

---

① https：//sustainabledevelopment. un. org/content/documents/11803 Official-List-of-Proposed-SDG-Indicators. pdf.

好地聚合成几个可以确定国家发展战略的主要目标。因此，对于公民、政治家和商界人士来说都很难同时兼顾大局。

本文所述的需求面框架提出了一个中间办法，即各国政府在其发展战略中注重三个高级目标。第一个目标是消除贫困。这一目标的进展通过以下几个方面测算：

第一，持续减贫：贫困人口持续减少。实证结果表明，下面两个目标能促进第一个目标的实现。

第二，收入分布：按照全球标准来看中产阶级的规模。

第三，国际一体化：有关国家间货物、服务、劳动力、资本和观念流动权利的法律规定。

下面提到的可持续发展目标与这些高级目标之间有直接对应的关系。实现目标1，即"无贫困"的进展可以通过持续减贫来衡量。确保实现充分公平的收入分配的目标与人力资本有关，包括目标2"零饥饿"，目标3"良好健康与福祉"，目标4"优质教育"和目标6"清洁饮水和卫生设施"；目标5"性别平等"，目标10"减少不平等"，目标16"和平、正义与强大机构"；也是与经济表现最直接相关的目标：目标8"体面工作和经济增长"；目标9"产业、创新和基础设施"。然而，值得注意的是，国际一体化只对应一个目标，即目标17"促进目标实现的伙伴关系"，其目标是结束世贸组织多哈回合的贸易谈判。鉴于研究已经证明了国际一体化对持续减贫的经验重要性，可持续发展目标议程没有把国际一体化作为一项目标从而给予更多的重视，这或许令人感到惊讶。

在人口固定的需求侧框架下，有两种发展战略：国际一体化或者发展中产阶级。令人担忧的是，对于人口较少的国家来说，这些战略需要在取得很大的成果后才能达到市场门槛。那么，前进的道路是什么呢？有几个选择是明确的。首先，签订更多的贸易条款，特别是与富裕国家的条款，深化经济一体化，如劳动力的流动（包括无技能和专业的商人）。其次，针对穷人和中产阶级的收入再分配。虽然对穷人的直接援助是帮助他们摆脱贫困的宝贵工具，但也必须提供资源来扩大可以满足市场需要的中产阶级。本研究的模型以不完全竞争的市场为基础，在此基础上得到的结果表明，企业利润的再分配尤其重要。因此，与工资收入的再分配相比，帮助家庭积累股权份额可能是特别有用的再分配政策。

我们使用 AUC 指标来评估模型的拟合度。在这里，实证模型不像机器学习方法那样由机器选择，而是建立在一个至少可以追溯到 20 世纪 50 年代的经济发展模型的基础上，并进一步利用了 20 世纪 80 年代的关于规模报酬递增和不完全竞争的理论。本研究首选的模型正确预测一国五年期的持续减贫的概率是 73%，相比之下，随机猜测的正确率为 50%。就经济发展政策领域来说，达到该水平的准确率还不算太坏。

参 考 文 献

Acemoglu, Daron, Simon Johnson, James A. Robinson (2001). The colonial origins of comparative development: An empirical investigation. American Economic Review, 91 (5), 1369 – 1401.

Aitchison, John, James A. C. Brown (1957). The lognormal distribution with special reference to its uses in economics.

Alfaro-Urena, Alonso, Isabela Manelici, Jose P. Vasquez (2020). The effects of joining multinational supply chains: New evidence from firm-to-firm linkages. Technical Report.

Atkin, David, Amit K. Khandelwal, Adam Osman (2017). Exporting and firm performance: Evidence from a randomized experiment. The Quarterly Journal of Economics, 132 (2), 551 – 615.

Autor, David H. , David Dorn, Gordon H. Hanson (2016). The China shock: Learning from labor-market adjustment to large changes in trade. Annual Review of Economics, 8, 205 – 240.

Baldwin, Richard (2008). Big-think regionalism: A critical survey. National Bureau of Economic Research Working Paper No. 14056.

Banerjee, Abhijit, Dean Karlan, Jonathan Zinman (2015). Six randomized evaluations of microcredit: Introduction and further steps. American Economic Journal: Applied Economics, 7 (1), 1 – 21.

Banerjee, Abhijit V. , Esther Duflo (2005). Growth theory through the lens of development economics. Handbook of Economic Growth, (1), 473 – 552.

_____, (2008). What is middle class about the middle classes around the world? Journal of Economic Perspectives, 22 (2), 3 – 28.

Barro, Robert J. (2000). Inequality and growth in a panel of countries. Journal of Economic Growth, 5 (1), 5 – 32.

_____, (2008). Inequality and growth revisited. Working Paper Series on Regional Economic Integration No. 11, Asian Development Bank.

Baulch, Bob, John Hoddinott (2000). Economic mobility and poverty dynamics in developing countries. The Journal of Development Studies, 36 (6), 1 – 24.

Birdsall, Nancy, Carol Graham, Stefano Pettinato (2000). Stuck in the tunnel: Is globalization muddling the middle class?

Bresnahan, Timothy F., Peter C. Reiss (1991). Entry and competition in concentrated markets. Journal of Political Economy, 99 (5), 977 – 1009.

Carter, Michael R., Christopher B. Barrett (2006). The economics of poverty traps and persistent poverty: An asset-based approach. The Journal of Development Studies, 42 (2), 178 – 199.

Chaudhuri, Shubham, Pinelopi K. Goldberg, Panle Jia (2006). Estimating the eects of global patent protection in pharmaceuticals: A case study of quinolones in India. American Economic Review, 96 (5), 1477 – 1514.

Crow, Edwin L., Kunio Shimizu (1987). Lognormal distributions, Marcel Dekker.

Deaton, Angus (2005). Measuring poverty in a growing world (or measuring growth in a poor world. Review of Economics and Statistics, 87 (1), 1 – 19.

Desai, Raj M., Homi Kharas (2017). Is a growing middle class good for the poor? Social policy in a time of globalization. Global Economy and Development Working Paper No. 105, Brookings Institution.

Dollar, David, Aart Kraay (2002). Growth is good for the poor. Journal of Economic Growth, 7 (3), 195 – 225.

_____, Tatjana Kleineberg, Aart Kraay (2013). Growth still is good for the poor. World Bank Policy Research Working Paper No. 6568.

Easterly, William (2001). The middle class consensus and economic development. Journal of Economic Growth, 6 (4), 317 – 335.

____, (2019). In search of reforms for growth: New stylized facts on policy and growth outcomes. National Bureau of Economic Research Working Paper No. 26318.

Ferraz, Claudio, Frederico Finan, Dimitri Szerman (2015). Procuring firm growth: The effects of government purchases on firm dynamics. National Bureau of Economic Research Working Paper No. 21219.

Ferreira, Francisco H. G. , Phillippe G. Leite, Martin Ravallion (2010). Poverty reduction without economic growth? Explaining Brazil's poverty dynamics, 1985 – 2004. Journal of Development Economics, 93 (1), 20 – 36.

Fuglie, Keith Owen, Sun Ling Wang, V. Eldon Ball, et al. (2012). Productivity growth in agriculture: An international perspective, CABI.

Goldberg, Pinelopi K. , Nina Pavcnik (2004). Trade, inequality, and poverty: What do we know? Evidence from recent trade liberalization episodes in developing countries. Brookings Trade Forum, 223 – 269.

Harrison, Ann (2007). ed. , Globalization and poverty.

Hausmann, Ricardo, Dani Rodrik, Andrés Velasco (2008). Growth diagnostics. The Washington consensus reconsidered: Towards a new global governance, 324 – 355.

____, Lant Pritchett, Dani Rodrik (2005). Growth accelerations. Journal of Economic Growth, 10 (4), 303 – 329.

Helpman, Elhanan, Paul R. Krugman (1985). Market structure and foreign trade: Increasing returns, imperfect competition, and the international economy, MIT Press.

Hofmann, Claudia, Alberto Osnago, Michele Ruta (2017). Horizontal depth: A new database on the content of preferential trade agreements. The World Bank.

Horn, Henrik, Petros C. Mavroidis, André Sapir (2010). Beyond the WTO? An anatomy of EU and US preferential trade agreements. The World Economy, 33 (11), 1565 – 1588.

Kharas, Homi (2010). The emerging middle class in developing countries. OECD.

____, (2017). The unprecedented expansion of the global middle class: An update.

Kleinberg, Jon, Himabindu Lakkaraju, Jure Leskovec, Jens Ludwig, Sendhil Mullainathan (2017). Human decisions and machine predictions. The Quarterly Journal of Economics, 133 (1), 237 – 293.

Kraay, Aart, David McKenzie (2014). Do poverty traps exist? Assessing the evidence. Journal of Economic Perspectives, 28 (3), 127 – 148.

Lund, Susan, James Manyika, Jonathan Woetzel, Jacques Bughin, Mekala Krishnan, Jeongmin Seong, Mac Muir (2019). Globalization in transition: The future of trade and value chains. Technical Report, McKinsey Global Institute.

McKenzie, David, Christopher Woodruff (2014). What are we learning from business training and entrepreneurship evaluations around the developing world? The World Bank Research Observer, 29 (1), 48 – 82.

Milanovic, Branko (2013). All the Ginis dataset. The World Bank.

Murphy, Kevin M. , Andrei Shleifer, Robert Vishny (1989). Income distribution, market size, and industrialization. The Quarterly Journal of Economics, 104 (3), 537 – 564.

____, Robert W. Vishny (1989). Industrialization and the big push. Journal of Political Economy, 97 (5), 1003 – 1026.

Nunn, Nathan, Diego Puga (2012). Ruggedness: The blessing of bad geography in Africa. Review of Economics and Statistics, 94 (1), 20 – 36.

Ostry, Jonathan David, Andrew Berg, Charalambos G. Tsangarides (2014). Redistribution, inequality, and growth. Staff Discussion Note No. 2, International Monetary Fund.

Pinkovskiy, Maxim, Xavier Sala-i-Martin (2009). Parametric estimations of the world distribution of income. National Bureau of Economic Research Working Paper No. 15433.

____, (2014). Africa is on time. Journal of Economic Growth, 19 (3), 311 – 338.

Porta, Rafael La, Florencio Lopez de Silanes, Andrei Shleifer, Robert Vishny

(1999). The quality of government. The Journal of Law, Economics, and Organization, 15 (1), 222 – 279.

Rappaport, Jordan, Jeffrey D. Sachs (2003). The United States as a coastal nation. Journal of Economic Growth, 8 (1), 5 – 46.

Ravallion, Martin (2003). The debate on globalization, poverty and inequality: Why measurement matters. International Affairs, 79 (4), 739 – 753.

_____, (2009). The developing world's bulging (but vulnerable) middle class. World Bank Policy Research Working Paper 4816.

_____, (2012). Why don't we see poverty convergence? American Economic Review, 102 (1), 504 – 523.

Rodrik, Dani (2018). What do trade agreements really do? Journal of Economic Perspectives, 32 (2), 73 – 90.

Sachs, Jeffrey D. (2001). Tropical underdevelopment. National Bureau of Economic Research Working Paper No. 8119.

_____, Andrew Warner (1995). Economic reform and the process of global integration. Brookings Papers on Economic Activity, 26 (1), 1 – 118.

Shepherd, Andrew, Vidya Diwakar (2019). Pathways to sustained poverty reduction. Technical Report, Overseas Development Institution 7.

Simanis, Erik (2012). Reality check at the bottom of the pyramid. Harvard Business Review.

Spence, Michael, et al. (2008). The growth report: Strategies for sustained growth and inclusive development. Commission on Growth and Development Final Report, Washington, DC.

Stiglitz, Joseph E. (1996). Some lessons from the East Asian miracle. The World Bank Research Observer, 11 (2), 151 – 177.

Topalova, Petia (2010). Factor immobility and regional impacts of trade liberalization: Evidence on poverty from India. American Economic Journal: Applied Economics, 2 (4), 1 – 41.

Wacziarg, Romain, Karen Horn Welch (2008). Trade liberalization and growth: New evidence. The World Bank Economic Review, 22 (2), 187 – 231.

Werker, Eric (2012). Learning from double-digit growth experiences. International Growth Center Rapid Response Note.

Winters, L. Alan, Neil McCulloch, Andrew McKay (2004). Trade liberalization and poverty: The evidence so far. Journal of Economic Literature, 42 (1), 72 –115.

Woodruff, Christopher (2018). Addressing constraints to small and growing businesses. Technical Report, International Growth Centre.

超越气候变化[*]

——环境正义、农业机械化和社会支出在缓解农村贫困中的作用

哈立德·扎曼 等^{**}

摘 要： 极端气候和极端贫困如同一枚硬币的两面，对巴基斯坦等新兴国家产生了深远的影响。随着气候变化加剧，农村人口将面临更大的贫困和不平等风险。本文旨在通过分析气候变化如何影响巴基斯坦的贫困状况，以缩小环境伦理与环境正义之间的鸿沟。本文采用稳健最小二乘法（RLS），分析了 1990～2022 年缺水、极端气温和过量降水对巴基斯坦农村地区贫困的影响。此外，本文还探讨了环境正义干预措施、获取医疗保健和教育的机会、农业增值和农业机械化等在缓解巴基斯坦农村贫困方面的作用。研究结果表明，气候变化确实加剧了巴基斯坦农村的贫困程度，而环境正义措施、医疗保健的普及和农业自动化能够有效降低贫困发生率。脉冲响应函数（IRF）估计表明，未来十年，巴基斯坦农村地区的贫困状况将因缺水、高温和低农业附加值而加剧，但因降水过多、环境正义干预措施、医疗保健可及性和农业机械化而得到缓解。根据方差分解分析（VDA）预测，到 2032 年，农业附加值将对农村贫困产生重大影响，增加 11.431%。为了解决这些问题，政策制定者应优先保护最边缘化群体的利益，促进社会公平；减少温室气体排放，鼓励可持续发展，以应对气候变化带来的挑战。执行环境正义干预措施对于确保环境资源的公平性具有至关重要的作用。通过缩小环境伦理与环境正义之间的差距，最终使巴基斯坦在气候变化的背景下实现减贫。

---

* 本文原文请参见：https://www.sciencedirect.com/science/article/pii/S2666188823000266。

** 作者简介：哈立德·扎曼（Khalid Zaman）为本文的通讯作者，供职于巴基斯坦哈里普尔大学经济系，同时也供职于巴基斯坦舍尔万在线教育研究所（SIOE）研究部。本文其余作者包括：穆罕默德·哈立德·安塞尔（Muhammad Khalid Anser）、谢赫·乌斯曼·尤瑟夫（Sheikh Usman Yousaf）、布什拉·乌斯曼（Bushra Usman）、卡姆兰·阿扎姆（Kamran Azam）、努尔·法蒂赫·阿卜杜拉·班达尔（Nur Fatihah Abdullah Bandar）、哈尼法·詹巴利（Hanifah Jambari），以及斯里扬托·斯里扬托（Sriyanto Sriyanto）。

一、引　言

在巴基斯坦，贫困问题与气候变化问题紧密相连，这使得环境伦理和环境正义成为我们不容忽视的议题。环境伦理涉及人类如何以道德原则对待自然。环境正义则强调每个人和每个群体都应平等地享有环境资源，不应因环境破坏而遭受不公。巴基斯坦的社会经济差距在气候变化的冲击下越发显著。对于低收入群体来说，他们缺乏足够的能力抵御气候变化带来的负面影响，也难以迅速恢复，因此成为气候变化最直接的受害者。这会引发社会道德方面的关注，即在减缓气候变化和保护社会最弱势人群方面，谁应该发挥带头作用。从道德的角度来看，那些对温室气体排放和气候变化负有更大责任的国家，应该对解决气候变化问题承担更大的责任。鉴于此，历来排放温室气体最多的发达国家最应该帮助巴基斯坦等发展中国家，努力适应气候变化的影响，进而推进可持续发展。

从正义视角审视气候变化的影响时，需要特别关注如何保障社会中的最弱势群体免于受到不公平影响，包括为他们提供清洁水和卫生设施、改善住房条件，以及帮助小农适应多变的环境。在研究巴基斯坦的贫困与气候变化之间联系时，环境伦理和环境正义是不可或缺的考量因素。当我们秉承人与自然界和谐共生的道德观，并努力确保环境资源的普惠性，那么可持续的公平发展之路将铺展在每个人脚下。气候变化是当今全球性的重大议题，不论贫富，每一个国家都深受其影响。像巴基斯坦这样资源匮乏、贫困率较高的国家，这一挑战尤为严峻。气候变化、经济不平等、教育和医疗资源匮乏是导致贫困的关键因素。巴基斯坦对气候变化的影响表现出高度敏感性。洪水、干旱和其他自然灾害一直影响着该国的居民。巴基斯坦的贫困率高达20%，是最贫困的国家之一。本文探讨了1990～2022年巴基斯坦的贫困现状、农业收入、教育和健康状况。研究结果显示，收入、教育和健康领域的发展能有效缓和气候变化对贫困的冲击。这项研究进一步揭示了贫困和气候变化之间的关系，有助于巴基斯坦实现可持续发展。此外，这项研究还可能引发对其他新兴国家类似问题的深刻思考。

　　鉴于巴基斯坦当前严峻的贫困现状和气候变化危机，本文旨在深化对环境伦理、环境正义的理解，并且通过揭示巴基斯坦气候变化对贫困的影响，制定有效促进可持续发展和公平的政策和干预措施。本文旨在通过解决以下问题来实现上述目标：（1）巴基斯坦的气候变化和贫困有哪些道德方面的影响？（2）解决巴基斯坦气候变化和贫困问题的政策和倡议在促进环境正义方面可以发挥什么作用？（3）鉴于巴基斯坦的贫困和气候变化，在促进环境正义方面存在哪些可能性和障碍？

　　为解决这些问题本文展开了相关研究，旨在实现以下目标：（1）研究相关文献和政策文件，调查巴基斯坦气候变化和贫困的道德影响；（2）确定如何将环境正义纳入巴基斯坦的减贫行动和气候变化适应行动；（3）分析巴基斯坦在贫困和气候变化背景下的环境正义问题和潜力。

　　巴基斯坦的政策制定者和其他关注减贫和提高气候适应能力的各界人士可以从本文中获得一些启示。通过探究巴基斯坦气候变化和贫困之间的道德影响，探寻实现环境正义的有效途径，本文研究对促进可持续发展、确保发展结果公平分配的政策制定和实施具有重要意义。本文对日益增多的环境伦理和环境正义方面的文献做了补充，并为其他发展中国家提供了一些启示。总之，本文致力于通过深入分析巴基斯坦气候变化和贫困的伦理因素，为完善巴基斯坦可持续发展和公平结果的政策和行动提供有力支持。

二、文献综述

　　这部分主要分析了巴基斯坦实现可持续公平发展的三个主要因素。首先，探讨了气候变化、粮食不安全和贫困之间的联系。通过研究这些问题之间错综复杂的关系，突出应对气候变化和保障粮食安全以减少极端贫困的紧迫性。其次，研究的重点是农业机械化在减轻农村贫困方面的作用。现代农业方法可以提高农业产出，改善农村人口的生活，这凸显了投资尖端技术的必要性。最后，本部分探讨了环境正义措施如何提高长期生存能力和实现社会公平。本文通过分析发展政策和倡议对社会和环境的影响，强调了环境正义和资源公平分配在促进可持续和包容性发展方面的重要性。

（一）发展中国家的气候变化、农业和贫困发生率

气候变化对生态系统、经济和社会的影响广泛且深远，是全球最紧迫的问题之一。帕乔里（Pachauri，1990）的研究揭示了创新农业技术在减轻新兴国家农村贫困压力方面的潜力。然而，这项研究也指出了进步与能源需求之间的权衡问题，如何平衡技术创新与能源利用之间的关系在能源匮乏的农村地区尤为重要。里尔登和沃斯提（Reardon and Vosti，1995）提出了"投资贫困"这一独特概念，为研究经济贫困与自然界之间的复杂关系提供了一个新视角。他们通过对相关数据的详细分析，说明了不同的资产和环境会对贫困水平产生不同的影响，强调了根据当地条件制定应对政策的必要性。桑切斯（Sanchez，2000）深入分析了气候变化对发展中国家弱势群体的影响。同时，他认为研究机构在引领创新驱动方面发挥着至关重要的作用，主张跨国研究项目之间建立协同联系。赫特尔和罗施（Hertel and Rosch，2010）的研究强调了气候变化与贫困之间的联系。他们的研究强调，在制定全球南部可持续发展政策框架时，应考虑农业在调节气候影响方面的作用，并提供相关的补偿措施。

莱琴科和席尔瓦（Leichenko and Silva，2014）强调了气候变化与贫困之间的复杂关系。研究分析了气候多变性如何加剧贫困，并呼吁通过广泛研究和制定全面的政策框架来应对这一全球性挑战的重要性。哈勒加特和罗岑伯格（Hallegatte and Rozenberg，2017）的研究探讨了气候变化对家庭贫困的影响，并提出包容性发展是缓解因气候灾害而导致贫困加剧的有效途径。瑟罗等（Thurlow et al.，2018）在研究撒哈拉以南非洲地区独特的发展轨迹时，剖析了城市化、农业和贫困之间复杂的相互作用，主张通过连贯的政策来实现长期繁荣。玛雅和绫野（Maja and Ayano，2021）对人口扩张、资源可用性和适应不断变化的气候之间复杂的关系进行了深入研究。他们强调，需要快速且协调的共同应对措施来应对人口动态对可持续发展目标的影响。

气候变化带来的后果，如降水模式变化、气温上升和极端天气事件，对农业、粮食安全和农村生计造成了很大的威胁。气候变化对农业和粮食安全、健康和基础设施的影响将加剧许多国家的贫困和不平等，特别是发展中国家。艾希斯泰勒等（Eichsteller et al.，2022）通过小组调查和定性研究，考察了2000年以来农业实践对肯尼亚农村地区持续脱贫的影响。该研究准确指出了转型过

程和结构中阻碍脱贫、减轻自然灾害影响的障碍。有学者（Li et al.，2022）分析了气候，尤其是高温对中国农村人口贫困敏感性的影响。他们认为，解决气候变化和贫困脆弱性所带来的问题需要采取综合战略，并且在政策制定过程中应将恶劣气候对弱势人群造成的各种后果纳入考虑范围。

有学者（Peng et al.，2022）采用估算中国农业家庭贫困脆弱性的方法来评估农民生计的长期可行性。研究发现，年平均气温对农民，特别是南方地区的农民有显著影响。该研究建议加强气候变化适应性的基础设施建设，增强风险防范意识，利用金融工具促进农业发展，培育适应气候变化趋势的作物。多沃德和吉勒（Dorward and Giller，2022）指出，"亚洲绿色革命"概念存在缺陷，可能会产生意想不到的后果。在南美洲和澳大利亚，土地所有者通常会因土地被划入保护区而获得报酬，但这会导致农业生产更加密集，进而导致环境恶化和森林砍伐。亚洲各地，特别是生产油棕榈的地区，也有类似的问题存在。环境和市场外部性、公共产品问题，以及政府对研发和基础设施的投资不足等因素会导致这些地区难以实现可持续增长。研究表明，这些地区亟待采取新的农业增长战略来克服这些障碍，进而实现可持续发展。

有学者（Li et al.，2023）对中国湖北省稻农的健康问题进行了深入研究，并量化分析了健康脆弱性对贫困的影响。他们采用基于多维贫困框架的测量方法和计量经济模型，发现体检对改善心理健康有着积极的作用。极端天气事件、不良的生活方式、医疗设施缺乏以及获得医疗服务的途径有限等均导致居民健康难以得到保障。研究还提出了解决中国农村地区健康不平等问题的可能方案，旨在帮助决策者有效地减少健康贫困，提高健康平等水平。

科斯拉等（Khosla et al.，2023）考察了印度东部地区生计项目在降低贫困脆弱性方面的有效性。结果表明，慢性疾病、气候冲击和资产抛售是导致长期和周期性贫困的关键性因素，其中34.7%的家庭极易在未来陷入贫困。然而，那些生活在经济不景气地区的生计项目受益者获得的帮助反而较少。因此，该研究建议生计项目应更多地关注边缘群体。迪克－萨戈等（Dick-Sagoe et al.，2023）研究了气候变化对莱索托农业的影响，以及小农适应气候变化的方法。研究结果表明，由于气候变化的不可预测性，农民将会面临作物减产、病虫害增加、产量降低等问题。当地农民因此掌握了本土技术和雨水收集储存等方法。这项研究强调通过干预措施来提高莱索托小农户的适应能力，帮助他们学习最佳的农业技能，从而降低他们对气候变化的敏感性。

沙阿等（Shah et al.，2023）聚焦巴基斯坦农场的脆弱性、风险认知和适应战略。这项研究评估了农民对未来风险的认知，为应对气候变化而实施的适应战略，以及农民在决策时面临的障碍。研究建议地方机构应为农民提供更多的最新信息和农业建议，并应出台相关法规以应对气候变化及其负面影响。艾哈迈德（Ahmed et al.，2023）研究了巴基斯坦城市居民如何适应气候变化，并确定了需要援助的群体。他们收集了有关人口、社会、经济和自然因素的数据，以更好地了解城市居民适应气候变化的方式。研究显示，感知是适应气候变化的关键，而个人感知能力的不同可能会产生不同的影响。同时，贫困是损害适应能力和增加受访者对气候变化敏感性的主要因素。研究建议政府应优先帮助在经济、能力、社交、健康和环境条件方面更加脆弱的人。

乌拉等（Ullah et al.，2023）研究了本土气候知识（ICK）的可靠性，以及气候变化如何影响本土气候知识和当地渔民的社会生活。研究发现，瓜达尔沿海的渔业社区与自然和当地生态环境保持着和谐的关系，对环境的熟悉使他们能够可持续地使用资源，减轻自然灾害的影响并维持社会稳定。然而，近年来人类对环境的破坏打破了他们与当地生态和社会文化秩序间的平衡。剧烈变化的气候导致当地人逐渐失去传统的生计和社会经济的自主权，同时也无法预测鱼类的供应情况。气候变化加剧了这一地区本就严重的贫困和政局不稳定。因此，本文研究的第一个假设如下：

H1：水资源匮乏、高温和洪水等气候变化的影响会加剧巴基斯坦农村地区的贫困。

（二）农业增值和农业自动化对农村贫困的缓解作用

哈德逊和帕克（Hudson and Parker，1990）通过深入研究美国农村经济的变化发现，服务和信息经济的崛起使农村地区的发展面临困境，而更完备的通信基础设施将有效提高农村地区的产出和效率。因此，研究建议提高农村地区信息传输质量、升级交换系统并扩大网络覆盖范围，同时联邦和州政府机构应当关注并落实这些政策措施。而马哈扬和拉莫拉（Mahajan and Ramola，1996）则受世界银行委托，评估了印度金融机构满足农村贫困人口需求的情况。其中，金融机构的客户导向服务、内部操作和管理态度是重要因素。他们呼吁在政策层面进行宏观调整，增加农村地区获得金融服务的机会。安巴利（Ambali，2000）的研究对比了日本、马来西亚和马拉维的情况，分析了欠发达国家技术转移的难度。研究发现，工业化、经济扩张和贫困阻碍了技术的有效转移，表明新兴贫困国家在追求技术进步时面临的问题错综复杂。

汉杰拉和吉丘基（Hanjra and Gichuki，2008）建议应投资农业用水管理。他们指出，将资金投入教育、营养和健康领域能够提高收入，创造就业机会并稳定农业生产，强调农村土地、水利和基础设施投资是减贫的重点。戴克曼等（Deichmann et al.，2016）在调查数字技术对农业的影响时提出了包括增加小规模农户的市场准入和新型推广服务在内的多种发展措施。然而，在欠发达国家，农民遇到的诸多障碍会限制数字技术在农业中的应用。罗茨等（Rotz et al.，2019）认为，农业数字化的重大社会影响主要体现在土地价格上升、劳动力市场变化和数据管理冲突这几个方面。该研究呼吁政府进行改革，强调关注数字技术对农业劳动力的影响以减少潜在的剥削现象。克里斯蒂安森等（Christiaensen et al.，2021）关注信息通信技术革命和移民政策变化背景下的农业劳动力，提出价值链发展、迁徙自由和教育升级等政策措施有助于促进农业就业。

奥西诺沃等（Osinowo et al.，2022）认为，减轻农村贫困的一个重要方法是提高农业附加值和自动化程度。这些变化可通过提高农业产出和效率来增加农民及其家庭的收入（Chen et al.，2022）。此外，还可以通过创造新的农业就业机会来缓解失业和贫困问题。拉伊汗等（Raihan et al.，2023）认为，提高农业附加值和自动化程度有助于提高农村人口的生活水平，促进经济可持续增长，但农业自动化在增加农村家庭的收入的同时也会加大城乡各地区之间的收入差距。桑等（Sang et al.，2023）的研究表明，农业机械化服务大大提高了农村家庭的收入，同时也有助于缩小农村家庭之间的收入差距，尤其是中国东部和西部地区农村家庭之间的收入差距。此外，有学者（Liao et al.，2022）分析了中国在农业机械化方面取得的进展，这为自给农业的国家提供了重要的政策和制度启示。最后，保德尔等（Paudel et al.，2023）分析了尼泊尔以玉米为基础的农业系统采纳适度规模农业自动化的情况，发现机械化提高了玉米产量、盈利能力和家庭粮食自给率。

道恩（Daun，2023）认为，虽然自动化耕作可以提高工作效率、减少饥饿和改善健康状况，但也会给环境带来可持续性风险，如生物多样性丧失和土地退化，甚至可能加剧社会分化。因此，他提出需要利用技术和制度创新，以充分发挥农业自动化的效益，建立可持续的农业粮食体系。穆罕默德等（Mo-hammed et al.，2023）调查了加纳半干旱地区小农户投资自动化农业技术的影响因素。研究表明，在小农户的投资决策中，经济变量发挥重要作用，特别是融资渠道和额度。研究建议政府应鼓励生态农业等非机械化生产技术，同时推广机械化技术以满足贫困农业家庭的要求。有学者（Liu and Li，2023）基于养老金保障视角，研究中国农民的农机购买情况。研究发现，养老金保障增加了农民的自动化投入。研究认为，子孙辈的照料和劳动力的非农转移能够促进农村养老金、农业自动化和可持续农业的协同发展。

阿里等（Ali et al.，2023）分析了1970~2017年货币包容、农业突破性发展、贸易和森林租金对巴基斯坦碳排放、收入增长和生态足迹的影响。研究结果表明，碳排放量因农业创新、经济发展和森林租金的积极冲击而上升，但因金融包容性和森林租金的不利冲击而下降。在积极的农业创新和消极的森林租金的共同作用下，长期生态影响逐步减弱。该研究呼吁农业绿色机械化，并制定涉及环境和经济进步的法规。根据卡韦什等（Kavesh et al.，2023）的人类学研究，巴基斯坦农业的商业化进程已经改变了妇女在豆类生产中的传统角色和责任。他们认为，恢复多物种接触区可以提高妇女对豆类作物的投入热情，这有助于确保日常稳定的粮食供应，保护传统的社会文化和生态关系，有助于深入理解妇女在农业中被边缘化的问题，并更加重视妇女在农业生产中的贡献、经验和知识。柴亚等（Chaiya et al.，2023）分析了农业融资对巴基斯坦作物产量的影响。研究发现，农业融资的广泛应用对于提高作物产量具有积极作用，而不仅仅是适当使用就能达到预期效果。农民将信贷资金用于土地改良、化肥、种子、病虫害防治、日常劳作、医疗、教育以及家庭和商业支出。为了实现既定的农业生产目标，研究建议政府采取措施以防止农业融资的滥用。因此，提出本文研究的第二个假设：

H2：增产能够实现农民增收，提高农业增值和自动化程度有助于减轻巴基斯坦农村的贫困。

（三）环境正义有助于实现长期可持续性和公平性

雷克（Lake，1996）研究了环境正义与地方控制之间的冲突。地方主权的理念受到了环境平等概念的影响。社区抗议活动可能被视为地方主权的象征。雷克认为，必须将分配正义和程序正义加以区分，才能解决这个问题。在评估程序的成本和优势时，确保民主参与是公平性的核心。研究举例说明了如何将环境公平与地方控制有机结合。道森（Dawson，2000）分析了过去十年全球环境正义运动的增长情况，以及这种增长对生态可持续性和社会和谐的意义。他提出，环境目标与社会正义的联系会激励人们行动起来，但通过国际之间的比较，对这种联系的长期持久性和潜在的分裂效应提出了质疑。研究通过关注全球不同情况下生态民族主义运动和环境正义，强调了从社会正义的角度看待环境挑战时可能产生的优势和冲突。公平与环境正义之间的关系需要进一步分析；伊克梅（Ikeme，2003）试图理清这一点，他通过提供一个统一的框架，以区分环境伦理学中的概念。他将环境正义定义为一个更广义的术语，包括环境决策中的多种正义问题，并解释了公平与环境正义之间的区别。利用这一框架，可以更好地理解环境正义，同时突出南北观念的不同之处。

卢卡斯（Lucas，2006）分析了英国当前和未来的交通政策，重点关注当地交通与全球气候变化目标的冲突。研究强调了在通过交通政策提供社会经济公平性的同时，降低交通流量以应对气候变化所带来的矛盾和困难，提出了在交通运输行业实现社会和环境公平的整体建议。奥克雷克（Okereke，2010）的研究分析了气候制度框架内有关公平和正义的争论。通过分析气候制度中有关公正的政策和文献，确定了各项研究的差异。该机制证明了分配公平的必要性，但全球不平等的根本原因仍有待解决，研究主张制定更广泛的政策，在道德原则和政治权力之间找到共同点。皮尔索尔和安格洛夫斯基（Pearsall and Anguelovski，2016）研究了可持续性规划和绿色项目中的"环境绅士化"现象。该研究考察了环境正义倡议者们所采用的方法，并将其与环境绅士化倡议者、社区和城市规划者所采用的方法进行了对比。研究揭示了各类城市的共性，并对其进行了分类。此外，研究还强调了在绿色和可持续城市中实现社会和政治公平的重要性。

麦考利和赫夫朗（McCauley and Heffron，2018）提倡一种跨学科战略，强调在气候变化导致的快速转型背景下的分配、程序和恢复性正义。古切夫等（Gutschow et al.，2021）强调了环境不公正、气候变化和儿童健康不平等之间的联系，提出人们应注意健康不平等、制度性种族主义和气候变化后果之间的相互关联。此外，还强调，儿科医生应该注意到这些交叉点，重点关注病人的需求，打破制度性种族主义。研究人员通过实例说明了这些联系，并提出了在结构性不平等面前改善健康和恢复能力的措施。促进可持续和公平发展的环境正义行动有助于减少贫困和气候变化的影响。这类倡议旨在为得不到充分服务的群体提供决策发言权，并增加他们获得自然资源的机会。这些举措通过促进长期增长，有助于减轻气候变化对高危人群的影响。此外，通过减少贫困和增加获取资源的机会，帮助建立恢复力和增强社区适应气候变化的能力。皮尔森等（Pearson et al.，2023）讨论了公众健康和福祉的具体风险，尤其是弱势群体的风险。他们认为，心理学家需要考虑不同方面的健康、复合危害以及其他一些公共健康问题所涉及的敏感性的结构性原因，以应对气候变化及其不均衡的影响。该研究提供了六项可操作的建议，以进一步开展气候健康平等及其社会意义的心理学调查。

克莱普和芬夫格尔德（Klepp and Funfgeld，2022）认为，如果不能认识和解决知识与权力之间的联系，那么适应程序及其结果则会受到不平等的负面影响。他们从正义的角度分析了基里巴斯适应项目（Kiribati Adaptation Project），以分析知识霸权如何导致无效的适应程序和结果。他们认为，环境正义视角可用于分析知识与权力之间的联系，而这正是适应干预的根本所在。科萨尼克等（Kosanic et al.，2022）讨论了气候和环境变化对残疾人群造成的影响，并指出不同背景下有关气候和环境变化影响的文献存在空白。该研究通过环境正义的视角研究适应性问题及其对实现可持续发展目标的影响。马克西姆和格鲁伯特（Maxim and Grubert，2022）认为，未来的基础设施投资不应沿用过去的不公平模式，应纠正当前国内能源负担的不平等现象。罗莎等（Rosa et al.，2023）强调制定公平、包容的气候适应规划，考虑区域气候趋势和生态服务，以减少公众面临的气候威胁。马丁内斯等（Martinez et al.，2023）研究了美国加利福尼亚州的野火缓解基金，并提供了一个通过促进合作、加强地方能力和调动传统生态知识来全面解决环境正义问题的框架体系。吉尔等（Gill et al.，2023）强调了沿海地区所面临的三重风险状况，并提出措施来解决先前存在的社会不平等问题，使用参与式系统技术，并利用包容性伙伴关系来合作设计和实施计划。

辛杜贾等（Hinduja et al.，2023）的研究讨论了巴基斯坦大学的可持续发展教育问题。教育工作者、管理人员、政策制定者、课程开发人员和研究人员可以通过反思他们的实践、制定研究问题来从这项研究中受益。该研究强调了后勤支持和优质教育对实现可持续发展目标的重要性。相比之下，法鲁克和乌斯曼（Farooq and Usman, 2023）强调了《联合国气候变化框架公约》第 27 次缔约方会议决定设立基金的重要性，该基金旨在帮助脆弱国家应对气候灾害，但工作机制尚未确定。表 1 列出了有关环境正义框架和可持续性的最新文献。

表 1 有关环境正义的文献

作者	环境正义框架	科学观点	生态系统视角	政策主张
Van Horne et al. , 2023	为暴露科学创建了以社区为中心的环境正义范式	强调需要社区参与研究，并制定环境暴露问题的解决办法	强调社区投入的重要性，以及为解决邻里问题提供直接的机构和财政援助的必要性	主张将建议的范式作为暴露科学领域研究的规范
Chowkwanyun, 2023	调查了环境正义行动主义的"内外"重点和联盟性质	评估环境司法案件对司法和监管系统的影响	研究了环境正义的碎片化和跨学科特征，并建议改进环境正义的观点	为了获得更好的环境正义结果，应该保持联盟、处理分裂问题，并应该考虑环境不公正的历史原因
Desikan et al. , 2023	研究了贫困的反科学健康和环境政策措施如何对相关地区产生影响	对科学的质疑如何影响边缘群体	建议联邦监管，以增加受影响社区的参与、促进科学诚信，并优先考虑对健康不平等的研究	为了保护弱势群体免受健康和生态后果的影响，呼吁有效地参与受影响的社区并改革政策
Wang et al. , 2023	调查了基础设施发展、生态后果和社会公平之间的联系	发现基础设施投资存在差距，弱势地区受到的审查和保障措施较少	强调需要隔离环境基础设施对环境正义社区的积极和消极影响	为改善环境正义，在作出基础设施决策和进行环境影响评估时需要考虑分配正义
Loos et al. , 2023	强调在提供生态服务的研究和方法时需要注重公平	批判性地分析了生态系统服务方法，以确定其在考虑正义和环境理想的能力方面的优劣势	强调需要利益相关方的参与，并纳入不同的价值观和专门知识领域，以提高生态系统服务研究的公平性	为促进正义和人类健康的治理系统提供信息，生态系统服务评估管理和研究的倡导者主张从整体角度出发

续表

作者	环境正义框架	科学观点	生态系统视角	政策主张
Kato-Huerta and Geneletti，2023	一个综合的公平指数，用于评估绿色空间利益的公平分配程度	倡导将环境正义指标纳入市政规划和政策进程，并充分评估绿色空间利益的公平分配	长期存在的种族隔离模式导致了普遍的不平等	通过解决在获得绿色空间带来的益处方面的不平等，可以采用综合指标更好地规划和实施环境正义
Dent et al.，2023	对土著享有健康环境的权利和非人类盟友的权利进行了调查	审查了土著为环境正义所做的努力的案例研究	强调土著的环境正义倡议必须包括个人和群体学习，以及建立联系和行动	呼吁将土地利用的范式转变为环境正义原则，强调文化和精神传统对环境保护的重要性
van Velzen and Helbich，2023	按社会经济地位分析了学校附近的绿色空间的可及性	低收入和受教育程度较低的地区为学校提供的绿色空间比富裕和受教育程度较高的地区少	为了缩小环境正义差距并为所有学生提供进入绿色校园的机会，需要更广泛的绿化补贴	推动绿化补贴计划，并推动立法，确保所有学生都能进入校园绿地并从中受益
Palawat et al.，2023	环境正义领域的研究人员研究了污染物如何影响收集的雨水的质量	收集的雨水中的金属含量不断变化，污染程度与工业活动和季节变化有关	政府和企业运营是收集的雨水造成环境污染的主要来源	强调政府和商业企业需要制定评估收集雨水中金属含量的标准
Ramcilovic-Suominen，2023	使用新殖民主义环境正义和去增长框架研究了欧盟的生物经济战略	确定了欧盟生物经济政策中公平过渡的障碍，并提供了解决方案	倡导通过重新思考全球治理、促进生态公平和分散治理联盟来实现非殖民化和公平变革	提出将生态公平和社会生态变化置于欧盟生物经济政策的中心的方法

根据现有文献，本文研究的第三个假设如下：

H3：促进巴基斯坦可持续公平发展的环境正义倡议，可通过满足弱势群体的需求和支持生态友好型行为，减轻贫困和气候变化的脆弱性。

巴基斯坦极易受到气候变化的影响，因此全面了解气候变化、贫困、农业和环境正义之间错综复杂的联系十分重要。虽然现有研究对这些问题提出了宝贵的见解，但这些研究尚存在局限性，本文试图解决部分问题。

现有研究为气候变化对农村贫困和农业部门的影响提供了宝贵的见解。然而，这些研究往往缺乏对贫困的各种决定因素的全面分析。值得注意的是，这些研究没有考虑农业附加值、农业机械化水平、获得教育和医疗保健的机会以及环境正义干预措施的关键作用。此外，尽管气温升高、粮食不安全和贫困之间确实存在关联，但尚未有文献将环境正义的干预直接纳入贫困动态模型。

本文从以下几个方面进行了创新，以加强现有的知识体系。首先，以往的研究倾向于关注"气候—贫困—农业"关系中的单一方面，而本文则不同，它从更加全面的视角展开分析。以巴基斯坦为背景，本文深入探讨了缺水、极端气温、过量降水、农业生产方式和贫困等之间错综复杂的关系。其次，虽然认识到环境正义在解决气候变化引起的脆弱性方面具有重要意义，但很少有研究直接将环境正义干预措施纳入贫困动态模型。本文率先将环境正义作为一个核心变量纳入贫困动态框架。最后，通过对现有文献进行综述和分析，本文超越了学术讨论的范畴，提供了具有现实意义的可行见解。本文还倡导政策制定者和实践者采用一种细致的方法，将气候适应、农业增效和公平干预措施结合起来，以促进巴基斯坦的可持续发展、减贫和社会公正。

本文的主要贡献可以简要概括为将环境正义因素纳入贫困动态模型，这是对现有文献的重要补充。本文试图阐明一种通过整合环境正义干预措施来促进长期可持续发展目标和减贫的路径。通过扩大研究范围，将更多的决定因素和变量纳入考量，本文研究对巴基斯坦境内气候变化、贫困、农业和环境正义之间错综复杂的相互作用有了更深入、更全面的理解。除学术价值外，本文的发现和见解还有可能对政策制定产生重大影响。本文阐述了将环境正义纳入减贫战略的优势，为政策制定者寻求公平、可持续的发展道路提供了宝贵的指导意见。

三、理论框架

环境正义理论是指在环境利益和成本的分配上做到公平合理（Pellow et al.，2001）。污染、气候变化和自然灾害都是环境危害，但该理论认为低收入和少数民族群体更容易受到其危害（Faber et al.，2021）。环境危害带来各种负面影响，如哮喘和癌症发病率上升，清洁空气和可用水减少。根据该理论，在采取改善环境状况的措施时，应优先考虑弱势群体，并努力确保环境收益和成本公平分担。例如，提高社区参与环境决策的程度，扩大可再生能源的使用范围。本文研究的目标是，在与巴基斯坦减贫和气候适应性有关的政策和干预措施中，确定促进环境正义的战略。在此背景下，我们发现环境正义理论可以作为一个有效的框架，用于理解边缘群体如何受到环境危害的影响，进而制定优先考虑其需求和利益的战略。该理论指导实施的环境政策和干预措施可以减轻贫困和气候变化对巴基斯坦弱势群体的不利影响。

正如气候正义理论所阐述的，在减缓气候变化的影响时，我们必须优先考虑最边缘群体和高风险群体的需求，包括低收入群体、印第安人和其他少数族裔（Schlosberg et al.，2014）。根据这一观点，发达国家多年来大量的温室气体排放间接地对弱势群体造成了负面影响。然而，气候变化是一个需要全球性合作和应对的问题。为了应对气候变化，气候正义理论主张从问题的根源入手，提出公平公正的气候解决方案。该理论可以成为了解气候变化如何影响边缘群体的分析框架，进而制定优先考虑边缘群体需求和利益的战略，这与本文探讨巴基斯坦气候变化与贫困的伦理问题的研究目标相关。图 1 为本文的研究框架。

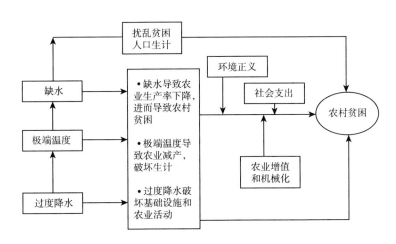

图 1 研究框架

从气候正义理论的角度研究巴基斯坦气候变化与贫困之间的关系，可能会制定出更加公平公正的政策和计划，减轻气候变化对该国最边缘群体的不利影响。

四、数据来源及方法

本文使用 1990～2022 年的季度数据，研究巴基斯坦气候变化、贫困和环境正义之间的关系。自变量来源于巴基斯坦统计局和世界银行。此外，因变量农村贫困的数据来自世界银行数据库和在巴基斯坦进行的各种经济调查。本文使用 RLS 回归分析来估计贫困与自变量（例如，高温、暴雨、缺水、农业附加值、教育和医疗水平、农业设备的可用性以及政府在环境正义方面的行动）之间的联系，并利用 VDA 和 IRF 分析等工具分析这些因素之间的动态关系。

本文研究从几个方面分别展开，以更好地理解巴基斯坦农村地区贫困与气候风险之间的联系，使用贫困线以下农村人口的比例来评估贫困的条件变量（*RURPOV*）。这个核心变量直接反映了农村地区的贫困程度。了解贫困率是如何随着气候相关变量的变化而变化的，有助于深入了解气候变化对弱势群体的影响。气温变化百分比（*EXTEMP*）、降水量（*EXCRAIN*）和取水量百分比（*H2OSTRESS*）都是重要的指标，并且这些变量都是直接影响气候变化的指标。气温和降水模式的变化对农业、水供应和生计有重大影响，而这些都与农村地区的贫困密切相关。此外，研究还分析了环境正义干预（*ENVJUST*）、农业机械化（*AGRMECH*）和农业附加值（*AGRVAD*）对贫困率的影响。本文的创新之处在于，在模型中加入环境正义这一变量，反映出人们认识到环境不公正问题对于可持续减贫的重要影响作用。分析环境公正措施对贫困率的影响，有助于找到让边缘群体受益的政策解决方案。获取清洁可持续能源资源至关重要，我们的贫困模型使用"可再生能源消耗（占最终能源消费总量的百分比）"衡量"环境正义"水平。通过降低能源成本、改善健康状况和创造经济机会来改善社会福祉，尤其是对于贫困人口而言。本文使用每 100 平方千米耕地的拖拉机数量衡量农业机械化水平，使用农业增加值占国内生产总值（GDP）的百分比衡量农业附加值。拖拉机的可用性在一定程度上代表了机械化水平，可再生能源的使用与气候适应性相一致，而教育和医疗投资则涉及人类发展领域。这项研究可为巴基斯坦农村地区提供有效的减贫和可持续发展政策。本文研究采用合理的方法分析了巴基斯坦的环境正义、气候变化和贫困问题。长达 30 年的季度数据有助于分析上述变量之间的关系。

当数据不符合传统线性回归模型的要求时，统计学家会使用稳健回归。当数据不呈正态分布或包含异常值时，稳健回归可以准确估计回归模型的参数。回归模型参数的估计方法有多种，包括 M 估计、S 估计和 MM 估计。与稳健回归相关的论述有很多，胡贝尔（Huber，1964）对 M 估计的批判性研究是最早的关于稳健回归的研究之一。胡贝尔提出了一种在存在异常值的情况下估计回归模型参数的策略，即最小化残差的绝对偏差之和。卢塞乌和勒罗伊（Rousseeuw and Leroy，1988）提出了 S 估计，并对稳健回归技术进行了深入研究，为这一领域作出了重要贡献。M 估计、S 估计和 MM 估计都是典型的稳健回归方法；许多研究都对它们的优点进行了检验。数据中的非正态性或异常值可以通过稳健回归模型来解释。回归方程如下：

$$RURPOV = \beta 0 + \beta 1(H2OSTRESS) + \beta 2(EXTEMP) + \beta 3(EXCRAIN)$$
$$+ \beta 4(ENVJUST) + \beta 5(AGRVAD) + \beta 6(AGRMECH)$$
$$+ \beta 7(ACCHLTH) + \beta 8(ACCEDU) + \varepsilon \qquad (1a)$$

其中，ε 是白噪声项。

回归模型（1）旨在通过一组解释变量阐明影响农村贫困（$RURPOV$）的因素。在其他变量保持不变的情况下，模型中的每个系数都量化了因变量（$RURPOV$）随相应解释变量一个单位的变化而产生的变化。构建模型如下：

$$RURPOV = \beta 0 + \beta 1(H2OSTRESS) + \beta 2(EXTEMP) + \beta 3(EXCRAIN)$$
$$+ \beta 4(ENVJUST) + \beta 5(AGRVAD) + \beta 6(AGRMECH)$$
$$+ \beta 7(ACCHLTH) + \beta 8(ACCEDU) + \varepsilon \qquad (1b)$$

其中，$H2OSTRESS$ 表示气候变化造成的用水紧张；系数 $\beta 1$ 为正表明用水紧张与农村贫困率的上升有关。$EXTEMP$ 表示气候变化引起的极端温度；系数 $\beta 2$ 为正表明气温上升与农村贫困率上升有关。$EXCRAIN$ 表示气候变化导致过度降雨；系数 $\beta 3$ 为正表明过度降水与农村贫困率上升有关。$ENVJUST$ 表示通过向贫困人口提供清洁和可持续能源来衡量环境正义干预措施；系数 $\beta 4$ 为负表明有效的环境公正措施与较低的农村贫困率有关。$AGRVAD$ 代表农业增值；系数 $\beta 5$ 为负表明农业增值的提高与农村贫困率的降低有关。$AGRMECH$ 表示农业机械化；系数 $\beta 6$ 为负表明机械化水平越高，农村贫困率越低。$ACCHLTH$ 表示获得医疗服务的机会；系数 $\beta7$ 为负表明更好的医疗服务与较低的农村贫困率相关。ACCEDU 表示受教育的机会；系数 $\beta8$ 为负意味着教育机会的改善与农村贫困率的降低有关。

在其他因素保持不变的情况下，IRF 计算了自变量变化时农村贫困率的变化情况。IRF 分析显示了每个自变量对农村贫困的累积效应。IRF 公式表示为：

$$IRF(t) = \sum (\beta i \times \Delta Xi(t)) \tag{2}$$

其中，$IRF(t)$ 表示时间 t 的农村贫困脉冲响应；βi 表示各解释变量的系数；$\Delta Xi(t)$ 表示各解释变量在时间 t 的变化。

IRF 分析有助于我们了解环境正义干预、气候变化、农业发展和其他因素对贫困率的时间影响。然而，VDA 能够衡量每个自变量对因变量总方差的贡献程度。通过 VDA，我们可以观察到每个自变量对农村贫困变化的贡献程度，也可以观察到不同自变量的共同作用对农村贫困变化的贡献程度。VDA 公式表示为：

$$Var(RURPOV) = \sum (\beta i \times Var(Xi)) + Cov(\varepsilon, RURPOV) \tag{3}$$

其中，$Var(RURPOV)$ 表示农村贫困的方差；βi 表示各解释变量的系数；$Var(Xi)$ 表示各解释变量的方差；$Cov(\varepsilon, RURPOV)$ 表示误差项 ε 与农村贫困之间的协方差。

VDA 有助于区分不同变量对农村贫困的影响，从而有助于深入理解它们在不同时期对贫困动态的不同影响。本文通过 IRF 和 VDA，深入分析了气候变化和其他社会经济变量对巴基斯坦农村贫困的短期和长期影响。利用这些方法，巴基斯坦的政策制定者和学者可以找出贫困的核心影响因素，并制定有效的战略来促进经济发展、创造就业机会和提高人民的生活水平。

五、结果与讨论

本部分介绍了本文的分析方法，首先是对变量进行描述性统计，以便识别各个变量的内在趋势。其次，进行相关性分析，以分析上述变量之间的相关关系。然后，进行"影响统计"测试以识别特定模型中的潜在异常值。接着，使用"杠杆图"，检测因变量和解释变量中可能存在的异常值。在检测出变量中可能存在的异常值后，进行稳健的最小二乘法检验。该检验能有效地解决此类异常值情况，有助于实现无偏、一致和稳健的参数估计。最后，本文利用脉冲响应函数和方差分解分析来实现预测目的。

表2汇总了巴基斯坦环境和社会指数的统计数据。巴基斯坦的政策制定者可以更好地利用这些数据来应对该国的环境和经济挑战。巴基斯坦人口超过2.2亿人，是世界上人口最多但最贫穷的发展中国家之一。统计数据显示，巴基斯坦约1/3的农村人口为贫困人口，占总人口的29.7%。贫困阻碍了人们满足基本需求，使人们无法获得优质医疗、教育和其他必要服务，是十分严峻的问题。因此，政府和其他利益相关者应展开合作，共同减轻农村贫困，增加生活必需品的供应。

表2 描述性统计

项目	RURPOV	H2OSTRESS	EXTEMP	EXCRAIN	ENVJUST	AGRVAD	AGRMECH	ACCHLTH	ACCEDU
平均值	29.746	108.331	0.567	282.273	48.757	23.136	127.733	24.725	11.095
最大值	39.260	122.673	1.423	387.180	58.091	25.617	151	42.873	15.445
最小值	20.210	94.234	-0.375	187.520	42.090	20.677	83.590	13.585	7.802
标准偏差	4.244	7.666	0.475	64.660	4.374	1.145	23.830	10.235	2.274
偏度	0.249	0.030	-0.191	0.190	0.402	0.353	-0.497	0.517	0.261
峰度	3.045	2.430	2.481	1.525	2.287	2.889	1.604	1.721	2.259

随着淡水开采量的急剧增加，水资源紧张成为巴基斯坦的一个严重的环境问题。抽取的淡水量已经达到可使用总量的108.3%，这表明水资源供应严重紧张，可能会对农业、能源工业和其他领域造成不利影响。因此，政府和其他利益相关者应制定法规，确保水资源的长期可持续性供应，并采取相应的保护措施。巴基斯坦的另一个主要环境问题是极端气候对农业和其他经济部门的影响。气温上升0.567%带来的一系列后果亟须通过有针对性的有效行动来应对。此外，降水（282.273毫米）也提高了对防洪系统的要求。因此，政府和其他有关方面需要采取行动来减轻和适应气候变化。

环境正义是巴基斯坦面临的另一个道德难题。鼓励使用可再生能源来减轻气候变化的影响，进而降低碳排放具有十分重要的意义。通过扩大绿色能源的使用范围，可以缓解能源贫困，创造新的就业机会。这也是政府和其他参与者采取措施以促进可再生能源发展的原因。巴基斯坦的农业在 GDP 中发挥着重要作用。从表 2 中可以看出，农业产值约占 GDP 的 23.1%，说明农业对国民经济的重要作用。然而，每百平方千米较少的耕地拖拉机数量则说明通过扩大农业机械化规模来提高农业产出是十分必要的。因此，政府和其他利益相关者应采取行动，鼓励采用自动化等可持续农业生产方法，以提高农业产出。

最后，可持续发展依赖于医疗服务和教育的普及。数据显示，政府在医疗服务方面的人均支出为 24.725 美元，在教育方面的支出占比约为 11.1%。这说明政府需要为医疗保健和教育分配更多资源，让更多公民得到社会援助。表 3 为相关系数矩阵。

表 3　　　　　　　　　　　　　　　　相关系数矩阵

变量	RURPOV	H2OSTRESS	EXTEMP	EXCRAIN	ENVJUST	AGRVAD	AGRMECH	ACCHLTH	ACCEDU
RURPOV	1 —								
H2OSTRESS	0.412 (0.017)	1 —							
EXTEMP	0.385 (0.026)	0.656 (0.000)	1 —						
EXCRAIN	−0.181 (0.313)	−0.182 (0.310)	−0.415 (0.016)	1 —					
ENVJUST	−0.214 (0.230)	−0.831 (0.000)	−0.583 (0.000)	0.116 (0.519)	1 —				
AGRVAD	0.320 (0.069)	−0.178 (0.320)	−0.189 (0.290)	−0.245 (0.168)	0.379 (0.029)	1 —			
AGRMECH	0.201 (0.261)	0.854 (0.000)	0.542 (0.001)	−0.121 (0.501)	−0.935 (0.000)	−0.315 (0.074)	1 —		
ACCHLTH	−0.089 (0.620)	0.722 (0.000)	0.421 (0.014)	−0.021 (0.905)	−0.861 (0.000)	−0.480 (0.004)	0.824 (0.000)	1 —	
ACCEDU	0.061 (0.734)	0.712 (0.000)	0.441 (0.010)	0.135 (0.452)	−0.690 (0.000)	−0.286 (0.106)	0.705 (0.000)	0.526 (0.001)	1 —

注：括号内为概率值。

从表3中可以看出，缺水与农村贫困之间存在显著联系。这表明，在水资源更紧缺的地区，农村贫困的现象更为普遍。正如之前的研究所显示的那样，环境恶化可能会导致生活必需品的获取（如生活用水）更加困难，从而加剧贫困，这与本文的结论一致。值得注意的是，农业机械化与水资源紧张之间存在正相关关系（$r = 0.854$，$p < 0.001$）。这表明，农业机械化可能导致该地区缺水。这一结果与有关工业化对环境影响的文献一致。工业化程度较高的国家往往使用更多的自然资源，进而造成更多的污染。

环境正义干预措施与教育机会呈负相关（$r = -0.690$，$p < 0.001$）。这表明，在环境不公正现象较为普遍的地方，受教育的机会也更少。这可能是因为贫困人口更容易受到环境不公正的影响，受教育的机会较少。农业部门的附加值与极端气温呈正相关（$r = 0.379$，$p = 0.029$）。一方面，气温越高，农业产出越大；另一方面，极端温度，如干旱和热浪，可能会损害农业生产，降低农业产出。因此，这一结论的有效性有待进一步分析。

图2为各因素的描述和关联后的影响统计数据。R-student中存在四个异常值，DFFITS中存在三个，COVRATIO中存在两个，帽子矩阵（Hat Matrix）中存在两个。由于各种影响统计用于识别异常值的方法不同，因此它们之间存在差异。

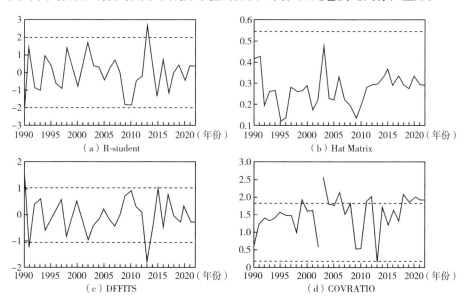

图2　影响因素统计

R-student 使用标准化残差（实际值与预期值之间的差距除以估计的残差标准差）来处理异常观测值。在现有情况下，它分析出四个极端值。不过，由于 DFFITS、COVRATIO 和 Hat Matrix 统计量评估的是每个观测值对回归系数的影响，因此它们有时可能只会发现与 R-student 相同的异常值。DFFITS 会计算当删除个别观测值时模型拟合度的下降程度。如果剔除某个观测值，COV-RATIO 将计算预测系数的方差会增加多少。每个观测值的杠杆率是通过 Hat Matrix 计算得出的。杠杆率的定义是每个观测值偏离预测系数平均值的程度。因此，这些统计量可用于识别异常值数量的变化，进而推断对回归模型具有重要意义的数据特征。DFFITS、COVRATIO 和 Hat Matrix 分析出了三个异常值，这说明这些数据点对模型的预测值、估计系数方差和杠杆率有显著影响。图 3 为使用影响统计量生成的模型杠杆图。

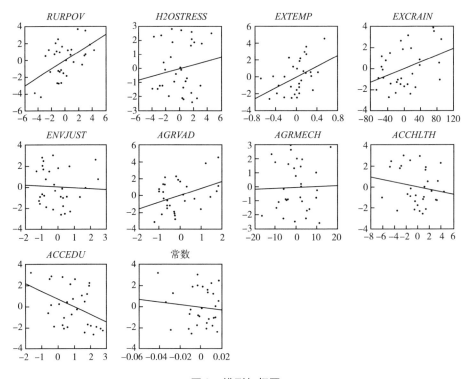

图 3　模型杠杆图

图 3 所示的模型杠杆图将农村贫困作为因变量。根据图中的散点可知，巴基斯坦模型对因变量和自变量中的异常值很敏感，因为每个变量的数据序列中

都有几个点。这种对异常值的敏感性可能会导致计算不准确，因此需要采用一种足够稳健的估计方法，以便在存在异常值的情况下仍能得出无偏、一致和准确的估计结果；MM 估计可以减轻异常值的影响，从而得到更稳健、更精确的回归模型。如果已确认所提供的模型中存在异常值，则使用稳健最小二乘回归检验 Ⅰ ~ Ⅲ（RLS - Ⅰ ~ RLS - Ⅲ）的不同方法来处理异常值（见表 4）。

表 4　　　　　　　　稳健最小二乘法（RLS）回归：MM 估计

变量	RLS - Ⅰ	RLS - Ⅱ	RLS - Ⅲ
H2OSTRESS	0. 569 ***	0. 177 ***	0. 336 ***
EXTEMP	1. 557 ***	1. 678 ***	0. 688
EXCRAIN	0. 011 ***	0. 012 ***	− 0. 006
ENVJUST	− 0. 908 ***	—	
AGRVAD	—	1. 665 *	
AGRMECH	—	0. 002	− 0. 062 **
ACCHLTH	− 0. 559 ***		
ACCEDU	− 1. 348 ***		
统计检验			
R^2	0. 423	0. 352	0. 173
调整后的 R^2	0. 400	0. 326	0. 147
Rw^2	0. 742	0. 707	0. 352
Rn^2	204. 416 ***	149. 545 ***	33. 035 ***
诊断性测试			
Jarque-Bera 检验	0. 716	p 值	0. 699
Ramsey	0. 453	p 值	0. 651
RESET 检验			

注：*** 、** 和 * 分别表示在 1% 、5% 和 10% 的水平上显著。

缺水、高温和暴雨都是与气候变化相关的因素，使用 RLS 估算的结果显示，这些因素加剧了巴基斯坦农村的贫困。这是因为这些因素会直接影响农村地区的农业生产，而农业生产是农村人口的主要收入来源。气候变化导致农民无法生产足够的粮食，农民收入降低，从而加剧全球贫困。从环境伦理和环境正义的角度来看，气候变化对巴基斯坦农村贫困的影响是一个严重的问题。在回归模型中，这些变量的系数为正，说明气候变化对农村贫困具有实质性影响。巴基斯坦大部分农村人口以农业为生，而气候变化对农业生产造成的消极影响则会使贫困状况更加恶化。缺水会导致灌溉和农业产出减少，农民无法维持生计。土壤侵蚀、作物损害，以及高温和强降水造成的其他负面影响同样会影响农业产出，导致收入下降和贫困加剧。巴基斯坦农村人口往往最容易受到气候变化的影响，但他们的温室气体排放却最少。从环境正义的角度来看，最贫困地区受气候变化的影响最大，而最富裕的地区则更有能力适应气候变化并减轻其影响。这些发现具有重要的政策意义。集中力量减轻气候变化对巴基斯坦农村贫困的影响意义重大。这方面的例子包括投资气候适应性强的农业、改善灌溉和水资源管理，以及发展其他可替代性生计。努力减少全球温室气体排放可能有利于减轻气候变化对巴基斯坦农村人口等弱势群体的长期影响。

环境正义干预措施的相关系数为负，表明改善农村地区环境和减少污染的努力有助于提高人们的收入水平和生活质量，进而帮助他们摆脱贫困。研究数据表明，环境正义至关重要，健全法律法规以减少环境恶化和污染对巴基斯坦农村地区的边缘群体的消极影响也同样重要。根据环境正义原则，每个人，无论其社会经济地位或所处位置，都应有权利享有干净、健康的环境。因此，巴基斯坦农村可以通过改善环境质量和减少环境污染来促进环境正义和可持续发展，其中可持续耕作技术、减少工业污染、增加饮用水和卫生设施的使用范围等都是潜在的解决方案。

医疗保健和教育的系数也都为负，说明它们有助于减少巴基斯坦的农村贫困。投资教育和健康可带来更广阔的职业前景、更健康的生活和更高的收入。从环境伦理和环境正义的角度来看，认识到人类健康与环境健康之间的联系至关重要。由于获得教育和医疗的机会增加，人们的健康状况得到改善，这会促使他们参与环境保护活动。此外，增加受教育和医疗保健的机会可以改善人力资本，进而减少贫困，提高经济生产力，促进长期增长和繁荣。综上所述，通过增加获得教育和医疗保健的机会来促进环境的可持续发展和社会公平，是环境正义的一个典型例子，同时也能够缓解巴基斯坦的农村贫困。

农业机械化的系数为负，说明其能够减轻巴基斯坦的农村贫困。从环境伦理和环境正义的角度来看，农业机械化的系数为负是至关重要的，它表明在没有对农民的生活造成不利影响的情况下，资源的可持续和有效利用仍是能够实现的。由于机械化会对产出、劳动力成本和效率产生影响，农民的收入也会随之增加。不容忽视的是，需要预防因使用机械而导致的水土流失、生物多样性丧失和污染等情况。只要对设备的使用状况进行规范的检测，就可以鼓励这种对农民和环境都有利的可持续农业实践。

然而，由于农业附加值的系数为正，表明巴基斯坦的农村贫困会进一步恶化。由于农业附加值衡量的是农作物生产的价值，因此农作物价值的增加不一定会导致农民的收入增加。农业部门的市场效率低是导致巴基斯坦农业增值与农村贫困之间的正相关关系的主要因素。农业对巴基斯坦经济十分重要，但由于农作物价格低迷、资金短缺、基础设施落后以及进入新市场的机会有限，农业发展举步维艰。由于农作物价格经常低于成本，农民的收入通常很低且不稳定。在以农业为主要收入来源的农村地区，收入低且不稳定是造成贫困的一个重要原因。此外，巴基斯坦的许多农民需要更多的信息和工具来帮助他们采用现代且环保的农业生产方法。因此，农民的收入因生产率和产量低下而受到影响。鉴于此，即使作物价值增长，农民的收入可能也不会增加。不过，这可能会使以折扣价从农民手中购买产品的中间商和经销商从中获利。巴基斯坦农业附加值与农村贫困之间呈现正相关关系，这其中既有经济原因，也有环境原因。灌溉对巴基斯坦农业部门的发展至关重要，该国大部分灌溉用水来自地下含水层。然而，地下水的滥用会导致含水层枯竭，可用于灌溉的水量也会不断减少。最终结果是农业产出和农民收入的下降，这进一步加剧了农村地区的贫困。过度使用化肥和杀虫剂等不可持续的农业生产方式造成的土壤侵蚀和污染，进一步降低了农业产出和收入。相互影响的环境和经济变量造成了贫困和环境恶化的恶性循环。表 5 为确保 RLS 结果的广义矩法（GMM）检验估计值。

表 5　　　　　　　　　　　　　GMM 估计

变量	系数	标准误	t 统计量	显著性水平
H2OSTRESS	0.594	0.111	5.340	0.000
EXTEMP	2.297	1.211	1.896	0.060
EXCRAIN	0.025	0.006	4.167	0.000
ENVJUST	-0.707	0.158	-4.471	0.000
AGRVAD	0.724	0.352	2.055	0.042
AGRMECH	0.019	0.040	0.475	0.635
ACCHLTH	-0.481	0.057	-8.350	0.000

续表

变量	系数	标准误	t 统计量	显著性水平
ACCEDU	− 1.416	0.224	− 6.311	0.000
统计检验				
R^2	0.724	J 统计量		14.186
调整后的 R^2	0.709	显著性水平（J 统计量）		0.0008

　　本文研究的实证结果表明气候因素（包括用水紧张、极端气温和过量降水）对农村贫困具有显著的消极影响。这些气候变量会通过多种渠道加剧农村贫困。例如，水资源紧张会阻碍农业生产，导致作物减产和农民收入减少，从而直接加剧贫困。同样，极端的气温变化也会破坏传统的耕作方式，导致作物歉收和极端贫困，进一步使贫困循环永久化。此外，实施符合环境正义原则的战略能够有效提高农村边缘人口的生活质量。通过此类战略来公平地分配环境资源，可以减轻对农村群体造成的严重环境影响，最终促进社会经济进步。值得注意的是，农业附加值显著增加并不能在全国范围内大幅减轻农村贫困。农业增长对减贫的影响是由多种因素共同决定的。例如，农业部门内获得土地和资源的机会不平等，这会对公平分配农业生产率提高所带来的利益造成不利的影响，进而导致农村贫困在较长的时间内存在。这凸显了投资教育和医疗保健方面在提高弱势群体的社会经济福祉方面的关键作用。优质教育可以使个人掌握摆脱贫困陷阱所必需的技能和知识，而改善医疗保健服务则可以提高生产力，降低对健康冲击的脆弱性，从而促进减贫。在这方面，解决教育和医疗差距的政策有可能改善农村群体的贫困状况，打破贫困的恶性循环。时间序列数据的脉冲响应函数见表6。

表6　　　　　　　　　　农村贫困的脉冲响应函数

时间	RURPOV	H2OSTRESS	EXTEMP	EXCRAIN	ENVJUST	ACCHLTH	ACCEDU	AGRVAD	AGRMECH
2023	1.260	0	0	0	0	0	0	0	0
2024	1.098	0.012	0.008	0.006	− 0.022	0.016	− 0.031	0.021	0.026
2025	0.945	0.055	0.030	0.059	− 0.029	− 0.049	− 0.114	0.114	− 0.003
2026	0.819	0.087	0.049	− 0.107	− 0.037	− 0.096	− 0.177	0.187	− 0.022
2027	0.719	0.100	0.062	− 0.140	− 0.046	− 0.126	− 0.214	0.254	− 0.036
2028	0.637	0.101	0.070	− 0.159	− 0.055	− 0.144	− 0.234	0.313	− 0.046

续表

时间	RURPOV	H2OSTRESS	EXTEMP	EXCRAIN	ENVJUST	ACCHLTH	ACCEDU	AGRVAD	AGRMECH
2029	0.569	0.095	0.072	−0.171	−0.066	−0.154	−0.242	0.364	−0.053
2030	0.510	0.085	0.070	−0.177	−0.077	−0.158	−0.241	0.405	−0.059
2031	0.458	0.072	0.064	−0.178	−0.088	−0.159	−0.234	0.438	−0.063
2032	0.412	0.058	0.057	−0.178	−0.100	−0.159	−0.223	0.463	−0.066

表6显示，农村贫困的预期值为1.260，是十期预测中的最高值。这表明巴基斯坦农村贫困的初始预期值较低。农村贫困最潜在的有利影响和不利影响因素分别是受教育机会和用水紧张。这说明缓解用水压力和增加受教育机会是减少巴基斯坦农村贫困的首要措施。在第一阶段，高温和暴雨似乎对农村贫困没有实质性影响。同样值得注意的是，与气候相关的冲击可能会对农业生产和农村生活产生深远影响，这说明在长期，解决这些环境问题是至关重要的。农村贫困的最低预测值出现在第十期（0.412）。结果表明，随着时间的推移，巴基斯坦的农村贫困率出现缓慢和渐进式的下降。在第十期，教育对农村贫困的负面影响仍然很大，这表明扩大教育机会对消除巴基斯坦农村地区的极端贫困至关重要。缺水对农村贫困仍有正向影响，但这一影响已低于第一时期。与前几个时期相比，环境正义干预对农村贫困的影响在第十期似乎有所减弱，这表明旨在加强环境正义的政策可能会随时间推移而逐渐失效。这还意味着，从长期来看，农业增值和自动化程度的提高可能会对农村贫困产生的有利影响并不显著。总体数据表明，在未来十年，改善教育机会和缓解水资源短缺是巴基斯坦消除农村贫困的关键。从长远来看，应对其他与气候有关的冲击和实施改善环境正义的措施也可能对减少农村贫困至关重要。表7列出了脆弱性和适应评估的估算结果。

表7 农村贫困的方差分解分析

时间	标准误差	RURPOV	H2OSTRESS	EXTEMP	EXCRAIN	ENVJUST	ACCHLTH	ACCEDU	AGRVAD	AGRMECH
2023	1.260	100	0	0	0	0	0	0	0	0
2024	1.672	99.884	0.005	0.002	0.001	0.017	0.009	0.035	0.016	0.026
2025	1.931	98.917	0.087	0.026	0.095	0.037	0.073	0.380	0.360	0.019
2026	2.121	96.890	0.241	0.076	0.338	0.062	0.268	1.011	1.082	0.027
2027	2.276	94.132	0.402	0.142	0.672	0.095	0.544	1.769	2.190	0.050

续表

时间	标准误差	RURPOV	H2OSTRESS	EXTEMP	EXCRAIN	ENVJUST	ACCHLTH	ACCEDU	AGRVAD	AGRMECH
2028	2.410	90.971	0.536	0.211	1.040	0.138	0.845	2.525	3.647	0.082
2029	2.530	87.647	0.630	0.274	1.402	0.194	1.137	3.208	5.384	0.120
2030	2.638	84.320	0.684	0.323	1.739	0.265	1.406	3.783	7.316	0.160
2031	2.738	81.093	0.705	0.356	2.041	0.351	1.646	4.243	9.359	0.202
2032	2.830	78.028	0.703	0.374	2.306	0.454	1.857	4.594	11.431	0.244

使用 VDA 可以更好地把握每个解释变量在描述因变量方差方面的相对重要性。第二期，所有解释变量的方差之和为 99.884%，略低于 100%。缺水、环境正义干预、医疗保健可及性、教育机会、农业增值和农业自动化不同程度地影响着农村贫困。干旱或农业缺水可能会导致用水紧张，占总差异的 0.005%。环境正义干预可能是一项旨在解决偏远地区环境问题的新政策或计划，占总差异的 0.017%。农村人口健康状况的一个可能指标是获得医疗保健的机会，占总差异的 0.009%。农村人口教育水平的一个可能的预测指标是受教育的程度，占总差异的 0.035%。偏远地区农业生产的一个指标可能是农业产值，占总差异的 0.016%。农业机械化占总差异的 0.026%，可以代表偏远地区农民适应新技术的速度。所有因素解释的第十期的总差异为 78.028%，远低于第二期。缺水、高温、多雨、环境正义干预、公共医疗、教育机会、农业增值和农业自动化都在不同程度上影响着农村贫困。干旱或农业缺水可能是导致水资源紧张的原因，占总差异的 0.703%。0.374% 的变化归因于极端气温，这可能是气候变化及其对农业的不利影响造成的。降水过多占总差异的 2.306%，这可能是洪水或暴雨造成的，对农村地区的农业生产和基础设施会产生不利影响。环境正义干预措施旨在改善受到不公平影响的群体的环境状况。获得医疗保健的能力（1.857%）所占的百分比可能表明了农村人口的总体健康状况。衡量农村人口教育水平的一个可能指标是受教育的程度（占总差异的 4.594%）。相比之下，衡量农村农业生产的指标是农业贡献值（占总差异的 11.431%）。农业机械化占总差异的 0.244%，衡量了农村耕作技术的采用率。随着时间的推移，这些因素的作用越来越显著，旨在减轻巴基斯坦农村贫困的政策和行动应考虑到这一特性。

六、结 论

缺水、极端气温和过度降水都是本文研究中导致巴基斯坦农村贫困加剧的因素，而环境正义干预、教育和医疗保健的普及以及农业机械化都有助于减少农村贫困。IRF 结果表明，由于降水量增加、环境正义干预、医疗保健改善以及农业自动化，农村贫困预计将在未来十年内呈现出逐渐减少的趋势。然而，由于水资源紧张、高温和低农业附加值，农村贫困率预计将呈现上升的趋势。根据 VDA 结果，到 2032 年，农业附加值对农村贫困的影响率为 11.431%，其次是受教育机会（4.594%）、过度降水（2.306%）和获取医疗保健的机会（1.857%）。到 2032 年，缺水、高温、环境正义干预措施和农业自动化对农村贫困的影响将只有不到 1%。因此，本文建议在通过改善巴基斯坦教育和医疗服务，支持环境正义干预，促进农业自动化，减少农村贫困的同时，应对气候变化的不利影响。此外，为了减轻巴基斯坦农村地区的贫困，政府政策应重点关注农业部门提供的价值。

根据本文的研究结果，可以提出以下政策建议，以促进在巴基斯坦农村贫困和气候变化背景下实现公平结果：（1）减轻农村贫困需要解决缺水问题。为了保证农业用水的稳定供应，政府可投资水资源管理系统，包括水坝建设、雨水收集和适当的灌溉方法。缓解缺水问题的主要办法是提高公众对这一问题的认识，鼓励节水行为。（2）加大对偏远地区的医疗保健和教育的投入力度。让农村贫困人口能够从对学校和医院的投资中受益，提高生活水平。通过了解环境问题及其后果来采取更可持续的行动。（3）采取环境正义行动来减少农村贫困。形式可以是制定政策，给予那些得不到充分服务的人更高的优先权，保证他们参与决策过程，并为他们提供获得资源的机会，进而提高他们的生活水平。政府对农业自动化的支持有助于提高农业产量，进而缓解贫困。例如，政府可以为农民提供使用现代技术的培训计划以及提供补贴，鼓励农民购置农业机械和设备。（4）鼓励采用可持续的耕作方法，这对减轻气候变化的影响至关重要。鼓励采用可持续的农业方法，如轮作、土壤保持和虫害综合防治。（5）通过政策实施，解决在水资源、教育和医疗保健、环境正义、农业自动化和可持续农业方法等方面的问题，将显著缓解巴基斯坦的农村贫困。在制定和执行这些政策法规时，要适当考虑道德和环境影响，以此实现社会公平。

本文研究可能存在的不足之处是尚未从受贫困和气候变化影响的巴基斯坦农村居民获取定性数据并展开后续分析。为了分析气候变化背景下环境伦理、环境正义和农村贫困之间的联系，本文在很大程度上依赖于定量数据和统计研究。如果将定性数据和受影响群体的意见纳入其中，可能有助于加深对有关结果的理解。未来的研究可能会侧重于巴基斯坦的环境伦理、社会公平和农村贫困问题，更多关注气候变化对特定群体或地区影响的研究，特别是妇女、儿童以及少数民族和土著群体。基于巴基斯坦农村贫困和气候变化的背景，未来的研究可能会调查通过高政策干预促进社会公平的可能性。为了实现这一目标，有必要对当前的计划进行评估，并制定强调环境伦理、环境正义和减贫的新政策。此外，将巴基斯坦的经验与其他遇到类似问题的国家（如孟加拉国或印度）进行比较，有助于进一步丰富研究内容。

参 考 文 献

P. M. DeMarco, Rachel (2017). Carson's environmental ethic – A guide for global systems decision making. J. Clean. Prod. , 140, 127 – 133.

A. Holden (2005). Achieving a sustainable relationship between common pool resources and tourism: The role of environmental ethics. J. Sustain. Tourism, 13 (4), 339 – 352.

R. J. King (2000). Environmental ethics and the built environment, environ. Ethics, 22 (2), 115 – 131.

D. J. Martinez, B. R. Middleton, J. J. Battles (2023). Environmental justice in forest management decision-making: Challenges and opportunities in California. Soc. Nat. Resour. https: //doi. org/10. 1080/08941920. 2023. 2203103.

N. Habib, M. Alauddin, R. Cramb (2022). What defines livelihood vulnerability to climate change in rain-fed, rural regions? A qualitative study of men's and women's vulnerability to climate change in Pakistan's Punjab. Cogent Soc. Sci. , 8 (1), 2054152.

M. Suendarti (2023). Protecting our planet: The vital role of carbon sequestration

in combating threats to environmental sustainability. Paki. J. Life Soc. Sci. , 21 (1),
23 – 36.

　　M. M. Ahmad, M. Yaseen, S. E. Saqib (2022). Climate change impacts of drought
on the livelihood of dryland smallholders: Implications of adaptation challenges.
Int. J. Dis. Risk Reduct. , 80, 103210.

　　M. Khan (2023). Shifting gender roles in society and the workplace: Implications
for environmental sustainability. Politica, 1 (1), 9 – 25.

　　S. Hormio (2023). Collective responsibility for climate change. Wiley Interdiscip.
Rev. Clim. Change, e830. https://doi. org/10. 1002/wcc. 830.

　　Kissinger (2023). Analysis of biodiversity conservation in South Kalimantan,
Indonesia: Investigating the ecological features of a damaged peat ecosystem. Paki.
J. Life Soc. Sci. , 21 (1), 132 – 141.

　　X. Li, X. Jiang, Y. Xia (2022). Exploring fair and ambitious mitigation
contributions of Asian economies for the global warming limit under the Paris Agreement.
Clim. Change Econ. , 13 (1), 2240002.

　　A. March, P. Failler (2022). Small-scale fisheries development in Africa:
Lessons learned and best practices for enhancing food security and livelihoods. Mar.
Policy, 136, 104925.

　　S. Saleem (2023). Power, politics, and public health: Understanding the
role of healthcare expenditure in shaping health outcomes in Pakistan for policy
enhancement. Politica, 2 (1), 58 – 72. https://doi. org/10. 5281/zenodo. 8127367.

　　S. Fatima (2023). Rural development and education: Critical strategies for
ending child marriages. Arch. Soc. Sci. : J. Collab. Mem. , 1 (1), 1 – 15.

　　S. A. Kamboh, M. Ittefaq (2022). Advocacy journalism and climate justice in
a Global Southern country. Local Environ. https://doi. org/10. 1080/13549839. 2022.
2155937.

　　M. T. Khan, M. Imran (2023). Unveiling the carbon footprint of europe and
central asia: Insights into the impact of key factors on CO_2 emissions. Arch. Soc.
Sci. : J. Collab. Mem. , 1 (1), 52 – 66.

　　J. B. Rasmussen (2023). Advancing environmental justice through the integration of traditional ecological knowledge into environmental policy. Challenges, 14 (1), 6.

K. Zaman (2023). Navigating the Perils of a Banana Republic: Lessons from Pakistan's economic crisis. Politica, 1 (1), 33 – 41.

A. Zia, I. A. Rana, H. S. H. Arshad, Z. Khalid, A. Nawaz (2023). Monsoon flood risks in urban areas of Pakistan: A way forward for risk reduction and adaptation planning. J. Environ. Manage. , 336, 117652.

M. U. Ashraf, M. Asif, A. B. Talib, A. Ashraf, M. S. Nadeem, I. A. Warraich (2019). Socio-economic impediments in usage of modern mechanized technological ideals in agriculture sector: A case study of District Lodhran, Punjab-Pakistan. Pak. J. Life Soc. Sci. , 17 (2), 86 – 92.

A. R. Hamidi, L. Jing, M. Shahab, K. Azam, M. Atiq Ur Rehman Tariq, A. W Ng (2022). Flood exposure and social vulnerability analysis in rural areas of developing countries: An empirical study of Charsadda District, Pakistan. Water (Basel), 14 (7), 1176.

M. Adeela, F. Naveed, I. A. Khan, J. Norina, A. Saima, A. A. Maan, H. Q. Abdul (2018). Sustainable rural development through women's engagement in livestock sector in Punjab, Pakistan. Pak. J. Life Soc. Sci. , 16 (2), 124 – 128.

M. Shahid, F. Ahmed, W. Ameer, J. Guo, S. Raza, S. Fatima, M. G. Qureshi (2022). Prevalence of child malnutrition and household socioeconomic deprivation: A case study of marginalized district in Punjab, Pakistan. PLoS One, 17 (3), e0263470.

R. K. Pachauri (1990). Energy efficiency in developing countries policy options and the poverty dilemma. Natural Resources Forum, 14, Blackwell Publishing Ltd, Oxford, UK, 319 – 325.

T. Reardon, S. A. Vosti (1995). Links between rural poverty and the environment in developing countries: Asset categories and investment poverty. World Dev. , 23 (9), 1495 – 1506.

P. A. Sanchez (2000). Linking climate change research with food security and poverty reduction in the tropics. Agric. Ecosyst. Environ. , 82 (1 – 3), 371 – 383.

T. W. Hertel, S. D. Rosch (2010). Climate change, agriculture, and poverty. Appl. Econ. Perspect. Policy, 32 (3), 355 – 385.

R. Leichenko, J. A. Silva (2014). Climate change and poverty: Vulnerability, impacts, and alleviation strategies. Wiley Interdiscip. Rev. Clim. Change, 5 (4), 539 – 556.

S. Hallegatte, J. Rozenberg (2017). Climate change through a poverty lens. Nat. Clim. Chang, 7 (4), 250 – 256.

J. Thurlow, P. Dorosh, B. Davis (2018). Chapter 3: Demographic change, agriculture, and rural poverty. Sustain. Food Agric. , 31 – 53. https: //doi. org/ 10. 1016/B978 – 0 – 12 – 812134 – 4. 00003 – 0.

M. M. Maja, S. F. Ayano (2021). The impact of population growth on natural resources and farmers' capacity to adapt to climate change in low-income countries. Earth Syst. Environ. , 5, 271 – 283.

A. Syed, T. Raza, T. T. Bhatti, N. S. Eash (2022). Climate Impacts on the agricultural sector of Pakistan: Risks and solutions. Environ. Challenges, 6, 100433.

A. Wijerathna-Yapa, R. Pathirana (2022). Sustainable agro-food systems for addressing climate change and food security. Agriculture, 12 (10), 1554.

M. Eichsteller, T. Njagi, E. Nyukuri (2022). The role of agriculture in poverty escapes in Kenya – Developing a capabilities approach in the context of climate change. World Dev. , 149, 105705.

Q. Li, P. Sun, B. Li, M. Mohiuddin (2022). Impact of climate change on rural poverty vulnerability from an income source perspective: A study based on CHIPS2013 and county-level temperature data in China. Int. J. Environ. Res. Public Health, 19 (6), 3328.

Y. Peng, B. Liu, M. Zhou (2022). Sustainable livelihoods in rural areas under the shock of climate change: Evidence from china labor-force dynamic survey. Sustainability, 14 (12), 7262.

A. Dorward, K. E. Giller (2022). Change in the climate and other factors affecting agriculture, food or poverty: An opportunity, a threat or both? A personal perspective, Glob. Food Sec. , 33, 100623.

W. Li, L. Zhang, M. Yue, J. Ruiz-Menjivar, J. Zhang (2023). Health vulnerability and health poverty of rice farmers：Evidence from Hubei province in China. China Agric. Econ. Rev. https：//doi. org/10. 1108/CAER – 03 – 2021 – 0062.

S. Khosla，P. R. Jena（2023）. Can rural livelihood programs enhance capabilities and reduce vulnerability to poverty? Evidence from a tribal region of eastern India. Econ. Anal. Policy，77，85 – 98.

C. Dick-Sagoe，K. N. Hope，P. Asare-Nuamah（2023）. Perceived impact of climate variability and change on livelihoods of smallholder farmers in Lesotho. Afr. J. Sci. ，Technol. ，Innov. Dev. ，15（2），175 – 184.

A. A. Shah，N. A. Khan，Z. Gong，I. Ahmad，S. A. A. Naqvi，W. Ullah，A. Karmaoui（2023）. Farmers' perspective towards climate change vulnerability，risk perceptions，and adaptation measures in Khyber Pakhtunkhwa，Pakistan. Int. J. Environ. Sci. Technol. ，20（2），1421 – 1438.

N. Ahmed，I. U. H. Padda，A. Khan，M. D. Otil，L. M. Cismas，A. Miculescu，A. Rehman（2023）. Climate change adaption strategies in urban communities：New evidence from Islamabad，Pakistan. Environ. Sci. Pollut. Res. ，30，42108 – 42121.

S. Ullah，U. Khan，A. Begum，H. Han，A. Mohamed（2023）. Indigenous knowledge，climate change and transformations of Gwadar fishing community. Int. J. Clim. Change Strat. Manag. https：//doi. org/10. 1108/IJCCSM – 06 – 2022 – 0069.

H. E. Hudson，E. B. Parker（1990）. Information gaps in rural America：Telecommunications policies for rural development. Telecomm. Policy，14（3），193 – 205.

V. Mahajan，B. G. Ramola（1996）. Financial services for the rural poor and women in India：Access and sustainability. J. Int. Dev. ，8（2），211 – 224.

A. G. Ambali（2000）. The dilemma of the poor developing countries in automation/industrialisation. IFAC Proc. ，Vol. 33（18），179 – 184.

M. A. Hanjra，F. Gichuki（2008）. Investments in agricultural water management for poverty reduction in Africa：Case studies of Limpopo，Nile，and Volta river basins. Nat. Resour. Forum，32（3），185 – 202.

U. Deichmann，A. Goyal，D. Mishra（2016）. Will digital technologies transform agriculture in developing countries? Agric. Econ. ，47（S1），21 – 33.

S. Rotz, E. Gravely, I. Mosby, E. Duncan, E. Finnis, M. Horgan, J. LeBlanc, R. Martin, H. T. Neufeld, A. Nixon, L. Pant, V. Shalla, E. Fraser (2019). Automated pastures and the digital divide: How agricultural technologies are shaping labour and rural communities. J. Rural Stud. , 68, 112 – 122.

L. Christiaensen, Z. Rutledge, J. E. Taylor (2021). Viewpoint: The future of work in agri-food. Food Policy, 99, 101963.

O. H. Osinowo, M. G. Ogunnaike, E. T. Tolorunju (2022). Prevalent poverty incidence and technological innovations: Implications for agricultural development in West Africa. Sarhad J. Agric. , 38 (5), 143 – 151.

Z. Chen, Q. Meng, K. Yan, R. Xu (2022). The analysis of family farm efficiency and its influencing factors: Evidence from rural China. Land (Basel), 11 (4), 487.

A. Raihan, D. A. Muhtasim, S. Farhana, M. A. U. Hasan, M. I. Pavel, O. Faruk, A. Mahmood (2023). An econometric analysis of greenhouse gas emissions from different agricultural factors in Bangladesh. Energy Nexus, 9, 100179.

S. Zhou, C. Qing, J. He, D. Xu (2023). Impact of agricultural division of labor on fertilizer reduction application: Evidence from Western China. Int. J. Environ. Res. Public Health, 20 (5), 3787.

X. Sang, X. Luo, A. Razzaq, Y. Huang, S. Erfanian (2023). Can agricultural mechanization services narrow the income gap in rural China? Heliyon, 9 (2), e13367.

W. Liao, F. Zeng, M. Chanieabate (2022). Mechanization of small-scale agriculture in China: Lessons for enhancing smallholder access to agricultural machinery. Sustainability, 14 (13), 7964.

G. P. Paudel, H. Gartaula, D. B. Rahut, S. E. Justice, T. J. Krupnik, A. J. McDonald (2023). The contributions of scale-appropriate farm mechanization to hunger and poverty reduction: Evidence from smallholder systems in Nepal. J. Econ. Dev. , 25 (1), 37 – 61.

T. Daum (2023). Mechanization and sustainable agri-food system transformation in the Global South. A review. Agron. Sustainable Dev. , 43 (1), 16.

K. Mohammed, E. Batung, S. A. Saaka, M. M. Kansanga, I. Luginaah (2023).

Determinants of mechanized technology adoption in smallholder agriculture: Implications for agricultural policy. Land Use Policy, 129, 106666.

Q. Liu, Q. Li (2023). Impact of new rural pension insurance on farmers' agricultural mechanization service input. Sustainability, 15 (2), 1131.

Z. Ali, Y. Jianzhou, A. Ali, J. Hussain (2023). Determinants of the CO_2 emissions, economic growth, and ecological footprint in Pakistan: Asymmetric and symmetric role of agricultural and financial inclusion. Environ. Sci. Pollut. Res. https: // doi. org/10. 1007/s11356 – 023 – 26138 – 7.

M. A. Kavesh, K. Lahiri-Dutt, R. Adhikari (2023). Women and plant entang- lements: pulses commercialization and care relations in Punjab, Pakistan. Oxford Dev. Stud. https: //doi. org/10. 1080/13600818. 2023. 2177265.

C. Chaiya, S. Sikandar, P. Pinthong, S. E. Saqib, N. Ali (2023). The impact of formal agricultural credit on farm productivity and its utilization in Khyber Pakhtunkhwa, Pakistan. Sustainability, 15 (2), 1217.

R. W. Lake (1996). Volunteers, NIMBYs, and environmental justice: Dilemmas of democratic practice. Antipode, 28 (2), 160 – 174.

J. I. Dawson (2000). The two faces of environmental justice: Lessons from the eco-nationalist phenomenon. Env. Polit. , 9 (2), 22 – 60.

J. Ikeme (2003). Equity, environmental justice and sustainability: Incomplete approaches in climate change politics. Glob. Environ. Chang. , 13 (3), 195 – 206.

K. Lucas (2006). Providing transport for social inclusion within a framework for environmental justice in the UK. Transp. Res. Part A: Policy Pract. , 40 (10), 801 – 809.

C. Okereke (2010). Climate justice and the international regime. Wiley Interdiscip. Rev. Clim. Change, 1 (3), 462 – 474.

H. Pearsall, I. Anguelovski (2016). Contesting and resisting environmental gentrification: Responses to new paradoxes and challenges for urban environmental justice. Sociol. Res. Online, 21 (3), 121 – 127.

D. McCauley, R. Heffron (2018). Just transition: Integrating climate, energy and environmental justice. Energy Policy, 119, 1 – 7. https: //doi. org/10. 1016/

j. enpol. 2018. 04. 014.

B. Gutschow, B. Gray, M. I. Ragavan, P. E. Sheffield, R. P. Philipsborn, S. H. Jee (2021). The intersection of pediatrics, climate change, and structural racism: Ensuring health equity through climate justice. Curr. Probl. Pediatr. Adolesc. Health Care, 51 (6), 101028.

F. Khayat (2023). From climate injustice to resilience: What is the role of social and technological innovation? Environ. Justice, 16 (2), 96 – 110.

A. Planas-Carbonell, I. Anguelovski, E. Oscilowicz, C. P'erez-del-Pulgar, G. Shokry (2023). From greening the climate-adaptive city to green climate gentrification? Civic perceptions of short-lived benefits and exclusionary protection in Boston, Philadelphia, Amsterdam and Barcelona. Urban Clim. , 48, 101295.

A. R. Pearson, K. E. White, L. M. Nogueira, N. A. Lewis Jr. , D. J. Green, J. P. Schuldt, D. Edmondson (2023). Climate change and health equity: A research agenda for psychological science. Am. Psychol. , 78 (2), 244 – 258. https: //doi. org/ 10. 1037/amp0001074.

S. Klepp, H. Fünfgeld (2022). Tackling knowledge and power: An environmental justice perspective on climate change adaptation in Kiribati. Clim. Dev. , 14 (8), 757 – 769.

A. Kosanic, J. Petzold, B. Martín-López, M. Razanajatovo (2022). An inclusive future: Disabled populations in the context of climate and environmental change. Curr. Opin. Environ. Sustain. , 55, 101159.

A. Maxim, E. Grubert (2022). Anticipating climate-related changes to residential energy burden in the United States: Advance planning for equity and resilience. Environ. Justice, 15 (3), 139 – 148.

M. Rosa, K. Haines, T. Cruz, F. Forman (2023). A binational social vulnerability index (BSVI) for the San Diego-Tijuana region: Mapping trans-boundary exposure to climate change for just and equitable adaptation planning. Mitigat. Adapt. Strat. Glob. Change, 28 (2), 12.

D. A. Gill, J. Blythe, N. Bennett, L. Evans, K. Brown, R. A. Turner, N. A. Muthiga (2023). Triple exposure: Reducing negative impacts of climate change, blue growth, and conservation on coastal communities. One Earth, 6 (2), 118 – 130.

P. Hinduja, R. F. Mohammad, S. Siddiqui, S. Noor, A. Hussain (2023). Sustainability in Higher Education Institutions in Pakistan: A Systematic Review of Progress and Challenges. Sustainability, 15 (4), 3406. https://doi.org/10.3390/su15043406.

M. Farooq, M. Usman (2023). Pakistan needs an equitable investment in the health system and collaborative efforts. Lancet Glob. Health, 11 (2), e177 – e178.

Y. O. Van Horne, C. S. Alcala, R. E. Peltier, P. J. Quintana, E. Seto, M. Gonzales, P. I. Beamer (2023). An applied environmental justice framework for exposure science. J. Expo. Sci. Environ. Epidemiol., 33 (1), 1 – 11.

M. Chowkwanyun (2023). Environmental justice: Where it has been, and where it might be going. Annu. Rev. Public Health, 44, 93 – 111.

A. Desikan, T. MacKinney, C. Kalman, J. M. Carter, G. Reed, G. T. Goldman (2023). An equity and environmental justice assessment of anti-science actions during the Trump administration. J. Public Health Policy, 44 (1), 147 – 162.

J. Wang, N. Ulibarri, T. A. Scott, S. J. Davis (2023). Environmental justice, infrastructure provisioning, and environmental impact assessment: Evidence from the California Environmental Quality Act. Environ. Sci. Policy, 146, 66 – 75.

J. Loos, F. Benra, M. Berbés-Blázquez, L. L. Bremer, K. M. Chan, B. Egoh, K. J. Winkler (2023). An environmental justice perspective on ecosystem services. Ambio, 52 (3), 477 – 488.

J. Kato-Huerta, D. Geneletti (2023). A distributive environmental justice index to support green space planning in cities. Landsc. Urban Plan., 229, 104592.

J. R. O. Dent, C. Smith, M. C. Gonzales, A. B. Lincoln-Cook (2023). Getting back to that point of balance: Indigenous environmental justice and the California Indian Basketweavers' Association. Ecol. Soc., 28 (1), 14. https://doi.org/10.5751/ES – 13674 – 280114.

C. van Velzen, M. Helbich (2023). Green school outdoor environments, greater equity? Assessing environmental justice in green spaces around Dutch primary schools. Landsc. Urban Plan., 232, 104687.

K. Palawat, R. A. Root, L. I. Cortez, T. Foley, V. Carella, C. Beck, M. D. Ramírez-Andreotta (2023). Patterns of contamination and burden of lead and arsenic in rooftop harvested rainwater collected in Arizona environmental justice communities. J. Environ. Manage. , 337, 117747.

S. Ramcilovic-Suominen (2023). Envisioning just transformations in and beyond the EU bioeconomy: Inspirations from decolonial environmental justice and degrowth. Sustainability Sci. , 18 (2), 707 – 722.

N. Khurshid, A. Fiaz, J. Khurshid, K. Ali (2022). Impact of climate change shocks on economic growth: A new insight from non-linear analysis. Front. Environ. Sci. , 10, 1039128.

M. Aqib, K. Zaman (2023). Greening the workforce: The power of investing in human capital. Arch. Soc. Sci. : J. Collab. Mem. , 1 (1), 31 – 51. https: //doi. org/ 10. 5281/zenodo. 7620041.

I. A. Rana, M. M. Khan, R. H. Lodhi, S. Altaf, A. Nawaz, F. A. Najam (2023). Multidimensional poverty vis-à-vis climate change vulnerability: Empirical evidence from flood-prone rural communities of Charsadda and Nowshera Districts in Pakistan. World Dev. Sustain. , 2, 100064.

S. Sadiq (2023). Balancing economic growth with environmental and healthcare considerations: Insights from Pakistan's development trajectory. Res. Lett. , 1 (1), 17 – 26. https: //doi. org/10. 5281/zenodo. 8186321.

S. Sahoo, S. Goswami (2024). Theoretical framework for assessing the economic and environmental impact of water pollution: A detailed study on sustainable development of India. J. Fut. Sustain. , 4 (1), 23 – 34.

D. N. Pellow, A. Weinberg, A. Schnaiberg (2001). The environmental justice movement: Equitable allocation of the costs and benefits of environmental management outcomes. Soc. Justice Res. , 14, 423 – 439.

D. Faber, B. Levy, C. Schlegel (2021). Not all people are polluted equally in capitalist society: An eco-socialist commentary on liberal environmental justice theory. Capitalism Nat. Socialism, 32 (4), 1 – 16.

A. Krings, T. M. Schusler (2020). Equity in sustainable development: Community responses to environmental gentrification. Int. J. Soc. Welf. , 29 （4）, 321 – 334.

P. D. Rigo, G. Rediske, C. B. Rosa, N. G. Gastaldo, L. Michels, A. L. Neuenfeldt Júnior, J. C. M. Siluk （2020）. Renewable energy problems: Exploring the methods to support the decision-making process. Sustainability, 12 （23）, 10195.

A. Patel, H. Lotia, A. A. Malik, M. D. Mundt, H. Lee, M. A. Rafiq （2021）. Gendered impacts of environmental degradation in informal settlements: A comparative analysis and policy implications for India, Bangladesh, and Pakistan. J. Comparat. Policy Anal. : Res. Pract. , 23 （4）, 468 – 484.

D. Schlosberg, L. B. Collins （2014）. From environmental to climate justice: Climate change and the discourse of environmental justice. Wiley Interdiscip. Rev. Clim. Change, 5 （3）, 359 – 374.

Z. Shawoo, C. L. McDermott （2020）. Justice through polycentricity? A critical examination of climate justice framings in Pakistani climate policymaking. Clim. Policy, 20 （2）, 199 – 216.

PBS （2022）. Economic Survey of Pakistan, Pakistan Bureau of Statistics, Islamabad, Pakistan, 2022 planning commissions wings.

World Bank （2022）. World development indicators, World Bank, Washington D. C. , USA.

K. Zaman （2023）. A note on cross-panel data techniques. Latest Dev. Econometr. , 1 （1）, 1 – 7.

P. J. Huber （1964）. Robust estimation of a location parameter. Ann. Math. Stat. , 35 （1）, 73 – 101.

P. J. Rousseeuw, A. M. Leroy （1988）. A robust scale estimator based on the shortest half. Stat. Neerl. , 42 （2）, 103 – 116.

C. Croux, P. J. Rousseeuw （1992）. A class of high-breakdown scale estimators based on subranges. Commun. Stat. – Theory Methods, 21 （7）, 1935 – 1951.

R. Maronna, O. Bustos, V. Yohai （2006）. Bias – and efficiency – robustness of general M-estimators for regression with random carriers. Smoothing Techniques for Curve Estimation: Proceedings of a Workshop held in Heidelberg, Springer Berlin Heidelberg, Berlin, Heidelberg, 91 – 116.

K. U. Ehigiamusoe, M. T. Majeed, E. Dogan (2022). The nexus between poverty, inequality and environmental pollution: Evidence across different income groups of countries. J. Clean. Prod., 341, 130863.

S. Khan, W. Yahong, A. Zeeshan (2022). Impact of poverty and income inequality on the ecological footprint in Asian developing economies: Assessment of Sustainable Development Goals. Energy Rep., 8, 670 – 679.

S. Bano, L. Liu, A. Khan (2022). Dynamic influence of aging, industrial innovations, and ICT on tourism development and renewable energy consumption in BRICS economies. Renew. Energy, 192, 431 – 442.

B. A. Gyamfi, D. Q. Agozie, F. V. Bekun (2022). Can technological innovation, foreign direct investment and natural resources ease some burden for the BRICS economies within current industrial era? Technol. Soc., 70, 102037.

L. A. Satcher (2022). Multiply-deserted areas: Environmental racism and food, pharmacy, and greenspace access in the Urban South. Environ. Sociol., 8 (3), 279 – 291.

S. Heinicke, K. Frieler, J. Jägermeyr, M. Mengel (2022). Global gridded crop models underestimate yield responses to droughts and heatwaves. Environ. Res. Lett., 17 (4), 044026.

G. Maggio, M. Mastrorillo, N. J. Sitko (2022). Adapting to high temperatures: Effect of farm practices and their adoption duration on total value of crop production in Uganda. Am. J. Agric. Econ., 104 (1), 385 – 403.

S. B. Bedeke (2023). Climate change vulnerability and adaptation of crop producers in sub-Saharan Africa: A review on concepts, approaches and methods. Environ., Dev. Sustain., 25 (2), 1017 – 1051.

S. Abbas (2022). Climate change and major crop production: Evidence from Pakistan. Environ. Sci. Pollut. Res., 29 (4), 5406 – 5414.

A. A. Chandio, Y. Jiang, A. Amin, M. Ahmad, W. Akram, F. Ahmad (2023). Climate change and food security of South Asia: Fresh evidence from a policy perspective using novel empirical analysis. J. Environ. Plann. Manage., 66 (1), 169 – 190.

L. Mwadzingeni, R. Mugandani, P. Mafongoya (2022). Risks of climate change on future water supply in smallholder irrigation schemes in Zimbabwe. Water（Basel），14（11），1682.

A. Parven，I. Pal，A. Witayangkurn，M. Pramanik，M. Nagai，H. Miyazaki，C. Wuthisakkaroon（2022）. Impacts of disaster and land-use change on food security and adaptation：Evidence from the delta community in Bangladesh. Int. J. Dis. Risk Reduct.，78，103119.

P. Mususa，S. Marr（2022）. Comparing climate politics and adaptation strategies in african cities：Challenges and opportunities in the state-community divide，Urban Forum，33，Springer Netherlands，Dordrecht，1 – 12.

F. Nadeem，B. Jacobs，D. Cordell（2022）. Mapping agricultural vulnerability to impacts of climate events of Punjab，Pakistan. Reg. Environ. Change，22（2），66.

A. Rehman，H. Ma，I. Ozturk，M. I. Ahmad（2022）. Examining the carbon emissions and climate impacts on main agricultural crops production and land use：Updated evidence from Pakistan. Environ. Sci. Pollut. Res.，29（1），868 – 882.

Z. Wang，Y. Wang，F. Huang，C. Shuai，J. Li，L. Ding，X. Cheng（2022）. The environmental impact of household domestic energy consumption in rural areas：Empirical evidence from China's photovoltaic poverty alleviation regions. Sustain. Prod. Consumpt.，30，1019 – 1031.

N. Abid，F. Ceci，M. Ikram（2022）. Green growth and sustainable development：Dynamic linkage between technological innovation，ISO 14001，and environmental challenges. Environ. Sci. Pollut. Res.，29，25428 – 25447.

Y. Mahfooz，A. Yasar，R. Tanveer，AuB. Tabinda（2022）. Challenges and solutions for sustainable urban water management，Aftab，T.（eds）. Sustainable Management of Environmental Contaminants. Environmental Contamination Remediation and Management，Springer，Cham. https：//doi. org/10. 1007/978 – 3 – 031 – 08446 – 1_21.

S. T. Hassan，B. Batool，B. Zhu，I. Khan（2022）. Environmental complexity of globalization，education，and income inequalities：New insights of energy poverty. J. Clean. Prod.，340，130735.

Y. Guo，Y. Liu（2022）. Sustainable poverty alleviation and green development in China's underdeveloped areas. J. Geog. Sci. , 32（1）, 23 – 43.

W. Yang, C. Xu, F. Kong（2022）. Does non-food cultivation of cropland increase farmers' income? Int. J. Environ. Res. Public Health, 19（12）, 7329.

R. B. Castelein, J. J. Broeze, M. M. Kok, H. H. Axmann, X. X. Guo, J. H. Soethoudt（2022）. Mechanization in rice farming reduces greenhouse gas emissions, food losses, and constitutes a positive business case for smallholder farmers – Results from a controlled experiment in Nigeria. Clean. Eng. Technol. , 8, 100487.

A. P. Alexoaei, R. G. Robu, V. Cojanu, D. Miron, A. M. Holobiuc（2022）. Good practices in reforming the common agricultural policy to support the European green deal – A perspective on the consumption of pesticides and fertilizers. Amfiteatru Econ. , 24（60）, 525 – 545.

A. K. Thakur, R. Singh, A. Gehlot, A. K. Kaviti, R. Aseer, S. K. Suraparaju, V. S. Sikarwar（2022）. Advancements in solar technologies for sustainable development of agricultural sector in India: A comprehensive review on challenges and opportunities. Environ. Sci. Pollut. Res. , 29（29）, 43607 – 43634.

T. Mahmood, N. Arshed（2022）. Identifying the demand-based financial issues in the agriculture sector of Pakistan: A qualitative thematic analysis. iRASD J. Manag. , 4（1）, 26 – 37.

A. Hussain, W. Akhtar, A. Jabbar（2022）. Risk management for small farmers in Pakistan: A review. Pak. J. Agric. Sci. , 59（2）, 247 – 259.

M. S. Sultan, M. A. Khan, H. Khan, B. Ahmad（2022）. Pathways to strengthening capabilities: A case for the adoption of climate-smart agriculture in Pakistan. APN Sci. Bull. , 12（1）, 171 – 183.

A. Razzaq, H. Liu, M. Xiao, K. Mehmood, M. A. Shahzad, Y. Zhou（2023）. Analyzing past and future trends in Pakistan's groundwater irrigation development: implications for environmental sustainability and food security. Environ. Sci. Pollut. Res. , 30（12）, 35413 – 35429.

R. Ali, R. Ishaq, K. Bakhsh, M. A. Yasin（2022）. Do agriculture technologies influence carbon emissions in Pakistan? Evidence based on ARDL technique. Environ. Sci. Pollut. Res. , 29（28）, 43361 – 43370.

第二部分

实践探索

欧洲农村地区的发展预期*

——过去十年的趋势与农村复兴机遇的分析

弗洛里安·阿尔梅耶　卡蒂·沃格曼**

摘　要： 近年来，欧洲农村地区正在经历结构性变革，导致农村日益差异化，且分化为繁荣地区和欠发达地区。同时，农村地区正面临多重挑战，除了整体国际趋势之外，社会、经济、生态和政治等发展也在影响着农村地区的发展。为了深入理解当前欧洲农村地区发展的问题和原因、系统总结近十年来欧洲农村发展趋势及其动力、分析农村复兴面临的机遇和挑战，本文对欧洲农村进行了差异化的趋势研究，并综合分析了超过 70 份由欧盟资助的关于农村地区及其发展的研究报告。外部大环境，特别是可持续转型、再生能源革命、新技术的出现和环保意识日渐增强等趋势，为农村地区的发展提供了前所未有的机遇。外部激励（如欧盟政策）和内部区域发展（如地方参与者）之间的良性互动对充分把握发展机遇、实现农村地区的复兴起到了至关重要的作用。

一、引　言

欧洲农村地区一直并且正在经历着根本性的变革（Woods and McDonagh，2011）。在 20 世纪 60 年代之前，对"农村"一词的概念理解相对统一，即农业经济、低人口密度和占据主导地位的乡村生活方式（Pemperton，2019）。如今，这一农村形象已不再适用，在多重因素和趋势的推动下，农村地区正在变得越来越多样化。正如科普斯等（Copus et al.，2011）强调的，欧洲农村正在

  ＊　本文原文请参见：https：//doi. org/10. 3390/su15065485。

  ＊＊　作者简介：弗洛里安·阿尔梅耶（Florian Ahlmeyer）和卡蒂·沃格曼（Kati Volgmann）均供职于德国区域与城市发展研究中心（ILS）。

经历差异化过程，每个地区或多或少都有其独一无二的特质。因此，如今"农村"已经成为一个有多种定义方式的复杂概念。根据研究兴趣的不同，"农村"可以是一个地理空间，一个被构建出来的社会空间，或者是一个多维度的，同时具备物质、观念和社会体验的场域（Halfacree，1993；Mormont，1990）。

从规划和地理的视角来看，"农村"被定义为具有一定规模、聚落结构和社会经济特征的一类空间（Cloke et al.，1986；Harrington and O'Donoghue，1998；Ray，1998；Nelson et al.，2021）；从广义上来看，"农村"泛指分布着开阔郊区和小型居住点的区域。尽管"乡村性"常被视为是与"城市性"相对的概念（Kule，2008），但这受到来自包括卡塔尼奥（Cattaneo，2021）在内的、试图在城乡一体化语境中理解农村特质的学者的质疑（van Vliet，2020；Petrovic，2022）。近年来，越来越多的研究者认同把"城市"和"农村"的简单二元区分是有问题的：事实上，人类居住地区从大型村庄、小城镇到小中型城市的转变是一个渐进的过程，存在难以识别的模糊地带。遗憾的是，"农村"一词常被作为贬义词，与衰退、欠发达和偏远联系在一起。

达玛斯和开内尔（Dammers and Keiner，2006）、勒贝尔和库恩兹曼（Leber and Kunzmann，2006）认为农村并不存在一般性的标准定义，他们试图描绘出不同类型的乡村图景。如今，那些生产率高、以服务业为导向、经济增长强劲的农村地区与人口稀少、结构薄弱的农村地区形成了鲜明对比；一些农村地区非常适合农业生产，而另一些则具有发展旅游业的潜力。地理位置也会造成农村地区发展水平的差异，如城市郊区相对于更远离城市的外围地区有显著的人口集聚优势。

很长时间以来，空间研究、规划和政策主要专注于不断增长的城市群。在从第二产业主导向第三产业主导的经济社会结构转变过程中，城市地区的区位优势和城市化的正外部性一直是讨论的主题（Storper and Scott，2008；Glaeser，2010）。如今，学术研究和政策制定对于农村地区以及中小城镇给予了更多关注，以设法解决相关的结构、经济、人口、社会和环境发展问题（Andersen，2020；Steinfuührer et al.，2020）。尽管欧洲的农村地区千差万别，但仍可发现某些共同模式，这凸显了为制定欧洲一级的农村政策而寻找共同点的重要性。农村研究领域的项目和工作组越来越多地体现了上述共性（如"欧盟地平线2020

项目")。农村地区长期愿景（The Long Term Vision for Rural Areas，LTVRA）（European Commission，2022）是欧盟委员会为 2040 年欧洲共同愿景提出的一项倡议，它引发了一场关于农村地区的未来及其在社会中作用的辩论，也为欧洲政策制定者提供了农村发展新思路。欧洲空间规划观测网（ESPON）发布的《农村地区：展望未来》（*Rural areas：An eye to the future*）（ESPON，2021）和经济合作与发展组织发布的《农村变革的 10 个关键驱动因素》（*10 key drivers of rural change*）（OECD，2022）对农村地区发展的长期可行性提供了进一步的分析和证据。

农村发展是一个提高生活质量和经济发展水平的过程，而农村复兴则是"一个更具周期性的过程，政策干预旨在应对农村衰退问题"（Pemperton，2019）。事实上，"农村复兴"概念就是在农村人口回流和再度聚集的趋势下如何应对农村衰落问题这一大背景下提出的（Pemperton，2019；Woods，2005；Bindi et al.，2022）。因此，在上述趋势下发现农村发展的问题、把握农村发展的机遇并在此基础上为政策措施乃至未来的规划议程提供指引，必然要求对当今农村的发展现状和趋势进行全面审视。

农村复兴的未来取决于过去和现在的影响和趋势。识别趋势是正确认识趋势、应对趋势乃至扭转趋势的关键，尤其是在经济和社会发展领域（Kuhmonen，2015）。过去的条件、现在的决定和未来的选择都受制于一定的时代背景，有必要对当前农村地区发展的驱动因素、发展趋势以及农村复兴进程进行更具差异化和更具体的研究，从而为农村地区带来新的发展机遇。因此，我们提出了以下问题：（1）农村地区发展的驱动力和发展趋势是什么？（2）什么是决定农村复兴的关键？（3）为了成功实现农村复兴，我们需要怎样的改变？未来需要提供哪些政策支持？

尽管欧洲农村地区存在显著的差异性，各农村地区都面临着不同的挑战，但仍然可以对许多影响各农村地区发展的共同趋势有一个总体认识和把握。因此，在以下分析中，我们将不关注地方性和区域性的趋势，而是关注总体、宏观趋势以及农村发展中的共同问题和驱动因素。这可以增进对农村复兴共同努力的理解。我们不仅仔细研究了过去十年农村发展趋势中的负面进展及其原因，更重要的是，发现了上述趋势隐含的机遇和积极成果，并总结了农村复兴取得成效所必需的条件。

本文的结构如下：第一部分为引言。第二部分介绍农村地区所面临的问题、发展趋势、农村复兴和发展方式的最新研究进展。第三部分介绍趋势分析的研究资料和研究方法，通过全面分析超过 70 个欧盟资助的关于农村地区和农村发展相关项目，识别了 40 种不同趋势和 560 个趋势观测值。第四部分介绍了针对三个研究问题的分析和实证结果。第五部分讨论了研究结果及其对以新的内生动力推动欧洲农村地区发展、实现农村复兴的启示。

二、相关理论

（一）农村地区的问题和发展趋势

农村衰退涉及诸多方面的问题，解决这些问题需要农村复兴。农村地区的衰退与人口减少和人口结构的变化有关，如农村周边地区的人口和企业外迁、年轻妇女外迁以及人口老龄化（Copus et al.，2011；Stockdale，2006；Leibert and Wiest，2016；Goujon，2021；Dax and Fischer，2018；Steinfuührer and Grossmann，2021）。当受过良好教育的劳动力离开农村地区时，劳动适龄人口就会减少，从而对该地区的经济发展产生负面影响（OECD，2018）。防止人口减少，鼓励年轻一代复兴乡村，是农村发展政策和规划的核心（ENRD，2019；Bori，2019）。农村地区人口减少会给农村带来多重社会问题，如公共服务和设施（包括卫生和社会服务）缺失（Christiaanse，2020；Interreg Europe，2019），文化资本和社会资本减少，社会经济和政治权力丧失（Bock，2016）。在农村地区，经济衰退往往表现为农村经济缺乏多样性和经济状态疲软，具体包括农村地区没有发挥其生产和消费潜力或仍然依赖于传统的第一产业和第二产业（Li et al.，2019；Scott，2013）。第一产业和第二产业可以直接利用农村的自然资源，这对农业和食品工业至关重要；但其发展也造成了农村地区的环境恶化（Ferreira et al.，2019）。

技术优势和欧洲农业政策导致生产不断规模化和集约化，缩减了农业部门的就业机会，这是农村地区衰落的一个重要原因（Dammers and Keiner，2006；Perpiña Castillo et al.，2018）。人口和经济衰退既影响了农村劳动力的年龄、技能水平和性别构成，又影响了农村工作的质量和农村居民的生计，使农村现有和新建的企业难以获得人才（Copus et al.，2013；Interreg Europe，2019）。随着农村人口对政治体制的失望和挫折感与日俱增，如何稳定结构脆弱的农村地区已成为迫在眉睫的现实问题。总之，农村衰退是欧洲大部分地区面临的重要问题。

与此同时，许多农村地区已经开始了农村复兴进程，并指出了可能的发展途径。如今，农村地区出现了发展服务业相关工作的新机遇（Görmar，2021）。许多地区已成为当地的娱乐和旅游中心，虽然这往往被视为发展农业以外的唯一选择，但也是新的发展机遇（Roberts and Hall，2001）。类似地，近年来可再生能源的发展，尤其是太阳能、风能和生物质能的发展，带来了巨大的发展潜力，许多农村地区都可能从中受益（Benedek et al.，2018）。农村居民的参与在促进农村发展的同时，也增进了居民的认同感。新冠疫情后的社会政治发展和社会经济因素使农村地区因安全的居住环境、负担得起的住房和越来越多的远程工作机会而更具吸引力。数字化为农村生活提供了支持，特别是在城市地区住房成本仍不断上涨的情况下，人们不再需要住在靠近工作地点的地方，郊区、农村和城市外围地区蓬勃发展的协同工作空间（coworking spaces）正是上述发展的一个典型例子（ENRD，2019；Bori，2019；Hölzel et al.，2022）。年轻人正在重新发现农村地区作为生活和工作场所的可能性，因此数字化是解决代际更新问题、促进农村人口增加和人口结构改善的绝佳机会：一方面，这对农村的复兴和代际更替非常重要；另一方面，这将增加农村地区年轻人口，同时促进农村企业发展，创造就业机会（Dwyer et al.，2019）。

意料之外的负面冲击，如新冠疫情，也对农村地区的结构性变革产生了复杂的影响。同样，当前欧洲的政治局势和武装冲突及其对经济、粮食供应等的影响也反映了瞬息万变的国际政局对农村环境的影响。这些发展都导致了欧洲农村内部的巨大差异。对许多地区来说，结构性变革意味着获得了更好的发展机会以克服之前发展的困境，而对另一些地区来说，结构性变革则导致了现有问题的加剧或新问题的出现。

（二）农村复兴与农村发展

农村复兴经常被用来指为农村地区重注活力、重振力量、恢复繁荣、更新换代（Li et al.，2019；Shand，2016；Aisling et al.，2020），与农村发展没有明显的区别，因此，"发展"（development）和"复兴"（regeneration）这两个词通常被作为近义词使用。然而，在农村领域的理论研究中，"发展"和"复兴"是不同的概念。"发展"侧重于农村现代化和农村人口生活质量提升、经济福祉增进的过程，"复兴"则强调"一个抵御消极趋势的周期性过程"（Woods，2005）。"复兴"的概念描述了农村地区的复兴过程，不局限于简单地扭转衰退趋势或维持现有发展水平，而意味着一个再创造和复兴的转变过程。在本文中同时使用"发展"和"复兴"两个术语，因此在提及农村发展时，不仅仅是指经济增长，还指广义上朝着积极方向的变化过程。

近年来，欧洲学术界和政策界关于农村问题的主要讨论方向是，如何在农村地区代际更替乃至更一般的农村政策的地方性背景下，寻求农村发展和复兴的方法。地方性背景意味着无论是把握农村发展机遇还是应对农村发展面临的挑战，都要给出因地制宜的战略，都要发挥当地参与者对本地发展贡献知识和资源的能动作用（Tallon，2010）。

农村复兴问题与农村发展领域的内生发展理论和新内生发展理论有关（Pemperton，2019；Woods，2005；Galdeano-Gómez et al.，2011；Olmedo and O'shaughnessy，2022；Ray，2006）。其中，内生的发展方式意味着从内部驱动，即通过地区发展的底层逻辑，自下而上地刺激农村发展；而新内生发展理论着力于通过创造合适的外部条件，形成由外而内、自上而下的驱动力，并达到与各地内生发展机会相似的促进各地农村复兴的效果（Galdeano-Gómez et al.，2011）。欧洲各国农村地区的特点及其面临的挑战大不相同，对农村发展政策的理解也不同。新内生发展模型将当地资源视为发展的起点，同时兼顾国家或欧盟等非地方性力量的影响（Ray，2006）。具体来说，国家和欧盟的政策被视为模型中的外部因素，农村自身的复兴则是新内生发展模型中的内生发展因素（Ray，2006；Kuhmonen et al.，2021）。

概念分析和理论综述可得到如下结论：作为本次分析重点的农村地区的发展趋势和驱动因素，属于作用于农村地区的外部因素。为了应对消极的外部影响，政策制定者可以通过自上而下的战略、政策框架和资金投入进行干预，而积极运用各种资源、形成农村复兴的路径则依赖地方参与者的努力。

三、研究资料和研究方法

趋势分析法是了解现代欧洲农村地区可能的组成要素及其未来发展趋势的一种方法，通过这种方法可以系统地收集和分析环境发展相关的信息，是趋势预测中最常用的方法。趋势分析法旨在详细识别和描述趋势，了解其影响，并评估过去和现在的趋势对未来空间发展的影响（Kuhmonen and Kuhmonen，2015）。这种方法可以为政治、社会或商业决策提供参考。其中，趋势是对于我们所关注的变量，从一组在时间上分布的、在不同程度上离散的观测数据中提取出来的模式（Bundesinstitut für Bau-and Stadt-und Raumforschung，2017）。它与时间取向上发展的基本模式相对应，即描述了过去、现在和未来的持续（再）建构过程。因此，趋势既影响现有系统并使之发生重大变化，又可能对未来产生影响（Daheim et al.，2021）。

在进行趋势分析时，我们要区分两种趋势。一种是宏观趋势，即全球或大规模的主流趋势（Kuhmonen et al.，2021），这些宏观趋势可能会对未来产生重大影响（European Commission，2018）。另一种是微观层面的趋势，如技术趋势和行业趋势，它们也在不断发展和变化（Bisoffi，2019）。无论是宏观趋势还是微观层面的趋势，都通常只会持续一段时间，不能完全确定未来的发展。

趋势分析法的一个重要部分是评估影响趋势的因素。要了解农村发展，就必须识别出农村衰退和复兴的驱动因素。驱动因素与趋势的区别在于，驱动因素是变化的原因，而趋势是变化的方向（Bisoffi，2019）。与趋势相比，驱动因素是不断变化的，其影响可能在较短时间内减弱或增强。因此，短期的驱动因素很可能改变发展模式，带来发展的不确定性和不可预见性。"一个驱动因素的发展方向改变（向某个方向或向与之相反的方向发展），必然导致演化路径的变化，进而发展模式也会发生转变"（Saritas and Smith，2011）。

趋势分析法存在局限性。在趋势分析中，我们只研究感兴趣的变量并推演它们未来的变化情况。为了不增加总体演进图景的复杂程度，不考虑其他变量及其影响（Kuhmonen and Kuhmonen，2015）。这种方法存在的问题在于假设未来是过去的逻辑延续（Kuhmonen and Kuhmonen，2015），而诸如新冠疫情、俄乌冲突或当前的能源危机等突发的扰乱性因素使趋势分析变得困难（Gordon，2010）。

本文进行趋势分析法的目的是确定作用于在欧洲农村地区的宏观和微观趋势及其主要驱动力（总体发展情况），特别关注对于农村未来发展积极的方面（或变化）。本文分析基于 2010～2019 年发布的 71 份欧洲项目报告，项目主题涉及农村复兴、代际更新、农村发展、农村创新、可持续发展、经济和社会凝聚力以及农业等。这些项目报告由来自不同国家、不同学科、基于不同视角的研究者紧密合作完成，不是分析某个国家，而是在多个国家、欧洲乃至泛欧洲地区寻找共性，同时体现了研究者的科学观点和政治立场。项目报告的选择以RURALIZATION 项目（Aisling et al.，2020）中综述的部分文献为基础，并包括其他欧盟报告，以此保证尽可能完整地涵盖在现有欧洲研究项目背景下可以识别出的农村地区发展趋势。附录"补充材料"中的附表 1 列出了本文趋势研究的全部项目。

本文与 RURALIZATION 项目的分析方法保持一致（Kuhmonen et al.，2021），具体过程如下（见图 1）：首先，通过文献综述，对所有项目报告进行系统分析，并依据农村发展、未来农村、代际更新、农村复兴、农村经济、农业、农村社会、农村创新等主题分类，收集影响农村地区的趋势观测值。为了更全面地识别与主题相关的趋势，本文还对如下关键词进行了搜索：大趋势、趋势、动态、发展、变化、未来、农村、全球和欧洲（Kuhmonen et al.，2021；以上分析中并未使用内容分析软件，仅对列举的主题和关键词进行检索）。综合以上结果，确定了 560 项多次出现的趋势观测值，且这些观测值具有稳定性。其次，确定趋势观测值的驱动因素。驱动因素很重要，因为它们揭示了观测值背后的总体发展情况，说明了变化的原因，并能将看起来并不相关的观察结果联系起来。再次，将趋势观测值合并为趋势和模式。其中，通过迭代过程，将相似或重复的趋势观测值合并为趋势（或模式），而每一个趋势（或模式）都由多个观测值组成。基于 560 项趋势观测值，本文识别出 40 个不同趋势（和模式）。最后，总结趋势和驱动因素指向的核心主题。在此前的分析基础上，通过迭代过程，将 40 个不同的趋势（或模式）归类为七个主题，并概括每个主题下各种趋势带来的机遇和挑战。

1.确定趋势分析的研究材料：2010~2019年间的71个欧盟项目的报告

2.系统调查评估当前与农村振兴、未来农村、代际更新、农村复兴、农村经济、农业、农村社会、农村创新等相关的发展状况

3.识别出560个多次出现的趋势观测值，多个趋势观测值构成一个趋势或模式

4.对于每一个趋势观测值，识别出其驱动因素

5.通过迭代过程，将趋势观测值加总为40个趋势

6.将40个趋势归纳为七个主题

图1 趋势分析的步骤

四、研究结果

表1列出了本文识别的40个趋势、其归纳得到的七个主题以及每个趋势和主题中包括的趋势观测值个数。虽然观测值数量与趋势的重要性没有直接关系，也不能反映该趋势的代表性，但是确实反映了在欧盟项目报告中某些趋势相对于其他趋势得到了更多的关注，被更多地分析。附录补充资料中的附表2全面介绍了所有趋势，包括每个趋势的总体发展情况、主要驱动因素及其带来的机遇和挑战。由于15个趋势观测值与其他发展趋势均不相关，因此在后文和附表2中均去除了这15个观测值。

表1　　　　　　　欧洲范围内农村发展主题的详细趋势和主要驱动因素

主题及驱动因素（趋势观测量）	趋势（趋势观测量）
影响所有系统的趋势（120） 主要驱动因素： 全球化；市场自由化	不均衡发展（40） 农村公共服务衰退和可及性下降（21） 农村衰落（19） 气候变化（17） 开拓发展潜能（13） 全球化（10）

续表

主题及驱动因素（趋势观测量）	趋势（趋势观测量）
农业和农业经营（113） 主要驱动因素： 全球化；市场自由化；人口结构变化	农业经济发展（28） 年轻一代农民和新进入的农业经营者（25） 新的农业经营种类（12） 农村地区和农业部门的新就业模式（11） 农业生态学、林业生态学和生物经济学（9） 农场规模（9） 农业人口减少和农业人口老龄化（8） 农场差异化/专业化经营（7） 农地价格（4）
经济和技术（86） 主要驱动因素： 数字化；全球化	农村经济发展差异化（14） 创新和知识经济（12） 新技术涌现（12） 数字经济（11） 经济增长和市场效应（11） 跨区域和相互依存的社会网络（11） 资源竞争（9） 作为农村地区机遇的新经济形式（6）
农村地区政策和社会经济发展（71） 主要驱动因素： 社会治理新模式；差异化和个体化	未来欧盟治理和政策面临的挑战（16） 政策影响范围和有效性（16） 农业社群的社会经济发展（16） 地区和地方战略（9） 社会创新和社会资本（9） 规制和补贴（5）
人口情况、聚落系统和迁徙（61） 主要驱动因素： 差异化和自由化生活方式；全球化	迁徙模式（20） 人口集中和城市化（14） 城市无序扩张和城乡边界模糊化（14） 人口老龄化（13）
环境、可持续发展和适应性（53） 主要驱动因素： 生态保护意识；气候变化；环境退化	可持续发展和适应性（17） 向可持续和再生性经济转型（15） 农业自然环境保护（12） （对）日益增加的环境影响（的认识）（9）
粮食系统（41） 主要驱动因素： 生态和社会意识；差异化生活方式	地区和当地粮食（22） 可持续粮食供给和生活方式（13） 粮食需求与粮食安全（6）

　　接下来，详细介绍每个主题农村发展所面临的挑战和机遇。其中，农村的发展概况主要基于趋势观测的内容，机遇主要基于从趋势观测中得出的结论，

即哪些条件可以促进农村复兴。

（一）影响所有系统的趋势

影响所有系统的六个趋势可分为两类。第一类包括气候变化、全球化和开拓发展潜能，它们本身可被视为更普遍意义上的驱动因素，几乎影响了以下所述的所有发展趋势。第二类则包括发展不平等、农村公共服务恶化和农村整体衰落。

除市场自由化之外，全球化是影响农村经济的主要驱动力。在欧盟的大部分地区，全球化导致农业部门高度技术化和专业化，农场数量和农业的就业机会减少。因此，许多农村经济实现了多样化。然而，气候变化为自然景观和农业发展带来了更大的压力，因此构建更可持续发展的社会以应对环境退化，是农村复兴的大好机会。对于农村所面对的主要挑战，如缺乏社会凝聚力、竞争力、可持续性和粮食安全危机等，可以为当地人提供更充分的空间，允许其尝试新的解决方案，从而为社会变革和创新提供机遇。法国（Millet et al.，2020）、葡萄牙（Vasta et al.，2019）和意大利（Salvia and Quaranta，2017）等国已开展了多项研究，通过新内生模型探讨了以地方为基础解决农村发展难题的策略。

除了上述因素，城乡差距的扩大和农村地区的人口老龄化、公共服务可及性降低以及经济衰退也是过去一段时间农村地区经历过且正在持续的趋势。正如戈马尔（Görmar，2021）指出的，在德国，老龄化和农村人口流失往往与农村公共服务可及性低有关。公共服务可及性低可能进一步导致教育水平下降、失业率上升、公共债务增加和农村社会资本流失，并最终使农村地区生活质量下降。上述趋势对欧洲农村地区构成了重大挑战：如何才能扭转这种持续了几十年的消极趋势，开辟农村复兴的新路径？本文认为，要使农村发展朝积极方向转变，需要把握如下机会。

首先，城乡之间的不平等显而易见，因此可以看到欧盟凝聚力政策正在向更具可持续性和再分配性的方向转变，这有可能改善处于劣势的农村地区的社会经济结构。其次，靠近城市集群的农村地区可以更多地受益于城乡网络，布局适应人口结构变化的产业，如健康旅游和银发经济相关产业。最后，将农村地区的自然景观、旅游业、有吸引力的生活环境和生活方式与基础设施建设（包括数字基础设施）相结合，推出因地制宜的发展战略，可以使偏远地区的农村更有吸引力，在更大程度上发挥其发展潜能并取得成功。正如达科斯和科普斯（Dax and Copus，2022）指出的，农村地区的发展并不必然依赖于靠近城市，因为农村地区本身也具有相当大的潜能来满足公共服务需求，并实现自我发展。

（二）农业和农业经营趋势

农业和农业经营趋势主要描述了三个并列的发展取向。第一，全球粮食市场、农业技术创新、农业劳动力市场结构调整和农村经济多元化推动了农业部门的持续现代化（包括农业经济发展、新的农业业态、就业模式变化以及农场经营的多样化/专业化）。第二，农业部门发展面临多重威胁，具体包括自然和政策环境风险（如价格波动、生产所依赖的补贴政策、极端天气现象的增加）、技术人才和熟练工人的缺乏、农业人口规模缩减和结构老龄化。这些威胁导致农村人口结构和土地集中度方面的变化，如农场规模和农地价格的变化。第三，更具可持续性的农业业态（如年轻一代农民和新进入者，农业生态学、林业生态学和生态经济学）的兴起反映了农业在未来具有充分的发展潜能。

最近的研究表明，农业可持续发展是欧洲农村发展领域的一个新兴课题，无论是罗马尼亚农户顺应生态可持续原则进行生产（Lianu et al.，2023），在意大利开展的面向农业经营，旨在改善人与自然关系的社会服务（Nazzaro et al.，2021），还是西班牙对可持续发展农场的有效补贴政策（Ferasso et al.，2021）以及匈牙利新一代葡萄酒庄采取的可持续经营方式（Csizmady et al.，2021），都呼应了上述主题。

虽然农业代际更新乏力，但那些仍愿意当农民的年轻人往往受过良好教育，对农业生产有新的（更符合可持续发展理念的）看法。如果能说服更多的年轻人成为农民，那么已经兴起壮大的可持续农业业态和更广泛地使用包括生物能在内的可再生能源可以成为农村复兴的机遇。通过农业和农业经营可持续发展来推动农村复兴的关键机遇如下：（1）来自市民社会的、对于年轻农民和新进入的农业经营者的支持新形式（如社区支持的农业产业，社会企业进入农业领域和共享农场）；（2）农业领域创新（如精准农业、专业组织结构以及与其他领域相结合）；（3）融合新生活方式、技术创新和社会参与的新农业形式增加了农业部门对劳动力的吸引力，如示范农场可提高农业部门发展的可持续性（Šťastná et al.，2019），"农业 + 文化旅游"的产业融合正成为农村发展的新支柱（Šťastná et al.，2020）；（4）农业部门的多样化和可持续性为欧洲经济发展提供所需的再生能源，能因此获得相关环保政策提供的补贴（关于所有发展机遇的概述见附表2）。

（三）经济和技术发展趋势

近几十年来，农村地区的结构性变革主要是由全球经济和技术发展推动的。例如，农村经济多样化与经济增长、市场效应和新技术的涌现密切相关。第一产业在农村地区的影响力正在下降，第三产业在农村经济中日益重要，而自动化、数字化和机器人化的发展正在加速这些趋势。随着房地产市场的影响力越来越大，发展性融资的框架也正在发生变化；这导致农村因其丰富的土地资源，成为融资市场的中心。然而，这种变化却不能使农村居民受益：城市产业对农村土地资源的掠夺已经成为所有欧盟成员国面临的共同问题（Palšová et al.，2021），而此问题在罗马尼亚最为突出（Burja et al.，2020）。此外，农村地区无疑具备创新和知识潜力。数字经济发展和已普及至农村地区的远程教育服务正在创造新的机会：如果配套基础设施建设完备，网络发达的农村地区对于远程工作者将有很强的吸引力。

新的经济形式（如共享经济）和多样化的工作模式（兼职、自营职业、远程工作），以及可能导致人口迁移和经济增长的新生活方式，被认为是农村地区的发展机遇。同时，数字化与合作共享相结合能提高农村地区的吸引力，而联合办公空间的建立可以缓解农村地区就业不足的问题（Hölzel et al.，2022）。

（四）农村地区政策制定和经济社会发展的相关趋势

政策的影响范围和有效性与农村社会经济发展密切相关。现有研究显示全球市场对农村地区的影响与日俱增，然而欧洲共同农业政策的作用逐渐弱化。同时，尽管欧洲共同农业政策中可持续发展方面的补贴比例在增加，欧洲层面的计划和补贴仍不能有效应对现阶段发展对农村地区包括土地荒芜、经济衰退、建筑用地扩张、污染和社会地位边缘化在内的经济、环境和社会多维度的复杂严峻挑战。

与欧洲层面政策乏力的情况相反，区域和地方战略、社会创新和资本正在兴起。农业行业的新方案、社会组织领域的创新以及区域性和地方性的政策制度安排正在变得越来越重要。如果能充分调动社会资本和当地政治参与者的积极性，在新政策方式的配合下，社会组织领域的创新将对农村复兴产生重大影响。"农村公约"（Rural Pact）和"欧盟农村行动计划"（EU rural action plan）（European Commission，2022）等总体性倡议应为发掘当地农村发展潜力提供支持。此外，有关方面还应为新的发展项目提供资金，以充分发挥农村人口的潜力，他们对当地经济社会条件变化的认识正日益增加。在此背景下，除了经济因素之外，社会、文化和环境因素都应全面纳入对农村发展的考虑中（Görmar，2021）。因此，对于可持续发展已经形成且不断增长的关注为农村创新提供了发展机遇。具体来说，可持续的农村发展模式和农业旅游是农村未来发展需要把握的主要经济增长机遇。

（五）人口情况、聚落系统和迁徙趋势

当前的迁徙模式和人口老龄化是人口结构变化的一部分，这种变化已经持续了数十年，并且在未来数十年还将延续。人口老龄化的影响遍及所有地区，尤其是农村地区。欧洲许多农村都因当地可以提供的工作和教育机会越来越少而面临人才流失困境，即年轻和教育程度高的居民出于工作原因主动迁出农村。与之相反的是，一些距离城市中心较近的小城市却可以从数字基础设施的外溢效应和大城市带动周边房价上涨中获益。总之，老龄化和人口外迁与农村衰退的总体趋势之间存在密切联系（Görmar，2021）。

欧盟地区的城市化水平很高，为了支持农村地区复兴，可以在一定范围内放慢甚至逆转城市化进程（van Vliet et al.，2020）。事实上，城市的生活方式已经成为许多农村地区的一部分，而现代化也不必然意味着高度城市化的生活方式。总体而言，随着城市人口密度和生活成本的上升，城市生活质量必然下降，这可能使未来在农村地区生活更具吸引力。在新冠疫情背景下，居住在环境较好、人口密度较低的城市休闲区附近变得更有吸引力，尤其是农村地区（de Luca et al.，2020）。

此外，受过去的人口规模和经济发展程度影响，一些偏远农村地区已经具

有较强的经济修复能力。而一些受到人口减少和经济衰退影响的农村地区已经找到维持其经济良好运行的方案，并在农村经济体量缩减的背景下，可以形成更具可持续性，且环境韧性更强的经济发展模式。

就农村地区而言，人口情况、聚落系统和迁徙方面的趋势主要强调城乡之间的交互关系，而其他层面的人口变化，如国际迁徙，并未显示出与农村发展有明显关系。但可以预见的是，国际迁徙将对整个欧洲地区产生影响（Kwilinski et al.，2022）。此外，尽管如季节工等其他方面的人口变化不是整个欧洲农村发展的主要影响因素，却可能在部分地区扮演非常重要的角色，如季节工对于德国（Brickenstein，2015）和西班牙（Molinero-Gerbeau，2021）农村地区的发展作用不可忽视。

（六）环境、可持续发展和适应性相关趋势

这一主题中的趋势对农村复兴具有很大的潜力。随着更多适应气候变化和环境退化的政策的出台，农村地区有望从向更可持续社会的转型中获益。相关趋势包括：可持续发展和适应性、向可持续和再生性经济转型、农业自然环境保护、（对）日益增加的环境影响（的认识），这些都为欧洲农村的发展提供了许多机遇。

利润率更高的可持续农业发展、循环经济带来的机遇、生物燃料和可再生能源新市场、日益增长的环保意识、放慢的生活节奏，这些变化都有望帮助农村地区取得更大成功。例如，建立地方能源价值链，有望对农村发展产生积极影响（Benedek et al.，2018）。为发挥上述潜能，以可持续转型为导向，改进现有欧洲共同农业政策将是最有潜力的政策方案。此外，绿色交易也可为农村地区提供大量机会。本尼迪克等（Benedek et al.，2018）认为，对欧盟而言，2009 年《里斯本条约》和 2014 年联合国大会已经宣布未来十年将是可持续能源的十年，开发可再生能源已是欧盟凝聚力政策中的一部分。然而，因为每个地区的可再生能源禀赋不同、面临的居住和环境方面的负面冲击也不同，实现这些愿景离不开制定和贯彻因地制宜的发展战略，以及有针对性地支持地方力量解决本地问题。在这种情况下，可再生能源社区在从集中式发电厂向分散化能源生产模式过渡的过程中发挥着重要作用（Krug et al.，2022）。

（七）粮食系统相关趋势

在欧盟国家，新的生活方式和环保意识的增强使人们对健康食品的需求不断增加，有机食品的市场份额不断上升。与此同时，小规模粮食生产商的数量不断增加，地方和区域营销网络不断发展，生产商和消费者之间的供应链不断缩短。与此形成鲜明对比的是，在全球层面，随着全球人口的不断增长，粮食需求和生产也在不断增加。这一趋势推动了农业和粮食生产行业的工业化进程。

粮食生产领域的趋势对于欧洲农村复兴有非常重要的意义。该行业的新进入者和新一代从业者可以通过建立农场商店、农贸市集、盒装产品线和线上食品综合超市，或者缩短供应链，如通过向当地咖啡馆和餐馆直接供货等方式，不断提高食品行业的利润，并进一步吸引其他经营者进入可持续粮食市场。

在新冠疫情背景下，波兰和保加利亚等平均收入水平较低的欧盟成员国对有机食品的需求甚至有所增加（Muça et al.，2022）。然而，这一趋势与作为欧洲政策（主要是欧洲共同农业政策）组成部分的粮食安全总目标相冲突，因为在全球范围内，对农产品的需求仍在快速增长（Kuhmonen，2015），一些不具有可持续性的措施，如使用化肥，虽然过度使用会带来环境问题，但在收入较低的国家和地区仍被认为是提高粮食产量和保证粮食安全的必要手段（Litskas，2023）。

总体而言，传统农业仍占主导地位并从补贴中获益最多。然而，最近出现了向可持续粮食生产转型的趋势。采用可持续发展方式的地区面对气候变化和环境退化的适应性更强，当地的粮食供应链也更不易受到经济危机的影响。因此，政府应当转变策略，将粮食安全和可持续农业作为一个共同目标，如推动以动物粪便代替合成肥料（Litskas，2023）或主导农业信息和通信技术的融合（Hashem et al.，2021），以此提升可持续农业发展的效益。

（八）结论小结

当前，农村复兴的机遇比以往任何时候都更加多样化（见图2）。除了空间发展不平衡、农村衰退、气候变化和环境退化、农村公共服务可及性和生活便利性降低、农业人口数量减少和结构老龄化等挑战之外，我们还可以发现许多机遇。诸如有机农业的发展、新技术的涌现、环保意识的增加等正在发生的趋势都是潜在的推动农村复兴的动力。

　　例如，数字化革命带来的新技术为农村复兴开辟了新的前景。数字化几乎影响到生活的方方面面，从工作、购物、出行到生活和社会交往，再到健康、教育、信息和娱乐。最重要的是，它为城市外围农村地区提供了弥补地理位置劣势的机会，并助力其经济多样化发展。一些很好的案例表明，数字化可以为解决农村发展问题提供新的工具，如数字出行、网络学习、远程医疗，或灵活的、不受地点限制的工作组织形式。然而，这些数字化工具仍需要结合农村地区的具体条件和问题进行进一步的开发和测试。为了发挥数字化发展的潜力，完善包括公共交通、公共服务在内的基础设施建设必不可少，以确保人们愿意生活在农村地区。另一个机遇是，对于农村地区来说，开拓新的农村生活方式和发展旅游业将变得更加重要。此外，对环境影响的认识也为发展可持续农业和有机农业提供了机会。这也意味着农村地区正在转向当地粮食供应体系，进而减少对全球供应链的依赖。然而，如果没有较为完备的基础设施，仅凭这一点，对农村复兴影响甚微。

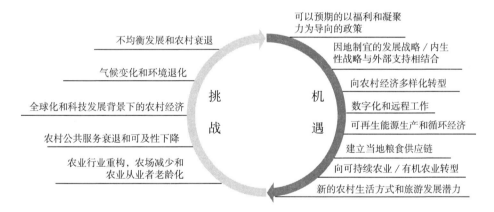

图 2　欧洲农村地区发展的机遇与挑战

　　可再生能源也是农村地区进一步发展的机会。可再生能源的广泛使用使能源生产转向土地和其他资源丰富、具备更大生产潜能的农村地区，相对于集中生产能源的大型发电设施，分散化的能源生产将在未来能源结构中占据越来越重要的位置。这对于农村地区而言，既是机遇也是挑战。未来，可再生能源的生产将越来越多地融入农业生产中，并可能引导农村经济向可循环、可持续发展转型。

五、讨　论

本文的主要贡献在于丰富了欧洲农村发展和农村复兴的相关讨论。本文首先定义了欧洲农村地区的主要趋势及其驱动因素，并在此基础上全面分析了在这些趋势下未来农村发展和实现农村复兴所面临的机遇和挑战。

宏观层面的趋势和驱动因素及其带来的机遇为农村复兴提供了框架和方向。它们并非对于每一个农村地区都适用，相反，每个地区都应识别并发掘自身的发展潜力。这不仅需要欧盟及其成员国政府的政策助力，还需要区域和地方参与者进行社会治理创新（Dax and Fischer, 2018；Bosworth et al., 2020）。事实上，地方参与者能够动员各社会团体、汇集各种社会网络，组织社会、文化、生态和经济活动，通过自下而上的方式推动地区发展，是影响农村地区复兴进程的重要因素（Bosworth et al., 2016）。自下而上的方式（如地方性知识、当地资源、社区参与）和自上而下的政策（如欧盟和国家政策）共同作用时，才能有效促进农村复兴，这一结论与新内生模型给出的农村发展路径一致（Bosworth et al., 2020；Georgios et al., 2021；Navarro-Valverde et al., 2022）。

近期的研究更强调当地资源和区域优势对农村复兴的作用，同时在以经济增长为导向的传统研究的基础上扩展了研究农村复兴问题的新视角：不仅关注"硬性的"、可量化的政策目标，更关注地方参与者的"软"战略（Georgios et al., 2021）。事实上，以全面增进农村福祉为导向，欧盟已经形成新的促进农村发展的政策框架，这些新政策将关注点由片面的经济指标转向环境和社会方面的整体福祉。由于提高农村地区居民的生活水平、充分发挥迁入者和回迁居民的潜力、实现地区功能的转化（如从单一农用地转向居住区和休闲区）、建立新的身份认同以及激发地区创新能力都只能由地方参与者主导推进（Georgios et al., 2021），因此新政策特别强调地方参与者的作用。农村福祉政策框架（Rural Well-being Policy Framework）秉承欧盟农村政策的原则（OECD, 2020），注重完善治理机制，包括促进政府—私人部门—公民社会在贯彻相关政策中的紧密协作。新的指标——社会进步指数（Social Progress Index, SPI）遵循同样的原则。这一指标基于社会和环境指数构建，代替传统的以经济指数为基础构建的指标，可以更好地反映欧洲国家农村地区的社会发展状况（European Commission，2020）。

　　欧盟政策等外部因素为地方决策者发挥当地潜能划定了范围，可能以多种方式影响农村地区及其发展情况。因此，为了保证微观层面的地方参与者加入或继续参与当地农村的复兴进程，欧盟需要在宏观层面通过凝聚力政策（如欧盟结构和投资基金）、农业产业政策（如欧洲共同农业政策）和可持续发展政策（如欧盟绿色协议）为其提供更有力的支持。

　　本文所分析的各种趋势有助于在宏观层面为农村地区的复兴路径提供参考，但落实到具体地区，选择哪种路径需要根据其内在潜力来确定。例如，对于以耕地为主的农村地区，向可持续农业转型可能是正确的途径；对于风景优美的农村地区，可以通过旅游业带动社会经济发展；而对于地势平坦的沿海地区，则可以尝试发掘可再生资源生产方面的潜能。因此，一方面，针对农村地区的共性问题，必须促进城乡基础设施和基本公共服务平等化，这是农村实现其内在发展潜能的基础；另一方面，必须立足当地特色，制定目标明确、有针对性的长期发展战略。

　　作为欧洲共同农村政策的一部分，LEADER（Liaison Entre Actions de développement de Economie Rurale）计划指出了未来提供资金支持的方向：支持地方社区发挥本地发展潜能、利用本地人才资源（Adamowicz and Zwolinska-Ligaj，2020）。然而，从长远来看，其范围过于局限，无法助力农村社区复兴和发展。事实上，即使是欧洲共同农村政策中基于区域的支持政策，也存在缺乏针对性的问题，而未来的资助框架更应该发挥潜能、为经济存在结构性缺陷的农村地区提供针对性支持。此外，应将诸如LEADER计划等纳入凝聚力政策，丰富其政策工具以增强对农村地区的系统性支持，并将其与引导这些地区发掘内在潜能的政策结合起来。

　　本文选择的研究方法存在以下局限性：其一，对影响大多数农村地区的趋势进行的分析较为笼统，难以对国家和地区层面的战略选择和政策制定提供具体指南。但是，趋势分析仍有助于更好地确定当地面临的具体趋势和机遇。其二，内容分析对文本进行了有选择的缩减，不能包括文本所表达的所有复杂内涵。因此，分析的可靠性和有效性在很大程度上取决于研究人员和所研究的材料，不同的研究人员对同一文本可能有不同看法。

综上所述，本文主要进行宏观层面的共性分析，而诸如上述趋势具体如何作用于各个区域的发展进程，某一农村地区及其地方参与者应如何应对农村发展的挑战、把握农村复兴的机遇等问题仍待进一步研究。后续研究可以围绕农村发展战略过去 10～15 年的演变情况、这些战略的内在逻辑及其与现实情况的适应性展开。此外，本文所提出的这些已经出现或即将出现的趋势是否已在事实上成为政策制定的依据，也是值得进一步研究的问题。一方面，应在具体的案例中研究基于上述趋势的政策是否在地方治理中得以体现，是否纳入地方发展的考量；另一方面，研究欧洲的政策制定者在制定有关凝聚力、农业和可持续发展领域的宏观政策时，是否考虑到上述趋势也是很有价值的。

附录：补充材料①

附表1　　　　　　　　　　　　　　欧盟项目报告

报告名称	趋势观测值数量	年份（来源）
欧洲全域展望（最终报告和执行摘要）	69	2018
欧洲领土参考框架	53	2019
面向地方决策者的农村可持续发展（RUSELDA）	24	2018
农村地区就业、增长和创新研究（SEGIRA）	24	2010
农业转型：欧洲农业可持续发展之路（最终报告）（FARMPATH）	16	2014
欧洲共同农业政策影响农村代际更新、地区发展和就业的政策评估	15	2019
欧洲的半城市化：确保城乡可持续发展的政策（PLUREL）	15	2011
新进网络（NEWBIE）	14	2018
欧洲农村的发展机遇（应用研究，2013 年 1 月 2 日）	14	2011
2013 年后农村地区的凝聚力政策：EDORA 项目的基本原则（ESPON2013 项目，2013 年 1 月 2 日）	13	2011
农村、近郊和城市的互动与依存以及现行政策（ROBUST）	12	2018
ENDURE 展望研究：2030 年欧洲的作物保护	12	2010
智能农业知识和信息系统（Smart AKIS）政策差距和概要	11	2018
PURR 农村地区发展潜能（最终报告）	11	2012

---

① 补充材料原文请参见：https：//www.mdpi.com/article/10.3390/su15065485/s1。

报告名称	趋势观测值数量	年份（来源）
农村就业	11	2010
正在萎缩的欧洲农村：领域治理的挑战、行动和前景（ESPON，ESCAPE）	10	2019
边缘化农村地区的社会创新（SIMRA）	10	2019
城乡协同发展道路以及经济发展与生态系统维护间的权衡取舍（TRUSTEE）（最终报告）	10	2017
关于交叉访问中选择和记录的创新案例的综合报告（AgriSPIN D1.3）	10	2016
地理特征视角下的领土治理和区域均衡发展（BRIDGES）	9	2018
评估欧洲的农业和林业创新研究	9	2017
欧洲新农民：进入农业和获得土地的新途径	8	2018
正在萎缩的欧洲农村：智慧创新方法应对农村空心化挑战	8	2017
高自然价值创新项目的作用领域：10 个学习领域的交叉视角	8	2017
获取土地：学习平台的作用（项目摘要）	7	2019
点对点学习：通过展示推广创新（PLAID）	7	2019
农村社会企业的实地经验：由实践者编写、为实践者服务的实践报告（RURINNO）	7	2018
TRANSMANGO 最终报告摘要	7	2018
FEAL 多功能农产品对欧洲农村可持续发展的作用	7	2017
欧洲可持续土地资源管理	7	2015
将"生活实验室"概念引入农村地区（LIVERUR）	6	2019
小型农场、小型食品企业与可持续的粮食安全（SALSA）	6	2019
生态系统公共品和土地管理服务：释放协同潜力，开启良性互动（PEGASUS）	6	2018
欧洲新就业动态地理学（执行摘要）	6	2017
先行项目：新一代农民的交换项目（执行摘要）	6	2016
面向可持续发展：欧洲农村地区和农业的新关系（RURAGRI）	6	2014
城乡合作：城乡融合的经济发展路径（RURBAN，OECD）	6	2013
城乡合作促进区域经济发展（RUMORE）	5	2019
缩小研究和创新鸿沟，提升农林业附加值（AGRIFORVALOR）	5	2018
欧洲国家的年轻农民：结构和经济特征（欧盟农业和农场经济概要，15）	5	2017
农业新进入者：培育创新和企业家精神的经验（EIP-AGRI 焦点小组）（最终报告）	5	2016

续表

报告名称	趋势观测值数量	年份（来源）
"欧盟 2020 战略"全域分析的空间指标（SIESTA）	5	2013
全球化时代欧洲农村发展：一个有助于预测和应对国际背景变化挑战的解释性模型（DERREG）	5	2011
未来农村网络（RUFUS）	5	2011
欧洲有机农产品市场信息获取的数据网络（最终报告）（ORGANIC-DATANETWORK）	4	2014
移民流入对欧洲国家发展的影响（最终报告）（MIGARE）	3	2019
地方凝聚力和全域发展的重新定义（RELOCAL）	3	2019
AGFORWARD 项目最终报告	3	2018
地区政策引导农村中小企业以创新为导向的竞争和发展（INNOGROW）	3	2017
未来粮食和农业：趋势和挑战	3	2017
COFARM 总结报告	3	2016
郊区粮食（最终报告）	3	2015
现代农村经济中可复制的商业模式	2	2019
解决欧洲地区不平等和空间正义问题的综合机制（IMAJINE）	2	2017
面向农民的可持续发展培训	2	2016
农村适应力和可持续转型（TURAS）（项目最终报告）	2	2016
城市、市郊和区域粮食机制：粮食供应的综合性、全域性方案（PUREFOOD）	2	2014
典型政策对农村多功能活动的影响	2	2012
农林业创新网络（AFINET）	1	2019
改善农村创新：网络联结行动者、工具和政策（LIASON，D6.1）	1	2019
青年失业问题：全国趋势和区域适应性（YUTRENDS）	1	2019
欧洲的中小型企业（最终报告）	1	2018
2020 年后欧洲农业和粮食行业的发展道路（SCENAR2030）	1	2017
政策概要（2016 年 2 月）：欧洲共同农业政策的环境政策对农场结构、农业收入和公共品的影响（MULTAGRI）	1	2016
欧洲多层次的住房政策和租赁法律（TENLAW）	1	2016
无形资产和区域经济增长（IAREG）	1	2010
保护性地役权在欧洲的应用	0	2018
治理城镇多样性：当今高度多元化城市中创造社会凝聚力、社会流动性和经济增长（DIVERCITIES）（最终报告摘要）	0	2017

续表

报告名称	趋势观测值数量	年份（来源）
城市机遇：城市经济增长和可持续发展挑战，与迅速增长经济体中扩张城市的比较研究（CHANCE2SUSTAIN）	0	2014
农村发展措施的空间分析（SPARD）	0	2013
农村发展政策影响评估（RUDI）	0	2010

附表2　　　　　　按主题划分的各类趋势和驱动因素摘要

影响所有系统的趋势和驱动因素（120）

趋势（类型/观测值）	主要驱动因素	总体发展情况	机遇
不均衡发展（宏观趋势/40）	经济因素：全球化、市场自由化地区发展因素：农村衰落	欧盟成员国间的差距扩大；城市与农村地区经济、政治、社会各领域发展不均衡；农村地区（尤其是偏远农村）的教育程度低和失业率高	日益增加的关于经济不平等的讨论使欧盟和各成员国出台更多再分配政策；农村地区通常不能充分发挥其潜能，为因地制宜的战略改善经济社会环境提供机会；如果交通方便、网络可及性得到改善，新的生活方式和数字化社会使农村地区更具吸引力
农村公共服务可及性降低（宏观趋势/21）	农村服务因素：农村公共服务减少、农村基础设施薄弱政策因素：农村和区域政策区域发展因素：社区发展与社区合作	农村公共服务可及性下降和基础设施质量恶化；公共服务供求错配加剧；由"福利州"到市场供给公共服务的理念转变导致教育、医疗和社会服务供给减少；靠近城市成为农村发展的重要因素；公共债务扩张	靠近城市的农村地区可以利用城乡网络实现发展；偏远地区的农村不得不探寻紧邻城市区位之外的因素，促使当地数字化基础设施改善，倒逼偏远农村利用其可持续地貌风光、旅游业和宜人环境等潜能；关于欧盟凝聚力政策的讨论可能导致政策制定者更关注偏远地区农村的发展
农村衰落（宏观趋势/19）	经济因素：全球化、市场自由化人口因素：人口结构变化	人口减少和人口老龄化导致的农村萎缩（特别是东欧国家偏远地区的农村）；人力资本和社会资本减少导致的农村生活质量下降；农村就业机会减少；现行的社会福利政策不能有效阻止偏远地区农村的衰落	为适应新的人口结构建立新的经济形式，如银发经济和养生旅游；利用政治讨论，由新自由主义到更具可持续性的福利政策的转向，加强偏远地区农村的经济社会结构

续表

趋势 （类型/观测值）	主要驱动因素	总体发展情况	机遇
气候变化 （宏观趋势/17）	经济因素：工业化、消费增加、以化石燃料为主要燃料的经济形态 出行和交通因素：出行便捷、交通流量增加	影响全球、地区和国家的宏观趋势； 全球变暖和日益增加的环境风险； 生物多样性和农业用地减少	农村在减少碳排放中扮演重要的角色，其可促进农村转向可持续发展模式的进程； 欧盟可预见的环境政策将为农村地区带来许多关于可持续农业、可再生资源生产等方面的机遇； 供应链缩短将提振地方经济； 农村地区可从以气候治理为导向的补贴中获益
开拓发展潜能 （宏观趋势/13）	经济因素：全球化 治理因素：缺乏有效的治理 价值观因素：生态和社会意识 技术因素：技术进步	农村地区面临的主要挑战：社会凝聚力、竞争力、可持续发展和粮食安全； 农村地区缺乏人力资本、技术资本和金融资本； 农村地区社会参与潜力不足	有机农业、短供应链模式经营、社区旅游、社会融入等以支持当地青年充分发挥其社会创业潜能； 欧洲层面面临的类似的机遇：培育对社会创新和变革的政策为当地参与者尝试新的解决方案提供物理和社会文化意义上的舞台，使其暂时不受商业可行性的约束
全球化 （宏观趋势/10）	经济因素：全球化、市场自由化	市场自由化对农村机遇（如开拓出口市场）和挑战（如更激烈竞争）并存； 开放农村经济导致农业国际化； 目前的发展可能导致国际贸易增加或减少，取决于采用自由贸易政策，还是贸易保护主义政策； 目前的趋势使欧洲土地功能两极化：一方面，相对贫瘠土地被开发；另一方面，欧洲的粮食生产向世界其他地区转移	农产品和农村地区的其他产品进入世界市场； 来自世界其他地区的移民的迁入有助于缓解欧洲农村地区的人口损失

农业和农业经营（113）

趋势 （类型/观测值数）	主要驱动因素	总体发展情况	机遇
农业经济发展 （趋势/28）	经济因素：全球化、市场自由化	市场竞争加剧； 全球大宗商品供应链背景下的全球粮食市场； 社会发展和农产品面临的经济压力带来的农场代际更新方面的问题	技术发展可以使农业部门更高效、更有竞争力； 新的农业持续发展形式是农业部门发展的机遇； 农业部门新的合作形式（如农业合伙和土地合作）

续表

趋势 （类型/观测值）	主要驱动因素	总体发展情况	机遇
新一代和新进入的 农业经营者 （趋势/25）	治理因素：现有模式缺乏有效性和可能的新治理模式；教育水平、技能和能力；经济、农业经营和价值链方面的其他驱动因素	缺乏农业代际更新/新一代农民数量少；农业的进入门槛高（如进入成本高、缺乏金融支持、缺乏获得土地的途径）	新一代农民接受的专业教育程度最高；市民社会中产生了更多支持新一代农民和农业新进入者的形式（如社区支持的农业、社会企业与农业结合和共享农业等）；新一代农民和行业新进入者对农业生产有不同的理解，可能促进农业部门向更可持续发展的方向前进
新的农业经营种类 （趋势/12）	经济因素：全球化、市场自由化价值观因素：生态和社会意识	农业经营和农产品领域的变化（如更专业的经营网络、精准农业等）；农民缺乏接触教育和技术领域创新成果的机会	农业领域的创新（如精准农业、专业化生产组织、"农业＋"产业模式）；农业经营的新模式与新生活方式、技术创新、社会参与相结合，使农业部门的工作更具吸引力
农村地区和农业部门的新就业模式 （趋势/11）	区域发展因素：农村衰落技术因素：自动化和机器人技术发展治理因素：冲突和治理失败经济因素：市场自由化	农业技术化和生产效率提高导致第一产业总劳动力萎缩；农业缺乏高技能人力资本和技术工人	移民增加和外来通勤人员或能弥补农村劳动力缺口
农业生态、林业生态和生态经济 （趋势/9）	能源因素：能源需求增长；社会、环境和价值观方面的其他因素	农林业中更多的可持续发展业态；生物质能在能源结构中的占比增加；森林和农地之间的土地资源竞争	将生产和使用生物质能与农业相结合的新经济形式可成为农村发展的机遇
农场规模 （趋势/9）	经济因素：全球化人口因素：人口结构变化	土地集中导致的农场规模增加和农场数量减少；大规模、大工作量的商业化和工业化农场增加	开办和管理农场之外新的农业部门的劳动形式

续表

趋势 （类型/观测值）	主要驱动因素	总体发展情况	机遇
农业人口减少和 农业人口老龄化 （趋势/8）	经济因素：全球化 人口因素：人口结构变化	农业人口老龄化（31%的农民的年龄大于65岁，10年内欧盟50%的农业人口将超过65岁）； 家庭农场减少和土地竞争加剧； 农业总体市场环境风险增加（如农产品价格波动、农业高度依赖补贴、极端天气事件增加）	大量老年农民退休可以为新一代农民开启农业可持续转型创造条件
农场差异化/ 专业化经营 （趋势/7）	经济因素：服务业经济赋能	农村地区由单一农业向新经济结构转型； 农业与非农活动结合，如生产可再生能源和生物多样性保护； 农业收入来源多元化	更可持续、多样化的农业部门将因未来的环保政策受益； 农民可以发挥积极性，帮助小企业维护和加强农村地区经济
农地价格 （趋势/4）	资源因素：资源稀缺性 经济因素：全球化、市场自由化	缺乏对土地集中和土地投机的限制、投资需求、农业爱好者涌入、农业规模化倾向等综合原因导致的高地价； 税收和环境规制可能进一步推高土地价格； 高地价导致土地竞争激烈	土地市场阻碍农业发展可能倒逼政策制定者保护现存的土地结构，免受土地集中和过度投机的侵害，并迫使政府出台政策以增强小企业在土地市场中的竞争力

经济和技术（86）

趋势 （类型/观测值数）	主要驱动因素	总体发展情况	机遇
农村经济发展 差异化 （趋势/14）	经济因素：全球化、服务业赋能、市场自由化 技术因素：数字化	农村经济结构变化导致农村地区经济多样化； 农村地区第二产业和第三产业发展； 农业活动在农村地区的影响力下降，社会革新、旅游业、交通、能源政策等其他活动和因素对农村地区的影响力增加	利用经济社会领域的变化加强农村地区经济发展； 欧盟偏远地区的农村地区可以利用消费和清洁能源生产降低对第一产业的依赖

续表

趋势 （类型/观测值）	主要驱动因素	总体发展情况	机遇
创新和知识经济 （趋势/12）	经济因素：经济、科学和教育发展；智慧农业 技术因素：技术进步	农村地区知识、技能和技术发展不足； 新技术可能影响所有服务市场； 新的市场正在形成，创新涌现伴随着竞争加剧	发挥本地经济参与者的能动性，可以利用教育和创新缓解甚至逆转农村的衰落趋势； 部分农村地区可依托各行业融合创新形成集中市场
新技术涌现 （趋势/12）	技术因素：数字化、技术进步、自动化和机器人技术发展 经济因素：全球化	第四次工业革命（产品设计、大数据应用、人工智能、机器学习和网络）； 自动化、数字化和机器人技术发展； 农村数字化程度不足	利用自动化、数字化的新兴农业经营方式（如精准农业）形成更高效、更可持续的农业业态； 利用数字化浪潮下远程工作和数字化就业的潜能，吸引人们前往农村地区
数字经济 （趋势/11）	技术因素：数字化、技术进步	数字化对农村总体发展的多重影响； 电商直销模式为粮食和农产品产销带来新机遇	利用在线学习降低辍学率，提高农村人口受教育程度； 网络可及性高的农村地区对远程工作者极具吸引力； 数字化解决方案有助于改善偏远农村的基本公共服务（如通过视频进行远程诊疗、点对点精准服务）
经济增长和市场效应 （趋势/11）	经济因素：全球化、市场自由化	开发性金融形势改变（房地产市场的影响力增加）； 世界经济持续增长背景下欧盟成员国经济增长放缓； 近期全球经济危机对农村产业和就业的影响；经济增长与就业率之间的对应关系弱化（当前经济增长不以高就业率为必要条件）	农村地区GDP增速更快； 粮食供给和需求之间的有效协调和分配可能是未来农村发展的关键； 利用新兴经济和市场促进农村地区发展
跨区域和相互依存的社会网络 （趋势/11）	经济因素：全球化 技术因素：数字化	日益发达的跨境网络关系将弱化国家边界对经济活动的限制； 地区间经济依存度提高，使农村经济在原有基础上增加更多附带因素； 城乡的各个经济部门共同增长	跨边境的地方合作是偏远农村不依赖城市而取得良好发展的机遇； 城乡地区文化的动态交融可能使农村对城市居民而言更具吸引力

趋势 （类型/观测值）	主要驱动因素	总体发展情况	机遇
资源竞争 （趋势/9）	经济因素：全球化、市场自由化 环境因素：环境恶化、污染增加、环境风险加剧；气候变化	对资源需求量的增加导致自然资源竞争加剧； 水和粮食稀缺同样影响欧洲地区； 欧洲农业企业空间紧张	更环保的农村经济形式可能在可持续发展的大背景下促进农村发展
作为农村地区机遇的新经济形式 （趋势/6）	技术因素：数字化 价值观因素：生态环保意识	新的经济形式（如银发经济和共享经济）； 感官印象等"软"因素在经营中的重要性增加； 如兼职、自营和家庭劳动等多元的工作模式	新出现的生活方式和新的远程工作模式可能导致人口向农村迁移； 新的经济形式使农村更具吸引力，并为农村发展带来新机遇

农村地区政策和社会经济发展（71）

趋势 （类型/观测值数）	主要驱动因素	总体发展情况	机遇
未来欧盟治理和政策面临的挑战 （趋势/16）	治理因素：保护主义和反全球化政策与措施 区域发展因素：区域发展不平等和区域内差距扩大 政策因素：新的地缘政策和东方崛起 城市体系因素：城市化 经济因素：全球化	地缘经济和地缘政治局势改变（欧盟国家的经济影响力下降，亚洲国家的经济影响力上升）； 欧洲国家社会分裂和政治不稳定； 地区冲突加剧（如国际政策冲突、资源竞争和用地矛盾）； 反全球化主义、欧洲怀疑论和反建制思潮盛行	由于农村存在反欧盟立场，欧盟政策应更关注对偏远农村地区的支持，以维护其政治凝聚力和稳定性； 国际冲突增加可能使欧盟成员国经济和供应链更多地依赖其他成员国，而非欧盟以外的地区，进而可能为农村地区创造就业机会（尤其是制造业部门的就业机会）
政策影响范围和有效性 （趋势/16）	治理因素：新治理模式 政策因素：欧盟共同农业政策（CAP） 农业因素：农业经营传统 经济因素：欧洲融合/分裂趋势	全球市场发达，导致 CAP 政策效果减弱； 欧盟农业支持政策效果不佳（如从 CAP 中受益的条件复杂；只支持现有农业经营者，而新进入者难以获益；新进农业经营者难以获得土地；欧盟政策反应严重滞后）；政策对可持续发展的关注度提高	CAP 中部分有针对性的政策可以帮助农业实现更新换代； 对可持续发展政策更多的关注能够为农村创新提供机遇； 对于新的、更有效的农村支持政策的迫切需求可能引发对农村发展问题新解决方案的讨论

趋势 （类型/观测值）	主要驱动因素	总体发展情况	机遇
农业社群的社会 经济发展 （趋势/16）	价值观因素：生态意识 生活方式因素：生活方式多元化	"农业＋旅游"给农村地区带来的机遇（促进可持续农场发展、使有历史文化遗产的地区获益）和挑战（增加地区经济的农业依存度）并存； 土地结构碎片化/分散化； 当前经济发展对农村经济的副作用（如土地荒废和恶化、人造景观用地扩张、污染、社会边缘化等）； 农业人口参与游行示威活动的情况增加	可持续经济和"农业＋旅游"领域的经济潜力是农村地区的发展机遇； 对农村人口更多的关注能促进改善农村地区社会经济条件
地区和地方策略 （趋势/9）	经济因素：地方主义和地方范式、全球化	"全球视角下地方政策"倾向； 区域和地方安排的重要性增加； 由国家治理到当地治理的转型	更多面向农村社会重要挑战（如生态环境、可持续发展和公共品）的政策探索； 新的地方生存战略（如区域品牌、旅游、有机农业）促进农村经济发展； 地方战略赋能地方参与者缓解农村衰落趋势
社会创新和 社会资本 （趋势/9）	价值观因素：社会意识 政策因素：地方政策和地方事务中日益广泛的社会参与	社会创新在农村发展和农业振兴中日益重要； 农村地区日益增加的社会动议和社会网络创新需要更多地方性政策支持和社会资本积累； 偏远农村地区的社会事业面临缺少人力资本的困境； 对于有经济实力的退休家庭，农村地区正变得越来越重要	如果可以调动地方资本和地方决策者的积极性，社会创新可在很大程度上促进农村复兴； 农村地区的教育举措可以增加农村地区的人力资本积累； 有经济实力的退休家庭有促进农村经济发展的潜能
规制和补贴 （趋势/5）	政策因素：欧盟共同农业政策（CAP） 治理因素：新治理模式 经济因素：新自由主义经济思潮	欧盟拨款减少可能导致在更开放的国际经济背景下农业补贴方面出现退步； 农村经济高度依赖规制政策； 补贴政策对欧盟内合作框架存在负面影响	对于欧盟补贴政策的高度关注可能是通过政治参与改变农村经济形式的契机； 政策领域的变化可能帮助农村经济降低对规制政策的依赖

续表

人口、聚落系统和移民（61）			
趋势 （类型/观测值数）	主要驱动因素	总体发展情况	机遇
移民模式 （宏观趋势/20）	生活方式因素： 生活方式自由化 出行和交通因素： 出行便捷，交通 流量增加 区域发展因素： 农村衰落	与职业相关的有选择性的农村人口流失（教育程度更高的年轻人从农村出走）； 欧洲农村地区虽然有潜在的移民迁入，但由于移民更倾向于城市和农村吸纳程度有限，农村地区较少从中获益； 欧盟内部的东部/西部分野：从城市迁入人口获益的主要是西欧国家的农村地区	如果农村地区吸引力增加，就能更多地从欧盟内部人口迁移中获益； 受人口减少影响的农村地区可以作为经济规模收缩、可持续转型、适应环境变化的经济社会发展模式的示范
人口集中和城市化 （宏观趋势/14）	经济因素：全球化、市场自由化 生活方式因素：生活方式多元化 技术因素：数字化	城市化和超大城市增加是影响经济社会各领域的宏观趋势； 人口和经济活动高度集中	欧盟成员国的城市化程度很高，因此城市化趋势可能停止甚至在未来出现逆转，人们更倾向于在农村生活； 城市生活成本和密度增加、生活质量下降，使农村的长期吸引力增加
城市无序扩张和城乡边界模糊化 （宏观趋势/14）	经济因素：全球化 城市体系因素：城市无序扩张、郊区城市化和城市去中心化	城市无序扩张和郊区城市化； 多住处居住模式和住房偏好变化； 城乡边界模糊化	靠近城市和大都市的农村地区的人口结构可能因城市扩张而改善； 城市无序扩张可能导致特定生活方式的群体向农村地区重新布局
人口老龄化 （宏观趋势/13）	人口因素：人口结构变化 经济因素：全球化	人口寿命延长； 全球人口老龄化导致各区域内老年人口增加； 人口结构变化	建立适应人口结构变化的新经济形式（如银发经济和养生旅游）； 受人口减少影响，农村地区可以作为经济规模收缩、可持续转型、适应环境变化的经济社会发展模式的示范

续表

环境、适应性和可持续发展（53）			
趋势 （类型／观测值数）	主要驱动因素	总体发展情况	机遇
可持续发展 和适应性 （宏观趋势／17）	价值观因素：生态意识 环境因素：气候变化、环境恶化、污染加剧和环境风险增加	气候变化和环境问题使环境适应性变得更重要； 农村地区可持续转型（如水和养分管理、农场规模、畜牧生产中的土壤管理、谷物种植）； 对粮食生产可持续化和面向当地市场的服务需求增加	农业可持续转型得到了政府、非政府组织和研究机构的重视； 可持续的水和养分管理方案以及日益重要的绿色技术为农村经济增长注入潜能； 生态循环经济将成为农村地区的发展机遇
向可持续性和再生性经济转型 （宏观趋势／15）	价值观因素：生态意识 环境因素：气候变化 政策因素：生态农业和生态农业相关政策	向可再生能源和产品转型，可再生能源在能源结构中份额增加； 以化石燃料为基础的经济模式已经穷尽发展潜力； 向循环经济转型； 工业活动低碳化	循环经济是欧洲农业粮食行业的重要关切； 农村地区保有生物质能和可再生能源生产的新市场； 日益增加的生态意识和慢节奏生活方式可以促进农村经济社会发展
农业自然环境保护 （趋势／12）	价值观因素：生态意识、社会意识 环境因素：环境恶化、污染加剧和环境风险增加	与农业相关的环境事件频发、公众环境意识提升； 消费者对粮食生产过程的了解增进，并更注重膳食营养和食品； 保护环境和自然资源在农业经济中的地位日益重要	农业政策引导环境经济政策转型； 具有乡村旅游资源的地区可以兼顾经济发展和环境保护； 公众生态意识增加可能使农产品附加值增加，进而增加农业从业者和农村居民的收入
增强的环境冲击和环境保护意识 （趋势／9）	价值观因素：生态意识、社会意识 经济因素：全球化 环境因素：环境恶化、污染加剧和环境风险增加	自然环境和生态系统面临的压力日益增加； 生物多样性减少、动物栖息地受损； 地表水的生态情况取决于土地使用情况	公众越来越认识到在空间上不断扩张的全球粮食产业链在社会、文化、经济、健康和环境方面的副作用； 动物权益保护概念兴起（允许动物按照其自然习性生存）； 可持续参与可能增加农村地区的吸引力，并降低地区经济对第一产业的依赖

续表

粮食供应系统（41）			
趋势 （类型/观测值数）	主要驱动因素	总体发展情况	机遇
地区和当地粮食 （趋势/22）	价值观因素：生态意识、社会意识 生活方式因素：生活方式多元化	在地方层面上，有更多小规模农业生产者； 粮食生产行业的区域市场营销增加； 消费者与生产者之间价值链缩短； 有机食品产量增加； 替代粮食网络（Alternative Food Networks，AAFN）重要性增加	供应链缩短有利于农业新进从业者开办农场商店、农贸集市、装盒销售、线上食品商超等新业态，也有利于当地饭店和咖啡厅降低供应成本； 区域和当地农产品网络可提高厂商对经营利润的预期，进而吸引新从业者进入该行业
可持续粮食供给和生活方式 （趋势/13）	价值观因素：生态意识、社会意识 生活方式因素：生活方式多元化 健康因素：健康相关趋势变化	对健康食品、地方特色有机食品和生态友好型农业的需求增加； 农村在更大程度上成为消费空间； 消费者的环境意识和环境责任感增加，以及更严格的环境规制政策使可持续发展的粮食供应链成为不断扩张的新兴市场	农村地区因其可提供可持续的绿色生活方式，可能与持有特定生活方式的迁入者互惠互利； 对绿色食品的需求量增加可能提高农产品利润； 农村作为消费空间，可能拓展可持续旅游行业的发展潜能
粮食需求与粮食安全 （趋势/6）	经济因素：全球化、市场自由化	全球粮食产量增加； 粮食损失和浪费问题； 不安全食品仍是世界范围内导致疾病和死亡的重要原因； 粮食供应链依赖其他国家	在粮食和营养安全领域可能出现更实际、以问题为导向的治理方式； 如果粮食和营养安全领域的治理能有效促进粮食供应链由全球转向区域，那么地区粮食供应链的潜力将进一步得到释放

参 考 文 献

Woods, M., McDonagh, J. (2011). Rural Europe and the world：Globalization and rural development（Editorial）. Eur. Countrys., 3, 153.

Pemperton, S. (2019). Rural regeneration in the UK, Routledge：London, UK.

Copus, A. , Courtney, P. , Dax, T. , Meredith, D. , Noguera, J. , Talbot, H. , Shucksmith, M. (2011). EDORA: European development opportunities for rural areas, Applied Research 2013/1/2 Final Report Parts A, B and C. Luxembourg. https: //www. espon. eu/programme/projects/espon – 2013/applied-research/edora-european-development-opportunitiesrural-areas.

Halfacree, K. H. (1993). Locality and social representation: Space, discourse and alternative defifinitions of the rural. J. Rural Stud. , 9, 23 – 37.

Mormont, M. (1990). Who is rural? Or, how to be rural: Towards a sociology of the rural. In Rural Restructuring; Terry, M. , Sarah, W. , Philip, L. , Eds. ; David Fulton Publishers: London, UK, 21 – 44. Sustainability 2023, 15, 5485 15 of 17.

Cloke, P. , Edwards, G. (1986). Rurality in England and Wales 1981: A replication of the 1971 index. Reg. Stud. , 20, 289 – 306.

Harrington, V. , O'Donoghue, D. (1998). Rurality in England and Wales 1991: A replication and extension of the 1981 rurality index. Sociol. Rural. , 38, 178 – 203.

Ray, C. (1998). Culture, intellectual property and territorial rural development. Sociol. Rural. , 38, 3 – 20.

Nelson, K. S. , Nguyen, T. D. , Brownstein, N. A. , Garcia, D. , Walker, H. C. , Watson, J. T. , Xin, A. (2021). Defifinitions, measures, and uses of rurality: A systematic review of the empirical and quantitative literature. J. Rural Stud. , 82, 351 – 365.

Kule, L. (2008). Concepts of rurality and urbanity as analytical categories in multidimensional research. Proc. Latv. Acad. Sci. Sect. B. Nat. Exact Appl. Sci. , 62, 9 – 17.

Cattaneo, A. , Adukia, A. , Brown, D. L. , Christiaensen, L. , Evans, D. K. , Haakenstad, A. , McMenomy, T. , Partridge, M. , Vaz, S. , Weiss, D. J. (2021). Economic and social development along the urban-rural continuum: New opportunities to inform policy. World Dev. , 157, 105941.

van Vliet, J. , Birch-Thomsen, T. , Gallardo, M. , Hemerijckx, L. – M. ,

Hersperger, A. M. , Li, M. , Tumwesigye, S. , Twongyirwe, R. , van Rompaey, A. (2020). Bridging the rural-urban dichotomy in land use science. J. Land Use Sci. , 15, 585 – 591.

Petrovič, F. , Maturkanič, P. (2022). Urban-rural dichotomy of quality of life. Sustainability, 14, 8658.

Dammers, E. , Keiner, M. (2006). Rural development in Europe: Trends, challenges and prospects for the future. Disp. Plan. Rev. , 42, 5 – 15.

Leber, N. , Kunzmann, K. R. (2006). Entwicklungsperspektiven ländlicher Räume in Zeiten des Metropolenfifiebers. Disp. Plan. Rev. , 42, 58 – 70.

Storper, M. , Scott, A. J. (2008). Rethinking human capital, creativity and urban growth. J. Econ. Geogr. , 9, 147 – 167.

Glaeser, E. L. (2010). Agglomeration economics. The University of Chicago Press: Chicago, IL, USA.

Andersen, L. S. (2020). Rural areas. Nova Science Publishers Incorporated: New York, NY, USA.

Steinführer, A. , Heindl, A. – B. , Grabski-Kieron, U. , Reichert-Schick, A. (2020). New rural geographies in Europe: Actors, processes, policies. LIT: Münster, Germany.

European Commission (2022). A long-term vision for the EU's rural areas: Building the future of rural areas together. https: //ec. europa. eu/info/strategy/ priorities – 2019 – 2024/new-push-european-democracy/long-term-vision rural-areas_ en (accessed on 4 April 2022).

ESPON (2021). Rural areas: An eye to the future: TerritoriALL; The ESPON Magazine, ESPON, Eds. ; ESPON: Luxembourg.

OECD (2022). The 10 key drivers of rural change. https: //www. oecd. org/ rural/rural-developmentconference/10 – Key-Drivers-Rural-Change. pdf.

Woods, M. (2005). Rural geography: Processes, responses and experiences in rural restructuring. Sage: London, UK.

Bindi, L. , Conti, M. , Belliggiano, A. (2022). Sense of place, biocultural heritage, and sustainable knowledge and practices in three Italian rural regeneration processes. Sustainability，14，4858.

Kuhmonen，T.（2015）. Rural futures. https：//www. utupub. fifi/bitstream/handle/10024/146921/FFRCpublications_2015 – 1. pdf?sequence = 1&isAllowed = y.

Stockdale，A.（2006）. Migration：Pre-requisite for rural economic regeneration? J. Rural Stud. ，22，354 – 366.

Leibert，T. ，Wiest，K.（2016）. The interplay of gender and migration in Europe's remote and economically weak rural regions：Introduction to a special issue. J. Rural Stud. ，43，261 – 266.

Goujon，A. ，Jacobs-Crisioni，C. ，Natale，F. ，Lavalle，C.（2021）. The demographic landscape of EU territories：Challenges and opportunities in diversely ageing regions：EUR 30498 EN. Publications Offifice of the European Union：Luxembourg.

Dax，T. ，Fischer，M.（2018）. An alternative policy approach to rural development in regions facing population decline. Eur. Plan. Stud. ，26，297 – 315.

Steinführer，A. ，Grossmann，K.（2021）. Small towns（re）growing old. Hidden dynamics of old-age migration in shrinking regions in Germany. Geogr. Ann. Ser. B Hum. Geogr. ，103，176 – 195.

OECD（2018）. RURAL 3. 0. ：A framework for rural development：Policy note. https：//www. oecd. org/cfe/regionaldevelopment/Rural – 3. 0 – Policy-Note. pdf.

ENRD（2019）. Youth and generational renewal：The European agriculture fund for rural development projects brochure，Luxembourg. https：//enrd. ec. europa. eu/sites/default/fifiles/enrdpublications/projects-brochure_08_youth_en_web. pdf.

Bori，K.（2019）. Generational renewal and CAP：ENRD workshop on generational renewal，Athlone，Ireland. https：//enrd. ec. europa. eu/sites/enrd/fifiles/ws_gen_ren_cap-dgagri_bori. pdf.

Christiaanse，S.（2020）. Rural facility decline：A longitudinal accessibility analysis questioning the focus of Dutch depopulation-policy. Appl. Geogr. ，121，102251.

Interreg Europe（2019）. The challenges and necessity of rural innovation：A policy brief from the policy learning platform on research and innovation. https：//

www. interregeurope. eu/fifileadmin/user_upload/plp_uploads/policy_briefs/2019 – 01 – 21_TO1_policy_brief_Rural_innovation_fifinal. pdf.

Bock, B. B. (2016). Rural marginalisation and the role of social innovation: A turn towards nexogenous development and rural reconnection. Sociol. Rural. , 56, 552 – 573.

Li, Y. , Westlund, H. , Liu, Y. (2019). Why some rural areas decline while some others not: An overview of rural evolution in the world. J. Rural Stud. , 68, 135 – 143.

Scott, M. (2013). Resilience: A conceptual lens for rural studies? Geogr. Compass, 7, 597 – 610.

Ferreira, I. , Kirova, M. , Montanari, F. , Montfort, C. , Moroni, J. , Neirynck, R. , Pesce, A. P. A. , Lopez Montesinos, E. , Pelayo, E. , Diogo Albuquerque, J. , et al. (2019). Research for AGRI Committee. Megatrends in the agri-food sector. Brussels: European Parliament Policy Department for Structural and Cohesion Policies. https://www. europarl. europa. eu/thinktank/en/document. html? reference = IPOL_STU (2019) 629205.

Perpiña Castillo, C. , Kavalov, B. , Ribeiro Barranco, R. , Diogo, V. , Jacobs-Crisioni, C. , Batista e Silva, F. , Baranzelli, C. , Lavalle, C. (2018). Territorial facts and trends in the EU rural areas within 2015 – 2030: JRC Technical Reports. Joint Research Centre: Seville, Spain.

Görmar, F. (2021). Collaborative workspaces in small towns and rural areas: The COVID-19 crisis as driver of new work models and an opportunity for sustainable regional development? https://www. researchgate. net/profifile/Franziska-Goermar/publication/352029896_Collaborative_workspaces_in_small_towns_and_rural_areas_The_COVID-19_crisis_as_driver_of_new_work_models_and_an_opportunity_for_sustainable_regional_development/links/60b64f9e4585154e5ef956b6/Collaborative-workspaces-in-small-towns-and-rural-areas-The-COVID-19-crisis-as-driver-of-new-work-modelsand-an-opportunity-for-sustainable-regional-development. pdf.

Roberts, L. , Hall, D. (2001). Rural tourism and recreation: Principles to practice. CABI Pub: Oxford, UK.

Benedek, J., Sebestyén, T.-T., Bartók, B. (2018). Evaluation of renewable energy sources in peripheral areas and renewable energy-based rural development. Renew. Sustain. Energy Rev., 90, 516 – 535.

Hölzel, M., Kolsch, K.-H., de Vries, W. T. (2022). Location of coworking spaces (CWSs) regarding vicinity, land use and points of interest (POIs). Land, 11, 354.

Dwyer, J., Micha, E., Kubinakova, K., van Bunnen, P., Schuh, B., Maucorps, A., Mantino, F. (2019). Evaluation of the impact of the CAP on generational renewal, local development and jobs in rural areas: Technical reoprt. https://eprints. glos. ac. uk/7547/.

Shand, R. (2016). The governance of sustainable rural renewal: A comparative global perspective. Routledge: London, UK.

Aisling, M., Farrell, M., Mahon, M., Mcdonagh, J., Keenaghan, N., Conway, T., Conway, S. (2020). D3. 3 review report and fact sheets based on previous European projects: RURALIZATION Open. Rural Areas Renew Rural Gener. Jobs Farms. https://ruralization. eu/wp-content/uploads/2022/01/RURALIZATION_ D3. 3_Combined-PartA-PartB_v1. 1 – FinalRevised. pdf.

Eistrup, M., Sanches, A. R., Muñoz-Rojas, J., Pinto Correia, T. (2019). A "young farmer problem"? Opportunities and constraints for generational renewal in farm management: An example from southern Europe. Land, 8, 70.

Tallon, A. (2010) Urban regeneration in the UK. Routledge: London, UK.

Galdeano-Gómez, E., Aznar-Sánchez, J. A., Pérez-Mesa, J. C. (2011). The complexity of theories on rural development in Europe: An analysis of the paradigmatic case of Almería (Southeast Spain). Sociol. Rural., 51, 54 – 78.

Olmedo, L., O'shaughnessy, M. (2022). Community-based social enterprises as actors for neo-endogenous rural development: A multi-stakeholder approach. Rural Sociol., 87, 1191 – 1218.

Ray, C. (2006). Neo-endogenous rural development in the EU. In Handbook of Rural Studies; Cloke, P. J., Mardsen, T., Mooney, P., Eds.; Sage: London, UK, 278 – 291.

Kuhmonen, T., Ahlmeyer, F., Dołzbłasz, S., Janc, K., Raczyk, A., Ruuska, P., Skrzypczyński, R., Volgmann, K. (2021). D4. 1 Trend analysis: Technical report: RURALIZATION the opening of rural areas to renew rural generations, jobs and farms. https: //ruralization. eu/deliverable-output/d4 − 1 − trend-analysis-technical-report-output − 1/.

Kuhmonen, T., Kuhmonen, I. (2015). Rural futures in developed economies: The case of Finland. Technol. Forecast. Soc. Chang., 101, 366 − 374.

Bundesinstitut für Bau −, Stadt-und Raumforschung. (2017). Trends in der Stadtund Regionalentwicklung. Franz Steiner Verlag: Stuttgart, Germany.

Daheim, C., Trier, E., Prendergast, J. (2021). Trend-analyse für Einsteiger − Ein Toolkit: Oder: Wie Man Trend-Spotter wird. Trends Erkennen und Verstehen. https: //foresight-festival. com/wp-content/uploads/2021/02/Toolkit-Trends Future Impacts-Foresight-Festival − 1 − 2021 − ff. pdf.

European Commission (2018). The EC megatrends hub. https: //ec. europa. eu/knowledge4policy/foresight/about_en#contributetothemegatrendshub.

Bisoffifi, S. (2019). A meta-analysis of recent foresight documents in support of the 5th SCAR foresight exercise: Study carried out under the project support action to a Common Agricultural and Wider Bioeconomy Research Agenda (CASA). https: //scar-europe. org/index. php/foresight/documents.

Saritas, O., Smith, J. E. (2011). The big picture − Trends, drivers, wild cards, discontinuities and weak signals. Futures, 43, 292 − 312.

Gordon, A. V. (2010). A DEFT approach to trend-based foresight. Foresight 2010, Spring, 13 − 18.

Millet, M., Keast, V., Gonano, S., Casabianca, F. (2020). Product qualifification as a means of identifying sustainability pathways for place-based agri-food systems: The case of the GI corsican grapefruit (France). Sustainability, 12, 7148. Sustainability 2023, 15, 5485 17 of 17.

Vasta, A., Figueiredo, E., Valente, S., Vihinen, H., Nieto-Romero, M. (2019). Place-based policies for sustainability and rural development: The case of a Portuguese village "Spun" in traditional linen. Soc. Sci., 8, 289.

Salvia, R., Quaranta, G. (2017). Place-based rural development and resilience: A lesson from a small community. Sustainability, 9, 889.

Dax, T., Copus, A. (2022). European rural demographic strategies: Foreshadowing post-Lisbon rural development policy? World, 3, 938–956.

Lianu, C., Simion, V.–E., Urdes, L., Bucea-Manea-T, onis, R., Radulescu, I. G., Lianu, C. (2023). Agroecological approaches in the context of innovation hubs. Sustainability, 15, 4335.

Nazzaro, C., Uliano, A., Marotta, G. (2021). Drivers and barriers towards social farming: A systematic review. Sustainability, 13, 14008.

Ferasso, M., Blanco, M., Bares, L. (2021). Territorial analysis of the European Rural Development Funds (ERDF) as a driving factor of ecological agricultural production. Agriculture, 11, 964.

Csizmady, A., Csurgó, B., Kerényi, S., Balázs, A., Kocsis, V., Palaczki, B. (2021). Young farmers' perceptions of sustainability in a wine region in Hungary. Land, 10, 815.

Šťastná, M., Pěrinková, V., Pokorná, P., Vaishar, A. (2019). New approach to sustainability in rural areas comprising agriculture practices-analysis of demonstration farms in the Czech Republic. Sustainability, 11, 2906.

Šťastná, M., Vaishar, A., Brychta, J., Tuzová, K., Zloch, J., Stodolová, V. (2020). Cultural tourism as a driver of rural development: Case study: Southern Moravia. Sustainability, 12, 9064.

Palšová, L., Bandlerová, A., Machničová, Z. (2021). Land concentration and land grabbing processes—Evidence from Slovakia. Land, 10, 873.

Burja, V., Tamas-Szora, A., Dobra, I. B. (2020). Land concentration, land grabbing and sustainable development of agriculture in Romania. Sustainability, 12, 2137.

de Luca, C., Tondelli, S., Åberg, H. E. (2020). The COVID-19 pandemic effects in rural areas. TeMA—J. Land Use Mobil. Environ. , 119–132.

Kwilinski, A., Lyulyov, O., Pimonenko, T., Dzwigol, H., Abazov, R., Pudryk, D. (2022). International migration drivers: Economic, environmental, social, and political effects. Sustainability, 14, 6413.

Brickenstein, C. (2015). Social protection of foreign seasonal workers: From state to best practice. CMS, 3, 2.

Molinero-Gerbeau, Y., López-Sala, A., Serban, M. (2021). On the social sustainability of industrial agriculture dependent on migrant workers. Romanian workers in Spain's seasonal agriculture. Sustainability, 13, 1062.

Krug, M., Di Nucci, M. R., Caldera, M., de Luca, E. (2022). Mainstreaming community energy: Is the renewable energy directive a driver for renewable energy communities in Germany and Italy? Sustainability, 14, 7181.

Muça, E., Pomianek, I., Peneva, M. (2022). The role of GI products or local products in the environment—Consumer awareness and preferences in Albania, Bulgaria and Poland. Sustainability, 14, 4.

Litskas, V. D. (2023). Environmental impact assessment for animal waste, organic and synthetic fertilizers. Nitrogen, 4, 16 – 25.

Hashem, N. M., Hassanein, E. M., Hocquette, J. – F., Gonzalez-Bulnes, A., Ahmed, F. A., Attia, Y. A., Asiry, K. A. (2021). Agro-livestock farming system sustainability during the COVID-19 era: A cross-sectional study on the role of information and communication technologies. Sustainability, 13, 6521.

Bosworth, G., Price, L., Hakulinen, V., Marango, S. (2020). Rural social innovation and neo-endogenous rural development. In Neoendogenous development in European rural areas: Results and lessons; Cejudo, E., Navarro, F., Eds.; Springer International Publishing: Cham, Switzerland, 21 – 32.

Bosworth, G., Annibal, I., Carroll, T., Price, L., Sellick, J., Shepherd, J. (2016). Empowering local action through neo-endogenous development: The case of LEADER in England. Sociol. Rural., 56, 427 – 449.

Georgios, C., Nikolaos, N., Michalis, P. (2021). Neo-endogenous rural development: A path toward reviving rural europe. Rural Sociol., 86, 911 – 937.

Navarro-Valverde, F., Labianca, M., Cejudo-García, E., de Rubertis, S. (2022). Social innovation in rural areas of the European Union learnings from neo-endogenous development projects in Italy and Spain. Sustainability, 14, 6439.

OECD (2020). Rural well-being: Geography of opportunities. OECD Publishing: Paris, France.

European Commission (2020). European social progress index 2020. https://ec. europa. eu/regional_policy/information-sources/maps/social-progress_en.

Adamowicz, M., Zwolińska-Ligaj, M. (2020). The "smart village" as a way to achieve sustainable development in rural areas of Poland. Sustainability, 12, 6503.

OPEC 成员国的人力资本与减贫[*]

博塞德·奥洛佩德　等[**]

摘　要： 大量研究显示，自然资源对经济增长和贫困有着复杂的影响。从理论上讲，"资源诅咒"假说强调自然资源对经济增长起抑制作用。但是，有关 OPEC 成员国人力资本与贫困之间的关系的研究仍不充分。为了确保增长的包容性，应重点研究加入减贫要素的人力资本模式。本文采用 12 个 OPEC 成员国[①]的面板数据，分析了人力资本结构与减贫之间的交互作用。研究发现，人力资本组成要素的交互作用对 OPEC 成员国减贫具有长期影响，同时人力资本组成要素对减贫产生了积极作用。因此，由于人力资本是提高经济增长的重要因素，OPEC 成员国应在教育和医疗卫生领域进行更多投资，提高人力资本质量，从而提高民众的社会福利和生活水平。

一、引　言

在过去二十年里，全球经济状况得到明显改善，这得益于人力资本的形成和发展。例如，全球产出从 1996 年的 31.3 万亿美元增加至 2015 年的 73.4 万亿美元，增长了 134.4%。然而，官方统计数据显示，在 OPEC 成员国中，教育和医疗卫生方面的人力资本对贫困产生的影响较弱。例如，2015 年石油价格下跌导致所有成员国的石油总产出下降，进而导致一些 OPEC 成员国的经济发生衰

　＊　本文原文请参见：https：//doi. org/10. 1016/j. heliyon. 2019. e02279。

　＊＊　作者简介：博塞德·奥洛佩德（Bosede Comfort Olopade）为本文的通讯作者，供职于尼日利亚盟约大学商业与社会科学学院经济与发展研究系。本文其他作者包括：亨利·奥卡多（Henry Okodua）、穆伊瓦·奥拉多松（Muyiwa Oladosun）、阿比奥拉·约翰·阿萨利耶（Abiola John Asaleye）。

　①　截至 2024 年，文中部分国家已退出 OPEC。其中，卡塔尔于 2019 年退出，厄瓜多尔于 2020 年 1 月退出，安哥拉于 2024 年 1 月退出。

退，包括尼日利亚和委内瑞拉。衰退不仅是由石油价格下降引起的，也由于尼日利亚石油管道持续遭受攻击产生的负面影响。同样，委内瑞拉的政治和经济危机导致生产下降、资金紧缩等。同时，大多数 OPEC 成员国尽管拥有丰富的自然资源，但是较高的失业率和收入不平等仍然普遍存在（Muzima et al.，2018；Messkoub et al.，2008；Popoola et al.，2018；IMF，2014；Asaleye et al.，2018a；ANND，2009；Fosu et al.，2017；Asaleye et al.，2019）。官方统计数据表明，尽管在 2016 年石油价格下降之前，阿尔及利亚、尼日利亚、伊朗和伊拉克的增长表现良好，但贫困和非包容性增长等问题仍然十分严重（WDI，2016；Oloni et al.，2017）。尼日利亚、安哥拉、阿尔及利亚和厄瓜多尔等国家的贫困率在近些年一直超过 20%。相反，伊拉克和委内瑞拉在同期保持着非常低的贫困率（低于 6%）（WDI，2016）。

同样，各 OPEC 成员国的教育水平也有所不同。2010 年，安哥拉和尼日利亚的中学入学率分别低至 29% 和 44%。相反，阿尔及利亚、厄瓜多尔、沙特阿拉伯和卡塔尔的毛入学率已超过 100%（世界银行，2016）。同样，以婴儿死亡率作为衡量指标，OPEC 成员国的医疗卫生状况数据表明，在过去的十年中，安哥拉和尼日利亚有了显著的改善，而其他 OPEC 成员国，特别是撒哈拉以南非洲国家的死亡率仍然非常高（世界银行，2016）。关于教育投资，伊朗和沙特阿拉伯的政府在过去十年间用于发展教育部门的财政支出（平均）占 20% 以上。另外，安哥拉的医疗卫生支出占政府医疗卫生总支出的比例不到 10%（世界银行，2016）。2014 年全球的人均医疗卫生总支出的范围为 13 美元（马达加斯加）至 9 673 美元（瑞士）（世界银行，2016），其中印度尼西亚为 99 美元，卡塔尔为 2 106 美元。

理论和实证研究都表明，自然资源对经济增长和贫困有着不同的影响（Apergis et al.，2018；Sachs et al.，1997）。从消极方面来看，一些学者认为自然资源，尤其是能源，不会缓解贫困，反而会使贫困率上升（Bulte et al.，2005；Ross，2003；Goderis et al.，2011；Asaleye et al.，2018）。最近的一项研究（Apergis and Katsaiti，2018）对全球不同国家的贫困和资源诅咒之间的关系进行了分析。学者们指出，能源资源加剧了各国的贫困。同样，资源诅咒假说强调自然资源阻碍经济的增长（Sachs et al.，1995）。帕皮拉基斯和格拉夫（Papyrakis and Gerlagh，2004）以及布拉沃—奥尔特加和德格雷戈里奥（Bravo-Ortega and De Gregorio，2005）指出，人力资本投资率低是导致资源诅咒的原因之一。因此，甘尔法森等（Gylfason et al.，1999；Gylfason，2000）强调人力资本是自然资源转化为发展和可持续增长的主要途径之一。此外，戈德里斯和马龙（Goderis and Malone，2011）建立了一个模型来研究人力资本、不平等和自然资源之间的关系。在自然资源存在的情况下，人力资本在促进可持续增长过程中起到了关键作用。

相关文献强调，人力资本与贫困之间有着强烈的交互作用。人力资本的形成提高了经济效益，如平等的收入分配、提高生产力和降低失业率（Becker，1975；Santos，2009；Silva and Sumarto，2014；Fisher，1946；Schultz，1962；Teixeira，2014；Roemer，1998；World Bank，2005）。在实证方面，贝克尔（Becker，1995）指出人力资本与贫困之间存在联系。例如日本、韩国等国家和地区虽然自然资源不足，但人力资本促进了可持续增长。随后，官方统计数据显示，在过去十年中，尽管伊朗和沙特阿拉伯在教育支出上有很大的改善，但 OPEC 国家的政府平均教育支出所占比例仍不到 12%（UNESCO，2018）。人力资本发展对减贫至关重要。现在，无论是发达国家还是发展中国家，减贫都是每个经济体的首要目标。

从世界银行（2015）的报告可知，贫困是对福祉的剥夺，具体表现在多个方面，包括收入低，且无法满足有尊严的生活所需要的基本商品和服务。同时还包括低水平的教育和医疗卫生，难以获得清洁的水和卫生设施，人身安全无法得到保障，缺乏发言权，缺乏改善生活的能力和机会。本文将减贫理解为：通过人力资本发展来实现经济增长，使人们能够为经济增长作出贡献并从中受益。促进人力资本发展的因素主要包括人力资本投资、创造就业机会、结构转型、企业家精神以及社会保障和制度等（Punam，2014；多维贫困指数模型，2016；Cumming et al.，2019）。然而，其中最值得注意的是通过终身学习来发展人力资本（世界银行，2015）。增长与发展委员会（CGD，2008）指出，通过改善教育和医疗卫生状况获得人力资本能促进机会平等、保护市场、推动就业转型，这是成功的增长战略必不可少的重要组成部分。它认为，人力资本投资将创造增长机会，其中包括投资时无法预见的机会。人力资本通过对全要素生产率的影响，进而促进经济增长。除了在提高整体要素生产率方面发挥的作用外，我们发现人力资本的组成（教育和医疗卫生）对一国公民创造平等机会具有积极影响（Mincer，1991；Ridell and Song，2011；Larionova and Varlamova，2015）。

阿塔纳西奥等（Attanasio et al.，2017）的研究考察了埃塞俄比亚和秘鲁人力资本增长与贫困之间的关系。布库斯等（Bhukuth et al.，2018）分析了人力资本和贫困之间的关系。此外，乌卡尔和比尔金（Ucal and Bilgin，2009）使用修正后的 OLS 模型研究了土耳其收入不平等和外国直接投资（FDI）之间的关系。然而，很少有研究分析 OPEC 成员国的人力资本与贫困之间的关系，尽管在文献中建立了强有力的联系，但许多关于这些国家的人力资本和贫困的研究都集中在对单个国家的分析上。例如，沙帕瑞和达沃迪（Shahpari and Davoudi，2014）调查了伊朗人力资本和收入不平等之间的关系。奥古米克和奥祖加鲁（Ogwumike and Ozughalu，2018）研究了尼日利亚儿童贫困和对福祉的剥夺之间的关系。文献仅仅对其不同的组成部分进行了分析。因此，在人力资本和贫困中存在着关于以下关系的理论和实证研究（WHO，2002）：人力资本和不平等（Branden and Machin，2004）、人力资本和失业（Arrow，1973；Mincer，1994）；创业与贫困及其影响之间的因果关系（Cumming et al.，2019）等。本文旨在扩充人力资本对减贫影响领域的文献，基于资源诅咒假说和教育推动经济增长论，对那些有丰富自然资源的国家进行研究（Barro，1997；Aghion et al.，1999；Marischal，1920；Pappuraki and Gerlagh，2004；Bravo-Ortega and De Gregorio，2005）。

因此，本文研究对现有文献有两方面的贡献。首先，目前大多数使用横截面数据的研究只关注教育方面或贫困和自然资源方面（Gamu et al.，2015；Loayza and Raddatz，2010；Goderis and Malone，2011；Fashina et al.，2018）。本文将医疗卫生作为衡量人力资本的指标之一。虽然许多实证研究在衡量贫困方面作出了贡献，无论是从绝对还是整体角度，都使用了不同的指数，然而，这个指数随着变量的数量和分配给每个指标的权重的变化而变化。因此，根据人力资本和贫困指数的组成，实证结果将具有高度的主观性，这使得实证结果在测量方面存在偏差，并使政策建议的包容性降低。为了保证包容性，人力资本发展的实证研究必须关注纳入减贫要素的人力资本模型。其次，本文研究的重点是 OPEC 成员国，这是验证"资源诅咒假说"原理的必要研究对象。低水平的人力资源投资被视为导致大多数资源丰富经济体落后的主要因素之一。因此，这项研究涉及对 OPEC 成员国一个完全修正的最小二乘法的跨国分析。相信这项研究将为如何利用医疗卫生和教育来加快经济增长、提高人均收入和减少 OPEC 成员国贫困问题提供深入的见解。

本文首先进行简要的介绍和文献回顾，其次设立模型，介绍实证模型和数据来源，再次对实证结果和研究结果进行讨论，最后是政策建议和结论。

二、模型和方法

为了实证检验人力资本发展与减贫之间的关系，本文采用了交互模型，研究当教育和医疗卫生公共投资低于或高于全球基准时，人力资本发展对减贫的影响。该模型被应用于选定的 OPEC 成员国。然而，为了实现这一点，需要利用教育公共投资和公共医疗卫生支出之间的乘积项来开发多元线性模型，其中包括一个交互项。相反，这个乘积项是以一个量表表示的，它预测了在所选定的 OPEC 成员国中，教育和医疗卫生方面的公共投资的效果及其在减贫方面的影响。本文是在布兰伯等（Bramber et al.，2006）和伯里尔（Burrill，2003）的实证研究的基础上进行研究。他们在多元回归中建模并解释交互作用，使用线性模型将一个因变量的变化表示为几个解释变量的线性函数。同样地，奥索巴等（Osoba et al.，2017）利用交互作用解释了人力资本投资组成与经济增长之间的关系。因此，本文引入了一个交互模型，以研究人力资本发展对选定的 OPEC 成员国减贫的影响。所选定的 OPEC 成员国包括阿尔及利亚、安哥拉、刚果共和国、厄瓜多尔、赤道几内亚、加蓬、伊朗、科威特、利比亚、尼日利亚、沙特阿拉伯和委内瑞拉。

本文构建的基准回归模型见式（1）：

$$pov_{it} = \alpha_0 + \alpha_1 educ_{it} + \alpha_2 i.\,health_{it} + \alpha_3 educ_{it} \times i.\,health_{it} + \varepsilon_{it} \qquad (1)$$

其中，pov 表示贫困率，为因变量；$educ$ 表示教育；$health$ 表示医疗卫生；$educ \times health$ 表示教育与医疗卫生的交互作用；i 表示虚拟变量；α_0 为常数项；α_1、α_2、α_3 表示外生变量的参数；ε 表示误差项。

式（1）描述了多元线性回归（MLR）。但是，考虑到人力资本发展和减贫在该模式中可能存在交互作用，影响政府在教育和医疗卫生方面的投资，可以修改为以下明确的形式：

$$pov_{it} = \beta_0 + \beta_1 health_{it} + \beta_2 i.educ_{it} + \beta_3 health_{it} \times i.educ_{it} + \varphi_{it} \quad (2)$$

其中，以 pov_{it} 贫困率为因变量，β_0 为截距；β_1、β_2、β_3 为外生变量的参数，φ 为误差项，用来衡量模型中没有捕捉到的其他解释变量。在多元线性回归（MLR）中，相互作用意味着斜率（贫困对教育和医疗卫生投资的回归）从 β_1 值到 β_2 值的变化，斜率的变化用 β_3 值进行量化。

本文通过对以下四个变量进行回归分析来推进对贫困率的研究：适当的教育虚拟变量、适当的医疗卫生虚拟变量、教育投资与适当的医疗卫生虚拟变量之间的相互作用，以及医疗卫生投资与适当的教育虚拟变量之间的相互作用。这种特定的模型适用于所研究的每个 OPEC 成员国。

$$pov_{it} = \gamma_0 + \gamma_1 i.educ_{it} + \gamma_2 i.health_{it} + \gamma_3 educ_{it} \times i.health_{it}$$
$$+ \gamma_4 i.educ_{it} \times health_{it} + \mu_{it} \quad (3)$$

其中，γ_0 为常数项，$\gamma_1 i.educ_{it}$ 为教育的虚拟变量，$\gamma_2 i.health_{it}$ 为医疗卫生的虚拟变量，$\gamma_3 educ_{it} \times i.health_{it}$ 为教育投资与医疗卫生虚拟变量之间的交互作用，$\gamma_4 i.educ_{it} \times health_{it}$ 为医疗卫生投资与教育虚拟变量之间的交互作用，γ_1、γ_2、γ_3 和 γ_4 为外生变量的参数，μ_{it} 为误差项。

式（1）中的因变量是贫困率，以国际贫困线 1.90 美元/天来衡量。这是人口统计最常用的计算贫困的方法。教育由政府的教育支出表示，医疗卫生由政府的医疗卫生支出表示。教育和医疗卫生方面的公共投资用人力资本发展指数来衡量。决策者认为，人力资本是经济增长的先决条件，也是减贫的关键。然而，要在发展中国家实现发展，人力资本必须成为增长与发展二者的中介因素。根据奥索巴（Osoba，2017）引用的布卢姆和坎宁（Bloom and Canning，2003）的研究显示，教育和医疗卫生服务是提高生产力和人力资源质量的主要方法之一。该模型假定教育和医疗卫生对经济增长至关重要。教育和医疗卫生方面公共投资的正相关关系满足了减贫的条件。

（一）先验预期

先验预期：式（1）中，$\alpha_1 < 0$，$\alpha_2 < 0$；式（2）中，$\beta_1 < 0$，$\beta_2 < 0$；

式（3）中，$\gamma_1 < 0$，$\gamma_2 < 0$；这意味着增加对医疗卫生的公共投资和增加对教育的公共投资可以降低贫困率。α_3、β_3 和 γ_3 的符号不能先验地推断出来，因为它取决于各自交互作用的性质。在此方面，这意味着如果 $\dfrac{\partial pov}{\partial interact\ educ \times health}$，即 $\alpha_3 < 0$，$\beta_3 < 0$，$\gamma_3 < 0$，那么在教育和医疗卫生方面的公共投资将减少贫困。然而，这两个领域（教育和医疗卫生）在 OPEC 成员国的人力资本发展和减贫方面具有互补作用。如果 $\alpha_3 > 0$，$\beta_3 > 0$，$\gamma_3 > 0$，则情况相反，教育和医疗卫生方面的人力资本投资将加剧贫困。然而，教育和医疗卫生作为变量，假设两个数值中的任何一个为"0"或"1"，在这种情况下，它们在本文研究中被视为虚拟变量。也就是说，假设教育和医疗卫生可以减少贫困（当 $\alpha_3 > 0$，$\beta_3 > 0$，$\gamma_3 > 0$），其值为"0"。因此，假定贫困增加（当 $\alpha_3 > 0$，$\beta_3 > 0$，$\gamma_3 > 0$），在这种情况下，其值为"1"。

（二）估算的方法

式（1）和式（2）是用三种最小二乘法（OLS）进行估计的。然而，通过 OLS 估计式（1）和式（2）存在一些问题，因为它没有考虑解释变量的内生性问题。根据卡席特（Kaasschieter，2014）和尼克尔（Nickell，1981）的研究，一个直接的问题是，pov_{it} 与误差项中的固定效应 η_i 有关，这会引起动态面板偏误。pov_{it} 的系数估计会被夸大，因为这将属于四个选定国家固定效应的预测能力归因于 pov_{it}。此外，有学者（Hsiao，1986）指出，由于解释变量和被解释变量之间的因果关系可能是双向的，解释变量也可能与扰动项相关，违反了 OLS 一致性所必需的假设。因此，OLS 将产生有偏差和不一致的系数估计。这种内生性问题是跨国研究中的一个常见问题，同时还存在不可观测变量和测量误差的内生性问题。

首先，本文通过描述性统计和单位根检验来确定序列的性质。其次，利用 Johansen Fisher 面板协整和完全修正的最小二乘法对长期关系进行了研究。在过去几十年中，面板单位根和平稳性检验变得极为流行并被广泛使用，面板序列变量往往在水平上是非平稳的，这可能会影响模型的参数稳定性和一致性。实证研究中最常见的检验是 Levin-Lin（LL）检验、Im-PasaramShin（IPS）检验和 Maddala-Wu（MW）检验。IPS 检验能够与任何参数单位根检验一起使

用，只要数据是平衡面板，并且每个交叉部分中的单位根 t 统计值具有相同的
方差和均值。因为 IPS 检验简单易用，所以它是最常用的检验方法。到目前为
止，大多数研究人员在估计方程时使用 IPS 检验和 ADF 检验或 DF 检验。本文
采用平衡面板数据，为了确定变量的平稳性条件，使用了四个检验，分别是
Levin、Lin & Chu 检验，LPS 检验，ADF-Fisher 检验和 PP-Fisher 检验。当存在
单位根时，变量之间有存在长期关系的倾向（Phillips et al.，1990）。因此，
使用 Johansen Fisher 面板协整来检验序列之间的长期关系。由于协整的存在，
本文继续使用面板完全修正的 OLS 估计长期方程。面板修正的 OLS 给出了系
数的一致估计，有助于消除误差项的内质性和相关性（Ramirez，2016；Kao
and Chiang，2000）。

（三）数据来源和测量

本文主要对以下 12 个 OPEC 成员国进行研究：阿尔及利亚、安哥拉、刚
果共和国、厄瓜多尔、赤道几内亚、加蓬、伊朗、科威特、利比亚、尼日利
亚、沙特阿拉伯和委内瑞拉，时间范围为 1980～2016 年。本文研究中考虑的
变量是贫困率（以人类发展指数表示）、教育（以教育支出表示）和医疗卫生
（以医疗卫生支出表示）。贫困数据来自世界银行、贫困行动实验室和社会经济
数据—应用中心全球贫困分布。教育和医疗卫生支出由世界银行、非洲经济展望
以及经济合作与发展组织（经合组织）提供。该研究使用了平衡的面板数据。

三、结果与讨论

（一）描述性统计

表 1 列出了本文研究中所有变量的描述性特征。政府在医疗卫生和教育方
面的支出以对数形式表示，贫困率以正常形式表示。医疗卫生支出的均值为
24. 44087，中位数为 24. 20399。贫困率的均值和中位数分别为 20. 06635 和
11. 95458。观察到医疗卫生和贫困率这两个变量为正偏态，分别为 1. 101892
和 0. 767934。其均值显著高于中位数，而教育支出的均值和中位数分别为

20.61246 和 21.18389。报告显示，均值低于中位数，这是教育这一变量负偏态（-1.000033）的反映。使用 Jarque Bera 检验进行正态性检验，确定表 1 所述的结果。根据 Jarque Bera 统计，所有变量在 5% 的显著性水平上均不符合正态分布，这使我们决定对变量进行对数转换以增强它们的正态性和一致性，因为非正态性可能会削弱它们的一致性。从表 1 中还可以看出，教育对数变量的标准差为 2.259482，医疗卫生对数为 3.403478，贫困率为 17.66546，这表明上述变量具有较高水平的波动效率。

表 1　　　　　　　　　　　　　**统计性描述**

变量	教育	医疗卫生	贫困率
均值	20.61246	24.44087	20.06635
中位数	21.18389	24.20399	11.95458
最大值	24.73652	33.87386	63.50000
最小值	13.02188	19.63481	-0.055764
标准差	2.259482	3.403478	17.665460
偏态系数	-1.000033	1.101892	0.767934
峰度	4.282138	3.960550	2.224831
Jarque-Bera 检验	95.950380	101.378800	54.755850
p 值	0	0	0
总和	8 409.883	10 289.610	8 909.459
平方和	2 077.841	4 865.137	138 246.400
样本量	444	444	444

资料来源：作者使用 EViews 10 计算得到。

（二）平稳性检验：变量的面板单位根检验

面板单位根检验起源于时间序列单位根检验。单位根检验与时间序列检验的主要区别在于，我们必须考虑时间序列维数 T 和横截面维数 N 的渐近性。N 和 T 如何趋近于无限是至关重要的。如果想要通过序列极限理论确定用于非平稳面板的估计值和检验的渐近行为，那么就需要考虑无固定维度的情况，沿对角线路径的极限。也就是说，N 和 T 沿着对角线路径趋近于无限，并在相同时间内允许 N 和 T 一起趋近于无限。

表 2 中关于教育和医疗卫生的单位根检验结果表明，所有变量在原序列上都不是平稳的。然而，所有变量在一阶差分后都变得平稳，也就是说，它们在 5% 的水平上是显著的，除了贫困率（ – 0.75771），在一阶差分之后，贫困率的 IPS 检验不是一阶单整，在 5% 的水平上不显著。尽管如此，它表明所有的变量都是一阶单整。因此，有必要进行协整检验，以确定变量之间的长期关系。协整检验的结果证明了面板 FMOLS 的使用是合理的（Filipps and Hanson，1990；Asaleye et al.，2018a，2018c）。

表 2　　　　　　　　　　　面板协整单位根检验

变量	方法	原序列	一阶差分
教育	Levin、Lin & Chu 检验	0.84891	13.9956 *
	LPS 检验	2.60622	– 12.9046
	ADF_fisher 检验	9.72371	216.378
	PP-Fisher 检验	10.2846	222.061 *
医疗卫生	Levin、Lin & Chu 检验	2.74398	– 15.9539 *
	LPS 检验	5.49628	– 16.6773
	ADF_fisher 检验	10.2300	246.397 *
	PP-Fisher 检验	10.4716	274.876 *
贫困率	Levin、Lin & Chu 检验	– 1.04141	3.95467 *
	LPS 检验	– 0.62787	– 0.75771
	ADF_fisher 检验	15.0489	37.3375 *
	PP-Fisher 检验	27.5218 *	23.5017 *

注：* 表示在 5% 的水平上显著。

资料来源：作者使用 EViews 10 计算得到。

（三）协整检验结果

表 3 中列出的 Johansen Fisher 面板协整检验表明，各变量在一阶差分是平稳的，因此有必要采用 Johansen Fisher 面板协整检验来证明在选定的 OPEC 成员国中，人力资本发展和减贫之间存在长期关系。表 3 中的协整检验结果表

明，在 5% 显著性水平上拒绝原假设。统计结果显示，各变量之间至少存在两个协整关系，这意味着这些变量具有长期关系，表明在指定模型的短期动态中存在长期反馈效应。

表 3　　　　　　　　Johansen Fisher 面板协整检验

无限制的协整秩检验（迹检验和最大特征值检验）

Hypothesised No. of CE（s）	Fisher Stat（迹检验）	Prob.	Fisher Stat（最大特征值检验）	Prob.
None	173.6	0	156.9	0
At most 1	48.64	0.0009	37.81	0.0193
At most 2	44.82	0.0028	44.82	0.0028

注：None 是指无协整关系。
资料来源：作者使用 EViews 10 计算得到。

表 4 显示，在教育领域的公共投资超过全球建议的年度公共投资基准的 OPEC 成员国，其贫困率与在医疗卫生领域的公共投资超过建议基准的 OPEC 成员国的不同。该表显示，在教育方面的支出高于全球建议基准的 OPEC 成员国与在医疗卫生方面的支出高于建议基准的国家相比，贫困率降低了 1.472%。在医疗卫生支出方面超过建议基准的国家将贫困率降低了 0.521 个百分点，这意味着国家对医疗卫生和教育的投资会相互作用，使贫困率减少 1.766 个百分点，而在医疗卫生和教育支出超过建议基准的情况下，贫困率将减少 0.08 个百分点。

表 4　　　　　　　　贫困率差异的估计实证结果

因变量：POV
观察值：444

变量	系数	统计量	p 值
I. EDUC	− 1.472515	− 3.716987	0.0002
I. HEALTH	− 0.521839	− 0.870689	0.3846
I. EDUC × HEALTH	− 1.766108	− 9.840604	0
I. HEALTH × EDUC	0.080557	1.650907	0.0998
R^2	0.961888		

续表

变量	系数	统计量	P 值
调整后的 R^2	0.860139		
标准误	3.655756		
长期方差	8.668462		
F 统计量	70.98556		
p 值	0		

资料来源：作者使用《世界发展指标》（WDI，2016）数据计算得到。

四、结　　论

（一）研究结论

人们普遍认为，人力资本是经济增长和发展的关键因素。无论在发达国家还是发展中国家，对教育和医疗卫生的投资都被认为是推动经济发展的重要手段。向人们提供这些服务是提高人力资本质量的主要途径之一。因此，本文分析了所选定的 12 个 OPEC 成员国的人力资本与减贫之间的交互作用。这是一项跨国研究，运用了面板完全修正的最小二乘法。本文还尝试在公共教育和医疗卫生方面的投资分别超过全球基准的 26% 和 5% 的条件下，检验选定 OPEC 成员国的减贫效应。

为了确定变量的平稳性条件，本文使用了 Levin、Lin & Chu 检验，LPS 检验，ADF-Fisher 检验和 PP-Fisher 检验四个检验。Levin、Lin & Chu 检验，IPS 检验，ADF-Fisher 检验和 PP-Fisher 检验对 EDU 和 HEALTH 的单位根检验结果表明，并非所有变量都在原序列上是平稳的。然而，在进行一阶差分后，除贫困率外的所有变量均变为平稳，贫困率在一阶差分后的 IPS 检验不是一阶单整，因此在 5% 的水平上不具有显著的统计学意义。

由于数据有限，本文只选定 12 个 OPEC 成员国作为研究对象。研究结果显示：各类人力资本的相互作用对所选定的 OPEC 成员国的减贫具有长期影响。人力资本对 OPEC 成员国的减贫具有积极而显著的作用。医疗卫生支出和贫困率描述性统计数据显示，各变量呈正偏态分布，均值显著高于中位数，而教育支出的均值小于中位数，这反映了变量的负偏斜性。研究结果还表明，教育对数、医疗卫生对数和贫困率对数变量的标准差具有较高的波动效率。我们还注意到，人力资本发展、政府在教育和医疗卫生方面的支出分别低于全球财政支出最低标准的 26% 和 5%，这导致了这些领域的贫困率增加和经济增长减缓。同样，在教育方面的支出高于全球建议的年度公共投资基准的 OPEC 成员国，与在医疗卫生方面的支出高于基准的国家相比，贫困率降低了 1.472%。

研究结果还说明，当教育方面的公共投资超过全球基准的 26% 时，医疗卫生方面的公共支出往往对选定国家的贫困率在统计上产生不显著的影响，这意味着医疗卫生方面的支出未能实现积极的涓滴效应。综上所述，教育和医疗卫生等人力资源的重要性通过本文的研究得到了证实，这对推动经济发展有着显著的影响。

（二）政策建议

基于这项研究的结果，模型中所包含的所有变量都对减贫有重要影响。因此，本文建议在所有被研究的 OPEC 成员国，政府应提升获取学习资料的教育预算；确保有利的教学环境；提高和丰富学习场景，从而使人们具备优秀的技能学习能力，提高自主创业的水平。对石油的过度依赖限制了多样化战略，阻碍了经济活动的集中开展。因此，各国应多关注除石油以外的其他部门，努力提高经济的多样化程度。

政府应增加医疗卫生设施的建设，并以合理的报酬激励医护人员，以确保提高各经济部门的生产力。政府还应在增加教育基础设施的同时，通过激励和再培训各级教师来提高教育水平。尽管 OPEC 成员国在政府支出方面有了明显增长，但这些国家仍然面临着低水平的人力资本投资，这导致了资源诅咒的问题，从而阻碍了经济增长。因此，有必要将增长与健全的经济政策以及执行能力联系起来，以使 OPEC 成员国在减贫方面利用这些政策取得更好的成效。由于人力资本是促进经济增长的决定性因素，教育和医疗卫生方面应该以人力资本的质量提升为发展源泉，以提高民众的生活水平和社会福利。

参 考 文 献

Aghion, P. , Caroli, E. , García-Peñnalosa, C. (1999). Inequality and economic growth: The perspective of the new growth theories. J. Econ. Lit. , 37, 1615 – 1660. December.

ANND (2009). Facing challenges of poverty, unemployment, and inequalities in the Arab region: Do policy choices of Arab governments still hold after the crisis? Arab NGO Network for Development, Mazraa, Beirut-Lebanon.

Apergis, N. , Katsaiti, M. (2018). Poverty and the resource curse: Evidence from a global panel of countries. Res. Econ. , 72, 211 – 223.

Arrow, K. (1973). Higher education as a filter. J. Public Econ. , 2 (3), 193216. https://econpapers. repec. org/RePEc: eee: pubeco: v: 2: y: 1973: i: 3: p: 193 – 216.

Asaleye, A. J. , Adama, J. I. , Ogunjobi, J. O. (2018a). Financial sector and manufacturing sector performance: Evidence from Nigeria. Invest. Manag. Financ. Innov. , 15 (3), 35 – 48.

Asaleye, A. J. , Lawal, A. I. , Popoola, O. , Alege, P. O. , Oyetade, O. O. (2019). Financialintegration, employment and wages nexus: Evidence from Nigeria. Montenegrin J. Econ. , 15 (1), 141 – 154.

Asaleye, A. J. , Popoola, O. , Lawal, A. I. , Ogundipe, A. , Ezenwoke, O. (2018b). The creditchannels of monetary policy transmission: Implications on output and employment in Nigeria. Banks Bank Syst. , 13 (4), 103 – 118.

Asaleye, A. J. , Isoha, L. A. , Asamu, F. , Inegbedion, H. , Arisukwu, O. , Popoola, O. (2018c). Financial development, manufacturing sector and sustainability: Evidence from Nigeria. J. Soc. Sci. Res. , 4 (12), 539 – 546.

Attanasio, O. , Meghir, C. , Nix, E. , Salvati, F. (2017). Human capital growth and poverty: Evidence from Ethiopia and Peru. Rev. Econ. Dyn. , 25, 234 – 259.

Barro, R. J. (1997). The determinants of economic growth. MIT Press, Cambridge, Massachusetts.

Becker, G. S. (1975). Human capital: A theoretical and empirical analysis, with special reference to education. NBER, 13 – 44. http://www. nber. org/books/beck75-1.

Becker, G. S. (1995). Human capital and poverty alleviation. Human Resources Development and Operations Policy (HRO) Working Papers 14458. http://documents. worldbank. org/curated/en/121791468764735830/pdf/multi0page. pdf.

Bhukuth, A. , Roumane, A. , Terrany, B. (2018). Cooperative, human capital and poverty: Atheoretical framework. Econ. Sociol. , 11 (2), 11 – 18.

Blanden, J. , Machin, S. (2004). Educational inequality and the expansion of UK higher education. Scott. J. Political Econ. , 51 (2), 230 – 249.

Bloom, D. E. , Canning, D. (2003). The health and poverty of nations: From theory to practice. J. Hum. Dev. , 4 (1), 47 – 71.

Brambor, T. , Clark, W. R. , Golder, M. (2006). Understanding interaction models: Improving empirical analyses. Political Anal. , 14, 63 – 82.

Bravo-Ortega, C. , De Gregorio, J. (2005). The relative richness of the poor? Natural resources, human capital, and economic growth. Natural Resources, Human Capital, and Economic Growth (January 2005). World Bank Policy Research Working Paper (3484).

Bulte, E. H. , Damania, R. , Deacon, R. T. (2005). Resource intensity, institutions, and development. World Dev. , 33, 1029 – 1044.

Burrill, D. F. (2003). Modeling and interpreting interactions in multiple regression. The Ontario Institute for Studies in Education, Toronto, Ontario Canada.

Commission on Growth and Development (2008). The growth report: Strategies for sustained growth and inclusive development. World Bank, Washington DC.

Cumming, D. J. , Johan, S. , Uzuegbunam, I. S. (2019). An anatomy of entre- preneurial pursuits in relation to poverty. Entrepreneurship and Regional Development.

Fashina, O. A. , Asaleye, A. J. , Ogunjobi, J. O. , Lawal, A. I. (2018). Foreign aid, human capital and economic growth nexus: Evidence from Nigeria. J. Int. Stud. , 11 (2), 104 – 117.

Fisher, A. G. B. (1946). Education and economic change. W. E. A. Press, South

Australia.

Fosu, A. K. (2017). Growth, inequality, and poverty reduction in developing countries: Recent global evidence. Res. Econ. , 71, 306 – 336.

Gamu, J. , Le Billon, P. , Spiegel, S. (2015). Extractive industries and poverty: A review of recent findings and linkage mechanisms. Extr. Ind. Soc. , 2, 162 – 176.

Goderis, B. , Malone, S. W. (2011). Natural resource booms and inequality: Theory and evidence. Scand. J. Econ. , 388 – 417.

Gylfason, T. (2000). Natural resources, education, and economic development, for the 15th Annual Congress of the European Economic Association, Bolzano, 30 August – 2 September 2000.

Gylfason, T. , Herbertsson, T. , Zoega, G. (1999). A mixed blessing: Natural resources and economic growth. Macroecon. Dyn. , 3, 204 – 225. June.

Hsiao, C. (1986). Analysis of panel data. Cambridge University Press, Cambridge. IMF, 2014. Algeria Selected Issues, International Monetary Fund (IMF) Country Report No. 14/342. IMF, Washington DC.

Kaasschieter, J. (2014). Remittances, economic growth, and the role of institutions and government policies. https: //www. semanticscholar. org/paper/Remittances%2C-Economic-Growth%2C-and-the-Role-of-and-Kaasschieter/7a29a9adcafee53266c823ee9cd9db7c49e06576.

Kao, C. , Chiang, M. H. (2000). On the estimation and inference of a cointegrated regression in panel data. In: Baltagi, B. H. , et al. (Eds.), Nonstationary Panels, Panel Cointegration and Dynamic Panel, 15. Elsevier, Amsterdam, 179 – 222.

Larionova, N. I. , Varlamova, J. A. (2015). Analysis of human capital level and inequality interaction. Mediterr. J. Soc. Sci. , 6 (1), S3.

Loayza, N. , Raddatz, C. (2010). The composition of growth matters for poverty alleviation. J. Dev. Econ. , 33 (1), 137 – 151.

Marshall, A. (1920). Principles of economics, eighth ed. Macmillan, London.

Messkoub, M. (2008). Economic growth, employment and poverty in the Middle East and North Africa: Employment and poverty programme, Working Paper No. 19.

International Labour Office, Geneva. Mincer, 1991. Education and Unemployment. National Bureau of economic research.

Mincer (1994). Investment in U. S education and training. National Bureau of Economic Research. NBER Working Paper. No. 3838.

Multidimensional Poverty Index Model (2016). By Duncan Green. From Poverty to Power.

Muzima, J. (2018). 2018 African economic outlook. African Development Bank Group.

Nickell, S. (1981). Biases in dynamic models with fixed effects. Econometrica, 49 (6), 1417 – 1426.

Ogwumike, F. O. , Ozughalu, U. M. (2018). Empirical evidence of child poverty and deprivation in Nigeria. Child Abuse Negl. , 77, 13 – 22.

Oloni, E. , Asaleye, A. , Abiodun, F. , Adeyemi, O. (2017). Inclusive growth, agriculture and employment in Nigeria. J. Environ. Manag. Tour. , Ⅷ (17), 183 – 194. Spring, 1.

Osabuobien, Efobi (2013). Africa's money in Africa. SAJE. South Afr. J. Econ. , 81, 2.

Osoba, A. , Tella, S. (2017). Human capital variables and economic growth in Nigeria: An interactive effect. Euro Economica, 36 (1).

Papyrakis, E. , Gerlagh, R. (2004). The resource curse hypothesis and its transmission channels. J. Comp. Econ. , 32, 181 – 193.

Phillips, P. , Hansen, B. (1990). Statistical inference in instrumental variables regression with I (1) processes. Rev. Econ. Stud. , 57 (1), 99 – 125.

Popoola, O. , Asaleye, A. , Eluyela, D. (2018). Domestic revenue mobilization and agricultural productivity: Evidence from Nigeria. J. Adv. Res. Law Econ. , 9 (4), 1439 – 1450.

Punam, P. (2014). Africa new economic landscape. Brown J. World Aff. xxi (1).

Ramirez, M. D. (2016). A panel unit root and panel cointegration test of the complementarity hypothesis in the Mexican Case. 1960 – 2001 Center Discussion Paper No. 942.

Ridell, Song. (2011). The impact of education on employment incidence and re-employment success: Evidence from the U. S. labour markets. EconPaper. Working Paper.

Roemer, J. E. (1998). Equality of opportunity. Harvard University Press, Cambridge, MA.

Ross, M. L. (2003). The natural resource curse: How wealth can make you poor. Nat. Resour. Violent Conflict, 17 – 42.

Sachs, J. D. , Warner, A. M. (1997). Sources of slow growth in African economies. J. Afr. Econ. 6 (3), 335 – 376.

Sachs, J. D. , Warner, A. M. (1995). Natural resource abundance and economic growth. NBER Working Paper, 5398. National Bureau of Economic Research, Cambridge, MA.

Santos, M. E. (2009). Human capital and the quality of education in a poverty trap model, Oxford Poverty & Human Development Initiative (OPHI). Oxford Department of International Development.

Schultz, T. W. (1962). Investment in human beings. JPE Supplement, University of Chicago Press, Chicago.

Shahpari, G. , Davoudi, P. (2014). Studying effects of human capital on income inequality in Iran, 2nd world conference on business, economics and management – WCBEM 2013. Procedia-Soc. Behav. Sci. , 109, 1386 – 1389.

Silva, I. , Sumarto, S. (2014). Dynamics of growth, poverty and human capital: Evidence from Indonesian sub-national data. Munich Personal RePEc Archive (MPRA) Paper No. 65328. http: //mpra. ub. uni-muenchen. de/65328/.

Teixeira, P. N. (2014). Gary Becker's early work on human capital: Collaborations and distinctiveness. IZA J. Lab. Econ. ISSN: 2193 – 8997 3, 1 – 20. Springer, Heidelberg.

Ucal, M. , Bilgin, M. H. (2009). Income inequality and FDI in Turkey: FM-OLS (Phillips Hansen) estimation and ARDL approach to cointegration. Munich Personal RePEc Archive (MPRA) Paper No. 48765. http: //mpra. ub. uni-muenchen. de/ 48765/.

UNESCO （2018）. Government expenditure per student as a percentage of GDP per capita.

WDI （2016）. Poverty headcount ratio at national poverty line （Per cent of the population）. The World Bank, IBRID-IIDA.

WHO （2002）. The world health report 2002 – Reducing risks, promoting healthy life. World Bank, 2005. Introduction to poverty analysis. World Bank Institute. http：// siteres ources. worldbank. org/PGLP/Resources/PovertyManual. pdf.

World Bank （2015）. Poverty forecasts, monitoring global development prospects. Demographic trends and economic development, Washington DC.

World Bank （2016）. Talking on inequality, poverty and shared prosperity 2016. International Bank for Reconstruction and Development, the World Bank.

印度农村土地用途的重新规划和结构转型[*]

——基于印度"工业区计划"的研究

大卫·布莱克斯利　里塔姆·乔里　拉姆·菲什曼　萨姆林·马利克[**]

摘　要：农村土地被局限于农业生产的区划法是工业发展的主要制度障碍。本文研究了印度卡纳塔克邦"工业区计划"（Industrial Area Program）的效果。该计划将农业用地重新划分为工业用地，但并未采用其他地方政策中常见的激励措施。研究发现，该计划能够大幅增加新建企业和就业岗位。此外，该计划为周边地区带来了溢出效应，工人从农业就业转向非农业就业，企业家们建立了许多小型服务公司（如零售和餐饮）和农业公司。

一、引　言

各国政府采用地区性政策来刺激当地经济活动。这些政策通常采用财政激励措施来吸引企业；此外，还被视为提高边缘化地区经济活动的手段（Greenstone et al.，2010a；Greenstone and Looney，2010；Kline and Moretti，2014a）。尽管如此，关于此类政策是否有效的论点尚未达成一致，尤其缺少对发展中国家的研究。

本文研究的是一种不同类型的地区性政策，其动机在于解决土地使用方面的监管障碍，以促进经济活动并减少市场失灵。许多发展中国家认为这些障碍限制了企业的创新、生产和增长（Duranton et al.，2015）。例如，在印度，无

---

* 本文原文请参见：https://openknowledge. worldbank. org/entities/publication/264ee494 – b026 – 5231 – 957d – 7ea6c7c0a495。

** 作者简介：大卫·布莱克斯利（David Blakeslee）、里塔姆·乔里（Ritam Chaurey）、拉姆·菲什曼（Ram Fishman）和萨姆林·马利克（Samreen Malik）均供职于世界银行。

法获得大片工业用地经常被视为亟待解决的发展"瓶颈"（Rajan，2013）。这是由于法律将大多数农村土地的用途限制于农业生产，并对其转换为工业生产用地施加了较多的行政障碍。印度的政治经济体制导致进行相关的系统性改革非常困难，政策制定者已经试图通过政府收购土地和重新划分土地等干预措施来解决行政障碍（Kazmin，2015）。然而，这样的政策是否足以吸引企业并对当地经济产生更广泛的影响，目前仍然不明确。

本文研究了印度卡纳塔克邦的"工业区计划"。该计划获取和整合私有农业土地的相邻地块，将其重新划分为非农业活动区域，出售或租赁给私营企业。与其他地方性政策不同的是，该计划没有提供任何财政激励，被政策制定者描述为"本质上是房地产促销"。因此，该政策旨在利用市场力量促进工业化，政府主要充当重新划分土地、促进非农业生产的角色。

本文的研究目标是探究两个基本问题。首先，将研究这种有限激励是否足以吸引大型制造企业进入工业区。相比其他地方性政策通过提供财政激励来吸引企业，仅提供土地是否足以吸引企业进入农村地区，这个问题尚不明确。如果该政策能够成功，将证明土地短缺是制约农村制造业活动的关键因素。

其次，研究这些工业区是否会对周边村庄产生经济溢出效应。即使这些工业区成功地吸引了企业，这些企业是否会从周边地区招募大量劳动力？鉴于这些工业区所处区域的人力资本水平较低，企业可能更倾向于从其他地方引入劳动力，或者一开始就不选择劳动密集型产业。因此，本文研究能够验证农村劳动力特征是否阻碍了农村经济结构转型。

现有文献一般认为，企业能够通过集聚的经济效应提高周边地区的创造力和生产力（Greenstone et al.，2010b）。然而，当地企业家可能缺乏所需的技能和资源，难以与工业区内具备重要投入产出能力的企业建立联系。此外，由于工业区外的土地法规并未放宽，建立大型的非农业企业仍将面临重大的监管障碍。

评估区域性政策是否有影响主要面临两个实证挑战：一是建立有效的对照组；二是溢出效应的影响。我们的数据非常适合应对这些问题，因为工业区的位置非常精确，关键的结果和解释变量都是从村庄维度上获取的，能进行高空间分辨率的分析。

本文的分析采用双重差分法来识别在1991~2011年创建的工业区的影响。

在这段时间内,卡纳塔克邦建立了近 50 个工业区。为了在可能存在溢出效应的情况下确定适当的对照组,我们首先以一种精确测量的方式对工业区所在的村庄及其向外延伸的 30 千米范围内的影响进行半参数分析。这种方法提供的证据表明,溢出效应会在距离工业区 5 千米的范围内发生。因此,本文将距离工业区超过 5 千米的村庄指定为对照样本,并使用单独的指标来估计工业区计划对工业区内部和距离工业区 5 千米以内的村庄的处理效应(treatment effect)。

本文研究了工业区对经济活动的影响,并得出两个结论。第一,工业区具有巨大的经济促进效应。1991~2011 年,每个工业区的夜间光密度增加了一倍,新增了约 40 家企业和 940 个就业机会。第二,研究发现存在实质性的经济溢出效应,工业区增加了周围地区的企业数量和就业,这种增长最远发生在距离工业区 5 千米外的地方。在当地劳动力市场上,从事非农业活动的男性工人所占比例也在增加。工业区所在村庄内,企业数量和就业人数的增幅最大,但随着距离增加,增速不断下降,直到距离工业区边界 5 千米处不再增加。为了更好地理解当地经济溢出效应的驱动因素,本文研究了在工业区内外建立企业的类型。在工业区内,就业和企业增加多发生在制造业中,包括大型和小型企业。与此形成鲜明对比的是,工业区外新成立的企业主要集中在农业和服务业,几乎所有这些企业的雇员都不到 10 人,通常只有 1~2 人。这些增长模式表明,工业区外的企业主要受两类因素驱动:一是工业区内制造业企业的员工对商品和服务的需求增加,二是农业生产者信贷限制的放宽。通过分析村庄特征的异质性,我们得出以下结论:首先,靠近主要公路和城市的工业区,就业增长更多,这反映了市场准入的重要性;其次,在靠近工业区的村庄,在当地农业生产力水平较高时,对企业增长和劳动力构成的影响较小,这可能是因为在这些地方退出农业的机会成本更高。

此外,本文研究发现村庄人口和企业所有权的社会经济构成对结果有重要的异质性。具体来说,处于特别劣势地位的"表列种姓"(scheduled castes,即印度种姓制度中的"贱民"。为了客观中立表述并与原文一致,本文均采用"表列种姓"的译法——译者注)比例较高的村庄,影响更大。另外,工业区使表列种姓群体和妇女群体的企业创新略有增加,这表明这些群体从工业区创造的新经济机会中获益较多。

此处所采用的识别方法面临一些挑战,特别是处理组和对照组在基期存在差异。为了解决这个问题，本文控制了这些变量的基线水平，并与时间指标进行交互。我们还测试了结果的稳健性，通过使用同一行政单位（子区）的村庄、距离工业区不超过 10 千米的村庄以及与处理组在主要观测变量方面匹配的村庄作为对照组进行比较。这些修改并没有显著影响结果的准确性。

此外，识别方法面临的另一个重要挑战是，在研究期之前缺乏村级数据，这些数据对比较前期趋势是必要的。为了解决这个问题，研究展示了在研究期后期（2001～2011 年）设立工业区的村庄，在之前十年（1991～2001 年）显示的时间趋势，与它们各自的对照组不可区分。此外，本文还使用了事件研究方法，在设立工业区之前，处理组和对照组的灯光密度（这是我们唯一有逐年数据的变量）呈现类似的趋势，之后出现了显著差异。最后，进行假设检验回归，将处理状态分配给靠近工业区的村庄，结果显示并未产生有效的结果。因此，本文的识别方法具有较高的稳健性。

本文的发现对研究发展中国家的地方性政策有所助益。已有文献探讨了发展中国家的经济特殊区（Special Economic Zones）的重要影响（Wang，2013；Cheng，2014；Alder et al.，2016；Lu et al.，2018）。还有一些研究探讨了其他类型的地方性政策（Chaurey，2016；Shenoy，2018；Abeberese and Chaurey，2019）。尽管这些政策普遍被证明是有效的，但实施成本高昂和行政义务多，可能会起到限制发展的作用。因此，本文的研究对于了解以土地分区为主的本地制度改革对地方政策能否成功促进工业化具有重要贡献。

在本文中还有一个关键问题，即基于地理位置的政策产生的溢出效应的性质和程度。这些溢出效应可能采取传统的马歇尔集聚经济形式（Ellison and Glaeser，1999；Rosenthal and Strange，2004；Ellison et al.，2010；Greenstone et al.，2010b；Kline and Moretti，2014b），或者通过收入渠道在需求侧产生作用（Rosenstein-Rodan，1943；Murphy et al.，1989）。关于工业区对周边地区的溢出效应尚不确定。例如，克利斯库奥洛等（Criscuolo et al.，2019）、纽马克和科尔克（Neumark and Kolko，2010）、弗里德曼（Freedman，2013）以及马丁等（Martin et al.，2011）分别研究了英国区域选择性援助、美国加利福尼亚州和得克萨斯州的工业区和法国的企业集群，均没有发现工业区外的当地溢出效应。另外，一些学者（Zheng et al.，2017；Alder et al.，2016）发现中国工业园区产生了积极溢出效应；格林斯通等（Greenstone et al.，2010b）发现，在美国，有大型制造工厂的县的现有工厂存在大规模的聚集效应。本文对溢出效应的研究既展示了工业区产生的重大溢出效应，又展示了这些溢出效应如何受到当地监管和经济结构的限制。

研究结果也涉及发展经济学中最重要的主题之一，即农业和制造业之间的关系。自刘易斯（Lewis，1954）以来，制造业企业吸收（低生产率）农业工人被视为发展过程的核心。由于工业区在农村地区设立大型制造业企业方面引起了外生变化，研究结果揭示了工业生产对农业经济结构的影响。本文为土地重划在触发农业经济结构转型中的作用提供了一些最初的经验证据，并对研究印度经济活动的空间分布具有重要意义（Desmet et al.，2015；Amirapu et al.，2019）。

本文的其余内容组织如下：第二部分介绍卡纳塔克邦的土地利用规定和工业区的背景；第三部分介绍数据来源和实证方法；第四部分呈现研究结果；第五部分进行总结。

二、背　　景

过去二十年，印度的工业生产越来越多地从城市转向农村地区，其中正规企业占据了一定比例（Ghani et al.，2012）。然而，这种生产趋势受到了各种规定的制约，尤其是农业用地难以从事非农业活动的限制（Morris and Pandey，2007）。工业区政策是各邦政府为了克服这些障碍而采用的几种方法之一。本文首先提供有关土地使用政策的信息，然后详细讨论卡纳塔克邦"工业区计划"。

（一）卡纳塔克邦的用地情况

卡纳塔克邦的土地使用规定是基于1961年的《卡纳塔克邦城市与农村规划法案》制定的。虽然该法案进行了多次修正，但只对主要规定进行了些许修改。相关规定包括以下几点：首先，政府可以根据规划和开发需要征收土地，但必须按照发布日期的市场价格提供公平补偿，且需要额外增加15%的强制性补偿金。其次，将农业用地用于非农业目的需要副专员申请批准，并支付相应的变更费用。这样使得农业利益受到严格保护，即便是大企业，也难以改变土地用途。相关的费用和税收可能对小型和中型企业构成重大负担，使其不愿意进行土地使用变更。最后，如果新的经济活动由当前土地所有者进行，并且原来的经济活动仍在继续，那么就无须改变土地使用用途。例如，农民可以在农业用地上开设小型机械厂。

这些规定建立了一个土地使用制度，其中最大的监管摩擦来自将农业用地转换为非农业活动用地，同时允许农民和居民进行小规模的非农业经济活动。这些土地使用规定的特点对于解释后面呈现的研究结果非常重要。

（二）卡纳塔克邦的"工业区计划"

自印度独立以来，印度政府在经济发展方面扮演了重要角色，通过各种工业政策促进全国工业企业的发展和管理。为了实现这一目标，政府通过创建各种工业园区的方式来促进工业化。工业园区包括工业区、出口加工、经济特区以及工业园区和综合体等，不同类型的工业园区根据其经济目标、提供的激励措施和经济活动而有所不同。

自1955年在古吉拉特邦拉吉科特建立第一个工业园区以来，这些计划很快传播到印度其他邦。虽然各邦之间的工业政策趋同，但政策执行和实施的不一致可能导致区域发展的不平衡。

本文研究了1991～2011年印度卡纳塔克邦工业区的影响。这些工业区是该邦政府推行的工业政策之一，主要依靠市场力量运作，同时获得了邦政府的主要监管支持，能够将土地用途从农业转变为非农业活动。在我们的样本期间，该邦共建立了47个工业区，此后又建立了18个工业区（见图1）。

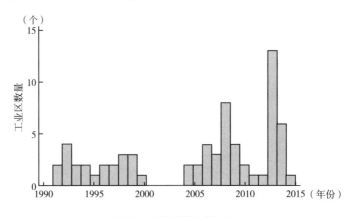

图1　工业区建立的时间

　　该计划面临的主要挑战是确定适合建设工业区的场所，这项责任由卡纳塔克邦工业区发展委员会承担。场所的选择基于一些标准，包括适当的基础设施、靠近城镇以及促进落后地区的发展。一旦选定了场所，政府就基于《土地征收法》，从现有业主手中征用土地并将其重新划分为允许工业活动的区域。然后，在这块土地上配备电力和回收设施，并将其出租或出售给企业业主。虽然宣布建立工业区和实际建成存在滞后期，但是工业区的建立和新建公司的滞后期很小。这是因为，在宣布建立和建成之间的过渡期，政府开始寻找希望入驻工业区的企业，因此当工业区最终建成开放时，许多企业能立即开始运营。特别地，根据技术手册，"吸引潜在企业的一个好处是可以节省寻找场所和准备土地的时间"（印度政府，2009）。因此，本文将工业区建立的日期作为分析的处理日期。总体来看，工业区为企业提供的关键益处是，国家对土地的重新划分消除了企业寻找适当土地并将其转换为非农业活动的必要批准所需的昂贵成本。

三、实证方法

　　首先，介绍研究使用的数据；其次，提出一个半参数分析模型，作为主要的实证识别方法；最后，检查处理组和对照组在基线水平和前期趋势上的平衡性。

（一）数据

　　本文的分析使用了几个行政数据来源。卡纳塔克邦工业区发展局提供了每个工业区的设立年份和位置。我们将这些工业区的信息与经济和人口普查数据进行匹配，并以村庄为单位，此外，将样本限制在那些在基线时期不接近现有工业区或其他制造业活动中心的工业区。印度经济普查是对所有经济机构的完全普查，不包括从事非商业性农作物生产的机构，包括所有的正规和非正规企业。它提供了每个工业分类和不同规模企业的数量，这些公司的员工总数，以及企业所有者的社会阶层和性别等信息。本文使用1990年、1998年、2005年和2013年的经济普查数据，计算每个村庄设立的企业数量，以及企业雇用的员工数量这两个主要结果变量。

人口普查提供了村级就业人口信息，包括自耕农、受雇农业劳动和各种非农就业情况，以及就业人口的文化程度、各种公共设施情况（铺设的道路、银行设施等）。本文使用1991年、2001年和2011年的人口普查，计算第三个主要结果变量——每个村庄劳动力中从事非农活动的比例。

此外，还使用了村级夜间灯光数据。夜间卫星数据来自美国国家航空航天局。在夜间灯光数据中，每个像素都编码了其6位刻度上的年平均亮度测量值，范围为0～63。在分析中，将夜间灯光密度（即每个像素的平均亮度，用村庄亮度测量值除以村庄表面积）作为关注结果。这个夜间灯光数据覆盖了1992～2013年。

（二）实证模型

将双重差分模型作为确定工业区直接效应和溢出效应的主要实证方法。首先，估计工业区对所在村庄的直接效应，然后估计对周边村庄的相关溢出效应。分析以村庄为单位（用 v 表示）；时间点 $t \in \{1991，2011\}$ 表示人口普查数据的变量，而 $t \in \{1990，2013\}$ 表示经济普查数据的变量。回归模型的具体形式如下：

$$y_{v,i,t} = \alpha + \beta(IA_v \times post_t) + (post_t \times X_v)\Gamma + \delta_{i,t} + \eta_v + \varepsilon_{v,i,t} \qquad (1)$$

其中，下标 i 表示离村庄 v 最近的工业区。IA_v 是一个虚拟变量，表示村庄 v 的边界与某个工业区重叠，而 $post_t$ 是一个虚拟变量，当 $t = 2011$ 或 $t = 2013$ 时取值为1。本文主要采用长期差分估计方法，以探究工业区的长期影响。但在部分识别过程中，也包括人口普查和经济普查的中间轮次，并在建立工业区后的所有年份都将变量 $post_t$ 赋值为1。

X_v 是控制变量，包括到最近高速公路和城市的距离（对数）、基线夜间灯光密度、基础设施（铁路站点、邮局和电话连通性）、是否有小学、人口（对数）、村庄土地面积中森林覆盖比例、属于表列种姓的人口比例、从事农业的男性劳动力比例，以及距1991年之前建立的工业区的距离（对数）。系数 η_v 表示村庄固定效应。此外，还在模型中包含了与时间交互作用的工业区固定效应（$\delta_{i,t}$）。为了考虑潜在的空间相关性，使用了聚类标准误。

经济普查中的位置标识符只能确定企业所在的村庄，无法确认其是否位于工业区内。为了区分位于工业区内的企业和附近村庄的企业，使用地图来确定每个村庄和工业区的边界。如果一个村庄的边界与工业区重叠，则 IA_v 取 1，表示该村庄位于工业区内；其他村庄则 IA_v 取 0，表示该村庄不位于工业区内。由于附近地区的经济溢出效应可能会影响对照组，因此本文利用数据的高空间分辨率来确定经济溢出效应扩展到邻近区域的空间范围，然后将这些村庄排除在对照组之外。

为此，本文估计一个与上述模型类似的双重差分模型，但是对"距工业区的距离"指示变量进行半参数化处理。每个距离间隔为 1 千米，且每个距离间隔都与后期指示变量相互作用：

$$y_{v,i,t} = \alpha + \sum_{j=1}^{n} \beta_j (1[dist_v \epsilon bin_j] \times post_t) + (post_t \times X_v)\Gamma$$
$$+ \delta_{i,t} + \eta_v + \varepsilon_{v,i,t} \tag{2}$$

图 2 展示了 β_j 系数的点估计和 95% 置信区间。基准组是距离工业区 15 ~ 20 千米的村庄。首先，从图 2 可知，工业区内部的光密度、企业数量和工人数量（对数）都显著增加。其次，在距离工业区 5 千米以内的大多数结果变量中，都存在递减的溢出效应。因此，在本文的其余部分，我们将把对照组的构建限制在距离工业区 5 千米以上的村庄中。在考虑工业区内部影响的基线规范中，我们从分析中排除了"溢出组"（即不与工业区相交，但距离其最多 5 千米的村庄）。在其他规范中，使用单个指标或距离工业区的（0 - 1]、（1 - 2]、（2 - 3]、（3 - 4] 和（4 - 5] 千米的不同距离组的指标来表示回归模型中的溢出效应。此外，还进行了稳健性检验，将对照组限制在位于同一县级行政区或距离工业区不超过 10 千米的村庄。如前所述，由于缺乏有关企业活动精确位置的信息，这导致本文将邻近地区由工业区引起的一些溢出效应归因于工业区本身。这意味着，在距离（0 - 1] 千米的指示变量上估计的系数将低估工业区的直接溢出效应的真实大小。

（三）基线平衡性

表 1 总结了样本村庄的基线特征，按照处理组村庄是否与工业区相交进行了分类。列（1）给出了对照组村庄的指标变量均值；列（2）给出了处理组

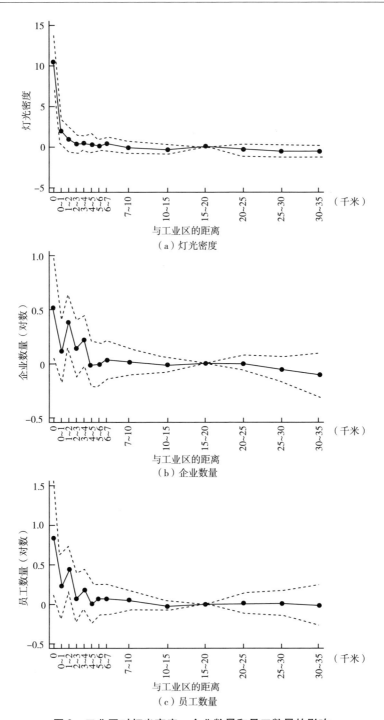

图 2　工业区对灯光密度、企业数量和员工数量的影响

村庄与对照组村庄之间的差异，使用处理效应（与工业区相交）的虚拟变量进行估计；列（3）包括工业区固定效应。虽然样本大部分相似，但是在基线夜间灯光、森林覆盖率以及城市和高速公路距离方面，处理组村庄和对照组村庄之间存在显著的统计差异。在本文的所有规范估计中都对这些变量进行了时间交互的控制。此外，还测试了将对照组定义为在这些观测变量方面与处理组村庄更相似的替代定义，以检验结果的稳健性。

表1　描述性统计

变量	基线水平，1990/1991 年			变化，1991～2001 年		
	对照组均值	处理组—对照组		对照组均值	处理组—对照组	
	（1）	（2）	（3）	（4）	（5）	（6）
人口学特征						
人口对数	6.410	−0.166 (0.133)	0.058 (0.125)	0.121	0.055 (0.073)	0.069 (0.074)
表列种姓人口占比（％）	0.193	0.052 ** (0.025)	0.037 (0.023)	0.001	−0.003 (0.009)	−0.007 (0.010)
男性教育程度占比（％）	0.487	0.011 (0.023)	−0.009 (0.016)	0.118	0.039 ** (0.016)	0.031 * (0.018)
男性非农工人占比（％）	0.020	0.013 * (0.007)	0.012 (0.007)	0.056	0.006 (0.035)	0.007 (0.034)
男性农业工人占比（％）	0.807	0.012 (0.021)	0.012 (0.025)	−0.077	−0.029 (0.025)	−0.029 (0.023)
基础设施（与工业区无关）						
小学	0.860	−0.027 (0.033)	0.022 (0.033)	−0.027	−0.137 (0.092)	−0.125 * (0.068)
高中	0.395	−0.061 (0.037)	−0.007 (0.034)	0.155	−0.064 (0.045)	−0.045 (0.048)
公交站	0.670	−0.087 *** (0.030)	0.007 (0.030)	0.056	0.071 (0.067)	0.016 (0.071)
邮局	0.317	−0.099 *** (0.027)	−0.030 (0.021)	0.013	−0.008 (0.043)	−0.016 (0.045)
电话	0.168	−0.073 *** (0.019)	−0.015 (0.016)	0.410	0.052 (0.068)	0.055 (0.073)

续表

变量	基线水平，1990/1991 年			变化，1991~2001 年		
	对照组均值	处理组—对照组		对照组均值	处理组—对照组	
	（1）	（2）	（3）	（4）	（5）	（6）
经济指标						
就业对数	3.573	−0.216 (0.199)	0.164 (0.136)	0.034	0.075 (0.170)	−0.036 (0.145)
企业对数	2.965	−0.206 (0.166)	0.136 (0.101)	−0.139	0.118 (0.179)	0.107 (0.174)
大企业（99 人以上）	0.011	0.000 (0.006)	0.004 (0.007)	−0.003	−0.011 (0.051)	−0.013 (0.051)
中小企业（10~99 人）	0.251	−0.004 (0.038)	0.052 (0.034)	−0.039	0.030 (0.095)	0.008 (0.092)
用地情况						
农业用地占比（%）	0.658	0.055 ** (0.021)	0.046 *** (0.015)	0.003	0.012 (0.023)	0.008 (0.023)
非农业用地占比（%）	0.130	−0.003 (0.010)	−0.004 (0.007)	−0.000	−0.004 (0.023)	0.001 (0.024)
废弃用地占比（%）	0.115	0.018 (0.016)	−0.013 (0.012)	−0.003	−0.017 (0.027)	−0.013 (0.029)
灌溉用地占比（%）	0.191	0.017 (0.034)	0.050 (0.032)	0.066	0.084 (0.053)	0.087 (0.051)
森林覆盖占比（%）	0.098	−0.071 *** (0.019)	−0.029 ** (0.012)	0.001	0.009 (0.007)	0.004 (0.008)
基础设施（与工业区有关）						
与城市距离的对数	4.008	−0.292 ** (0.129)	−0.297 ** (0.114)			
与高速公路距离的对数	2.470	−1.020 *** (0.211)	−0.800 *** (0.183)			
有路面的道路	0.645	−0.076 * (0.039)	−0.026 (0.034)	0.054	−0.020 (0.067)	−0.067 (0.072)
铁路	0.008	0.007 (0.007)	0.007 (0.006)	0.003	0.024 (0.019)	0.024 (0.020)
自来水	0.179	−0.016 (0.026)	0.036 (0.027)	0.346	−0.102 (0.100)	−0.109 (0.110)
电力	0.947	0.009 (0.022)	0.002 (0.020)	0.024	0.022 (0.051)	0.030 (0.048)

续表

变量	基线水平，1990/1991 年			变化，1991~2001 年		
	对照组均值	处理组—对照组		对照组均值	处理组—对照组	
	（1）	（2）	（3）	（4）	（5）	（6）
灯光密度（1992 年）	1.787	2.233 *** (0.506)	1.578 *** (0.466)	2.183	0.379 (0.657)	0.262 (0.688)
工业区固定效应			是			是
处理组村庄的数量		74			50	

注：*** 表示 p < 0.01，** 表示 p < 0.05，* 表示 p < 0.1。括号内为稳健标准误。

表 1 的列（4）~列（6）测试了平行前期趋势。由于缺乏研究期前的村级数据，无法测试工业区设立之前的趋势。因此，本文测试了 2001~2011 年设立的工业区的平行趋势假设，并使用 1990 年的经济指标和 1991 年的人口统计指标数据生成前期趋势。列（4）报告了对照样本的趋势均值，其中包括距离最近的工业区 5 千米以上的所有村庄。在列（5）中，估计了对照组和处理组村庄的趋势差异，使用了对 1991~2001 年工业区距离的控制虚拟变量。在列（6）中，包括了工业区固定效应。对于大多数变量，包括主要结果变量（夜间灯光密度、企业数量、企业家和劳动力构成），无法拒绝趋势平行的假设，尽管笔者注意到这个检验的成效可能较低（Roth，2020）。

四、计量结果

在本部分首先报告了工业区对其所在村庄的直接影响（"工业区内部"影响）的估计结果。本文使用替代对照组的方式进行稳健性检验，并使用事件分析法和安慰剂检验来确定政策冲击发生于观察到的处理效应之前。然后，估计了溢出效应。

（一）工业区内部的影响

1. 基线结果

表 2 展示了工业区直接影响的主要结果。结果变量包括夜间灯光密度、村庄中的企业数量以及这些企业的员工数量。此外，还分别估计了工业区对不同

规模类别的企业数量的影响，按其员工数量计算。由于许多关键结果变量中零值的数量很多，尤其是夜间灯光密度和中大型企业的数量，因此我们分别呈现水平值和对数值结果。

回归结果表明，工业区能够显著提高夜间灯光密度水平（10.350），显著推动企业就业人数增加（每个村庄375名员工）和企业数量的增加（每个村庄16家企业，虽然估计不精确）。当使用水平和对数时，结果相似。工业区的建立会推动每个村庄分别创造出0.650个大型企业（超过99名员工）、2.816个中型企业（10~99名员工）和12.793个小型企业（少于10名员工）。由于每个工业区平均覆盖2.5个村庄，因此所报告系数的数量级必须乘2.5，才能准确估计每个工业区内企业和就业总数的增加情况。

表2　　　　　　　　　　　　　　工业区的影响效应

变量	灯光密度	企业				
		员工数量	企业数量	大型企业（>99人）	中型企业（10~99人）	小型企业（<10人）
	(1)	(2)	(3)	(4)	(5)	(6)
（A）水平值						
工业区内	10.350*** (1.727)	374.986*** (133.939)	16.348 (15.293)	0.650*** (0.227)	2.816* (1.534)	12.793 (13.903)
控制变量均值	7.206 (7.162)	130.278 (359.202)	64.267 (105.668)	0.019 (0.276)	0.638 (2.359)	63.559 (104.523)
R^2	0.230	0.001	0.090	0.015	0.010	0.093
N	47 914	38 630	38 630	38 630	38 630	38 630
（B）对数值						
工业区内	0.352* (0.185)	0.811*** (0.242)	0.557** (0.208)	0.321*** (0.098)	0.371** (0.170)	0.612*** (0.197)
R^2	0.246	0.013	0.011	0.017	0.008	0.010
N	47 914	37 656	37 298	38 630	38 630	38 630

注：*** 表示 $p<0.01$，** 表示 $p<0.05$，* 表示 $p<0.1$。括号内为稳健标准误。

2. 替代对照组的稳健性检验

在研究时采用了主要的识别方法，其中将距离最近的工业区超过5千米的村庄作为对照组。然而，这些村庄与处理组村庄可能相距很远，存在导致对照组和处理组之间差异的潜在问题。因此，为了测试结果的稳健性，本文进行了一些额外的分析，其中包括使用更接近地理位置的对照组，如在同一个行政区内的村庄或距离同一工业区 10 千米以内的村庄。此外，还控制了距邦内十大城市中最近城市的（时间交互）对数及其平方。表 3 列出了这些结果，它们与主要模型的结果相似。

表 3　　　　　　　　工业区对企业的影响，替代对照组回归结果

变量	水平值				对数值			
	（1）	（2）	（3）	（4）	（5）	（6）	（7）	（8）
（A）灯光密度								
工业区内	11.064 ***	9.491 ***	11.484 ***	10.076 ***	0.439 ***	0.359 **	0.503 ***	0.383 **
	(1.698)	(1.772)	(1.709)	(1.696)	(0.087)	(0.158)	(0.083)	(0.166)
R^2	0.154	0.267	0.152	0.264	0.241	0.269	0.239	0.271
N	47 914	10 378	47 914	10 378	47 914	10 378	47 914	10 378
（B）员工数量								
工业区内	338.453 **	300.379 **	353.583 ***	320.874 **	0.550 *	0.457	0.592 *	0.556 *
	(130.292)	(132.610)	(129.798)	(129.250)	(0.307)	(0.326)	(0.303)	(0.319)
R^2	0.000	0.005	0.000	0.004	0.012	0.025	0.012	0.022
N	38 626	8 142	38 626	8 142	38 626	8 142	38 626	8 142
（C）企业数量								
工业区内	13.862	4.900	13.658	8.160	0.352 *	0.281	0.375 *	0.352 *
	(14.114)	(14.960)	(13.994)	(14.732)	(0.208)	(0.219)	(0.206)	(0.206)
R^2	0.078	0.104	0.078	0.103	0.008	0.022	0.008	0.020
N	38 626	8 142	38 626	8 142	38 626	8 142	38 626	8 142
是否控制工业区内年份固定效应	是		是		是		是	
是否控制工业区年份固定效应		是		是		是		是
是否距离工业区 10 千米		是		是		是		是
是否控制距离的二次项		是		是		是		是

注：回归结果为双重差分回归中处理与事后交互项（$IA_v \times post$）的系数（β），见模型设定（1）。列（1）~列（4）使用结果变量的水平值，列（5）~列（8）使用对数变换。对于对数变换，员工数量和企业数量使用 $\log(x)$，灯光密度使用 $asinh(\log(x + x^2 + 1))$。控制村庄为距离最近工业区超过 5 千米的村庄。回归分析包括村庄和时间的固定效应，以及基线控制变量的时间交互项。列（1）、列（3）、列（5）和列（7）的估计包含时间交互的次区固定效应。列（2）、列（4）、列（6）和列（8）的估计将控制村庄限定为距离工业区 5~10 千米的范围内，并加入最近工业区的固定效应时间交互项。列（3）、列（4）、列（7）和列（8）还加入了距离卡纳塔克邦 10 个最大城市之一的对数及其平方。括号中为稳健标准误（在最近工业区层级聚类）。* 表示统计显著性：*** p<0.01、** p<0.05 和 * p<0.1。

资料来源：人口和经济普查及遥感夜光数据，村级数据。

另外，本文使用模糊精确匹配算法（CEM）（Blackwell et al.，2009）进行额外的稳健性检验，重新进行了回归。这种方法的关键是构建一个在可观察的变量上类似于处理组的对照组。此外，使用距邦内十大城市中最近的距离、距最近高速公路的距离、森林覆盖率、男性非农劳动力的比例、人口以及夜光密度来进行检验。表4列出了结果，它们与表2中报告的结果相似，有些甚至更强。

表4　　　　　　　　　　　　　　模糊精确匹配结果

变量	水平值			对数值		
	灯光密度	员工数量	企业数量	灯光密度	员工数量	企业数量
	（1）	（2）	（3）	（4）	（5）	（6）
面板A：CEM基准						
工业区内	13.173*** (1.755)	509.319*** (185.369)	37.632** (16.241)	0.684*** (0.116)	1.132*** (0.323)	0.894*** (0.239)
R^2	0.750	0.171	0.298	0.896	0.240	0.296
N	822	734	734	822	734	734
面板B：CEM拓展						
工业区内	14.776*** (2.047)	504.524*** (186.555)	38.023** (16.827)	0.857*** (0.113)	1.118*** (0.325)	0.892*** (0.240)
R^2	0.756	0.177	0.285	0.904	0.261	0.324
N	520	662	648	520	662	648

注：回归结果为双重差分回归中处理与事后交互项（$IA_v \times post$）的系数（β），见模型设定（1）。结果变量包括灯光密度、员工数量和企业数量。在列（1）～列（3）中，结果变量以水平值表示；在列（4）～列（6）中，结果变量以对数值表示。所有对数变换基于$\log(x)$，但灯光密度的变换使用CEM方法，并使用全邦范围内的村庄来确定最匹配的对照村庄。在面板A中，对照村庄是基于以下变量选择的：距离本邦10个最大城市之一的距离，距离最近的高速公路的距离，森林覆盖率，男性从事非农业劳动的比例，人口和灯光密度。在面板B中，还将基线时的结果变量（水平值）纳入匹配变量向量中。回归分析包括村庄和时间的固定效应、基线控制变量的时间交互项，以及与时间虚拟变量交互的最近工业区效应。括号中为稳健标准误（在最近工业区层级聚类）。*表示统计显著性：***p<0.01、**p<0.05和*p<0.1。

资料来源：人口和经济普查及遥感夜光数据，村级数据。

3. 事件分析法

本文所采用的实证方法的一个主要局限性是数据中的时间变量通常不够精准，不能证明工业区的建立先于研究期末观察到的经济活动增长。为了检查夜间灯光密度（这是我们唯一具有年度数据的变量），本文进行事件研究分析，比较工业区建立前后对照组和处理组村庄夜间灯光密度的趋势。

为此，进行以下回归：

$$y_{v,i,t,z} = IA_v\left(\sum_{j=-8}^{-2}\beta_j 1[z=j] + \sum_{j=0}^{4}\beta_j 1[z=j]\right)$$
$$+ (\mu_t \times X_v)\Gamma + \eta_v + \delta_{i,t} + \varepsilon_{v,i,t} \qquad (3)$$

其中，y 是工业区 i 成立 z 年后在村庄 v 中年份为 t 的夜间光线密度，IA_v 是一个指示村庄 v 是否重叠在 IA 边界上的虚拟变量，μ 是年度固定效应，与基线控制变量（X_v）相互作用。回归中的其余项与基线模型相同。结果如图 3 所示。

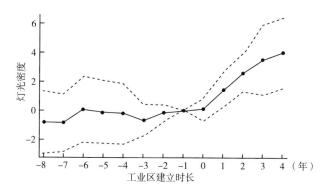

图 3　使用灯光密度的事件研究：工业区内

结果表明，在工业区建立之前，对照组和处理组的夜间灯光显示出相似的趋势。然而，在工业区建立后 1~2 年内，两组之间的差异加大。光密度增长的模式清楚地证明了工业区的创建先于当地经济增长的起飞。为了测试工业区创建是否先于经济活动增长的替代方法，本文进行了额外的数据轮次虚假事实检验（falsification test）。具体而言，在实际建立工业区之前，将处理状态分配给村庄，并测试这些安慰剂处理是否产生了显著影响。在进行回归时，还纳入了这些年份的中间轮次（1998 年和 2005 年）的经济普查数据。例如，在 2005~2011 年创建的工业区的安慰剂回归中，我们使用了 1990 年、1998 年和 2005 年的经济普查数据。对建设于 2005~2011 年的工业区来说，1990 年和 1998 年的数据中，处理变量取值为 0，在 2005 年则取值为 1。回归结果表明，工业区建立之前没有明显的影响，结果如表 5 所示。

表5 虚假事实检验

变量	灯光密度				员工数量对数				企业数量对数			
	工业区年限				工业区年限				工业区年限			
	2005~2011		2012~2015		2005~2011		2012~2015		2005~2011		2012~2015	
	(1)	(2)	(3)	4)	(5)	(6)	(7)	(8)	(9)	(10)	(11)	(12)
工业区内	−0.594	−0.239	0.898	0.914	0.087	0.044	0.104	0.142	0.009	−0.079	−0.010	0.068
	(0.610)	(0.621)	(0.690)	(0.937)	(0.232)	(0.270)	(0.139)	(0.154)	(0.196)	(0.221)	(0.111)	(0.075)
R^2	0.108	0.131	0.263	0.251	0.034	0.048	0.035	0.045	0.022	0.036	0.019	0.024
N	71 871	12 609	95 828	15 516	64 557	11 099	87 020	13 957	64 557	11 099	87 020	13 957
工业区年份固定效应	是	是	是	是	是	是	是	是	是	是	是	是
是否距离工业区10千米以内		是		是		是		是		是		是

注：回归结果为双重差分回归中处理与事后交互项（$IA_v \times post$）的系数（β），见模型设定（1）。列（1）、列（2）、列（5）、列（6）、列（9）和列（10）的样本仅限于1990~2005年，处理变量对2006~2011年建立工业区的村庄取值为1。结果变量包括：列（1）~列（4）为灯光密度，列（5）~列（8）为员工数量的对数值，列（9）~列（12）为企业数量的对数值。控制村庄为距离最近工业区超过5千米的村庄。回归分析还包括与选址相关或与潜在增长相关的时间交互控制变量，以及相应研究期间内建立工业区的距离与事后交互项$[\beta_{1,j}(1[dis_t \in bin_j] \times post_t)]$。此外，还包括村庄固定效应和与时间虚拟变量交互的最近工业区固定效应。最近工业区定义为在各列所指年份中建立的最近的工业区。括号中为稳健标准误（在最近工业区层级聚类）。

资料来源：人口和经济普查及遥感夜光数据，村级数据。

（二）溢出效应

在本部分，我们展示了与工业区不重叠、但位于其附近的村庄的溢出效应，结果如表6和表7所示。

1. 夜间灯光的溢出效应

表6展示了夜间灯光密度的结果。列（1）中的结果变量是灯光密度，以水平值衡量；由于有很多观测值为0，列（2）使用asinh对数变换。在工业区内部，灯光密度显著增加，水平值增加了约10.4，asinh值增加了约35%。当以水平值测量时，这种灯光密度的增加可以延伸到工业区数千米外；但当以对数测量时，效应更为模糊。在列（3）~列（5）中，将样本限制为在基准线上

没有灯光的观测值，并将结果指标设为与之前相同的两个测量值，以及任何灯光的指标（取值为1）。在列（6）和列（7）中，将样本限制为在基准线上有灯光的村庄，并在水平和 asinh 中测量结果。处理效应与基线灯光密度相似，但对于在基线上没有灯光的村庄，测量结果更加精确。

表6 工业区对夜间灯光的溢出效应

变量	全样本		无灯光			有灯光	
	水平值	asinh 值	任何灯光（0/1）	水平值	asinh 值	水平值	asinh 值
	（1）	（2）	（3）	（4）	（5）	（6）	（7）
工业区内	10.382 ***	0.352 *	0.057	10.292 ***	1.039 ***	10.503 ***	0.482 ***
	（1.736）	（0.186）	（0.078）	（3.476）	（0.202）	（1.810）	（0.098）
0 ~ 1 千米	1.959 ***	0.044	0.103	1.692 ***	0.472 **	1.900 **	0.085
	（0.676）	（0.116）	（0.082）	（0.348）	（0.201）	（0.839）	（0.057）
1 ~ 2 千米	0.980	− 0.024	0.058	1.015 ***	0.299 ***	0.979	0.017
	（0.636）	（0.083）	（0.041）	（0.170）	（0.094）	（0.820）	（0.053）
2 ~ 3 千米	0.415	− 0.009	0.002	0.709 **	0.120	0.208	− 0.012
	（0.459）	（0.049）	（0.020）	（0.299）	（0.075）	（0.638）	（0.045）
3 ~ 4 千米	0.580 *	0.062	0.053 **	0.309 *	0.137 ***	0.586	0.037
	（0.324）	（0.042）	（0.024）	（0.163）	（0.048）	（0.502）	（0.037）
4 ~ 5 千米	0.421	0.019	0.055 **	0.243 **	0.137 ***	0.488	− 0.012
	（0.450）	（0.047）	（0.021）	（0.119）	（0.036）	（0.610）	（0.031）
R^2	0.230	0.246	0.131	0.183	0.198	0.249	0.173
N	47 914	47 914	21 856	21 856	21 856	26 058	26 058

注：*** 表示 $p < 0.01$，** 表示 $p < 0.05$，* 表示 $p < 0.1$。括号内为稳健标准误。

2. 员工和企业数量的溢出效应

在表7中，我们估计了员工和企业数量的溢出效应。列（1）和列（2）分别使用员工数量和企业数量作为结果变量。工业区内估计的影响与前面估计的结果类似。此外，我们发现工业区对这两个变量的溢出效应在距工业区4千米以内都是显著的。溢出效应的强度比工业区内的直接效应小，并且随距离工业区的增加而递减。

在列（3）~列（5）中，我们估计了工业区建设对不同规模企业数量的溢出效应。在工业区覆盖的村庄中（"工业区内"效应），主要是促进设立大型企业（99名以上员工）。相反，工业区外的增长集中在小型企业（少于10名员工）。实际上，我们发现小规模企业中的大多数只有 1 名或 2 名员工。从表 8 可知，就业也有相同的模式：工业区内的大企业和工业区外的小企业的就业增长最多。

工业区内外企业和就业创造的模式差异明显，反映了工业区计划能够成功地吸引大型企业到农村地区开展业务，同时也反映了在工业区外很难带来类似的经济效应。这种差异可能由多种潜在因素驱动，包括聚集效应可能太弱；企业可能受到信贷约束；在工业区内向企业提供商品和服务的规模收益可能很低；而在工业区外，仍存在的土地限制可能依然是阻碍设立大型企业的关键问题。

表7　　　　　　　　　　工业区对企业产出的溢出效应

变量	员工	企业	企业		
			员工数量		
			>99 人	10 ~ 99 人	<10 人
	(1)	(2)	(3)	(4)	(5)
（A）按水平值					
工业区内	376. 702 *** (134. 099)	16. 664 (15. 311)	0. 651 *** (0. 227)	2. 826 * (1. 537)	13. 098 (13. 916)
0 ~ 1 千米	54. 280 (45. 183)	12. 492 (8. 329)	− 0. 025 (0. 041)	0. 376 (0. 349)	12. 100 (8. 298)
1 ~ 2 千米	62. 884 * (35. 829)	14. 883 ** (7. 184)	− 0. 022 (0. 019)	0. 173 (0. 268)	14. 748 ** (7. 197)
2 ~ 3 千米	0. 716 (17. 485)	5. 422 (4. 786)	− 0. 047 ** (0. 018)	− 0. 055 (0. 241)	5. 539 (4. 817)
3 ~ 4 千米	11. 982 (14. 829)	2. 549 (5. 088)	− 0. 022 (0. 021)	0. 051 (0. 131)	2. 505 (5. 106)
4 ~ 5 千米	6. 378 (11. 538)	4. 981 (4. 549)	− 0. 033 (0. 024)	0. 177 (0. 149)	4. 846 (4. 513)
R^2	0. 001	0. 090	0. 015	0. 010	0. 093
N	38 630	38 630	38 630	38 630	38 630
（B）按对数值					
工业区内	0. 978 *** (0. 352)	0. 652 *** (0. 206)	0. 250 *** (0. 076)	0. 312 ** (0. 130)	0. 564 *** (0. 184)
0 ~ 1 千米	0. 340 * (0. 187)	0. 234 * (0. 122)	− 0. 008 (0. 020)	0. 155 ** (0. 071)	0. 213 * (0. 110)

续表

变量	员工	企业	企业		
			员工数量		
			>99 人	10~99 人	<10 人
	(1)	(2)	(3)	(4)	(5)
1~2 千米	0.545 ***	0.498 ***	-0.006	0.066	0.450 ***
	(0.142)	(0.118)	(0.011)	(0.055)	(0.109)
2~3 千米	0.162	0.245 **	-0.024 **	0.010	0.228 **
	(0.130)	(0.113)	(0.009)	(0.068)	(0.102)
3~4 千米	0.257 **	0.296 ***	-0.010	0.015	0.268 **
	(0.120)	(0.109)	(0.012)	(0.046)	(0.102)
4~5 千米	0.072	0.066	-0.013	0.037	0.059
	(0.108)	(0.092)	(0.010)	(0.044)	(0.082)
R^2	0.018	0.010	0.017	0.006	0.009
N	38 630	38 630	38 630	36 350	38 630

注：*** 表示 p<0.01，** 表示 p<0.05，* 表示 p<0.1。括号内为稳健标准误。

表8　　　　　　　　工业区对不同规模企业员工数量的溢出效应

变量	水平值			对数值		
	企业规模			企业规模		
	>99 人	10~99 人	<10 人	>99 人	10~99 人	<10 人
	(1)	(2)	(3)	(4)	(5)	(6)
工业区内	241.736 ***	85.975 *	52.324	1.215 ***	0.679 *	0.641 ***
	(77.596)	(44.962)	(32.517)	(0.332)	(0.348)	(0.216)
溢出效应	8.666	-0.790	11.835	-0.073	0.092	0.239 **
	(10.044)	(3.733)	(8.518)	(0.048)	(0.106)	(0.098)
控制均值	8.688	11.862	111.300			
	(277.188)	(52.667)	(185.112)			
R^2	0.000	0.013	0.038	0.013	0.006	0.012
N	38 630	38 630	38 630	38 630	38 630	38 630

注：回归结果为双重差分回归中距离与事后交互项（$1[dist_v \in bin_j] \times post_t$）的系数（$\beta_j$），其中 $j=1$ 表示距离为 0，即"在工业区内"，$j=2$ 表示距离区间（0-4），即"溢出效应"，见模型设定（2）。列（1）~列（3）的结果变量为按企业规模划分的员工数量，列（4）~列（5）为员工数量的对数值。对于水平值，我们还提供了末端对照均值。控制村庄为距离最近工业区超过 5 千米的村庄。回归分析包括村庄和时间的固定效应、基线控制变量的时间交互项，以及与时间虚拟变量交互的最近工业区固定效应。括号中为稳健标准误（在最近工业区层级聚类）。* 表示统计显著性：*** p<0.01、** p<0.05 和 * p<0.1。

资料来源：人口和经济普查及遥感夜光数据，村级数据。

3. 劳动力构成的溢出效应

接下来，研究工业区对于与其覆盖的及其周边地区的劳动力结构带来的影响。本文使用人口普查数据，使用从事不同职业类别的劳动者的占比。本文关注非农就业，该变量可能包括各种类型的正规和非正规就业（通常是日薪劳动）。表9提供了工业区对在非农行业就业的劳动者所占比例的影响，按性别划分。非农劳动力有三种规模表达方式：占劳动力的比例［列（1）和列（4）］、水平表现［列（2）和列（5）］和对数表现［列（3）和列（6）］。结果显示，设立工业区导致男性非农就业的比例提高了约12个百分点。此外，还存在大量的溢出效应，距离工业区小于1千米的村庄中非农就业的比例提高了4.8个百分点，这种效应随距离的增加而逐渐下降，其影响最远可达5千米（见图4）。非农劳动力的对数结果也呈现出类似的结果。

表9　　　　　　　　　　　　工业区对劳动力的影响

变量	男性			女性		
	非农业工人			非农业工人		
	百分比值	水平值	对数值	百分比值	水平值	对数值
	（1）	（2）	（3）	（4）	（5）	（6）
工业区内	0.119*** (0.034)	66.503** (28.696)	0.430*** (0.145)	0.122*** (0.043)	22.521* (12.006)	0.496*** (0.160)
0～1千米	0.048** (0.020)	15.626 (13.141)	0.219** (0.109)	0.050 (0.030)	-0.064 (5.494)	0.088 (0.126)
1～2千米	0.038* (0.021)	19.458 (13.200)	0.173 (0.105)	-0.006 (0.023)	1.448 (4.999)	0.093 (0.129)
2～3千米	0.036*** (0.013)	5.175 (5.719)	0.150** (0.069)	-0.001 (0.019)	-2.767 (2.501)	0.025 (0.097)
3～4千米	0.020* (0.012)	12.615 (8.654)	0.185*** (0.052)	0.002 (0.018)	1.054 (4.933)	0.149*** (0.055)
4～5千米	0.013 (0.010)	5.838 (9.342)	0.109* (0.056)	-0.011 (0.016)	-0.247 (5.938)	0.023 (0.079)
控制均值	0.271 (0.249)	116.02 (199.60)		0.243 (0.277)	55.29 (100.09)	

续表

变量	男性			女性		
	非农业工人			非农业工人		
	百分比值	水平值	对数值	百分比值	水平值	对数值
	（1）	（2）	（3）	（4）	（5）	（6）
R^2	0.035	0.191	0.030	0.016	0.161	0.034
N	43 122	43 122	43 122	41 700	41 700	41 700

注：回归结果为双重差分回归中距离与事后交互项（$1\lceil dist_v \in bin_j\rceil \times post_t$）的系数（$\beta_j$），见模型设定（2）。结果变量包括：列（1）为男性非农业劳动者在劳动力中的比例（百分比），列（2）为水平值，列（3）为对数值。列（4）~列（6）为女性非农业劳动者相应的结果。对于水平值，我们还提供了末端对照均值。控制村庄为距离最近工业区超过 5 千米的村庄。回归分析包括村庄和时间的固定效应、基线控制变量的时间交互项，以及与时间虚拟变量交互的最近工业区固定效应。括号中为稳健标准误（在最近工业区层级聚类）。* 表示统计显著性：*** p < 0.01、** p < 0.05 和 * p < 0.1。
资料来源：人口和经济普查及遥感夜光数据，村级数据。

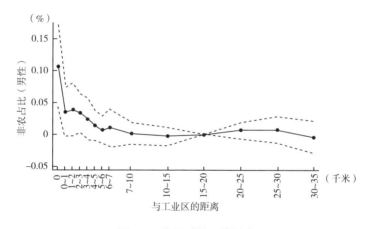

图4　工业区对员工的影响

女性非农业就业在工业区覆盖的村庄中增加了约12%（与男性的结果相近）。但是，由于女性的劳动力参与率较低，约增加了 23 名女性工人，大约是男性增加的1/3。在距离工业区 1 千米以内，女性的效应与男性相似。但是，在远离工业区的地方，溢出效应要弱得多。

有趣的是，我们发现男性非农业就业的增加主要是由于自耕农比例下降，他们的社会经济地位往往较弱；而受雇耕种他人土地的个体的比例仅小幅下降。转向非农业就业的自营农民很可能是小规模农民，他们的农业收入往往很低，且不稳定（Blakeslee et al.，2020）。

　　本文研究了工业区对于劳动力构成的影响，这种影响可能来自基线村庄劳动力职业的转变，可能来自村庄内劳动力参与率提升或移民数量的增加。为了区分这些可能性，我们检查了工业区是否对人口规模、所属种姓人口比例、识字率和劳动力参与率等方面有所影响。我们将重点放在男性上，因为在印度，男性更有可能因为就业机会而迁徙。如表 10 所示，我们没有发现任何此类影响的证据，这表明结果主要受到村庄内劳动者职业转移的影响。

表 10　　　　　　　　　　　　工业区对劳动力结构的影响

变量	男性				
	人口数量对数	识字率	表列种姓人口比例	劳动参与率	
				百分比值	
				全职	兼职
	(1)	(2)	(3)	(4)	(5)
工业区内	0.034 (0.083)	0.009 (0.013)	−0.004 (0.009)	−0.008 (0.016)	0.001 (0.001)
0~1 千米	0.021 (0.046)	0.008 (0.012)	0.009 (0.007)	−0.020 (0.013)	0.000 (0.001)
1~2 千米	0.027 (0.036)	0.019 (0.012)	0.013 * (0.007)	−0.005 (0.009)	0.001 * (0.001)
2~3 千米	−0.031 (0.026)	0.007 (0.008)	0.006 (0.004)	0.003 (0.006)	0.001 *** (0.001)
3~4 千米	0.053 ** (0.025)	0.013 * (0.007)	−0.001 (0.005)	−0.003 (0.009)	−0.000 (0.000)
4~5 千米	0.018 (0.027)	0.007 (0.008)	0.006 (0.006)	0.005 (0.007)	0.000 (0.001)
控制均值		0.691 (0.114)	0.206 (0.204)	0.549 (0.123)	0.070 (0.099)
R^2	0.053	0.037	0.041	0.006	0.005
N	43 130	43 130	43 130	43 130	43 130

　　注：回归结果为双重差分回归中距离与事后交互项（$1[\,dist_v \in bin_j\,] \times post_t$）的系数（$\beta_j$），其中 j 表示各距离区间，见模型设定（2）。结果变量包括：列（1）为男性成年人口的对数，列（2）为识字率，列（3）为成年人口中属于表列种姓的比例，列（4）~列（5）为劳动参与率。对于水平值，我们还提供了末端对照均值。控制村庄为距离最近工业区超过 5 千米的村庄。回归分析包括与选址相关或与潜在增长相关的时间交互控制向量、村庄和时间的固定效应，以及基线控制变量的时间交互项和最近工业区固定效应的时间交互项。括号中为稳健标准误（在最近工业区层级聚类）。* 表示统计显著性：*** p＜0.01、** p＜0.05 和 * p＜0.1。

　　资料来源：人口和经济普查及遥感夜光数据，村级数据。

4. 采用其他识别方法进行稳健性检验

本文的主要估计方法是采用长差分模型，使用 1990 年和 2013 年（人口普查变量为 1991 年和 2011 年）作为起始和结束时间点。这种方法是为了探究"工业区计划"的长期影响。为了增强结果的稳健性，进行了额外的分析，使用了经济普查和人口普查的额外中间轮次数据。

本文使用 1990 年、1998 年、2005 年和 2013 年的人口普查数据来观察经济普查的结果；使用 1991 年、2001 年和 2011 年的数据来观察人口普查的结果。对于工业区，将其赋值为 1，对工业区建立后的每一轮数据进行观察。结果见表 11，其与本文的主要发现一致。

表 11		面板回归		
变量	灯光密度	员工数量对数	企业数量对数	非农业劳动力占比
	（1）	（2）	（3）	（4）
工业区内	8. 319 ***	0. 607 ***	0. 276 **	0. 100 ***
	（1. 427）	（0. 205）	（0. 120）	（0. 021）
0 ~ 1 千米	1. 694 ***	0. 150 *	0. 032	0. 049 **
	（0. 554）	（0. 087）	（0. 074）	（0. 018）
1 ~ 2 千米	0. 359	0. 258 ***	0. 240 ***	0. 048 ***
	（0. 345）	（0. 082）	（0. 063）	（0. 014）
2 ~ 3 千米	0. 177	− 0. 030	0. 010	0. 027 **
	（0. 257）	（0. 065）	（0. 053）	（0. 011）
3 ~ 4 千米	0. 402 ***	0. 127 **	0. 142 ***	0. 027 ***
	（0. 145）	（0. 057）	（0. 049）	（0. 009）
4 ~ 5 千米	0. 413 *	− 0. 011	0. 017	0. 019 **
	（0. 223）	（0. 064）	（0. 058）	（0. 008）
R^2	0. 231	0. 033	0. 018	0. 026
N	95 828	87 129	87 129	68 938

注：回归结果为双重差分回归中距离与事后交互项（$1[dist_v \in bin_j] \times post_t$）的系数（$\beta_j$），其中 j 表示各距离区间，见模型设定（2）。样本包括四轮经济普查（1990 年、1998 年、2005 年和 2013 年）。结果变量包括：列（1）为灯光密度，列（2）为员工数量对数，列（3）为企业数量对数，列（4）为从事非农业劳动的男性工人的比例。控制村庄为距离最近工业区超过 5 千米的村庄。回归分析包括村庄和时间的固定效应、基线控制变量的时间交互项，以及与时间虚拟变量交互的最近工业区固定效应。括号中为稳健标准误（在最近工业区层级聚类）。* 表示统计显著性：*** p < 0. 01、** p < 0. 05 和 * p < 0. 1。

资料来源：人口和经济普查及遥感夜光数据，村级数据。

本文还估计了距离工业区 5 千米以上的溢出效应。为此，在距离工业区 1 ~ 10 千米的距离间隔上添加了指示变量，并将距离工业区超过 10 千米的村庄构建为对照组。结果如表 12 所示，从中可以发现，建设工业区的溢出效应局限在 5 千米范围内。

表 12　　　　　　　　　　　　　　范围更广的溢出效应

变量	灯光密度	员工数量对数	企业数量对数	非农业劳动力占比
	（1）	（2）	（3）	（4）
工业区内	11.054 ***	1.084 ***	0.729 ***	0.120 ***
	（2.048）	（0.387）	（0.226）	（0.034）
0~1 千米	2.369 ***	0.409 **	0.270 *	0.049 **
	（0.822）	（0.202）	（0.137）	（0.021）
1~2 千米	0.874	0.622 ***	0.554 ***	0.039
	（0.652）	（0.171）	（0.141）	（0.023）
2~3 千米	0.428	0.249 *	0.306 **	0.037 **
	（0.459）	（0.144）	（0.132）	（0.015）
3~4 千米	0.697 *	0.282 *	0.320 **	0.021
	（0.364）	（0.150）	（0.132）	（0.014）
4~5 千米	0.565	0.110	0.089	0.014
	（0.534）	（0.126）	（0.110）	（0.012）
5~6 千米	0.411	0.168	0.099	0.006
	（0.424）	（0.109）	（0.099）	（0.013）
6~7 千米	0.687	0.155	0.130	0.006
	（0.436）	（0.113）	（0.092）	（0.013）
7~8 千米	0.441	0.129	0.127	0.006
	（0.405）	（0.121）	（0.101）	（0.012）
8~9 千米	0.097	0.144	0.118	0.004
	（0.418）	（0.102）	（0.089）	（0.010）
9~10 千米	0.151	0.073	0.062	−0.011
	（0.293）	（0.090）	（0.075）	（0.013）
R^2	0.224	0.016	0.009	0.091
N	42 180	36 350	36 350	43 122

注：回归结果为双重差分回归中距离与事后交互项（$1[\,dist_v \in bin_j\,] \times post_t$）的系数（$\beta_j$），其中 $j=1$ 表示距离为 0，即"在工业区内"，$j=2$ 至 $j=9$ 表示距离区间（1-2）至（9-10），即"溢出效应"，见模型设定（2）。结果变量包括：列（1）为灯光密度，列（2）为员工数量对数，列（3）为企业数量对数，列（4）为从事非农业劳动的男性工人的比例。控制村庄为距离最近工业区超过 10 千米的村庄。回归分析包括村庄和时间的固定效应、基线控制变量的时间交互项，以及与时间虚拟变量交互的最近工业区固定效应。括号中为稳健标准误（在最近工业区层级聚类）。* 表示统计显著性：*** $p<0.01$、** $p<0.05$ 和 * $p<0.1$。

资料来源：人口和经济普查及遥感夜光数据，村级数据。

（三）异质性

为了揭示结果的驱动机制，接下来进行企业和村庄特征的异质性分析。大量文献认为，上述类型的溢出效应可能是由聚集经济或需求因素驱动的。研究工业区外出现的企业类型可以帮助区分上述因素。基于村庄特征的异质性，如劳动力教育程度、输入输出市场的接近程度以及农业活动的生产率等，也有助于了解推动产生溢出效应的机制。

此外，受惠于建立工业区的群体的社会经济地位可能存在重要的异质性。例如，印度基于种姓和性别的持续不平等可能会影响这些群体利用工业区创造的新经济机会的能力或意愿。之后会详细探讨这些问题。

1. 企业特征异质性

表13展示了工业区对企业数量的估计影响，按规模（A、B和C分别表示员工人数为99人以上、10~99人和少于10人的企业）和行业进行了细分。结果变量是制造业、农业、零售业、餐饮业、运输业、银行业、建筑业和仓储业等行业的企业数量。为简洁起见，将所有距离工业区4千米内的影响汇总成一个溢出类别，并关注对企业数量产生的影响。

研究结果表明，工业区内出现了大型制造业公司，其周边则为小型服务业（零售业和餐饮业）和农业企业。需要强调的是，工业区内部的影响包括在工业区内和与工业区边界重叠的村庄中发生的经济活动。这意味着，服务业企业在工业区内增加的现象可能反映了靠近工业区但不在工业区内的地方发生的活动。除制造业外，工业区内或周边没有其他大型企业增加的迹象。

本文的研究结果表明，此处观察到的溢出效应主要是由需求侧因素而非企业聚集效应驱动的。创立小型零售和餐饮企业的驱动力可以解释为工业区内企业雇用的劳动力对零售、餐饮服务的需求增加。创立小型农业企业（为农牧作物生产提供投资和服务）的驱动力则更为模糊，但可能反映了地方信贷限制的放松。具体而言，"工业区计划"政策创造的更高收入既可能使农民有能力购买而非自行生产关键投入品和服务，也可能驱动农民自行建立能满足这些需求的企业。由于数据不足，本文无法全面验证上述这些假设。

为深入探讨驱动这些溢出效应的机制，接下来将关注地方经济特征的中介效应。

表13 不同行业和规模的企业受工业区的影响

变量	行业							
	制造业	农业	零售业	餐饮业	运输业	银行业	建筑业	仓储业
	(1)	(2)	(3)	(4)	(5)	(7)	(8)	(9)
（A）大型企业：>99人								
工业区内	0.163**	0.013	0.006	-0.000	0.001	-0.000	0.013	-0.000
	(0.069)	(0.013)	(0.005)	(0.000)	(0.000)	(0.000)	(0.014)	(0.000)
溢出效应	-0.010**	0.000	-0.002	0.000	0.001	-0.000	0.001	-0.000
	(0.005)	(0.001)	(0.001)	(0.000)	(0.001)	(0.000)	(0.001)	(0.000)
R^2	0.028	0.001	0.001	0.001	0.007	0.002	0.003	0.000
N	38 970	38 970	38 970	38 970	38 970	38 970	38 970	38 970
（B）中型企业：10~99人								
工业区内	0.164	0.103	0.026	-0.019	0.026*	0.013	0.024	-0.002
	(0.110)	(0.067)	(0.035)	(0.017)	(0.015)	(0.025)	(0.032)	(0.013)
溢出效应	0.017	0.010	0.004	0.003*	0.001	-0.003	-0.007	0.000
	(0.031)	(0.018)	(0.007)	(0.002)	(0.002)	(0.004)	(0.012)	(0.004)
R^2	0.047	0.004	0.022	0.016	0.033	0.002	0.002	0.017
N	38 970	38 970	38 970	38 970	38 970	38 970	38 970	38 970
（C）小型企业：<10人								
工业区内	0.223	0.461	0.440**	0.227***	-0.039	-0.052	0.052	-0.047
	(0.193)	(0.346)	(0.168)	(0.048)	(0.064)	(0.068)	(0.134)	(0.068)
溢出效应	0.076	0.372**	0.146***	0.081***	-0.026	0.003	0.024	-0.013
	(0.052)	(0.159)	(0.043)	(0.029)	(0.018)	(0.016)	(0.027)	(0.016)
R^2	0.057	0.028	0.558	0.444	0.010	0.097	0.000	0.053
N	38 970	38 970	38 970	38 970	38 970	38 970	38 970	38 970

注：*** 表示 $p<0.01$，** 表示 $p<0.05$，* 表示 $p<0.1$。括号内为稳健标准误。

2. 村庄特征异质性

接下来讨论基线村庄的特征与工业区对当地企业和员工影响程度之间的关联。本文关注五个村庄层面的因素（1991年测量）：文化程度（识字率），表列种姓（SC）人口比例，灌溉用地比例（耕种面积中灌溉区的比例），靠近大城市的程度（到所在邦内十个最大城市之一的距离的对数），以及靠近高速公路的程度（距离对数）。本文的研究在回归中添加每个距离间隔的交互项，以考虑对照村庄的增长模式。

结果见表14。列（1）和列（2）是员工人数的对数，列（3）和列（4）是企业数量的对数的结果，列（5）和列（6）是男性非农就业占比的结果。

表14 村庄特征异质性

变量	员工数量对数		企业数量对数		非农劳动力占比	
	（1）	（2）	（3）	（4）	（5）	（6）
工业区内						
识字率	1.836 （2.438）	0.855 （2.047）	− 0.553 （1.322）	− 0.899 （1.333）	− 0.027 （0.206）	− 0.028 （0.214）
表列种姓人口比例	0.771 （1.173）	1.499 （1.252）	− 0.300 （1.013）	− 0.046 （1.099）	− 0.083 （0.129）	− 0.066 （0.138）
灌溉用地比例	− 2.829 （2.016）	− 2.131 （2.307）	− 1.009 （1.396）	− 0.763 （1.509）	− 0.059 （0.182）	− 0.022 （0.181）
城市距离的对数	− 0.478 （0.385）	− 0.831 ** （0.338）	− 0.403 （0.276）	− 0.525 * （0.287）	− 0.066 （0.060）	− 0.075 （0.053）
高速公路距离的对数		− 0.705 *** （0.246）		− 0.249 （0.175）		− 0.021 （0.030）
溢出效应						
识字率	0.498 （0.405）	0.452 （0.475）	0.748 * （0.396）	0.720 （0.433）	− 0.002 （0.053）	− 0.004 （0.054）
表列种姓人口比例	0.385 （0.241）	0.511 ** （0.231）	0.102 （0.211）	0.182 （0.196）	0.072 ** （0.033）	0.076 ** （0.033）
灌溉用地比例	− 0.682 * （0.369）	− 0.603 * （0.325）	− 0.484 * （0.284）	− 0.433 （0.261）	− 0.070 ** （0.033）	− 0.066 * （0.034）
城市距离的对数	0.056 （0.069）	0.094 （0.090）	0.040 （0.073）	0.064 （0.086）	− 0.017 ** （0.006）	− 0.016 ** （0.007）
高速公路距离的对数		− 0.139 （0.090）		− 0.088 （0.076）		− 0.006 （0.007）
R^2	0.019	0.020	0.011	0.011	0.037	0.037
N	38 446	38 446	38 446	38 446	42 946	42 946

注：*** 表示 $p < 0.01$，** 表示 $p < 0.05$，* 表示 $p < 0.1$。括号内为稳健标准误。

第一，本研究发现位于靠近公路或城市的工业区对企业和就业方面的影响更大，这可能是因为交通便利、靠近上游和下游市场。第二，灌溉在工业区溢出效应的大小方面起着重要作用：灌溉用地比例较高的地区，企业和就业增长较少，非农就业人口也较少。这可能反映了在农业生产力更高的地区，非农就业的工资溢价降低，从而削弱了劳动力转向非农就业（Blakeslee et al.，2020）。第三，更高的识字率与新增企业数量的增加有一定的关联，这与强调人力资本和企业家精神之间相关性的模型一致（Lucas Jr.，1978；Moretti，2004）。第四，在表列种姓人口较多的村庄，转向非农就业的人口比例更大。虽然很难确定这个显著结果的确切原因，但可以推断表列种姓人群通常收入较低，因此工业区制造业企业更高的工资溢价更具吸引性。此外，表列种姓人群可能难以通过传统途径提高收入，在现代制造业部门中遇到的这类障碍也更少。

3. 社会所有制结构的影响

接下来，将讨论本文所记录的经济影响是否具有社会包容性。在印度，许多邦都颁布了推动包容性发展的政策，鼓励少数族裔和弱势群体参与，防止这些群体被排斥在发展政策外。"工业区计划"没有任何针对边缘化群体的定向政策，本文希望进一步研究这些弱势群体是否从中获益以及程度如何。因此，本文研究了"工业区计划"对两个特别突出的边缘化群体的企业的影响，即女性和表列种姓人口。结果见表15。

表15（A）显示了女性拥有的企业的结果。在列（1）和列（2），结果变量是管理者为女性的企业数量和在这些企业中工作的员工数量，在列（3）和列（4）分别以对数方式测量，而在列（5）和列（6），结果分别除以总企业数量和就业人口。研究发现，在工业区内，女性经营的企业和在这些企业就业的人口数量都大幅增加（分别约为38%和53%），而在溢出村庄中也有相似的增长（对于这两个变量，均为26%）。此外，在溢出村庄中，女性拥有企业的份额和在这些企业就业人口的份额分别增加了约2.5个百分点。

表15（B）显示了类似的对表列种姓拥有的企业和就业的影响。工业区内低种姓人所经营的企业增加了55%，在溢出村庄中增长了26%；而这些企业中的员工数量在工业区内增长了约69%，在溢出村庄中增长了30%。此外，在溢出村庄中，表列种姓者拥有的企业和在这些企业就业的人口份额也显著增长，涨幅约为2%。

表 15　　　　　　　工业区对女性和表列种姓开办企业的影响

变量	水平值		对数		占比（%）	
	企业	员工	企业	员工	企业	员工
	（1）	（2）	（3）	（4）	（5）	（6）
面板 A：女性						
工业区内	5.456 (4.685)	59.291 (51.669)	0.377 (0.268)	0.532 * (0.281)	0.019 (0.036)	0.019 (0.035)
溢出效应	1.907 (1.248)	0.005 (1.873)	0.260 *** (0.086)	0.260 ** (0.107)	0.025 *** (0.008)	0.022 *** (0.008)
控制均值	14.858 (44.257)	22.483 (105.632)			0.156 (0.175)	0.135 (0.166)
R^2	0.054	0.019	0.052	0.037	0.005	0.005
N	33 842	33 842	33 842	33 842	33 842	33 842
面板 B：表列种姓						
工业区内	3.682 (2.571)	14.128 (9.081)	0.551 ** (0.218)	0.685 ** (0.270)	0.035 (0.030)	0.006 (0.029)
溢出效应	1.597 *** (0.361)	5.202 (3.331)	0.256 *** (0.047)	0.303 *** (0.057)	0.019 *** (0.007)	0.021 *** (0.007)
控制均值	6.308 (14.424)	10.372 (27.445)			0.093 (0.146)	0.081 (0.138)
R^2	0.024	−0.000	0.016	0.009	0.003	0.001
N	34 316	34 316	34 316	34 316	34 316	34 316

注：*** 表示 $p < 0.01$，** 表示 $p < 0.05$，* 表示 $p < 0.1$。括号内为稳健标准误。

五、结论与讨论

　　研究表明，"工业区计划"能够显著吸引企业进入农村地区，并为当地及周边地区的经济发展带来了积极的影响。然而，需要注意的是，这并不一定意味着该政策在更大的空间尺度上导致了就业或企业活动的净增长。现有数据无法确定在如果没有建立工业区的情况下，这些在工业区内设立的企业是否存在，或者如果存在的话，它们是否会选择该地区、该邦或该国的其他地方。尽管如此，本文的研究也发现了土地分区法规在决定印度农村经济发展模式中的一般作用。

在这种情况下，一个简单的估算表明，每个工业区在其覆盖范围内的村庄中创造了约940个就业机会，而在其附近的村庄中则创造了约400个就业机会。这也反映出近500名当地劳动者从农业转向制造业和服务行业。

本文的研究结果表明，新企业在工业区内外创造的就业机会主要是由通勤者和当地村庄的劳动力填补的。尽管我们无法直接观察村级产出或收入，但工业区内外夜间灯光的大幅增加表明当地经济得到了显著提升。这一发现与表16中工业区和村级资产所有权、住房设施和银行服务之间的相关性相一致。可以推测，工业区的主要效应是通过提供连续的非农业经济活动用地，缓解了农村企业所面临的土地约束。此外，政府进行的互补基础设施投资可能有助于吸引企业入驻（见表17）。

表16　　　　　　　　　　工业区对资产和信贷的影响

变量	资产					住房质量			使用银行服务的占比
	持有量占比					持有量占比			
	电视	收音机	小型摩托车	自行车	手机	砖房	室内卫生间	房间数量	
	(1)	(2)	(3)	(4)	(5)	(6)	(7)	(8)	(9)
工业区内	7.930** (3.249)	-1.912 (2.451)	3.025 (2.348)	1.441 (2.892)	6.962 (5.279)	-1.475 (6.000)	17.453* (8.775)	-0.016 (0.136)	10.702** (4.253)
溢出效应	3.971*** (1.333)	1.863 (1.989)	1.010 (0.885)	1.418 (1.564)	1.270 (1.815)	-0.991 (1.637)	4.732 (3.648)	0.030 (0.067)	5.264*** (1.654)
控制均值	43.909 (19.274)	19.138 (17.150)	17.755 (12.727)	35.915 (19.004)	48.784 (20.053)	27.790 (29.172)	24.405 (27.506)	2.621 (0.842)	59.310 (26.883)
R^2	0.234	0.045	0.127	0.060	0.076	0.014	0.176	0.048	0.051
N	19 348	19 348	19 348	19 348	19 348	19 655	19 348	19 348	19 348

注：回归结果为双重差分回归中距离与事后交互项（$1[dist_v \in bin_j] \times post_t$）的系数（$\beta_j$），其中 $j=1$ 表示距离为0，即"在工业区内"，$j=2$ 表示距离区间为（0-4），即"溢出效应"。结果变量包括：列（1）~列（5）为拥有列示资产的家庭的比例，列（6）~列（8）为家庭居住结构特征，列（9）为使用银行服务的家庭的比例。我们还给出了末端对照均值。回归分析包括村庄和时间的固定效应、基线控制变量的时间交互项，以及与时间虚拟变量交互的最近工业区固定效应。括号中为稳健标准误（在最近工业区层级聚类）。* 表示统计显著性：*** $p<0.01$、** $p<0.05$ 和 * $p<0.1$。

资料来源：人口和经济普查及遥感夜光数据，村级数据。

表 17   工业区对基础设施的影响

变量	公路	健康中心	小学	自来水	电话	电
	（1）	（2）	（3）	（4）	（5）	（6）
工业区内	00.013 （0.038）	−0.046* （0.024）	0.012 （0.019）	−0.001 （0.032）	−0.007 （0.020）	−0.002 （0.002）
0~1 千米	0.036 （0.026）	−0.012 （0.012）	−0.012 （0.023）	0.018 （0.020）	0.029 （0.024）	−0.007 （0.008）
1~2 千米	−0.010 （0.027）	0.020* （0.012）	−0.036 （0.022）	0.007 （0.019）	−0.013 （0.024）	−0.001 （0.005）
2~3 千米	0.001 （0.026）	−0.008 （0.009）	−0.025 （0.023）	0.006 （0.018）	0.007 （0.010）	−0.007 （0.004）
3~4 千米	−0.029* （0.017）	0.000 （0.008）	−0.017 （0.016）	−0.022 （0.017）	−0.001 （0.014）	−0.006 （0.006）
4~5 千米	−0.025 （0.024）	0.002 （0.007）	−0.013 （0.013）	0.021 （0.014）	−0.011 （0.013）	−0.005 （0.004）
控制均值（1991）	0.594 （0.491）	0.057 （0.232）	0.805 （0.396）	0.167 （0.373）	0.157 （0.364）	0.892 （0.311）
控制均值（2011）	0.894 （0.307）	0.079 （0.270）	0.894 （0.308）	0.879 （0.326）	0.936 （0.244）	0.994 （0.075）
R^2	0.670	0.079	0.371	0.610	0.694	0.884
N	46 022	46 022	46 114	46 022	46 022	46 022

注：回归结果为双重差分回归中距离与事后交互项（$1[dist_v \in bin_j] \times post_t$）的系数（$\beta_j$），其中 j 表示各距离区间，见模型设定（2）。结果变量为二元变量，包括：列（1）为是否有公路，列（2）为是否有健康中心，列（3）为是否有小学，列（4）为是否有自来水，列（5）为是否有电话接入，列（6）为是否有电力供应。我们还给出了基线和末端的对照均值。控制村庄为距离最近工业区超过 5 千米的村庄。回归分析包括与选址相关或与潜在增长相关的时间交互控制向量、村庄和时间的固定效应，以及基线控制变量的时间交互项和最近工业区固定效应的时间交互项。括号中为稳健标准误（在最近工业区层级聚类）。* 表示统计显著性：*** p < 0.01、** p < 0.05 和 * p < 0.1。

资料来源：人口和经济普查及遥感夜光数据，村级数据。

值得一提的是，在工业区内外的影响模式之间存在两个显著差异。首先，在工业区内部，新企业主要是大型制造业企业，而在工业区外，则主要是规模很小的服务业和农业企业。这提示我们需要谨慎地假设，溢出效应可能是由需求侧和/或信贷相关渠道驱动，而非聚集效应。其次，工业区的影响似乎更多地集中在靠近大城市和高速公路的区域，这很可能反映了其他因素的重要性，如即使土地约束得到缓解，市场准入也能深刻影响新建企业的数量。在工业区外，市场准入的影响对农业生产创造的当地价值更加敏感，这可能反映出企业退出农业生产的机会成本更高。

"工业区计划"的成功表明，在整个印度广泛实行的农业土地分区政策虽从保护农民利益的角度出发，但实际上对于当地经济发展构成了重大障碍。"工业区计划"应该被看作传统农业发展政策的补充。道路建设（Asher and Novosad，2019）、电气化（Burlig and Preonas，2016）和对人力资本的投资等传统政策通常对当地经济发展的效果并不显著。考虑到当前缓慢的城市化进程和极端贫困在农村地区持续盛行的情况，"工业区计划"成为一种有潜力的发展方案，可以促进发展而无须将劳动力转移到城市地区（Kline and Moretti，2014b）。

参 考 文 献

Abeberese, A. B. , R. Chaurey (2019). An Unintended consequence of place-based policies：A fall in informality. Economics Letters, 176, 23 – 27.

Adukia, A. (2017). Sanitation and education. American Economic Journal：Applied Economics, 9 (2), 23 – 59.

Alder, S. , L. Shao, F. Zilibotti (2016). Economic reforms and industrial policy in a panel of Chinese cities. Journal of Economic Growth, 21 (4), 305 – 49.

Amirapu, A. , R. Hasan, Y. Jiang, A. Klein (2019). Geographic concentration in Indian manufacturing and service industries：Evidence from 1998 to 2013. Asian Economic Policy Review, 14 (1), 148 – 168.

Asher, S. , P. Novosad (2020). Rural roads and local economic development. American Economic Review, 110 (3), 797 – 823.

Blackwell, M. , S. Iacus, G. King, G. Porro (2009). CEM：Coarsened exact matching in stata. Stata Journal, 9 (4), 524 – 546.

Blakeslee, D. , R. Fishman, V. Srinivasan (2020). Way down in the hole：Adaptation to long-term water loss in rural India. American Economic Review, 110 (1), 200 – 224.

Burlig, F. , L. Preonas (2016). Out of the darkness and into the light? Development effects of rural electrification. Energy Institute at Haas WP, 268, 26.

Chaurey, R. (2017). Location-based tax incentives: Evidence from India. Journal of Public Economics, 156, 101 – 120.

Cheng, Y. (2014). Place-based policies in a development context-evidence from China. Working Paper, UC Berkeley.

Criscuolo, C. , R. Martin, H. G. Overman, J. Van Reenen (2019). Some causal effects of an industrial policy. American Economic Review, 109 (1), 48 – 85.

Desmet, K. , E. Ghani, S. O'Connell, E. Rossi-Hansberg (2015). The spatial development of India. Journal of Regional Science, 55 (1), 10 – 30.

Donaldson, D. , R. Hornbeck (2016). Railroads and American economic growth: A market access approach. Quarterly Journal of Economics, 131 (2), 799 – 858.

Duranton, G. , E. Ghani, A. G. Goswami, W. Kerr (2015). The misallocation of land and other factors of production in India. The World Bank.

Ellison, G. , E. L. Glaeser (1999). The geographic concentration of industry: Does natural advantage explain agglomeration? American Economic Review, 89 (2), 311 – 316.

Ellison, G. , E. L. Glaeser, W. R. Kerr (2010). What causes industry agglomeration? Evidence from coagglomeration patterns. American Economic Review, 100 (3), 1195 – 1213.

Freedman, M. (2013). Targeted business incentives and local labor markets. Journal of Human Resources, 48 (2), 311 – 344.

Ganguli, I. (2015). Immigration and ideas: What did Russian scientists bring to the United States? Journal of Labor Economics, 33 (S1), S257 – S288.

Ghani, E. , A. G. Goswami, W. R. Kerr (2012). Is India's manufacturing sector moving away from cities? National Bureau of Economic Research, No. w17992.

Gollin, D. (2014). The Lewis Model: A 60 – year retrospective. Journal of Economic Perspectives, 28 (3), 71 – 88.

Government of India (2009). Technical EIA guidance manual for industrial estates. Ministry of Environment & Forests: Government of India.

Greenstone, M., R. Hornbeck, E. Moretti (2010). Identifying agglomeration spillovers: Evidence from winners and losers of large plant openings. Journal of Political Economy, 118 (3), 536 – 598.

Greenstone, M., A. Looney (2010). An economic strategy to renew American communities. Hamilton Project, Brookings Institution.

Ham, J., C. Swenson, A. Imrohoroglu, H. Song (2011). Government programs can improve local labor markets: Evidence from state enterprise zones, federal empowerment zones and federal enterprise communities. Journal of Public Economics, 95 (7 – 8), 779 – 797.

Henderson, J. V., A. Storeygard, D. N. Weil (2012). Measuring economic growth from outer space. American Economic Review, 102 (2), 994 – 1028.

Hodler, R., P. Raschky (2014). Regional favoritism. Quarterly Journal of Economics, 129 (2), 995 – 1033.

Kazmin, A. (2015). India: land in demand. The Financial Times, 7. https://www.ft.com/content/2bba915c – 18fa – 11e5 – a130 – 2e7db721f996.

Kline, P., E. Moretti (2014a). Local economic development, agglomeration economies and the big push: 100 Years of evidence from the Tennessee Valley Authority. Quarterly Journal of Economics, 129 (1), 275 – 331.

Kline, P., E. Moretti (2014b). People, places and public policy: Some simple welfare economics of local economic development programs. Annual Review of Economics, 6 (1), 629 – 662.

Lewis, W. A. (1954). Economic development with unlimited supplies of labour. Manchester School, 22 (2), 139 – 191.

Lu, Y., J. Wang, L. Zhu. (2019). Place-based policies, creation and agglomeration economies: Evidence from China's economic zone program. American Economic Journal: Economic Policy, 11 (3), 325 – 360.

Lucas, R. E., Jr. (1978). On the size distribution of business firms. Bell Journal of Economics, 9 (2), 508 – 523.

Martin, P., T. Mayer, F. Mayneris (2011). Public support to clusters. Regional Science and Urban Economics, 41 (2), 108 – 123.

Michalopoulos, S., E. Papaioannou (2013). Pre-colonial ethnic institutions and contemporary African development. Econometrica, 81 (1), 113 – 152.

Moretti, E. (2004). Workers' education, spillovers, and productivity: Evidence from plant-level production functions. American Economic Review, 94 (3), 656 – 690.

Morris, S., A. Pandey (2007). Towards reform of land acquisition framework in India. Economic and Political Weekly, 42 (22), 2083 – 2090.

Murphy, K. M., A. Shleifer, R. W. Vishny (1989). Industrialization and the big push. Journal of Political Economy, 97 (5), 1003 – 1026.

Neumark, D., J. Kolko (2010). Do enterprise zones create jobs? Evidence from California's enterprise zone program. Journal of Urban Economics, 68 (1), 1 – 19.

Neumark, D., H. Simpson (2015). Place-based policies. Handbook of Regional and Urban Economics. Vol. 5. Elsevier, 1197 – 1287.

Pinkovskiy, M., X. Sala-i Martin (2016). Lights, camera? Income! Illuminating the National Accounts-Household Surveys Debate. Quarterly Journal of Economics, 131 (2), 579 – 631.

Rajan, R. (2013). Why India slowed. Project Syndicate, April 30. http: // blogs. reuters. com/india-expertzone/2013/05/01/why-india-slowed/.

Rosenstein-Rodan, P. N. (1943). Problems of industrialisation of eastern and South-Eastern Europe. Economic Journal, 53 (210/211), 202 – 211.

Rosenthal, S. S., W. C. Strange (2004). Evidence on the nature and sources of agglomeration economies. Handbook of Regional and Urban Economics. Vol. 4. Elsevier, 2119 – 2171.

Roth, J. (2019). Pre-test with caution: Event-study estimates after testing for parallel trends. Department of Economics, Harvard University, Unpublished manuscript.

Saez, L. (2002). Federalism without a centre: The impact of political and economic reform on India's federal system. Sage Publications.

Shenoy, A. (2018). Regional development through place-based policies: Evidence from a spatial discontinuity. Journal of Development Economics, 130, 173 – 189.

Storeygard, A. (2016). Farther on down the road: Transport costs, trade and urban growth in Sub-Saharan Africa. Review of Economic Studies, 83 (3), 1263 – 1295.

Wang, J. (2013). The economic impact of special economic zones: Evidence from Chinese municipalities. Journal of Development Economics, 101, 133 – 147.

Zheng, S., W. Sun, J. Wu, M. E. Kahn (2017). The birth of edge cities in China: Measuring the effects of industrial parks policy. Journal of Urban Economics, 100, 80 – 103.

经济增长是否能够减少多维贫困?[*]

——来自中低收入国家和地区的证据

普伽·巴拉苏巴拉马尼安　弗朗西斯科·布尔奇　丹尼尔·马勒巴[**]

摘　要: 长期以来,有关经济增长与贫困之间关系的文献大多从绝对贫困的视角进行实证研究,而忽视了经济增长与多维贫困之间的关系。本文以中低收入国家和地区为样本,通过收集 1990～2018 年 91 个中低收入国家和地区的不平衡面板数据(这是迄今为止的最大样本容量及时间跨度),测算 G-CSPI 和 G-M0 这两个多维贫困指数,并评估多维贫困与经济增长之间的弹性关系。在回归分析中,对数据进行一阶差分后估计出多维贫困的增长弹性,研究发现,使用 G-CSPI 指数的多维贫困的增长弹性为 –0.46,使用 G-M0 指数则为 –0.35。这表明,GDP 每增长 10%,将使多维贫困减少约 4%～5%。然而,这一作用机制存在异质性,在第二个时间段(2001～2018 年)和初始贫困水平较低的国家和地区,多维贫困的增长弹性更高。此外,比较分析表明,绝对贫困对经济增长的弹性是多维贫困的 5～8 倍。最后,得出研究结论:经济增长是缓解多维贫困的重要手段,且经济增长对多维贫困的影响远低于对绝对贫困的影响,应积极制定各类社会政策来缓解多维贫困。

一、引　言

关于仅靠经济增长能否、在多大程度上以及在何种条件下能够显著缓解贫困等重要问题,学术界存在着多种不同的看法。评估优先发展的必要性并确定

---

　* 本文原文请参见:https://www.sciencedirect.com/science/article/pii/S0305750X22003096。

　** 作者简介:普伽·巴拉苏巴拉马尼安(Pooja Balasubramanian)、弗朗西斯科·布尔奇(Francesco Burchi)、丹尼尔·马勒巴(Daniele Malerba)均供职于德国发展与可持续研究所(IDOS)。

哪种增长能有效地缓解本国的贫困至关重要，因为它涉及《联合国 2030 年可持续发展议程》中两个可持续发展目标（SDG）之间的联系，即"在全世界消除一切形式的贫困"（SDG1）与"促进持久、包容和可持续经济增长、充分的生产性就业以及人人获得体面工作"（SDG8）。

已有文献尚未就经济增长对贫困的影响得出一致的结论，差异主要集中在以下几方面：一是计量方法（如国际或国内时间序列分析）；二是研究样本国家和地区；三是贫困衡量标准。由于第三点特别重要，本文根据相对贫困和绝对贫困这两种不同的概念和衡量贫困程度的不同方法，对现有情况进行了研究。

一些研究采用了相对贫困的衡量方法，将重点放在底层的贫困人口，评估全球背景下贫困对经济增长的弹性关系，即估算由于经济增长 1% 而导致的收入贫困的百分比变化。多拉尔和克雷（Dollar and Kraay，2002）以及其他学者，如罗默和古格蒂（Roemer and Gugerty，1997），盖洛普、拉德列和华纳（Gallup，Radelet and Warner，1999），发现了一致的弹性关系：最底层 1/5 人口的收入与平均收入成比例增长。在最近的一项研究中，多拉尔、克莱恩伯格和克雷（Dollar，Kleineberg and Kraay，2016）基于更多的国家和地区的数据，参考多拉尔和克雷（Dollarg and Kraay，2002）的方法，测量了底层 20% 和底层 40% 贫困人口的收入对经济增长的单位弹性。虽然这种分析增长与贫困关系的方法在很大程度上推动了相关政策的出台，但也引起了一些争议。首先，最底层 1/5 人口的实际经济状况因国家和地区而异，因为这一群体可能包括来自富裕国家和地区的全球中产阶级以及最贫穷国家和地区的极端赤贫人口（Foster and Székely，2008）。其次，学者们对这些结果的解释及其在政策领域可能的误用表示担忧，最贫穷的 1/5 人口的收入与平均收入成比例增加，这实际上意味着这部分人口与其他人口之间的绝对差距在增加（Ravallion，2001；Klasen，2006）。

另一部分文献采用了绝对贫困的衡量标准，使用基于国际极端贫困线的贫困发生率或贫困差距（Ravallion and Chen，1997；Ravallion，2001；Adams，2004）。这些跨国研究表明，用贫困发生率衡量的贫困—增长弹性通常小于 −2，即 GDP 增长 1% 导致贫困人口比例下降 2% 左右。

这些文献一致指出，在检验贫困—增长弹性时，必须考虑到随时间变化的不平等情况（Bourguignon，2003；World Bank，2005；Klasen，2006；Adams，

2004；Fosu，2015；Crespo Cuaresma，Klasen and Wacker，2022）。对于收入贫困—增长弹性而言，不平等的作用非常简单：当不平等减少时，经济增长有助于减少与收入相关的贫困。此外，许多研究发现，收入不平等的变化会影响贫困—增长弹性（Adams，2004；World Bank，2005；Fosu，2015）。

　　本文赞同贫困的多维观点，参与了关于经济增长与贫困之间关系的更广泛的讨论。经过几十年的学术和政策辩论（例如，Sen，1985，1992；UNDP，2010），《联合国2030年可持续发展议程》提出贫困是一种多维现象。可持续发展目标1（SDG1）有两个主要目标：目标1.1涉及绝对贫困，而目标1.2要求将"陷入各种形式贫困的各年龄段男女和儿童减半"。因此，了解经济增长在缓解多维贫困方面的作用至关重要。然而，关于这一关系的实证研究却极少。大部分研究定性地描述了一国GDP和多维贫困的趋势，并讨论了两者之间的关系，而没有采用正式的统计推断（Djossou，Kane and Novignon，2017；Tran，Alkire and Klasen，2015）。只有少数研究使用截面数据来研究GDP变化与多维贫困的简单相关性。例如，在研究印度各邦的情况时，塞思和阿尔基尔（Seth and Alkire，2021）发现GDP的绝对变化与全球多维贫困指数（MPI）之间存在微弱的负相关。阿尔基尔等（Alkire et al.，2017）发现27个撒哈拉以南非洲国家和地区的经济增长与多维贫困变化之间没有显著关系，而布尔奇等（Burchi et al.，2019）在51个中低收入国家和地区样本中发现了微弱的负相关关系。

　　桑托斯、达布斯和德尔比安科（Santos，Dabus and Delbianco，2019）试图评估经济增长和多维贫困的因果效应。他们使用1999～2014年78个国家和地区的情况，使用一阶差分法（FDE）得出经济增长对全球MPI的负面影响（Alkire and Santos，2014）。

　　本文通过研究经济增长对中低收入国家和地区多维贫困的影响，补充了这一领域的文献缺失。本文通过两个指数来衡量多维贫困：全球相关敏感贫困指数（G-CSPI）和全球M0（G-M0）（Burchi et al.，2021，2022）。这两个指数与全球MPI相比有一个重要优势：它们是在个人层面而不是在家庭层面计算的，涵盖15～65岁的人口。此外，这两个指数关系紧密：G-CSPI是分布敏感的，因为它解释了贫困人口之间的不平等，但无法进一步分解以评估每个维度的相对贡献，而G-M0则相反。因此，使用这两个指数，可以检查结果的稳健性，并且在类似的情况下得出更可靠的结论。

本文基于更多的国家和地区（91 个）和更长的时间段（1990～2018 年）进行研究，目的是估算贫困—增长弹性，检查这种弹性是否随时间变化，比较收入和多维贫困的弹性。

分析结果显示，经济增长对多维贫困具有统计上显著的负面影响，但其弹性远低于 1，甚至低于桑托斯等（Santos et al.，2019）的研究中测算出的弹性。本文发现，GDP 增长 10% 会使多维贫困减少 4.6% 或 3.5%，这取决于是否使用 G-CSPI 或 G-M0 作为因变量。而且，结果存在异质性：与前一个时间段相比，2001～2018 年的弹性更高，且初始贫困水平较低的国家和地区的弹性也更高。另外，经济增长在减少基于收入的贫困方面的能力大大高于减少多维贫困的能力。收入贫困对增长的弹性比多维贫困的弹性高 5～8 倍，这取决于所采用的多维贫困的衡量标准。

本文其余部分的结构如下：第二部分说明了数据来源和多维贫困指数构建方式，第三部分介绍了计量模型，第四部分为研究结果，第五部分是研究结论。

二、数 据[*]

（一）多维贫困指数

本研究使用了两个新的多维贫困指数：G-CSPI 和 G-M0（Burchi et al.，2021；Burchi et al.，2022）。它们考虑了贫困的三个同等重要的基本维度：教育、工作和健康。不能读或写的人被视为被剥夺了教育维度；同样，从事低质量、低收入工作的个人或失业者被定义为工作维度的贫困。此外，鉴于获得安全饮用水或适当卫生设施在预防和治疗多种疾病中起着至关重要的作用，无法获得这些服务的个人被视为被剥夺了健康维度（Cameron et al.，2021）。[①] 与 MPI（Alkire and Santos，2014）和世界银行（2018）最近在家庭层面计算的多

---

[*] 本文的补充数据请参见：https：//\ /doi. org \ /101016 \ /j. worlddev. 2022. 106119。

① 布尔奇等（Burchi et al.，2021）提供了有关 G-CSPI 的维度、指标、阈值、权重和总体结构的详细信息。

维贫困衡量标准不同，G-CSPI 和 G-M0 是在个人层面构建的。[①] 这是一个关键特征，因为它不需要对家庭成员之间的资源或能力分配进行任何假设。同时，必须强调的是，这些指数仅涵盖 15 ~ 65 岁的人口，相当于中低收入国家和地区人口的约 64%（Burchi et al.，2022）。

之所以使用这两种不同的指数，是因为它们采用了两种不同的贫困衡量标准，各有优劣。G-CSPI 使用里平（Rippin，2014，2017）构建的衡量更大的家庭的相关敏感多维贫困的指数 CSPI，用于序数/二进制变量的情况。这一衡量标准隐含地使用了多维变量，因此，如果一个人被剥夺了所考虑的任一维度（此处为三个维度），那么他们就被视为多维贫困。给定 n 个个体（$i = 1$，…，n），CSPI 可以表示为：

$$CSPI = \frac{1}{n} \sum_{i=1}^{n} \left[c_i(x_i; z) \right]^2 \tag{1}$$

其中，c_i 是个人 i 被剥夺的维度总和除以剥夺维度的总数（3），也称为个人加权剥夺计数。该个体加权剥夺计数取决于个体成就向量 $\left[x_i = (x_{i1}, x_{i2}, x_{i3}) \right]$ 和维度分界线向量 $\left[z = (z_1, z_2, z_3) \right]$。[②] 因此，CSPI 是个体加权剥夺计数的平方平均值。[③]

例如，与全球 MPI 所使用的多维调整后的贫困发生率（或 M0）相比，CSPI 的主要优势之一是它能够解释贫困人口之间的不平等，因此，它符合《联合国 2030 年可持续发展议程》的"不让任何一个人掉队"的总体原则。这意味着，可能如人们预期的那样，如果贫困人口的贫困程度降低，则 CSPI 会增加，而 M0 保持不变，甚至会下降。CSPI 对不平等很敏感，并且可以分解为贫困发生率（人数）、贫困强度（贫困人口中的平均剥夺份额）和贫困不平等（包括不平等的广义熵测度）的结果（Rippin，2014，2017）。因为兼具上

---

① 必须强调的是，虽然有关教育和工作的信息是在个人层面收集的，但有关获得安全饮用水和适当卫生设施的信息却是在家庭层面收集的。根据之前的研究（Vijaya et al.，2014；Espinoza-Delgado and Klasen，2018），我们认为这些服务是真正的公共产品（具有非竞争性和非排他性），并假设不同的家庭成员可以平等地获得这些服务。

② 在这个公式中，我们不考虑权重，因为三个维度的权重相等（见前文）。

③ CSPI 是更广泛的相关敏感多维贫困指数的特例，其中参数 γ 为 2（Rippin，2017）。必须强调的是，在这种情况下，CSPI 的值与达特（Datt，2019）最近制定的多维贫困指数的值一致，其参数 α 和 β 分别为 0 和 2。这也与查克拉瓦蒂和德安布罗西奥（Chakravarty and D'Ambrosio，2006）早些时候提出的社会排斥衡量相一致。

述显著优势，CSPI 和相关敏感贫困指数已被广泛用于多维贫困的实证研究（例如，Bérenger，2017；Rippin，2016；Espinoza-Delgado and Klasen，2018；Espinoza-Delgado and Silber，2021）。

　　本研究采用的另一个指数 G-M0 使用调整后的贫困发生率（或 M0）作为贫困衡量标准（Alkire and Foster，2011）。然而，对于 MPI 而言，M0 使用了"中间的"多维度分界线（k），相当于使用 0.33 作为加权指标，而此处使用的是等于 1 的分界线：若某人的上述三个维度指数的任意一个被剥夺，则这个人就被视为处于多维贫困。因此，本研究测算出的贫困数值是没有进一步筛选的，即不包括低于第二分界线的被剥夺的个体（Datt，2019）。[①] 这也意味着，G-CSPI 和 G-M0 的贫困发生率相同。此外，如前所述，M0 度量对不平等不敏感。而 G-M0 还具有 G-CSPI 中缺失的一个重要特征，它可以按维度进行全面分解，以评估每个维度对多维贫困的相对贡献。通过使用这两个指数，可以更好地评估贫困—增长弹性。

　　本文的研究借助国际收入分配数据库（I2D2），测算了许多国家和地区不同时间点的 G-CSPI 和 G-M0。该数据库是世界银行使用具有国家和地区代表性的家庭调查（如生活水平衡量研究调查和家庭预算调查）生成的全球数据库，其包括一组标准化的社会经济和人口变量。[②] 这些指数已被用于研究 54 个国家和地区的多维贫困趋势（Burchi et al.，2022）。

　　在本文研究中，使用 1990~2018 年的数据。因为 1990 年之前的贫困估计仅适用于少数国家和地区，而 2018 年是这些数据可用的最新年份。最终样本由 91 个国家和地区组成，这些国家和地区至少有两个不同年份的多维贫困数据，1990~2018 年，彼此之间的间隔至少为五年。因此，本研究使用迄今为止观察到的最大样本。最后，必须强调的是，两个指数是在所有国家（地区）和年份相同的三个维度上计算的，从而确保了时间和空间的高质量可比性。在桑托斯、

---

　　① 阿尔基尔和福斯特（Alkire and Foster，2011）还认为，在维度和指标较少的情况下，这一衡量标准可以与工会方法一起使用。

　　② I2D2 涵盖了 1 300 多个家庭调查，并已被用于计算 700 多个调查的 G-CSPI 和 G-M0。因此，其覆盖率大大高于人口与健康调查（DHS）和用于计算全球 MPI 的多指标类调查。此外，I2D2 中包括的许多家庭调查都是世界银行用来计算收入贫困的调查，而这在人口与健康调查数据中是不可能的，因为这些数据不提供收入或消费信息。这使得对收入和多维贫困的比较分析更加科学合理，如本文第四部分所做的分析。

达布斯和德尔比安科（Santos，Dabus and Delbianco，2019）的研究中，这种数据的可比性较低，计算许多国家和地区/年份的 MPI 时没有使用这种指标。

（二）数据结构和其他变量

本文的研究将数据集划分为两个时间段，其中，时间段是指两个调查年之间的时间间隔（Cox，2007）。因变量是每个时间段的多维贫困衡量标准的对数的平均年度变化，这代表了年度（复合）比例变化。在主要分析中，本研究根据时间长短，使用了两种不同类型的时间段。

基于亚当斯（Adams，2004）以及多拉尔等（Dollar et al.，2016）的研究，第一组研究考虑了两个贫困观察值之间的最小差距为五年的情况并允许对多维贫困的变化进行中期分析。第二组研究是长期的，只考虑每个国家和地区在最后一年和第一年之间贫困衡量标准的变化，且时间间隔至少等于五年。此处，每个国家和地区只有一个观察值。

自变量之一是人均 GDP 的平均年度差异，以 2010 年不变美元价格计，数据取自《世界发展指标》。另一个自变量是不平等，通过基尼系数衡量，数据来源于联合国大学世界发展经济学研究所（UNU-WIDER）的世界收入不平等数据库（WIID）。该数据库包含跨国信息，还包括通过估算获得的未进行家庭调查年份的不平等估计数。[①]

根据桑托斯等（Santos et al.，2019）的研究，假设人均 GDP 和基尼系数的变化与多维贫困的变化之间存在滞后效应。虽然收入贫困与 GDP（总收入）和不平等有直接、系统的关系，但这并不适用于多维贫困。最终，经济增长和收入不平等对多维贫困的影响可能会随着时间的推移而逐渐显现。因此，某一年的多维贫困估计数与该年前五年的人均 GDP 和平均基尼系数有关，如 2010 ~ 2015 年多维贫困的变化与 2005 ~ 2009 年和 2011 ~ 2014 年人均 GDP（和基尼系数）的变化相关。

最后，本研究对同一样本国家（地区）和年份的多维贫困—增长弹性与收入贫困—增长弹性进行比较。使用平方贫困差距指数来衡量收入贫困，因为

---

① 当关注多层面的不平等而非收入不平等时，关于要考虑的不平等类型，还有一个悬而未决的问题（Sen，1992）。由于长期以来无法获得其他方面（如教育、健康或营养）的不平等情况的跨国数据，根据桑托斯等（Santos et al.，2019）的研究，使用了收入不平等这一数据。

它与 G-CSPI 的多维贫困都是分布敏感的（Burchi et al.，2022）。本研究将使用 G-M0 获得的结果与使用基于收入的贫困差距指数获得的结果进行比较。本研究关注极端收入贫困，基于每人每天 1.90 美元的国际贫困线，经 2011 年购买力平价调整。为了获得尽可能多的收入贫困数据，本研究使用了世界银行的 PovcalNet 数据集，该数据集还包括未进行调查的年份的插值贫困估计数。

（三）样本

样本涵盖 91 个国家和地区，分布在东亚和太平洋地区、东欧和中亚、拉丁美洲和加勒比地区、撒哈拉以南非洲以及南亚五个区域。表 1 提供了每个区域的国家和地区数量、可用期数，以及在每个区域内获得信息的第一年和最后一年。样本中，撒哈拉以南非洲有 34 个国家和地区，而南亚只有 6 个国家和地区。考虑到调查年数，拉丁美洲和加勒比地区涵盖的时间跨度最大（1990～2018 年）。不同国家和地区（五年）的期数有所不同，一些拉丁美洲和加勒比地区国家和地区最多有 5 期，而撒哈拉以南非洲的许多国家和地区只有 1 期。附录中的附表 1 提供了每个国家和地区可用信息的进一步详情。

表 1　　　　　　　　样本的基本信息（五年期）

区域	国家和地区数量（个）	期数（期）	第一年	最后一年
东亚和太平洋地区	13	24	1990 年	2016 年
东欧和中亚	18	32	1995 年	2018 年
拉丁美洲和加勒比地区	20	72	1990 年	2018 年
南亚	6	9	2001 年	2017 年
撒哈拉以南非洲	34	63	1991 年	2017 年
合计	91	200	—	—

三、方　　法

本研究使用非平衡面板数据测算 91 个国家和地区的多维贫困指数及增长弹性系数。回归发现，多维贫困的波动在一定程度上是由（滞后的）人均 GDP 的变化导致的。借鉴测算贫困的增长弹性系数的已有文献，使用一阶差分法

（FDE）（Adams，2004；Ravallion and Chen，1997；Santos，Dabus and Delbianco，2019）进行实证研究。[①]

设置模型如下：

$$logP_{i,t} = \alpha_i + \beta logGDPpc_{i,\hat{t}} + \gamma_t + \varepsilon_{it} \qquad (2)$$

其中，$P_{i,t}$ 是对国家和地区 $i(i = 1,\cdots,n)$ 在时间 $t(t = 1,\cdots,t)$ 的多维贫困的衡量。α_i 是一个固定效应，它解释了每个国家和地区 i 的不可观测的时间不变特征，这些特征会影响贫困水平的差异；β 是时间 t 前五年贫困相对于人均GDP（$GDPpc_{i,\hat{t}}$）的弹性；γ_t 指固定时间 t 的变化，其中时间表示年份；ε_{it} 是误差项，包括贫困变量中的测量误差。

通过取式（2）的一阶差分，可得：

$$\Delta logP_{i,t,t-1} = \gamma + \beta_1 \Delta logGDP_{i,\hat{t},\widehat{t-1}} + \Delta\varepsilon_{i,t,t-1} \qquad (3)$$

其中，$\Delta logP_{i,t,t-1}$ 是 $t - 1$ 和 t 之间观察到的贫困的年度比例变化。如前所述，假设经济增长对多维贫困的影响要一定时间后才能显现，这就是为什么本文关注消除贫困的前几年的经济增长变化。具体来说，$\Delta logGDP_{i,\hat{t},\widehat{t-1}}$ 表示在 $t(\hat{t})$ 之前的五年和 $t - 1(\widehat{t-1})$ 之前的五年观察到的平均 GDP 的年度比例变化。此外，$\Delta\varepsilon_{i,t,t-1}$ 代表每个国家和地区误差项的变化。使用差分法进行估计将消除式（2）中的固定效应项 α_i。因此，差分法解决了遗漏变量的偏差，这种偏差为来自时间不变的不可观察因素的存在所导致的。在式（3）中，多维贫困的变化率被回归到人均 GDP 的平均变化率上；可以直接将 β_1 解释为贫困的增长弹性。此处，还增加了用基尼系数衡量的不平等的百分比变化。最后，对异方差进行控制；对于五年时间段，使用与每个国家和地区的观察数量成反比的权重，以确保结果不是主要由拥有更多期数的国家和地区推动。

此外，根据多拉尔等（Dollar et al.，2016）在货币贫困情况下提出的方法，分析结果是否随时间变化。本研究将整个时间段划分为两个子时段：1990～2000 年和 2001～2018 年。通过在回归中使用权重，根据特定时间段中期数长度的情况，分别将期数分配给各个时间段。然后，分别估算了 1990～2000 年

---

① 鉴于不能排除不同时间点增长估计的误差项是相关的，因此 FDE 优于固定效应估计。事实上，在这些条件下，FDE 提供了更有效的估计，因为它解释了特定时期内误差项的差异（Song and Stemann，1999）。

和 2001 ~ 2018 年的式（3）。

本研究将整个研究时段划分为两个特定的子时段，因为 21 世纪初是一个转折点。在 20 世纪 90 年代的前半段，国际货币基金组织（IMF）和世界银行的结构调整计划仍在进行中，其影响至少在 21 世纪末才能显现出来。这一时期的特点通常是低增长和减贫进展小，有几个国家和地区的贫困程度甚至不断增加（Thomson et al.，2017；Oberdabernig，2013；Klasen，2004）。自 2000 年以来，随着"联合国千年首脑会议"的召开和关于联合国千年发展目标共识的达成，国际形势发生了很大变化。这大大提高了人们对消除收入贫困以及改善福利的非货币层面（主要是健康和教育）的关注。在新千年之交，减贫进展更加显著（Asadullah and Savoia，2018）。这一进程随着《联合国 2030 年可持续发展议程》而继续推进，在该议程中，减贫和包容性增长发挥着重要作用。因此，笔者认为 2000 年后增长将有助于进一步减少贫困，但却无法通过实证评估联合国千年发展目标框架的引入是否最终导致了两个子时段的弹性差异[①]。

四、结　　果

（一）描述性统计

表 2 显示了主要相关变量的描述性统计数据：多维贫困、收入贫困（有或无插值数据）、人均 GDP 和不平等的年度比例变化。该表分为两组。第一组有 200 个观察结果，显示了五年期的样本。该样本中每个国家和地区的观察次数从 2 次到 5 次不等，平均为 3 次。第二组包括用于评估跨国（地区）贫困—增长关系长期趋势的样本的描述性统计数据，每个观察值代表本数据集中的一个国家和地区（因此总计 91 个）。在这种情况下，每个国家和地区一期的长度很重要；平均为 14 年，总体从 5 年（缅甸、苏丹和突尼斯）到 27 年（巴西、巴拉圭和智利）不等。

---

① 请注意，桑托斯等（Santos et al.，2019）的研究仅针对 1999 ~ 2014 年，因此无法评估千年发展目标开始前后，增长对多维贫困的影响是否不同。

表 2   描述性统计：选定变量的年度百分比变化

变量	期数	平均值（%）	标准差
第一组：五年期			
G-CSPI 变化	200	-2.339	0.055
G-M0 变化（k = 1）	200	-1.687	0.042
多维贫困发生率变化	200	-1.073	0.033
人均 GDP 变化	200	2.638	0.026
基尼系数变化	200	-0.221	0.012
收入贫困发生率变化（插值）	197	-8.042	0.146
贫困差距变化（插值）	197	-9.134	0.169
贫困差距的平方变化（插值）	197	-10.11	0.195
第二组：长期			
G-CSPI 变化	91	-2.501	0.040
G-M0 变化（k = 1）	91	-1.761	0.029
多维贫困发生率变化	91	-1.181	0.022
人均 GDP 变化	91	2.740	0.025
基尼系数变化	91	-0.133	0.009
收入贫困发生率变化（插值）	89	-7.869	0.095
贫困差距变化（插值）	89	-9.061	0.121
贫困差距的平方变化（插值）	89	-10.194	0.150

注：每组的观察结果表示贫困、不平等和增长变量的年度变化。

根据布尔奇等（Burchi et al.，2022）的研究结果，在这两种类型的时期中所有的多维贫困指标都有所下降。五年期 G-CSPI 的平均年度变化是 -2.3%，而基于收入的贫困——以可比的贫困差距平方衡量——为 -10.11%，方差较大（标准偏差为 0.195）。滞后的五年期人均 GDP 增长约 2.6%。五年期基尼系数每年下降约 0.2%。

本研究还使用散点图分析了五年期样本的人均 GDP 变化模式和多维贫困变化模式（见图 1）。正如预期的那样，绝大多数时期（200 个中的 133 个，约占 67%）位于图 1 的左上象限，这表明滞后的人均 GDP 增长与 G-CSPI 下降相关。然而，相当多的时期（200 个中的 43 个，约占 21.5%）位于右上象限，这表明 GDP 的增长与多维贫困的增加相关。

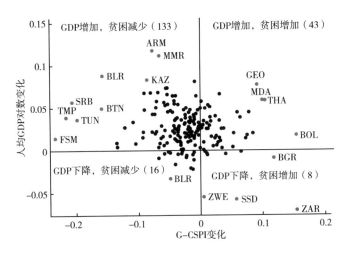

图1　人均 GDP 和 G-CSPI 五年年度变化散点图（n＝200）

注：国家（地区）代码参照国际标准代码。

表3 按区域显示了多维贫困和 GDP 的变化方向。可见，与总体样本一致，拉丁美洲和加勒比地区、欧洲和中亚五年期中有 2/3 的时间显示贫困减少，GDP 增加。这一比例在东亚和太平洋地区（83.3%）与南亚（100%）更高，但在撒哈拉以南非洲（54%）则更低。在超过 1/4 的时间里，撒哈拉以南非洲的 GDP 和贫困都有所上升，凸显出单靠经济增长来减少一个地区多维贫困的能力有限。考虑到撒哈拉以南非洲的多维贫困程度最高，这一问题尤为突出（Burchi et al.，2022）。

表3　　　　　按区域划分的多维贫困和 GDP 的变化方向（五年期）

变量		GDP 增长									
		否	是	否	是	否	是	否	是	否	是
贫困增加	否	2	21	7	49	1	20	6	34	0	9
		6.3%	65.6%	9.7%	68.1%	4.2%	83.3%	9.5%	54.0%	0	100.0%
	是	1	8	1	15	0	3	6	17	0	0
		3.1%	25.0%	1.4%	20.8%	0	12.5%	9.5%	27.0%	0	0
区域		欧洲和中亚		拉丁美洲和加勒比地区		东亚和太平洋地区		撒哈拉以南非洲		南亚	

（二）一阶差分模型的回归结果

可从三个不同层面对回归结果进行分析。首先，研究了多维贫困变化与经济增长之间的关系（Santos，Dabus and Delbianco，2019），然后通过控制不平等的变化来考虑贫困—增长弹性的稳健性。其次，研究了跨国贫困—增长弹性是否随时间发生显著变化，以及其对多维贫困初始水平的依赖性。最后，比较分析了多维贫困—增长弹性和基于收入的贫困—增长弹性。

1. 多维贫困—增长弹性

表4给出了 G-CSPI 和 G-M0 变化与（滞后）人均 GDP 变化之间关系的一阶差分估计。本研究根据有贫困数据的连续两年和非重叠年之间的时间段，对两种不同的方法进行了分析。模型1和模型2侧重于两种不同时期的 G-CSPI。然后，模型3和模型4使用了 G-M0 进行重复分析。

表 4　　　　多维贫困—增长弹性（贫困指标：G-CSPI 和 G-M0）

变量	G-CSPI		G-M0	
	（1）	（2）	（3）	（4）
	五年期	每个国家（地区）一期	五年期	每个国家（地区）一期
人均 GDP 变化	− 0. 460 **	− 0. 290 *	− 0. 351 **	− 0. 207
	（0. 192）	（0. 173）	（0. 145）	（0. 126）
常数	− 0. 014 **	− 0. 017 ***	− 0. 009 **	− 0. 012 ***
	（0. 006）	（0. 006）	（0. 005）	（0. 004）
观察值	200	91	200	91
R^2	0. 049	0. 031	0. 050	0. 030

注：括号中为稳健的标准误差；*** 表示 $p < 0.01$，** 表示 $p < 0.05$，* 表示 $p < 0.1$。

五年期（模型1和模型3）的贫困—增长弹性，在使用 G-CSPI 时为 − 0. 460，在使用 G-M0 时为 − 0. 351，都在5%的水平上显著。这意味着 GDP 增长10%，多维贫困减少4.6%（或3.51%）。R^2 显示，滞后的人均 GDP 约占两个贫困指标（G-CSPI 和 G-M0）变化的5%。这些系数甚至小于有关这个主题的唯一的实证研究（Santos，Dabus and Delbianco，2019）中得出的系数，该研究所得出

的弹性为 – 0.56。G-CSPI（– 0.29）和 G-M0（– 0.21）（表 4 中的模型 2 和模型 4）的长期弹性都明显较低，且使用 G-CSPI 的模型 2 仅在 10% 的水平上显著。

本研究使用两个指数中的一个单一组成部分——贫困发生率（见附表 2）进行进一步的稳健性检验。在这种情况下，多维贫困—增长弹性也显著为负，且幅度较小，使用五年期的模型为 – 0.244。对三个不同因变量的结果进行比较后发现，一旦研究超越对简单贫困发生率的分析，且将贫困程度和贫困人口之间的不平等纳入考量，经济增长对多维贫困的影响就会更大。这一发现与桑托斯等（Santos et al., 2019）用横截面模型获得的结果一致，但与其用一阶差分获得的结果不同。几乎每一项针对收入贫困的实证研究都有类似的结果：贫困的综合衡量指标，如贫困差距和贫困差距平方，比贫困发生率更能快速地对经济增长作出响应（Ravallion and Chen, 1997；Adams, 2004；Foster and Székely, 2008；Mphuka et al., 2017；Nguyen and Pham, 2018）。这似乎表明，无论是根据收入还是其他维度来确定，最贫穷（严重贫困）的人从增长中受益的比例都高于中等贫困者。

最后，使用修订后的 G-CSPI 进行了不同的敏感性分析。通过修改过维度、阈值或权重的衡量，获得了新的结果变量。结果表明，弹性介于 – 0.316 和 – 0.561，因此与表 4 所示结果一致。这些额外结果以及修订后的 G-CSPI 的解释见附表 3。

2. 贫困—增长—不平等三角

表 5 给出了估算结果，其中包括基尼系数的变化。本研究重点关注五年期，通过研究观察到贫困—增长弹性在使用 G-CSPI 时为 – 0.449，在使用 G-M0 时为 – 0.343。因此，与表 4 所示的弹性相比，弹性基本保持不变，但在 5% 的水平上，两者仍然显著。[①] 多维贫困发生率也同样如此（见附表 4）。有趣的是，不平等的变化并没有促成多维贫困的变化。对此有两种可能的解释。一是不平等和多维贫困之间可能不存在直接关系，因为基尼系数对分布中间的情况十分敏感，而本研究的多维贫困衡量标准涵盖了绝对极端贫困。二是除了

[①] 我们对桑托斯、达布斯和德尔比安科（Santos, Dabus and Delbianco, 2019）的有限样本进行了估算，该样本有基尼系数的数据，并发现贫困—增长弹性系数在模型中包括和不包括不平等的情况下大致相同。因此，他们的结果还表明，将不平等纳入考量并不影响多维贫困的增长弹性。

货币层面之外，其他层面的不平等可能对多维贫困产生了更显著的直接影响。然而，鉴于数据的局限性，这很难从经验上进行验证。

表 5　　　　　多维—贫困—增长不平等三角（贫困指标：G-CSPI 和 G-M0）

变量	G-CSPI		G-M0	
	（1）	（2）	（3）	（4）
	五年期	每个国家（地区）一期	五年期	每个国家（地区）一期
人均 GDP 变化	− 0. 449 **	− 0. 293 *	− 0. 343 **	− 0. 213 *
	（0. 190）	（0. 174）	（0. 139）	（0. 119）
基尼系数变化	− 0. 273	0. 043	− 0. 205	0. 070
	（0. 637）	（0. 679）	（0. 569）	（0. 565）
常数	− 0. 014 **	− 0. 017 ***	− 0. 010 **	− 0. 012 ***
	（0. 007）	（0. 006）	（0. 005）	（0. 004）
观察值	200	91	200	91
R^2	0. 053	0. 032	0. 053	0. 031

注：括号中为稳健的标准误差；*** 表示 $p < 0.01$，** 表示 $p < 0.05$，* 表示 $p < 0.1$。

3. 异质性分析

通过将整个时期划分为两个子时段：1990～2000 年和 2001～2018 年，研究所考察的弹性是否以及在多大程度上随时间而变化。在图 2 的 G-CSPI 部分，使用五年期（左侧）和两年期（右侧）以及 G-CSPI 作为贫困指数，绘制了这两个时间段的贫困—增长弹性。虽然使用五年期作为首选模型，但这仅针对本次分析。本研究将其与较短的时间段结合起来，以便在这两个子时段中可对更多的国家和地区进行观察。具体来说，当使用两年期时，考虑了贫困观察中至少有两年差异的所有变化。如图 2 所示，五年期和两年期的结果相似。观察可知，1990～2000 年的贫困—增长弹性接近于零。相比之下，2001～2018 年的贫困—增长弹性显著为负（− 0. 40，p 值 = 0. 035）；1990～2000 年的负系数更大。在使用 G-M0 分析时，2001～2018 年的弹性较低（− 0. 31，p 值 = 0. 03）（见图 2 的 G-M0 部分）。

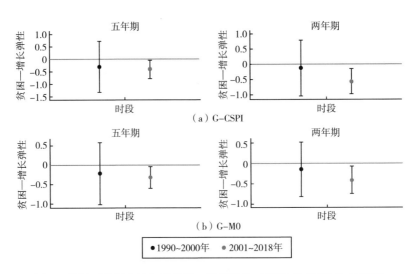

图2　按子时段划分的多维贫困—增长弹性（基于G-CSPI和G-M0）

这些结果符合预期，并且对确定了2000年后促进减贫的因素的其他研究（Asadullah and Savoia，2018；Oberdabernig，2013）进行了补充。

在进行第二个异质性分析时，本文研究了弹性是否随多维贫困的初始水平而变化。关于收入贫困的实证研究表明，在初始贫困较高的国家（地区），贫困对增长的反应较小（Amini and Dal Bianco，2016；World Bank，2010；Loayza and Raddatz，2010；Fosu，2010，但仅针对区域一级）。据笔者所知，目前没有实证研究针对多维贫困问题进行过调查。

本研究使用第一年多维贫困指数的（加权）中位数作为阈值，在低贫困国家（地区）和高贫困国家（地区）之间进行样本划分。这意味着，根据所使用的多维贫困的具体指数，这两类国家（地区）的样本可能会有微小差异。此外，还使用贫困指数的平均值、第40百分位和第60百分位作为阈值进行了稳健性检查，以区分低贫困国家（地区）和高贫困国家（地区）。

表6显示，G-CSPI和G-M0中初始贫困率较低的国家（地区）弹性规模更高，约为两倍。这些结果对用于国家（地区）分组的不同阈值具有稳健性（另见附表5）。简言之，经济增长对这两类国家（地区）至少在10%的水平上有显著的影响。但根据收入贫困的研究结果，与高贫困国家（地区）相比，这种影响在低贫困国家（地区）更为显著。

表6　　　　　　　　　　按初始多维贫困水平划分的多维贫困—增长弹性
（基于 G-CSPI 和 G-M0）

变量	G-CSPI		G-M0	
	（1）	（2）	（3）	（4）
	低 G-CSPI （中位数）	高 G-CSPI （中位数）	低 G-M0 （中位数）	高 G-M0 （中位数）
人均 GDP 变化	− 0. 673 * （0. 387）	− 0. 378 ** （0. 183）	− 0. 584 ** （0. 279）	− 0. 235 * （0. 134）
常数	0. 001 （0. 012）	− 0. 024 *** （0. 009）	0. 005 （0. 008）	− 0. 020 *** （0. 007）
观察值	115	85	115	85
R^2	0. 085	0. 037	0. 102	0. 025

注：括号中为稳健的标准误差；*** 表示 p < 0. 01，** 表示 p < 0. 05，* 表示 p < 0. 1。

4. 收入贫困—增长弹性

最后，本研究比较了收入和多维贫困的贫困—增长弹性。本研究使用与 G-CSPI 相当的贫困差距平方指数，并将 G-M0 指标与收入贫困差距进行了比较。本研究对 89 个国家和地区的收入和多维贫困人口比例的结果进行了分析。与之前的模型（91 个国家和地区）相比，研究样本量略少，这是因为在获取阿富汗和柬埔寨的收入贫困数据方面遇到了困难（来自世界银行的 PovcalNet 插值数据集）。本研究还使用非插值收入贫困数据对有限样本进行了稳健性分析。[1] 此外，仅针对五年期的模型（即首选模型）进行估计。

通过研究可以发现，无论多维贫困衡量标准如何，收入贫困—增长弹性的幅度都远大于多维贫困—增长弹性（见表7）。收入贫困差距的平方变化对经济增长的弹性估计为 − 2. 357，而使用 G-CSPI 估计为 − 0. 459；收入贫困差距的平方变化对经济增长的弹性估计为 − 2. 297，而使用 G-M0 为 − 0. 356。因此，收入贫困的结果要高出 5 ~ 6 倍，而使用贫困发生率则要高出 8 倍。这些差异大于桑托斯等（Santos et al. , 2019）使用较小样本检测到的差异。

---

① 对于这一具体分析，与之前的研究不同，可以计算相同国家（地区）和相同年份的多维和收入贫困—增长弹性，无须数据插补。

表7　　　　　多维贫困—增长弹性与收入贫困—增长弹性（五年期）

变量	模型 1	模型 2	模型 3	模型 4	模型 5	模型 6
	G-CSPI	贫困差距平方	G-M0	贫困差距	多维贫困人数	收入贫困人数
人均 GDP 变化	- 0. 459 **	- 2. 357 ***	- 0. 356 **	- 2. 297 ***	- 0. 258 **	- 2. 176 ***
	(0. 201)	(0. 658)	(0. 151)	(0. 538)	(0. 114)	(0. 433)
常数	- 0. 014 **	- 0. 023	- 0. 009 **	- 0. 020	- 0. 006 *	- 0. 019
	(0. 006)	(0. 019)	(0. 005)	(0. 015)	(0. 003)	(0. 012)
观察值	197	197	197	197	197	197
R^2	0. 047	0. 073	0. 049	0. 101	0. 041	0. 145

注: 括号中为稳健的标准误差; *** 表示 $p < 0.01$, ** 表示 $p < 0.05$, * 表示 $p < 0.1$。

本研究仅使用收入贫困的非插值估计数来观察结果（见附表6），从而进一步将研究结果与他人的研究结果进行比较。在这种情况下，多维贫困—增长弹性变得微不足道，而收入贫困弹性变得稍大，大约为 - 2.4。[①] 这进一步支持了如下结论：增长在货币领域比在其他维度对减贫更为重要。最后，即使控制了不平等的变化，弹性仍保持不变（见附表7）。

五、结　　论

本研究使用两个新的多维贫困指数（G-CSPI 和 G-M0）重新审视了贫困—增长关系。使用91 个中低收入国家和地区近 30 年（1990～2018 年）的不平衡面板数据集，这是迄今为止用于评估经济增长在减少多维度贫困方面作用的最大样本和时间跨度。

首先，实证分析表明，经济增长减少了多维贫困。具体而言，本研究观察到，使用 G-CSPI 和 G-M0 得出的多维贫困对增长的弹性分别为 0.459 和 0.356，如 GDP 增长 10%，多维贫困约减少 4%～5%。与桑托斯等（Santos et al.，2019）从较小的国家和地区样本及更短的时间框架中检测到的弹性相比，本研究所得到的弹性更低。与之前对绝对贫困的一些研究（Bourguignon，2003；

---

① 很少有国家和地区的收入贫困比例变化很大，特别是由于初始水平很低。通过从分析中删除这些观察结果进行一些稳健性检查后可以发现，这并没有改变弹性系数的重要性和大小。

Ravallion，2005；Fosu，2015）相反，即使在控制了不平等的变化后，多维贫困—增长的弹性也几乎保持不变。

其次，本研究分析了结果是否会随所研究的特定时期和初始贫困水平而变化。研究估计表明，2001 年之前的时期和从 2001 年开始的时期（对应千年发展目标的开始）的结果不同。在 20 世纪的最后十年，经济增长对多维贫困没有显著影响；相反，在 2001 ~ 2018 年，这种影响是显著负面的。与绝大多数关于收入贫困的实证研究结果一致，研究结果表明，对于初始贫困水平较低的情况，经济增长能够更大程度缓解多维贫困。

最后，本研究比较了收入贫困和多维贫困的贫困—增长弹性。这些估计表明，基于收入的贫困对增长的弹性比多维贫困的弹性高 5 ~ 8 倍，这取决于所使用的具体贫困衡量标准。收入弹性和多维贫困的差异略高于桑托斯等（Santos et al.，2019）得出的结果。

总之，研究结果表明，经济增长是缓解多维贫困的重要手段，但其效果远低于对绝对贫困的影响。因此，旨在实现可持续发展目标 1、具体目标 1.2 的国家和地区必须确定政策或采取干预措施来减少这些其他维度的贫困。鉴于新冠疫情对绝对贫困和多维贫困产生了负面影响，相关政策及干预政策尤为迫切。因此，今后应侧重于政策研究，从可能对多维贫困产生重大影响的社会政策入手进行分析。[①]

附　　录

附表 1　　用于五年期估算的国家（地区）和调查年份的详细列表

国家和地区	区域	年份	期数
阿尔巴尼亚	东欧和中亚	2002 ~ 2008	1
亚美尼亚	东欧和中亚	1998 ~ 2003，2003 ~ 2008，2008 ~ 2018	3
保加利亚	东欧和中亚	1995 ~ 2001，2001 ~ 2007	2

[①] 博尔加和德安布罗西奥（Borga and D'Ambrosio，2021）初步证明了社会保障计划对埃塞俄比亚、印度和秘鲁这三个国家的多维贫困的影响。

国家和地区	区域	年份	期数
波黑	东欧和中亚	2001～2007	1
白俄罗斯	东欧和中亚	1995～2000，2000～2005，2005～2010，2010～2015	4
格鲁吉亚	东欧和中亚	2003～2010	1
约旦	东欧和中亚	2002～2016	1
哈萨克斯坦	东欧和中亚	2001～2006，2006～2017	2
吉尔吉斯共和国	东欧和中亚	2011～2017	1
科索沃	东欧和中亚	2002～2010，2010～2017	2
立陶宛	东欧和中亚	1998～2003，2003～2008	2
摩尔多瓦	东欧和中亚	1998～2003，2003～2008，2008～2017	3
北马其顿	东欧和中亚	1999～2004	1
波兰	东欧和中亚	1997～2002，2002～2016	2
罗马尼亚	东欧和中亚	2001～2007，2007～2013	2
塞尔维亚	东欧和中亚	2003～2008	1
土耳其	东欧和中亚	2002～2012	1
乌克兰	东欧和中亚	2002～2007，2007～2012	2
阿根廷	拉丁美洲和加勒比地区	1998～2003，2003～2008，2008～2013，2013～2018	4
玻利维亚	拉丁美洲和加勒比地区	1992～1997，1997～2002，2002～2007，2007～2012，2012～2017	5
巴西	拉丁美洲和加勒比地区	1990～1995，1995～2001，2001～2006，2006～2011，2011～2016	5
智利	拉丁美洲和加勒比地区	1990～1996，1996～2003，2003～2009，2009～2015	4
哥伦比亚	拉丁美洲和加勒比地区	1999～2006，2006～2011，2011～2016	3
哥斯达黎加	拉丁美洲和加勒比地区	1994～2000，2000～2005，2005～2010，2010～2015	4
多米尼加共和国	拉丁美洲和加勒比地区	2000～2005，2005～2010，2010～2015	3
厄瓜多尔	拉丁美洲和加勒比地区	1994～2003，2003～2008，2008～2013，2013～2018	4

国家和地区	区域	年份	期数
危地马拉	拉丁美洲和加勒比地区	2000～2006，2006～2011	2
圭亚那	拉丁美洲和加勒比地区	1992～1999	1
洪都拉斯	拉丁美洲和加勒比地区	1991～1996，1996～2002，2002～2007，2007～2012，2012～2017	5
牙买加	拉丁美洲和加勒比地区	1990～1996，1996～2001	2
墨西哥	拉丁美洲和加勒比地区	1992～1998，1998～2004，2004～2010，2010～2016	4
尼加拉瓜	拉丁美洲和加勒比地区	1993～1998，1998～2005，2005～2014	3
秘鲁	拉丁美洲和加勒比地区	1997～2002，2002～2007，2007～2012，2012～2017	4
巴拉圭	拉丁美洲和加勒比地区	1990～1995，1995～2001，2001～2006，2006～2011，2011～2016	5
萨尔瓦多	拉丁美洲和加勒比地区	1991～1996，1996～2001，2001～2006，2006～2012，2012～2017	5
特立尼达和多巴哥	拉丁美洲和加勒比地区	1990～2000，2000～2011	2
乌拉圭	拉丁美洲和加勒比地区	1992～1997，1997～2002，2002～2007，2007～2012，2012～2017	5
委内瑞拉	拉丁美洲和加勒比地区	1995～2000，2000～2005	2
斐济	东亚和太平洋地区	1996～2013	1
密克罗尼西亚联邦	东亚和太平洋地区	2000～2005，2005～2013	2
印度尼西亚	东亚和太平洋地区	1995～2000，2000～2005	2
柬埔寨	东亚和太平洋地区	1997～2003，2003～2008	2
老挝	东亚和太平洋地区	2002～2007，2007～2012	2
缅甸	东亚和太平洋地区	2005～2010	1
蒙古国	东亚和太平洋地区	2002～2007	1
菲律宾	东亚和太平洋地区	1997～2006，2006～2015	2
所罗门群岛	东亚和太平洋地区	2005～2013	1
泰国	东亚和太平洋地区	1990～2000，2000～2006，2006～2011	3
东帝汶	东亚和太平洋地区	2001～2007，2007～2015	2

续表

国家和地区	区域	年份	期数
汤加	东亚和太平洋地区	1996～2009	1
越南	东亚和太平洋地区	1992～1997，1997～2002，2002～2008，2008～2014	4
贝宁	撒哈拉以南非洲	2003～2011	1
布基纳法索	撒哈拉以南非洲	1994～2003，2003～2009，2009～2014	3
博茨瓦纳	撒哈拉以南非洲	2002～2009，2009～2015	2
科特迪瓦	撒哈拉以南非洲	2002～2015	1
喀麦隆	撒哈拉以南非洲	1996～2001，2001～2007，2007～2014	3
刚果共和国	撒哈拉以南非洲	2005～2011	1
科摩罗	撒哈拉以南非洲	2004～2013	1
埃塞俄比亚	撒哈拉以南非洲	2000～2011	1
加纳	撒哈拉以南非洲	1991～1998，1998～2005，2005～2012	3
几内亚	撒哈拉以南非洲	1994～2002，2002～2007，2007～2012	3
冈比亚	撒哈拉以南非洲	1998～2003，2003～2010，2010～2015	3
肯尼亚	撒哈拉以南非洲	1997～2005，2005～2015	2
利比里亚	撒哈拉以南非洲	2007～2014	1
马达加斯加	撒哈拉以南非洲	1993～1999，1999～2005，2005～2010	3
莫桑比克	撒哈拉以南非洲	2002～2008	1
毛里塔尼亚	撒哈拉以南非洲	2004～2014	1
马拉维	撒哈拉以南非洲	2004～2010，2010～2016	2
纳米比亚	撒哈拉以南非洲	1993～2003，2003～2009，2009～2015	3
尼日利亚	撒哈拉以南非洲	1993～2003，2003～2009	2
卢旺达	撒哈拉以南非洲	2000～2005，2005～2010，2010～2016	3
苏丹	撒哈拉以南非洲	2009～2014	1
塞内加尔	撒哈拉以南非洲	2005～2011	1
南苏丹	撒哈拉以南非洲	2009～2015	1
圣多美和普林西比	撒哈拉以南非洲	2000～2010，2010～2017	2
斯威士兰	撒哈拉以南非洲	1995～2000，2000～2009，2009～2016	3

续表

国家和地区	区域	年份	期数
乍得	撒哈拉以南非洲	2003～2011	1
多哥	撒哈拉以南非洲	2006～2015	1
突尼斯	撒哈拉以南非洲	2005～2010	1
坦桑尼亚	撒哈拉以南非洲	1993～2000，2000～2007	2
乌干达	撒哈拉以南非洲	1999～2005，2005～2010，2010～2016	3
南非	撒哈拉以南非洲	2002～2007	1
扎伊尔	撒哈拉以南非洲	1995～2004，2004～2012	2
赞比亚	撒哈拉以南非洲	1998～2004，2004～2010，2010～2015	3
津巴布韦	撒哈拉以南非洲	2001～2007	1
阿富汗	南亚	2007～2013	1
孟加拉国	南亚	2003～2010，2010～2015	2
不丹	南亚	2003～2012，2012～2017	2
斯里兰卡	南亚	2006～2012	1
尼泊尔	南亚	2003～2010	1
巴基斯坦	南亚	2001～2006，2006～2011	2

附表2 使用贫困发生率的多维贫困—增长弹性

变量	多维贫困发生率	
	（1）	（2）
	五年期	每个国家（地区）一期
人均 GDP 变化	-0.244**	-0.119
	(0.110)	(0.091)
常数	-0.006*	-0.008***
	(0.003)	(0.002)
观察值	200	91
R^2	0.038	0.018

注：括号中为稳健的标准误差；*** 表示 $p < 0.01$，** 表示 $p < 0.05$，* 表示 $p < 0.1$。

附表3　　　　稳健性检查——多维贫困—增长弹性（五年期）

变量	（1）经健康修正的 G-CSPI	（2）经工作修正的 G-CSPI	（3）经权重－1修正的 G-CSPI	（4）经权重－2修正的 G-CSPI	（5）经权重－3修正的 G-CSPI
人均 GDP 变化	－ 0.339 ** (0.155)	－ 0.507 ** (0.225)	－ 0.561 *** (0.191)	－ 0.316 (0.217)	－ 0.538 *** (0.194)
常数	－ 0.013 ** (0.006)	－ 0.008 (0.007)	－ 0.020 *** (0.006)	－ 0.014 ** (0.007)	－ 0.010 (0.007)
观察值	200	200	200	200	200
R^2	0.029	0.032	0.057	0.021	0.063

注：括号中为稳健的标准误差；*** 表示 $p < 0.01$，** 表示 $p < 0.05$，* 表示 $p < 0.1$。

（1）经健康修正的 G-CSPI：所有无法获得饮用水或卫生设施的人都被认为在这一维度很贫穷。

（2）经工作修正的 G-CSPI：所有待业或从事"初级职业"或"熟练农业、林业和渔业"的人都被认为在这一维度很贫穷。

（3）经权重－1修正的 G-CSPI：主要 G-CSPI 采用以下权重计算：健康0.4，教育0.4，工作0.2。

（4）经权重－2修正的 G-CSPI：主要 G-CSPI 采用以下权重计算：健康0.2，教育0.4，工作0.4。

（5）经权重－3修正的 G-CSPI：主要 G-CSPI 采用以下权重计算：健康0.4，教育0.2，工作0.4。

附表4　　　　多维贫困—增长不平等三角（使用多维贫困发生率）

变量	多维贫困发生率	
	（1）五年期	（2）每个国家（地区）一期
人均 GDP 变化	－ 0.237 ** (0.100)	－ 0.123 (0.075)
基尼系数变化	－ 0.176 (0.534)	0.053 (0.505)
常数	－ 0.006 * (0.003)	－ 0.007 *** (0.002)
观察值	200	91
R^2	0.042	0.018

注：括号中为稳健的标准误差；*** 表示 $p < 0.01$，** 表示 $p < 0.05$，* 表示 $p < 0.1$。

附表 5　　按初始多维贫困水平划分的多维贫困—增长弹性（基于 G-CSPI 和 G-M0）

变量	G-CSPI			G-M0								
	(1)	(2)	(3)	(4)	(5)	(6)	(7)	(8)	(9)	(10)	(11)	(12)
	低 G-CSPI（第40百分位）	高 G-CSPI（第40百分位）	低 G-CSPI（平均值）	高 G-CSPI（平均值）	低 G-CSPI（第60百分位）	高 G-CSPI（第60百分位）	低 G-M0（第40百分位）	低 G-M0（第40百分位）	低 G-M0（平均值）	高 G-M0（平均值）	低-GM0（第60百分位）	高 G-M0（第60百分位）
人均 GDP 变化	−0.830 **	−0.331 *	−0.700 *	−0.379 **	−0.638 *	−0.457 **	−0.689 **	−0.199	−0.576 **	−0.239 *	−0.510 **	−0.297 **
	(0.376)	(0.178)	(0.388)	(0.182)	(0.345)	(0.185)	(0.274)	(0.128)	(0.285)	(0.128)	(0.251)	(0.122)
常数	0.010	−0.026 ***	0.003	−0.024 ***	−0.006	−0.019 **	0.011	−0.020 ***	0.004	−0.017 ***	−0.003	−0.014 **
	(0.012)	(0.008)	(0.012)	(0.008)	(0.011)	(0.009)	(0.009)	(0.006)	(0.009)	(0.006)	(0.008)	(0.005)
观察值	91	109	109	91	132	68	92	108	108	92	133	67
R^2	0.126	0.029	0.090	0.037	0.072	0.083	0.137	0.019	0.099	0.027	0.075	0.088

注：括号中为稳健的标准误差；*** 表示 $p < 0.01$，** 表示 $p < 0.05$，* 表示 $p < 0.1$。

附表 6　　多维贫困—增长弹性与基于收入的贫困—增长弹性（五年期），仅非插值收入贫困数据

变量	(1)	(2)	(3)	(4)	(5)	(6)
	G-CSPI	贫困差距平方	G-M0	贫困差距	多维贫困人数	收入贫困人数
人均 GDP 变化	−0.192	−2.372 **	−0.184	−2.510 ***	−0.201	−2.688 ***
	(0.307)	(1.096)	(0.238)	(0.919)	(0.190)	(0.752)
常数	−0.020 **	−0.039	−0.013 **	−0.025	−0.006	−0.008
	(0.009)	(0.026)	(0.006)	(0.022)	(0.005)	(0.018)
观察值	149	149	149	149	149	149
R^2	0.006	0.076	0.009	0.117	0.017	0.188

注：括号中为稳健的标准误差；*** 表示 $p < 0.01$，** 表示 $p < 0.05$，* 表示 $p < 0.1$。

附表 7　　多维贫困—增长弹性与基于收入的贫困—增长弹性（五年期），以不平等的变化为控制变量

变量	(1)	(2)	(3)	(4)	(5)	(6)
	G-CSPI	贫困差距平方	G-M0	贫困差距	多维贫困人数	收入贫困人数
人均 GDP 变化	−0.445 **	−2.305 ***	−0.346 **	−2.255 ***	−0.250 **	−2.154 ***
	(0.198)	(0.663)	(0.145)	(0.544)	(0.104)	(0.444)
基尼系数变化	−0.277	(0.663)	−0.206	−0.865	−0.169	−0.463
	(0.643)	(1.651)	(0.572)	(1.381)	(0.537)	(1.035)

续表

变量	（1）	（2）	（3）	（4）	（5）	（6）
	G-CSPI	贫困差距平方	G-M0	贫困差距	多维贫困人数	收入贫困人数
常数	-0.014^{**}	-0.025	-0.010^{**}	-0.022	-0.006^{*}	-0.020^{*}
	（0.007）	（0.018）	（0.005）	（0.015）	（0.003）	（0.012）
观察值	197	197	197	197	197	197
R^2	0.051	0.076	0.052	0.104	0.045	0.147

注：括号中为稳健的标准误差；*** 表示 $p<0.01$，** 表示 $p<0.05$，* 表示 $p<0.1$。

参 考 文 献

Adams，R. H. （2004）．Economic growth，inequality and poverty：Estimating the growth elasticity of poverty. World Development，32（12），1989 –2014. https：//doi. org/10. 1016/j. worlddev. 2004. 08. 006.

Alkire，S.，Foster，J. （2011）．Counting and multidimensional poverty measurement. Journal of Public Economics，95，476 –487. https：//doi. org/10. 1016/j. jpubeco. 2010. 11. 006.

Alkire，S.，Santos，M. E. （2014）．Measuring acute poverty in the develo-ping world：Robustness and scope of the multidimensional poverty index. World Development，59，251 –274. https：//doi. org/10. 1016/j. worlddev. 2014. 01. 026.

Alkire，S.，Jindra，C.，Aguilar，G. R.，Vaz，A. （2017）．Multidimensional poverty reduction among countries in Sub-Saharan Africa. Forum for Social Economics，46，178 –191. https：//doi. org/10. 1080/07360932. 2017. 1310123.

Amini，C.，DalBianco，S. （2016）．Poverty，growth，inequality and pro-poor factors：New evidence from macro data. The Journal of Developing Areas，50（2），231 –254. https：//doi. org/10. 1353/jda. 2016. 0080.

Asadullah，M. N.，Savoia，A. （2018）．Poverty reduction during 1990 –2013：Did millennium development goals adoption and state capacity matter? World Development，105，70 –82. https：//doi. org/10. 1016/j. worlddev. 2017. 12. 010.

Bérenger，V. （2017）．Using ordinal variables to measure multidimensional poverty in Egypt and Jordan. The Journal of Economic Inequality, 15, 143 – 173. https：//doi. org/10. 1007/s10888-017-9349-7.

Borga, L. G. , D'Ambrosio, C. (2021). Social protection and multidimensional poverty：Lessons from Ethiopia, India and Peru. World Development, 147. https：// doi. org/10. 1016/j. worlddev. 2021. 105634 105634.

Bourguignon, F. (2003). The Poverty-growth-inequality triangle. Working Paper, No. 125, Indian Council for Research on International Economic Relations (ICRIER), New Delhi. Retrieved from https：//www. econstor. eu/bitstream/10419/176147/1/ icrier-wp-125. pdf.

Burchi, F. , Espinoza-Delgado, J. , Rippin, N. , Montenegro, C. E. (2021). An individual-based index of multidimensional poverty for low-and middle income countries. Journal of Human Development and Capabilities, 22 (4), 682 – 705. https：//doi. org/10. 1080/19452829. 2021. 1964450.

Burchi, F. , Malerba, D. , Montenegro, C. E. , Rippin, N. (2022). Assessing trends in multidimensional poverty during the MDGs. Review of Income and Wealth. https：//doi. org/10. 1111/roiw. 12578.

Burchi, F. , Malerba, D. , Montenegro, C. E. , Rippin, N. (2019). Comparing global trends in multidimensional and income poverty and assessing horizontal inequalities. Bonn：Deutsches Institut für Entwicklungspolitik Discussion Paper. Deutsches Institut für Entwicklungspolitik.

Cameron, L. , Chase, C. , Contreas Suareza, D. (2021). Relationship between water and sanitation and maternal health：Evidence from Indonesia. World Development, 147. https：//doi. org/10. 1016/j. worlddev. 2021. 105637 105637.

Chakravarty, S. R. , D'Ambrosio, C. (2006). The measurement of social exclusion. Review of Income and Wealth, 52, 377 – 398. https：//doi. org/10. 1111/j. 1475-4991. 2006. 00195. x.

Cox, N. J. (2007). Speakingstata：Identifying spells. The Stata Journal, 7 (2), 249 – 265. https：//doi. org/10. 1177/1536867x0700700209.

Crespo Cuaresma, J. , Klasen, S. , Wacker, K. M. (2022). When do we see poverty convergence? Oxford Bulletin of Economics and Statistics. https：//doi. org/

10. 1111/obes. 12492.

Datt, G. (2019). Distribution-sensitive multidimensional poverty measures. The World Bank Economic Review, 33, 551 – 572. https：//doi. org/10. 1093/wber/lhx017.

Dollar, D. , Kraay, A. (2002). Growth is good for the poor. Journal of Economic Growth, 7, 195 – 225. https：//doi. org/10. 1023/A：1020139631000.

Dollar, D. , Kleineberg, T. , Kraay, A. (2016). Growth still is good for the poor. European Economic Review, 81, 68 – 85. https：//doi. org/10. 1016/j. euroecorev. 2015. 05. 008.

Djossou, G. N. , Kane, G. Q. , Novignon, J. (2017). Is growth pro-poor in benin? Evidence using a multidimensional measure of poverty. Poverty & Public Policy, 9 (4), 426 – 443. https：//doi. org/10. 1002/pop4. 199.

Espinoza-Delgado, J. , Klasen, S. (2018). Gender and multidimensional poverty in Nicaragua：An individual based approach. World Development, 110, 466 – 491. https：//doi. org/10. 1016/j. worlddev. 2018. 06. 016.

Espinoza-Delgado, J. , Silber, J. (2021). Using Rippin's approach to estimate multidimensional poverty in central America. In G. Betti, A. Lemmi (Eds.), Analysis of socio-economic conditions insights from a fuzzy multi-dimensional approach. Routledge.

Foster, J. E. , Székely, M. (2008). Is economic growth good for the poor? Tracking low incomes using general means. International Economic Review, 49 (4), 1143 – 1172. https：//doi. org/10. 1111/j. 1468-2354. 2008. 00509. x.

Fosu, A. K. (2010). Inequality, income, and poverty：Comparative global evidence. Social Science Quarterly, 91 (5), 1432 – 1446. https：//doi. org/10. 1111/j. 1540-6237. 2010. 00739. x.

Fosu, A. K. (2015). Growth, inequality and poverty in Sub-Saharan Africa：Recent progress in a global context. Oxford Development Studies, 43 (1), 44 – 59. https：//doi. org/10. 1080/13600818. 2014. 964195.

Gallup, J. , Radelet, S. , Warner, A. (1999). Economic growth and the income of the poor. Consulting Assistance on Economic Reform II, Harvard Institute for International Development, Discussion Paper.

Klasen, S. (2004). In Search of the holy grail: How to achieve pro-poor growth? In B. Tungodden, N. Stern (Eds.) Toward Pro-Poor Policies. Aid, Institutions, and Globalization, 63 – 93. Washington, DC: The World Bank.

Klasen, S. (2006). Macroeconomic policy and pro-poor growth in Bolivia. Ibero America Institute for Econ. Research (IAI) Discussion Papers 143. Retrieved from https: //ideas. repec. org/p/got/iaidps/143. html.

Loayza, N. V. , Raddatz, C. (2010). The composition of growth matters for poverty alleviation. Journal of Development Economics, 93, 137 – 151. https: //doi. org/10. 1016/j. jdeveco. 2009. 03. 008.

Mphuka, C. , Kaonga, O. , Tembo, M. (2017). Economic growth, inequality and poverty: Estimating the growth elasticity of poverty in Zambia, 2006 – 2015. International Growth Centre.

Nguyen, C. V. , Pham, N. M. (2018). Economic growth, inequality, and poverty in Vietnam. Asian-Pacific Economic Literature, 32 (1), 45 – 58. https: // doi. org/10. 1111/apel. 12219.

Oberdabernig, D. A. (2013). Revisiting the effects of IMF programs on poverty and inequality. World Development, 46, 113 – 142. https: //doi. org/10. 1016/j. worlddev. 2013. 01. 033.

Ravallion, M. , Chen, S. (1997). What can new survey data tell us about recent changes in distribution and poverty? The World Bank Economic Review, 11 (2), 357 – 382. https: //doi. org/10. 1093/wber/11. 2. 357.

Ravallion, M. (2001). Growth, inequality and poverty: Looking beyond average. World Development, 29 (11), 1803 – 1815. https: //doi. org/10. 1016/S0305-750X (01) 00072 – 9.

Ravallion, M. (2005). A poverty-inequality trade off? The Journal of Economic Inequality, 3 (2), 169 – 181. https: //doi. org/10. 1007/s10888-005-0091-1.

Rippin, N. (2014). Considerations of efficiency and distributive justice in multidimensional poverty measurement. Doctoral thesis, University of Goettingen. URL: https: //ediss. uni-goettingen. de/bitstream/handle/11858/00-1735-0000-0022-5E2E-B/ Rippin_Efficiency% 20and% 20Distributive% 20Justice_Online% 20Publication. pdf?

sequence = 1.

Rippin, N. (2016). Multidimensional poverty in Germany: A capability approach. Forum for Social Economics, 45, 230 – 255. https://doi.org/10.1080/07360932. 2014.995199.

Rippin, N. (2017). Efficiency and distributive justice in multidimensional poverty issues. In R. White (Ed.) Measuring Multidimensional Poverty and Deprivation (pp.31 – 67) New York: Palgrave Macmillan, 2017. doi: 10.1007/978-3-319-58368-6_3.

Roemer, M., Gugerty, M. K. (1997). Does economic growth reduce poverty? Cambridge, MA: Harvard Institute for International Development.

Santos, M. E., Dabus, C., Delbianco, F. (2019). Growth and poverty revisited from a multidimensional perspective. The Journal of Development Studies, 55 (2), 260 –277. https://doi.org/10.1080/00220388. 2017. 1393520.

Sen, A. K. (1985). Commodities and capabilities. Netherlands: North-Holland.

Sen, A. K. (1992). Inequality re-examined. Oxford, UK: Clarendon Press.

Seth, S., Alkire, S. (2021). Multidimensional poverty and inclusive growth in India: An analysis using growth elasticities and semi-elasticities. OPHI Working Papers 137. Oxford Poverty and Human Development Initiative (OPHI). University of Oxford.

Song, S. H., Stemann, D. (1999). Relative efficiency of first difference estimator in panel data regression with serially correlated error components. Statistical Papers, 40 (2), 185 –198. https://doi.org/10.1007/BF02925517.

Thomson, M., Kentikelenis, A., Stubbs, T. (2017). Structural adjustment programmes adversely affect vulnerable populations: A systematic-narrative review of their effect on child and maternal health. Public Health Reviews, 38 (1), 13. https://doi.org/10.1186/s40985-017-0059-2.

Tran, V. Q., Alkire, S., Klasen, S. (2015). Static and dynamic disparities between monetary and multidimensional poverty measurement: Evidence from Vietnam. Measurement of Poverty, Deprivation, and Economic Mobility. Emerald Group Publishing Limited.

UNDP（2010）. Human development report 2010. The real wealth of nations：Pathways to human development. New York：UNDP.

Vijaya，R. M.，Lahoti，R.，Swaminathan，H.（2014）. Moving from the household to the individual：Multidimensional poverty analysis. World Development，59，70 – 81. https：//doi. org/10. 1016/j. worlddev. 2014. 01. 029.

World Bank（2005）. World development report：Equity in development. New York：Oxford University Press.

World Bank（2010）. Global monitoring report 2010：The MDGs after the Crisis. Washington DC：World Bank.

World Bank（2018）. Poverty and shared prosperity 2018：Piecing together the poverty puzzle（p. 2018）. Washington DC：World Bank Publications.

第三部分
国别案例

减轻贫困[*]

——秘鲁的多种碳税和税收返还制度模式

丹尼尔·马勒巴 等[**]

摘　要：碳税是一种在经济上有效且高效的应对气候变化的政策措施。然而，这种政策可能会导致严重的不平等分配效应。因此，将一部分财政收入通过现金转移支付（或者是社会援助）的方式回馈给弱势的低收入家庭，能够减少碳税政策实施过程中的阻力。本文模拟了在秘鲁实施此类联合政策改革的分配效应。首先，本文评估了不同碳税税率的分配效应。其次，本文通过现有的或扩展的面向弱势家庭的转移支付方案，对返还税收收入的不同情形进行评估。结果表明，如果没有补偿措施，全国性的碳税将增加贫困，但对不平等分配没有显著影响。然而，如果通过转移计划将部分税收收入重新分配给低收入家庭，贫困率实际上会下降。本文的模拟结果显示，根据再分配金额和现金转移方案，贫困人口可能会减少，最多可减少约17%。此外，本文不仅关注总体贫困水平，还深入研究了不同碳税改革方案对不同人群的影响，并遵循可持续发展目标中"不让任何人掉队"的原则。

一、引　言

相关文献指出，在试图共同实现不同的可持续发展目标时，除了协同效应外，还需要权衡利弊，因此可能需要采取混合政策（Pradhan et al.，2017）。

---

　* 本文原文请参见：https：//doi. org/10. 1016/j. enpol. 2020. 111961。

　** 作者简介：丹尼尔·马勒巴（Daniele Malerba）是本文的通讯作者，供职于德国发展与可持续性研究所和英国曼彻斯特大学全球发展研究所。本文其他作者包括：安雅·甘奇（Anja Gaentzsch）、豪克·沃德（Hauke Ward）。

例如，通过促进经济增长来消除贫困可能会危害环境（Dollar et al.，2016），导致排放更多的温室气体（Malerba，2020）。同样，缓解气候变化在短期内对贫困人口会造成很大影响，这与碳定价机制尤其相关，如碳税和碳排放交易系统（Emissions Trading Systems，ETS）（Cramton et al.，2017）。由于低收入群体可能会在碳密集型商品上花费更多，并且也很难通过调整自身的消费来适应此类政策带来的物价上涨，因此他们所承受的负担可能显著高于其他收入群体。根据世界银行（2020）的报告，许多政府计划在未来使用碳定价机制来实现气候目标。即便显然需要其他（非价格）政策工具来全面应对气候变化，这些碳定价机制也因其高效性而受到推崇（Stiglitz，2019）。然而，许多国家难以实施碳定价政策（Carattini et al.，2019；Vogt-Schilb et al.，2019），为低收入家庭提供补偿对提高碳定价政策的接受度至关重要（Maestre-Andrés et al.，2019）。在低收入和中等收入国家，实现社会目标也同样重要。本文探讨了秘鲁是通过何种方式将碳税与现金转移方案相结合，从而实现应对气候变化和减少贫困的双重目标。

本文针对两个研究空白展开讨论。首先，现有的研究并未得出一致的结论，所以发展中国家碳定价政策的影响仍需要进一步研究（Renner，2018；Saelim，2019）。初步研究结果表明，碳定价政策可能会对低收入家庭产生不利影响，即可能会导致低收入家庭承担更重的税负。但由于不同国家之间存在巨大差异，因此无法得出普遍结论（Dorband et al.，2019）。即使在碳定价政策具有减少不平等的积极效应的情况下，由于较贫困家庭需要承担更高的价格成本，因此需要对这些家庭的短期福利损失进行补偿（Jakob and Edenhofer，2015；Klenert et al.，2018）。对于低收入国家而言，实施碳定价政策时，通过转移支付、现金转移返还所得是一种可行的选择方案（Vogt-Schilb et al.，2019）。其次，考虑到发展中国家的社会结构、贫困程度和转移支付项目存在着巨大差异，因此了解各个国家的具体情况，并确定哪种现金转移补贴和碳税水平的组合效果最佳十分重要。由于制度能力有限，至少在短期内，这种补贴机制必须依赖现有的社会政策和基础设施。此外，大多数研究仅涉及整体贫困和不平等指标的变化，而全面了解政策改革的获益者和受损者的研究也同样重要（Renner，2018）。

鉴于此背景，本文以秘鲁为例，研究以下问题：（1）碳税对财政、贫困和分配的影响是什么？（2）如果将部分碳税收入用于现有的社会援助计划，是否能够缓解负面影响？（3）在补偿（减贫）和税收使用方面，哪些替代现金转移的计划的效果更好？

本文研究以秘鲁为例，旨在探讨碳税和转移支付政策如何共同应对气候变化，并推动减贫进展。秘鲁是拉丁美洲经济增长速度最快的国家之一，2003~2015 年平均增长率约为 6%。这改善了低收入群体的情况，并显著地推动了减贫进程。但这种增长伴随着环境成本，尽管 GDP 的碳排放强度没有改变，二氧化碳排放量在 2002~2013 年增长了约 65%（ECLAC and OECD，2016）。此外，秘鲁引入碳税，可以进一步促进低碳发展，并帮助实现国家减排目标（Jakob，2018）。

本文的研究步骤如下：第一步，估算家庭的碳足迹。使用基于 GTAP 9 数据库生成的多区域输入输出数据集（Multi-Regional Input-Output Dataset，MRIO）（Aguiar et al.，2016），并采用安德鲁和皮特斯（Andrew and Peters，2013）提出的程序进行宏观分析。同时，本文将已生成的数据集与覆盖全国各地区的全国家庭调查（ENAHO）中获取的家庭消费信息整合起来。本文还考虑了非常详细的消费项目和供应链，将观察到的超过 324 个消费项目的列表与 MRIO 数据集中列出的 57 个行业相结合。通过这种方式，可以首先估算家庭的碳足迹，探究消费模式的直接（燃料燃烧）和间接（生产消费品和服务所排放的碳）影响。第二步，模拟不同水平的碳税政策对贫困和收入不平等的影响。尽管一些研究将海外排放考虑在内，并采用全球碳税方法对其进行估算（Carattini et al.，2019；Dorband et al.，2019；Ward et al.，2019），但本文所采取的方法仅考虑秘鲁的国内排放（参见 Saelim，2019；Wang et al.，2019）。最后，模拟实施了现有和替代现金转移计划，评估这些措施抵消低收入群体实际收入损失的效果。在未考虑企业调整供应链、投入以及消费者消费模式改变的前提下，本文的模拟仅对短期影响展开评估（参见 Vogt-Schilb et al.，2019；Schaffitzel et al.，2020）。但是，本文没有将价格变化对于总体均衡效应的影响进行评估。因此，本文只模拟短期影响，不能完全反映长期影响。

通过研究发现，实施碳税政策会增加贫困，但不平等程度基本不发生变化。与有限的现有文献（Brenner et al.，2007；Yusuf and Resosudarmo，2015；Renner，2018；Dorband et al.，2019）相比，本文研究证明了在秘鲁的背景下，碳税的影响不是累进的。最重要的是，分析表明，即使只是通过现金转移计划返还碳税带来的部分收入，与税前状况相比，贫困状况也可以得到改善。因此，采用替代性方案可能会更好地确保大多数贫困人口不会变得更加贫困。本文的研究还表明，关注贫困的总体变化这一举措掩盖了贫困转型和贫困人口的财政致贫情况。因此，只关注总体的贫困水平存在局限性，深入研究不同的碳税的改革方案对不同人群的影响非常重要，从而落实可持续发展目标中"不让任何人掉队"的原则。

本文结构如下：第二部分更详细地讨论秘鲁背景下采用碳税和补偿机制的情况；第三部分介绍数据来源及其描述性统计；第四部分对使用的研究方法进行解释；第五部分介绍分析结果；第六部分讨论政策影响，并得出结论。

二、背 景

（一）碳税和补偿机制

碳税（以及一般的碳定价）是缓解气候变化的重要工具（Cramton et al.，2017），其原因在于它们与命令和控制工具相比具有更高的经济效率，并且产生收入的能力更强。近年来，全球碳定价机制的数量不断增加，到 2020 年达到 61 个（Word Bank，2020）。这种机制包括区域、国家和地方管辖区内的 31 个排放交易系统（Emissions Trading Systems，ETS），以及 30 个主要在国家层面实施的碳税。尽管存在这一总体趋势，但其主要局限在高收入国家。此外，少数采用碳定价机制的中低收入国家定价相对较低。从积极的方面来看，许多中低收入国家正在考虑在不久的将来采用碳定价的机制（World Bank，2020）。

虽然现有关于气候政策对高收入国家分配影响的研究发现碳税总体上是累退税（Wang et al.，2016），[①] 但对中低收入国家而言缺乏明确的证据。鉴于中低收入国家与高收入国家的结构不同，需要对中低收入国家进行更多的研究，以使这些政策能够符合其社会发展目标。来自墨西哥和印度尼西亚的模拟研究

---

① 尽管结果取决于碳税的设计，包括所考虑的行业。

（Renner，2018；Saelim，2019）似乎对中低收入国家也采用累退形式的碳税的预测提出了异议。多邦等（Dorband et al.，2019）使用 87 个中低收入国家的标准化数据，在第一次跨国分析中进一步研究了这种关系。尽管他们只考虑了四个收入类别，并得出结论认为背景因素，尤其是能源消费模式很重要，但他们没有发现普遍的模式。此外，与当前的文献相比，他们的研究中对消费项目的分类和细化程度较低。更重要的是，审视对不平等的影响得出了一个非常片面的情况。事实上，特别是在中低收入国家，累进和累退的碳税[①]对最低收入群体产生了负面影响，会显著影响他们的生活状况并使家庭陷入贫困。因此，充分了解碳税的获益者和受损者对于实现"不让任何人掉队"的目标至关重要（OECD，2018）。

一种可行方案是将碳定价的收入重新分配给低收入家庭以补偿利益受损者。卡尔和费多（Carl and Fedor，2016）以及克勒内特等（Klenert et al.，2018）的研究表明，在高收入国家，收入分配给不同的主体和项目，如公司、家庭、政府预算和绿色支出，分配的份额主要取决于政治经济。卡尔和费多的研究还表明，超过 1/3 的收入以转移支付的形式返还给家庭，以补偿能源价格上涨带来的影响。与高收入国家相比，有充分的理由考虑补偿性转移支付在中低收入国家能发挥更重要的作用。第一，许多中低收入国家的非正规劳动力市场庞大，而且穷人也集中于这个市场（Ricciuti et al.，2018）。因此，降低劳动税和所得税——正如高收入国家经常建议的那样——可能不会使低收入阶层受益太多。第二，与补贴相比，现金转移支付也更适合贫困家庭（Vogt-Schilb and Hallegatte，2017）。第三，许多中低收入国家的社会保障结构一直在扩大，使其在行政上成为一种可行的选择方案。社会援助计划是一种一般税基的非缴费转移支付（Barrientos，2013），其数量在 2015 年达到 284 个，2000 年为 89 个（Barrientos，2018）。它们覆盖了中低收入国家近 10 亿人口，是主要的福利（Barrientos，2013）。因此，转移计划的普及以及其相对于其他财政工具

---

① 原文为 progressive carbon taxes 和 regressive carbon taxes。在碳税政策中，"progressive carbon taxes" 指的是对高碳排放行业和高收入人群征收更高的税率，以减少他们对环境的负面影响，并通过再分配政策来减轻低收入家庭和弱势群体的负担。而 "regressive carbon taxes" 则是指对低碳排放行业和低收入人群征收更高的税率，这可能会导致贫困和不平等加剧。因此，"progressive carbon taxes" 被认为是一种公平、可持续的环境政策，而 "regressive carbon taxes" 则可能会引起社会的不满和抵制。——译者注

的比较优势，为使其作为碳定价机制的主要补偿机制提供了重要机会。①

但目前的社会援助计划也存在一些缺点，可能会阻碍其在碳定价背景下的补偿作用。例如，许多项目的排除错误率很高，这意味着很大一部分穷人无法从这些计划中受益（Devereux et al.，2017）。如果存在这种情况，需要有可替代的项目设计。叶姆佐夫和穆巴拉克（Yemtsov and Moubarak，2018）指出，在化石燃料改革的背景下，大部分补偿计划都是新的。事实上，这些计划的现有基础设施被认为不足以满足整个经济价格上涨所引起的需求增加。由于补偿低收入家庭对于实施必要的气候缓解政策至关重要，因此本文通过两种方式评估了对新的现金转移计划的潜在需求，为当前文献作出贡献。首先，本文跨越了总体贫困统计数据，聚焦最贫困的人群。其次，本文模拟基于当前架构和目标方法的替代转移计划，以了解如何最好地补偿贫困家庭因碳税价格上涨而产生的损失。据我们所知，这是第一个关于碳税主题的详细的国别研究。目前，唯一一项与中低收入国家相关的研究模拟了化石燃料补贴取消的情况（Schaffitzel et al.，2020），而不是模拟碳税实施的情况。

（二）秘鲁的碳税和社会保障的作用

本文以秘鲁为例，对以上所述问题进行研究。秘鲁经济增长迅速，严重依赖采掘业，尤其是采矿业（KMPG，2013）。秘鲁的诸多特征符合本文的研究目的。首先，秘鲁计划大幅削减其碳排放量，这是由于自1990年以来其碳排放量几乎翻了一番。② 但迄今为止，秘鲁政府都没有发布碳税政策（Jakob，2018）。因此，本文探讨了碳税的潜力。其次，从2002年引入社会医疗保险以来，秘鲁逐步扩充完善其社会保障体系和范围（Jones et al.，2008）。就覆盖范围和支出而言，两个最大的社会援助计划是有条件现金转移的 Juntos 计划和社会养老金 Pension 65 计划。Juntos 计划于2005年推出，作为标准的有条件现金转移进行运作：有孩子的贫困家庭每两个月领取200索尔（按购买力平价计，约合133美元），条件是他们的孩子定期上学并享有基本医疗保健服务。

---

① 此外，一些主要的现金转移计划是作为化石燃料补贴改革的一部分，将减缓气候变化与社会政策联系起来（Vogt-Schilb and Hallegatte，2017）。

② 土地使用产生的碳排放占总碳排放量的比例最大；工业、电力和交通运输领域的碳排放增长最快。

如果不遵守这些要求，则暂停该家庭参与补贴计划。Juntos 计划仅适用于当地贫困率为 40% 及以上的地区。[①] Pension 65 计划在 2011 年推出，是一种社会养老金计划：保证每两个月向 65 岁及以上、被确定为极度贫困且未被缴费和私人养老保险覆盖的老年人发放 250 索尔（按购买力平价计，约合 166 美元）的转移收入。[②] 与 Juntos 计划不同，Pension 65 计划没有地理位置方面的限制。

除了针对个人和家庭的社会保障外，所谓的标准制度旨在促进地方层面的公共社会投资：来自采掘业的税收和特许权使用费中的部分收入被用于在地区和市级管理的投资基金，以造福当地社区（Loayza and Rigolini，2016）。然而，在实践中，缺乏规划和支付资金的行政和技术能力不仅阻碍了这些目标的实现，反而更助长了社会环境冲突（Jakob，2018）。在此背景下，鉴于 Juntos 计划和 Pension 65 计划在过去已经多次扩大规模，利用现有的现金转移体系将收入转移至低收入群体，似乎比公共基础设施投资计划更具可行性，能更好地促进社会发展和实现环境目标（Jakob，2018）。

虽然 Juntos 计划对减贫产生了积极影响（Perova and Vakis，2009；Jaramillo，2014），但存在着两个主要的局限性。第一，秘鲁目前的社会救助体系将大部分穷人排除在外（Jaramillo，2014；Gaentzsch，2017）。第二，由于转移支付的金额和覆盖面都非常有限，使得减贫效果甚微，这一研究发现也适用于秘鲁的财政政策（Jaramillo，2014）。

三、数据与描述性统计

（一）GTAP 数据库和 MRIO 结果

宏观数据来自 GTAP 9 数据库，本文使用该数据库进行基于消耗的排放分

---

① 除了目标群体中的亚马逊土著，以及遭受自然灾害/紧急情况的地区的家庭。

② 要满足 Pension 65 计划的资格条件，个人必须居住在符合贫困或极端贫困标准的家庭（除个人标准外）。要满足 Juntos 计划的资格条件，必须是贫困或极度贫困家庭，并需要满足以下条件：（1）在干预措施实施地区居住超过 6 个月；（2）包含至少一名孕妇或一名 0~19 岁的儿童/青少年；（3）至少有一名持有有效身份证的成年人。

析，涉及 140 个地区和 57 个行业。[①] 按照安德鲁和皮特斯（Andrew and Peters, 2013）所述的程序，GTAP 可以转换为多区域投入产出模型。本文采用的计算方法是基于标准 MRIO 分析（例如，Miller and Blair, 2009）。该方法考虑了一个行业间的流动矩阵 $Z \in \mathbb{R}^{(m \cdot n) \times (m \cdot n)}$，其中，$n$ 是区域数量，m 是行业数量，以及最终需求向量 $Y \in \mathbb{R}^{m \cdot n \times 1}$。$Z$ 的单个条目反映了从区域 r_1 中的行业 s_1 到区域 r_2 中的行业 s_2 的流动货币价值，其中，r_1，$r_2 \in \{1, \cdots, n\}$，s_1，$s_2 \in \{1, \cdots, m\}$。类似地，$y_{r_1, s_1}^{r_2}$，s_1 表示从区域 r_1 的行业 s_1 流入区域 r_2 的最终需求的所有货币流量的总和。

这些可用于计算技术矩阵 $A \in \mathbb{R}^{(m \cdot n) \times (m \cdot n)}$，具有单个条目 $a_{r_2, s_2}^{r_1 s_1} = z_{r_2 s_2}^{r_1 s_1} / o_{r_1, s_1}$，其中，$o_{r_1, s_1} = \sum_s \sum_r \left(z_{r_2 s_2}^{r_1 s_1} \right) + \sum_r y_{r_1, s_1}^r$ 是一个行业的总产出。这些描述了生产 1 单位产出所需的每种输入量。A 可以计算列昂惕夫逆矩阵 L，它考虑了在生产过程中的某个阶段使用过的所有预产品。结果为 $L = (I-A)^{-1}$，其中 I 表示单位矩阵。

令 $F \in \mathbb{R}^{m \times n}$ 表示二氧化碳排放量向量，其元素 $F_{r,s}$ 指区域 r 中行业 s 释放的总二氧化碳排放量。令 $F^* \in \mathbb{R}^{m \times n}$ 表示排放向量，其特征是仅在秘鲁的情况下具有非零条目，即所有涉及秘鲁以外行业的条目均为零。将 F 和 F^* 分别按条目逐个除以相应的行业总产出，结果得到向量 f 和 f^*，其条目反映与生产 1 美元产出相关的二氧化碳排放，即排放强度。

GTAP 单独报告了家庭的最终需求，并说明了家庭的直接排放量。设 F_{r_1, s_1}^{dir} 表示区域 r_1 的家庭在行业 s_1 的直接排放量。令 Y^{HH} 表示应归于家庭的最终消费。与区域 r_1 中行业 s_1（消费项目）的家庭消费相关的间接排放结果为：

$$F_{r_1, s_1}^{dir} = \sum_{r'} \sum_{s'} \sum_r f_{r', s'} L_{r', s'}^{r, s_1} y_{r, s_1}^{HH r_1} \tag{1}$$

添加直接排放得到与家庭消费 F_{r_1, s_1}^{HH} 相关的排放总量，其中，$F_{r_1, s_1}^{HH} = F_{r_1, s_1}^{dir} + F_{r_1, s_1}^{ind}$。这些排放量需要分配给家庭消费，这将在下一部分进行阐述。在考虑仅源自秘鲁的排放时，必须将上式中的 f 替换为 f^*。

对于秘鲁的案例，本文的研究结果见附表 1。本文计算了秘鲁两种不同类型

[①] 与 Exiobase（Stadler et al., 2018）、WIOD（Timmer et al., 2015）或 EORA（Lenzen et al., 2013）等其他输入输出数据库相比，GTAP 并非每年都发布。然而，该数据库涵盖了许多非工业化经济体，但其他数据库很少考虑这些经济体，此外提供了同质化的行业解决方案，从而可以与其他类似研究进行比较（Renner, 2018；Renner et al., 2018）。

的相关碳排放量。首先，秘鲁家庭仅由国内生产产生的碳足迹，见附表1列（b）和列（c），后者对应内含碳强度；其次，考虑消费的总碳含量的碳足迹，见附表1列（d）和列（e），后者是隐含碳强度。[①] 这是模拟国内和全球碳税的基础。但是，如前所述，该分析基于国家碳税。附表1列（b）和列（d）显示，秘鲁大部分的排放与交通运输、石油和电力行业有关。相反，天然气制造、电力和石油行业的碳消费强度最高，见附表1列（c）和列（e）。

（二）秘鲁全国家庭调查（ENAHO）

微观分析基于全国家庭调查（Encuesta Nacionalde Hogares，ENAHO），这是一项由秘鲁国家统计和信息学研究所（Peruvian National Institute of Statistics and Informatics，INEI）开展的年度全国调查，涵盖该国所有地区。该调查采用地理三阶段概率抽样框架，该框架涉及该国24个省级层面居住在私人住宅中的人口。它在区域层面具有进一步的代表性，其中地理区域划分为沿海、丛林和高原的城市和农村地区，以及利马大都市区，共七个区域单位。

样本规模在过去几年有所增加，2015年达到约33 400户。调查包含丰富的人口统计信息、所有14岁及以上家庭成员的收入来源、消费和支出模式以及公共转移支付的接收情况。广泛消费模块不仅记录消费的产品或服务类型的详细信息，还记录购买地点、价格以及付款人或机构等信息。在食品方面，记录在家和外出消费的食品以及自产食品（和其他产品）。此外，鉴于缺乏更详细的消费调查，ENAHO是秘鲁全国范围内家庭消费的最佳信息。消费信息共包括324个项目。

根据ENAHO的贫困衡量标准，以及消费比收入更能反映贫困事实，本文使用消费作为利息的福利衡量标准。同时，本文使用INEI计算的贫困线来衡量中度（最低福利）贫困。其代表每月人均当地代表性食品篮子的价值和附加的非食品支出总和，以接近中度贫困。本文还使用极端（营养）贫困线进行稳健性检验。总体而言，上述七个区域单位有明显的极端和中度贫困线，这些贫困线是根据进入篮子的110种项目的中位数价格计算得出的。

由该数据计算得出秘鲁以基尼系数衡量的不平等高达0.37，约22%的人口处于中度贫困线以下（4%的人口处于极端贫困状态）。在区域层面，与高原地

---

① 后者也包括再进口的碳排放量。

区相比，沿海地区的贫困率要低得多。其中，利马大都市区的贫困率最低。

（三）秘鲁社会援助的范围

本文将分析重点放在两个最大的社会救助计划——Juntos 计划和 Pension 65 计划上。对于 Juntos 计划，本文通过两种方式评估其定向准确性[①]：首先，观察家庭申报的实际领取情况；其次，通过模拟定向算法来预测资格条件。总体而言，14% 的人口报告称在过去一年中收到了来自 Juntos 计划的转移支付。表 1 中的列（1）显示，大量的贫困人口（包括极端贫困人口和中等贫困人口）没有受到该计划的帮助（36.56% 是受益人，排除误差为 63.44%），而很大一部分受益人是非贫困人口（包含误差为 43.63%）。[②] 在考虑社会养老金 [列（2）] 的定向准确性时，8.87% 的贫困人口生活在领取 Pension 65 计划的养老金的家庭中，但超过 57.35% 的领取者并不贫困。列（3）和列（4）涉及极端贫困。被排除在转移支付之外的贫困人口比例下降这一事实表明，Juntos 计划更倾向于帮助极端贫困人口。包含误差的比例增加可以归因于极端贫困人口的规模远小于中等贫困人口（Hanna and Olken，2018）。最后，大约 3% 的贫困人口和极端贫困人口同时获得 Juntos 计划和 Pension 65 计划的帮助；另外，57% 的贫困人口和 39% 的极端贫困人口既没有获得 Juntos 计划的帮助，也没有获得 Pension 65 计划的帮助。

表 1　　Juntos 计划和 Pension 65 计划的排除误差项与包括误差项　　单位：%

贫困 （包括极端贫困和 中等贫困）	（1） Juntos 计划	（2） Pension 65 计划	极端贫困	（3） Juntos 计划	（4） Pension 65 计划
受益人（a）	36.56	8.87	受益人（a）	55.02	9.66
排除误差项（1 − a）	63.44	91.13	排除误差项（1 − a）	44.98	90.33
包括误差项	43.63	57.35	包括误差项	84.16	91.32

资料来源：作者根据相关资料整理。

---

① 本文仅限于针对 Juntos 计划的目标效率分析，因为 ENAHO 包含关于获得 Juntos 计划帮助的人的具体问题，而 Pension 65 计划尚未包含这些问题。

② 这是由多个原因导致的：首先是目标受援群体的确定方式；其次是该项目未涉及的地区（包括首都利马）。还有一些家庭在加入 Juntos 计划后已经脱贫，但仍然被纳入其中。此外，还有未被涵盖的，但符合条件的家庭，其中一些可能是因为未提供出生证明或未申请参加该计划，也可能是因为地方政府的实施能力不足。

需要指出的是，这种对包含和排除误差项的估计衡量了目标群体对货币贫困的看法，而社会转移支付的实际目标是基于多维家庭定向系统（Sistema de Focalizacion de Hogares，SISFOH）的评分。尽管它们密切相关，但多维家庭定向系统的目的在于确定长期贫困人口，而货币贫困也包括确定短暂贫困人口。

为了在家庭层面估计 Juntos 计划的资格，本文模拟了该计划使用的定向机制（Bernal et al. ，2017；Hanna and Olken，2018）。[①] 秘鲁采用统一的社会援助定向方法，即 SISFOH，为每个家庭打分（Indice de Focalizacion de Hogares，IFH），然后据此将家庭分类为极度贫困、贫困或非贫困。这基于多维代理手段测试（Proxy-Means Test，PMT），该测试特别考虑了家庭的财富、其成员的识字率和居住特征。[②] 由于政府没有透露确切的定向算法，本文根据利纳雷斯－加西亚（Linares García，2009）和席尔瓦－韦尔塔和斯坦皮尼（Silva Huerta and Stampini，2018）的研究进行了模拟。本文的研究计算结果表明，符合条件的受益人（通过复制 PMT 确定）约占人口的 9%，这明显低于 22% 的中度贫困发生率。此外，根据本文基于复制定向机制的模拟，只有约 6% 不符合条件的家庭报告获得了 Juntos 计划的福利，而 43% 的家庭报告尽管符合条件但没有获得福利。符合条件的 Juntos 计划的人分别占全国贫困人口和极端贫困人口的 37% 和 55%。可能有几个原因可以解释实际受益人和符合条件的受益人之间的差异。[③] 首先，政府尚未系统地重新评估家庭的资格状况。因此，可能出现已经脱贫，但仍在社会项目注册数年的情况。其次，符合条件的人不接受福利的原因有很多，如缺乏信息、行政障碍、不遵守条款和接受福利的机会成本，以及耻辱感。此外，由于缺乏完整信息，本文的模拟可能无法完美复制官方的定向算法。

四、计算碳足迹、税收和模拟的方法

为了解决以上研究问题，本文将自上而下的宏观数据与自下而上的家庭信

---

① 申请资格是本文分析的一个重要标准，因为本文的假设使降低非贫困人口的计划占用率具有可能性。

② Juntos 计划还包括两个额外流程：地理定位（也不包括首都利马）；区一级的协商会议负责核实申请家庭是否确实是有需要的家庭。

③ 定位错误可以分解为设计错误和实施错误（Devereux et al. ，2017）。

息联系起来。然后，模拟不同的碳税水平，得出关于发生率和分配效应的结论。本文假设所有的商品价格上涨都会转嫁给消费者。本文模拟不同的情形，包括采取措施提高现有转移支付计划的慷慨程度及扩展覆盖范围，以充分补偿贫困人口。

（一）碳税的分配效应：合并 ENAHO 和 MRIO

要计算碳税的影响，首先需要估算家庭的碳足迹。本文将 2015 年的 ENAHO 家庭数据与 2011 年 GTAP 的 MRIO 数据合并。具体来说，本文将家庭调查中的 324 个支出项目归入 GTAP 的 57 个行业。然后，将每个类别的家庭支出乘以对应行业的碳强度（如附表 1 中估计的那样）。家庭的总碳足迹（CF）是每个行业的足迹之和：

$$CF = \sum_{i=1}^{n} c_i e_i \tag{2}$$

其中，c_i 为第 i 项的支出金额，e_i 为对应的碳强度，即 $F^{HH}_{Peru,i} \Big/ \sum_{r} y^{HHPeru}_{r,i}$，$n$ 为在考虑范围内的消费项目数（本文考虑了所有可用的消费项目）。

接着，通过将碳足迹（CF）乘以税率来估算要支付的碳税金额。之后，从家庭总消费中减去应纳税额。该计算使用来自 ENAHO 的家庭支出的微观数据，以及来自 MRIO 的生产的碳强度的宏观数据。而本文是根据消费来衡量贫困和不等的。值得指出的是，一部分消费来自自给自足的生产，这一经济活动经常出现在低收入人群中。因为不在市场上交易，本文假设这种经济活动不受碳税的影响。

（二）情形：目标和碳税值

本文模拟了不同的情形，并考虑了两个维度——碳税税率以及转移支付方案——进行建模。关于第一个维度，估计碳排放的实际货币成本在经验上具有挑战性，并且文献中没有提供商定的价格。本文采用三种不同税率的碳税来测试不同的情形。斯蒂格利茨等（Stiglitz et al.，2017）建议，到 2020 年税率达到 40~80 美元/吨二氧化碳排放。卡拉蒂尼等（Carattini et al.，2019）估计，若全球征收 80 美元/吨二氧化碳的税，碳排放将减少 1/3，因此本文使用这个值作为上限。到 2030 年，要实现《巴黎协定》的目标，至少需要征收 50 美元/吨二氧化碳的税（Stiglitz et al.，2017）。因此，本文对秘鲁征收 50 美元/吨二氧化碳的碳税作为基准情形所产生的影响进行模拟。本文选择了 20 美元/吨二氧化碳作为下限，因为它接近托尔（Tol，2019）对碳社会成本的估计值。选取该标准作为下限的原因还在于，假设一开始政府可能会选择低税率，以便未来可以逐渐提高税率。有些文献注意到，如果考虑地方层面的不平等，碳的社会成本可能会大幅增加（Dennig et al.，2015；Adler et al.，2017；Kornek et al.，2019）。

与模拟全球碳税的其他研究相比，本文模拟了国家碳税。由于其行业竞争力的潜在损失（Fullerton and Muehlegger，2019；Ward et al.，2019）和碳泄漏（Elliott and Fullerton，2014），政府可能不愿实施国家碳税。然而，由于关于全球碳税的国际协议存在很大障碍，这将是最佳解决方案（Edenhofer et al.，2015；Cramton et al.，2017；Stiglitz et al.，2017），国家政策与将全球税收保留在政治议程上并在实现《巴黎协定》目标方面取得进展具有高度相关性。通过采用适当的政策组合，国家政策可以在改善环境的同时提供社会保障。此外，政府可以实施边境碳调整等解决方案，以在一定程度上解决碳泄漏和竞争力丧失等问题（Cosbey et al.，2019）。

在转移支付方案的设计方面，本文通过模拟不同的情形来展示不同可信政策设计的潜在补偿效应。然后，将这些政策所需的资金与通过碳税获得的收入进行比较。本文根据现状基准情形评估这些情况，即 ENAHO 中报告的家庭消费，包括当前转移收入（包括 Juntos 计划和 Pension 65 计划）。模拟情形可以分为不同的组别（见表 2）。第一组情形是围绕垂直扩展构建的。这意味着保留当前的受益群体，但增加转移支付的金额。本文预估转移收入水平将对当前 Juntos 计划受益人（情形 1a）以及 Juntos 计划和 Pension 65 计划受益人（情形 1b）的影响产生翻倍的效应。此外，情形 1c 模拟了 Juntos 计划的覆盖范围，除了当前的受益人之外，所有潜在的符合条件的个人的转移收入是当前的两倍。第二组情形通过受当前计划启发的可信政策情形模拟横向扩展。这些情形模拟了受益人数量的增加，可以解决当前 Juntos 计划和 Pension 65 计划中出现的高排除错误。情形 2a 在全国范围内扩大 Juntos 计划；情形 2b 考虑每月 25 新索尔的普遍儿童福利。在情形 2c 中，向所有家庭每月转移支付 50 新索尔。由于实施的易行性和政治经济原因，这种普遍转移被视为中低收入国家的可行选择（Macauslan and Riemenschneider，2011）。第三组情形从可用收入开始。它估计了将通过碳税获得的所有收入以均等的方式重新分配给以下人员的影响：当前的 Juntos 计划的受益人（情形 3a）；在国家层面扩大 Juntos 计划的情况下的潜在受益人（情形 3b）；所有公民（情形 3c）。分配所有收入在政治上不可行，因为没有其他返还的方式，如补偿强大的利益集团（Klenert et al.，2018）。但收入的均等性使结果具有可比性，因为有资格获得援助的人收到的金额相同（Vogt-Schilb et al.，2019）。

最后，本文估算了缩小贫困差距所需的资金，作为"消除贫困"情形中的基准。①

表 2　　　　　　　　　　通过现金转移重新分配碳税收入的情形

情形	主要利益维度	描述
基准线		维持现状
根除贫困		贫困差距完全缩小（用于估算税收占缩小贫困差距所需支出份额的情形）
1a	增加慷慨度——纵向扩张	当前的 Juntos 计划的转移支付金额翻倍
1b		当前的 Juntos 计划和 Pension 65 计划的转移支付金额翻倍
1c		将 Juntos 计划的覆盖范围扩大到当前转移支付的两倍，以覆盖所有符合条件的人（而不仅仅是当前的受益人）
2a	扩大覆盖面——横向扩展	将 Juntos 计划的覆盖范围扩大到国家层面内所有符合条件的人
2b		向所有 17 岁以下的儿童提供 25 新索尔/月的普遍性福利
2c		授予每户 50 新索尔/月的普遍性基本收入
3a	重新分配所有碳税收入	将所有收入分配给当前 Juntos 计划的受益人
3b		在国家层面将所有收入分配给所有符合 Juntos 计划条件的家庭
3c		所有的收入平均比例分配给所有的人

资料来源：作者的测算。

---

① 除了使用当前流程的基础架构的情形（情形 a、情形 b 和情形 3a）外，还有其他情形可能会产生额外的管理成本。这些通常与总预算相比并不大，大约 5%（Fiszbein and Schady，2009），因此不包括在本文的分析范围中。

五、实证结果

（一）碳足迹（百分位数）

本文计算了家庭的碳足迹。图1显示了总消费分布中的碳足迹。[①] 从该图可见前九个十分位的碳足迹呈线性增长，最高10%的分布呈指数增长。实际上，高十分位数的足迹几乎是第九等分位数的两倍，是分布在下半部分的六倍。同样有趣的是，碳足迹的不平等略高于消费货币的不平等。前者的基尼系数为0.42，后者为0.37。

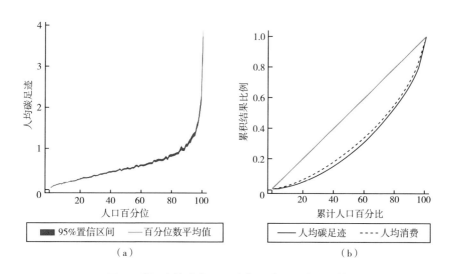

图1　碳足迹的分布以及消费和碳足迹的不平等

资料来源：作者制作。

这些结果证实，收入[②]是碳足迹的主要驱动因素，而收入增长促进了整体消费的增加。此外，城市地区的平均碳足迹和消费支出都比农村地区高三倍。

----

① 由于国家排放产生的碳税与碳税无关，本文使用支出（而不是总消费）的碳足迹。

② 根据秘鲁政府公布的信息和相关文献（Deaton，2016），我们使用消费（而不是收入）作为福利变量，因为这可以更好地观察较低的十分位人口的福利。跟大多数其他研究一样，由于支出是消费的一部分，我们也将其视为负债。

（二）碳税的分配影响

为了解分配效应，本文假设家庭要为其当前的消费篮子支付碳税，然后计算碳税引起的贫困和收入相对不平等的变化。[①] 本文使用 FGT 指数[②]估计贫困程度（Foster et al.，2010）。而对于不平等，本文使用基尼指数，以及前 10% 人口与后 10% 人口、前 25% 和后 25% 的福利份额之间的比率（Cobham et al.，2016）加以衡量。表 3 展示了不同碳税率对贫困和收入不平等的估计影响。在 50 美元/吨二氧化碳税率的情况下，贫困人数（FGT0）将按 7.21% 的比例增加（从 0.218 增加到 0.233），贫困差距（FGT1）和贫困差距平方（FGT2）的增长幅度较小。对消费比例的影响而言，碳税约占较低十分位消费的 1.1%，占最高十分位消费的 1.5%。在低税率的情况下，贫困人口将增加 2.4%（增加 0.5 个百分点），而在高税率的情况下，贫困人口将增加 10.8%。[③]

表3 　　　　　　　　　　碳税对贫困和收入不平等的影响

碳税	贫困的衡量					收入不平等的衡量				
	指标	税前	税后	变化		指标	税前	税后	变化	
				绝对值	占比（%）				绝对值	占比（%）
20 美元/吨二氧化碳	FGT0	0.218	0.223	0.005	2.43	基尼系数	0.368	0.368	-0.000	-0.02
	FGT1	0.054	0.055	0.001	1.64	p90p10	5.457	5.451	-0.006	-0.10
	FGT2	0.020	0.020	0.000	1.77	p75p25	2.388	2.386	-0.002	-0.09
50 美元/吨二氧化碳	FGT0	0.218	0.233	0.016	7.21	基尼系数	0.368	0.368	-0.001	-0.04
	FGT1	0.054	0.057	0.002	4.26	p90p10	5.457	5.454	-0.003	-0.05
	FGT2	0.020	0.021	0.001	4.52	p75p25	2.388	2.384	-0.004	-0.19

① 本文使用相对度量来估计不平等程度，也就是比较个人（或群体）之间的收入比率。基尼指数是常用的方法。相反，绝对不平等衡量标准比较的是个人之间的绝对收入差异，如绝对基尼系数或方差。虽然两者对于为政策分析提供信息都很重要，但本文侧重于相对不平等，因为它支持与其他可能更适合补充贫困分析的可比性（Niño-Zarazúa et al.，2017）。

② FGT 指数（Foster-Greer-Thorbecke Index）通常包括贫困发生率（headcount ratio，HR）、贫困差距指数（poverty gap，PG）和平方贫困差距指数（square poverty gap，SPG）三个指标。——译者注

③ 贫困人口的这些变化在统计上都是显著的。另外，接下来的研究和表中呈现的不平等变化在统计上并不显著。为了评估与税收相关的贫困和不平等的变化是否具有统计显著性，我们比较了税收前后贫困/不平等估计量的置信区间。如果两个置信区间重叠，则说明两个估计量之间的差异不显著。

续表

碳税	贫困的衡量					收入不平等的衡量				
	指标	税前	税后	变化		指标	税前	税后	变化	
				绝对值	占比（%）				绝对值	占比（%）
80 美元/吨二氧化碳	FGT0	0.218	0.241	0.024	10.81	基尼系数	0.368	0.368	-0.001	-0.07
	FGT1	0.054	0.058	0.004	7.02	p90p10	5.457	5.444	-0.013	-0.23
	FGT2	0.020	0.021	0.001	7.38	p75p25	2.388	2.384	-0.005	-0.19

资料来源：作者的测算。

除此之外，碳税不会显著影响任何税率背景下计算的收入相对不平等的程度。在 50 美元/吨二氧化碳的税率下，基尼系数仅为 0.04%，相对略微下降。在考虑其他相对不平等措施时，也会发现类似的结果。这些估计显示出国家碳税累进性非常有限。

表 4 显示了碳税影响的地理异质性，重点关注城乡之间以及地区之间的差异。总体而言，虽然基尼系数在城市地区和农村地区基本保持不变，但对贫困的影响却存在显著差异。以 50 美元/吨二氧化碳的税率为例，城市贫困率将增加 11.4%，而农村地区将增加近 2%。作为贫困率最低的地区，沿海地区和利马的贫困增长比例最高。

表 4　　　　　按地区划分的碳税影响

地区	贫困率						
	税前	20 美元/吨二氧化碳		50 美元/吨二氧化碳		80 美元/吨二氧化碳	
		税前	变化率（%）	税前	变化率（%）	税前	变化率（%）
城市	0.150	0.156	3.79	0.167	11.41	0.175	16.75
农村	0.472	0.476	0.80	0.482	2.18	0.489	3.71
北海岸	0.209	0.214	2.70	0.233	11.71	0.245	17.10
中心海岸	0.127	0.143	12.82	0.146	14.96	0.148	16.92
南海岸	0.115	0.126	8.87	0.134	15.63	0.141	21.98
北部高地	0.532	0.535	0.65	0.541	1.69	0.552	3.86
中部高地	0.322	0.325	0.96	0.336	4.25	0.344	6.77
南部高地	0.231	0.237	2.62	0.246	6.36	0.257	11.11
丛林	0.289	0.293	1.13	0.303	4.71	0.309	6.78
首都利马	0.110	0.114	3.83	0.124	12.96	0.130	18.43

续表

收入不平等（基尼指数）						
地区	税前	20 美元/吨二氧化碳		50 美元/吨二氧化碳		80 美元/吨二氧化碳	
		税前	变化率（%）	税前	变化率（%）	税前	变化率（%）
城市	0.335	0.335	0.02	0.336	0.05	0.336	0.08
农村	0.298	0.297	-0.10	0.297	-0.24	0.297	-0.38
北海岸	0.320	0.320	0.02	0.320	0.06	0.320	0.10
中心海岸	0.26	0.260	0.04	0.260	0.11	0.260	0.18
南海岸	0.306	0.306	0.03	0.306	0.08	0.306	0.13
北部高地	0.399	0.399	-0.08	0.399	-0.19	0.398	-0.30
中部高地	0.353	0.353	-0.05	0.353	-0.13	0.352	-0.20
南部高地	0.344	0.344	-0.03	0.344	-0.07	0.344	-0.11
丛林	0.346	0.346	-0.08	0.346	-0.20	0.345	-0.33
首都利马	0.320	0.320	0.03	0.320	0.09	0.320	0.15

资料来源：作者的测算。

因此，碳税的分配效应可以总结为三个主要发现。第一，碳税对收入分配的影响很小，所以碳税是分配中性的（不会发生明显变化）。具体来说，收入相对不平等程度的下降幅度估计会非常小，因此碳税不会显著地影响收入分配的公平性。第二，碳税会导致贫困率增加，在不同碳税情形下，贫困率的增加存在着较大差异。第三，碳税对贫困的影响在地理上具有异质性。特别是城市地区的贫困率会增加更多，而某些地区将受到更大影响，不论碳税税率。接下来，在现金转移计划流程设计的背景下分析这些异质性影响。

（三）不同情形的补偿作用

表 5 显示了表 3 中针对在征收 50 美元/吨二氧化碳的碳税背景下的不同情形的模拟结果。该表显示了每种情形下的绝对值（上部分）和与税前值相比的比例变化（下部分）。表格的最后一行显示了每种情形下将使用多少税收收入。

表5　　征收50美元/吨二氧化碳的碳税背景下的不同情形的模拟结果

指标	税前	税后	纵向扩张			横向扩张		
			1a	1b	1c	2a	2b	2c
绝对值								
FGT0	0.218	0.233	0.220	0.211	0.214	0.206	0.206	0.204
FGT1	0.054	0.057	0.051	0.048	0.048	0.050	0.048	0.048
FGT2	0.020	0.021	0.018	0.017	0.016	0.018	0.016	0.017
基尼系数	0.368	0.368	0.363	0.360	0.361	0.362	0.361	0.362
与税前相比的百分比变化								
FGT0	0.218	7.21%	1.00%	-2.98%	-1.90%	-5.32%	-5.43%	-6.21%
FGT1	0.054	4.26%	-6.81%	-11.55%	11.75%	-8.65%	-12.22%	-11.66%
FGT2	0.020	4.52%	-11.22%	-16.60%	-17.90%	-10.67%	-18.22%	-16.24%
基尼系数	0.368	-0.04%	-1.33%	-2.17%	-2.00%	-1.79%	-2.00%	-1.70%
使用税收收入占比			34.05%	63.55%	56.12%	144.63%	90.93%	153.24%

资料来源：作者的测算。

　　从模拟纵向扩张的情形开始，列1a表明，将Juntos计划转移给当前受益人的资金增加1倍将补偿税收造成的贫困增加（显示在税后列中）；总体而言，与税前情况相比，会略微增加贫困率（表5第1列）。反之，贫困差距和贫困差距平方将缩小，收入不平等程度将下降1.3%。与情形1a相比，将Pension 65计划转移的资金增加1倍（情形1b），或是实施双倍金额的有针对性的Juntos计划（情形1c），贫困差距和收入不平等的下降幅度更大，同时也减少了贫困人口。

　　对于横向扩张的政策情形（列2a~列2c），与税前相比，政策改革将使贫困人口减少5.32%~6.21%。在这三种情形中，在全国范围内推出Juntos计划（列2a）将产生与儿童补助金（列2b）类似的效果。[①] 在所有三种情形中，收入不平等的减少幅度都处于1.7%~2%。

　　这些影响与收入份额有关（见表5最后一行）。使Juntos计划金额增加1倍，将使用碳税总收入的34.05%，如果养老金金额也增加1倍，则增加到63.55%。前者的份额与在高收入国家的情形下的发现相似（Carl and Fedor，2016；Klenert et al.，2018）。在另一个极端的情形下，在全国范围内推行Juntos计划（情形

----

　　① 对于其他情形，也已建模，但由于篇幅原因，未在本文中呈现。

2a）和向所有家庭提供无条件的基本收入（情形2c），则金额将会超过碳税征收的收入总额。消除贫困的情形（也就是消除贫困差距）也是如此。

如果重新分配所有碳税收入会怎样？在将碳税收入重新分配给当前或扩大的受益人群体的情况下，贫困将显著减少。表6中的列3a显示，如果将碳税收入分配给当前的Juntos计划受益人，贫困人口将减少约10%，而贫困差距和贫困差距平方将按比例分别减少约25%和33%。另外，与情形3a相比，通过使所有符合条件的全国（情形3b）或所有公民均等获得转移支付来重新分配收入（情形3c），对贫困和不平等的影响较小。

表6　使用所有碳税收入下不同情形的模拟结果（碳税税率：50美元/吨二氧化碳）

指标	税前	3a	3b	3c
绝对值				
FGT0	0.218	0.195	0.212	0.209
FGT1	0.054	0.040	0.052	0.049
FGT2	0.020	0.013	0.019	0.017
基尼系数	0.368	0.354	0.364	0.363
与税前相比的百分比变化				
FGT0	0.218	−10.41%	−2.67%	−4.03%
FGT1	0.054	−25.34%	−4.44%	−8.76%
FGT2	0.020	−32.93%	−5.52%	−13.08%
基尼系数	0.368	−3.77%	−1.28%	−1.51%

资料来源：作者的测算。

接下来，本文将这些发现与不同税率的结果进行比较。图2显示，对于情形1a～情形2c，80美元/吨二氧化碳的较高税率会导致贫困人口增加。这是因为税收所导致的贫困增加超过了转移支付的补偿金额。当转移金额在所有税率下保持不变，家庭的纳税义务会随着税率的增加而加重。这些结果强调，现金转移计划的具体金额需要根据相应税收的分配效应的大小进行调整，以补偿对较贫困家庭的负面影响。因此，了解税收的分配效应至关重要。对于最后一组情形（情形3a～情形3c），较高的税率会导致贫困人口的收入减少更多，因为这意味着家庭需要重新分配收入，将更多的钱花在碳税上。在考虑贫困差距时，也会发现类似的结论。①

---

① 由于篇幅原因，未在本文中呈现。

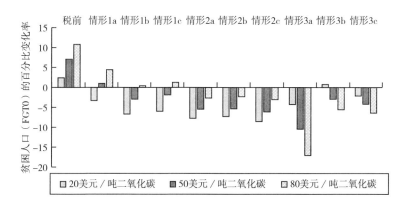

图2　按税率计算的贫困人口相对变化

作为最后一步，图3比较了考虑减贫潜力和相对支出水平（指的是政府在碳税收入中用于减少贫困的相对支出水平）之间重大政策权衡的情形。[①] 本文将这两个维度之间的关系定义为支出效率。图3（a）是对贫困人口的评估，图3（b）是对贫困差距的评估。没有位于右上象限的情形，这意味着没有在增加贫困的同时使用超过所有收入的情况出现。左下象限的情形是政策制定者应该瞄准的目标：在减少贫困的同时，使用的税收不超过100%。这意味着，既要减少贫困，又要确保政府使用的税收不会超过其总收入。总体而言，决策者必须充分权衡税收收入金额与减贫潜力，以便作出明智的决定。

（四）贫困人口的贫困转型和财政贫困

虽然碳税对贫困的影响可以通过监测总体和最常用的贫困统计数据（如FGT指数）的变化进行记录，但这些方式可能会遗漏关键的政策信息。例如，即使总体贫困指标没有变化甚至有所改善，一些人仍可能因税制改革而变得更贫穷（Higgins and Lustig，2016）。FGT衡量的贫困无法捕捉动态变化，这是因为这种方式遵循匿名原则，但这意味着未考虑个体的初始情况。这对于分析秘鲁的情形尤为重要。例如，许多没有获得Juntos计划支持的贫困家庭将面临实际收入减少，这是因为税收上涨，而没有通过现有计划提供的更多的转移支付来补偿。

---

① 这一点至关重要，因为可能需要将部分收入再分配给不同的人以解决政治经济的问题（Fullerton and Muehlegger，2019；Ward et al.，2019）。

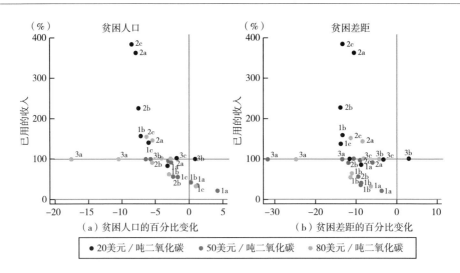

图3　按情形和税率划分的支出效率

如何超越对总体贫困的估计？一种主要方法是采用主流的 FGT 贫困指数的变化进行分解。可以根据税前状况将贫困人口的变化分解为返贫和脱贫。表7 显示，若征收 50 美元/吨二氧化碳税，在所有情形下，都会有一些人陷入贫困［列（c）］。而且，在许多情况下，返贫是不可忽视的。例如，情形 1b 显示，返贫和脱贫的比例均明显高于总体减贫比例。在人人均等的基础上重新分配收入的情形 3c 显示，返贫数量最少。

表7 还按照希金斯和勒斯蒂格（Higgins and Lustig，2016）的建议，将贫困差距分解为财政贫困（FI）和穷人的财政收益（FGP）。当一些政策改革后的穷人缴纳的税款超过他们从转移支付中获得的收入时，就会出现 FI；它衡量的是政策改革后穷人的境况变差了多少。FGP 代表了相反的情况，衡量的是改革前的穷人过得更好的程度。首先，对于贫困转型的情况，所有情形都显示出一定程度的财政贫困［列（e）］（情形 2c 和情形 3c 的值非常小，因为将收入重新分配给所有家庭和公民不会出现受益人错误的问题）。积极的一面是，FI 的总量很小（平均约为贫困线的 0.10%）。其次，FI 和 FGP 强烈依赖补偿机制。例如，对当前 Juntos 计划基本框架的情形进行建模，结果显示将显著减少贫困，但这将包括财政贫困。FI 在情形 1a、情形 1b、情形 1c 和情形 3a 之间是相同的，但后者的 FGP［列（f）］会高得多。再举一个例子，情形 1b 实现了与情形 2c 相同的贫困差距缩小，但有更多的 FI 和 FGP。

表7 征收50美元/吨二氧化碳税的背景下的贫困人口的贫困转型和财政贫困

情形	贫困人口百分点变化 (a) = (b) - (c)	返贫百分点变化 (b)	脱贫百分点变化 (c)	贫困差距比例变化百分点变化 (d) = (e) - (f)	人均FI占贫困线的比例百分点变化 (e)	人均FGP占贫困线的比例百分点变化 (f)	FGP/FI (g)	极端贫困变化			
								极端贫困人口百分点变化 (h)	极端贫困人口占比（%） (i)	极端贫困差距百分点变化 (j)	极端贫困差距（%） (k)
1a	0.22	1.29	1.07	-0.37	0.17	0.54	3.18	-0.71	-17.45	-0.19	-24.72
1b	-0.65	1.21	1.85	-0.63	0.16	0.78	5.02	-0.97	-23.81	-0.24	-31.24
1c	-0.41	1.21	1.62	-0.64	0.15	0.79	5.21	-1.08	-26.60	-0.28	-35.60
2a	-1.16	0.43	1.59	-0.47	0.09	0.56	6.18	-0.42	-10.45	-0.11	-13.79
2b	-1.18	0.16	1.34	-0.66	0.03	0.69	22.26	-1.00	-24.57	-0.26	-33.40
2c	-1.35	0.05	1.40	-0.63	0.00	0.63	573.65	-0.85	-20.87	-0.22	-28.59
3a	-2.27	1.26	3.53	-1.37	0.17	1.54	9.14	-1.88	-46.33	-0.39	-50.08
3b	-0.58	0.67	1.25	-0.24	0.25	0.49	1.98	-0.23	-5.60	-0.04	-5.36
3c	-0.88	0.00	0.88	-0.47	0.00	0.48	486.47	-0.68	-16.75	-0.19	-24.61

资料来源：作者的测算。

为了进一步分析获益者和受损者的情况，可以采用另一种方法，即观察收入分布的底部，也就是极端贫困的变化情况［列（h）~列（k）］。所有的情形都减少了极端贫困，而且贫困状态的变化并不太大。当关注贫困差距时，所有情形中贫困差距也都缩小了。换句话说，本文发现在所有的情形下，极端贫困与贫困差距都出现了缩小的趋势。

最后，与前面所述一样，本文也关注到地理异质性，如通过比较城市和农村地区来探究地理异质性。图4显示，绝对FI和FGP在农村地区要高得多，在对更普遍的计划进行建模的情形，其绝对值也较低。

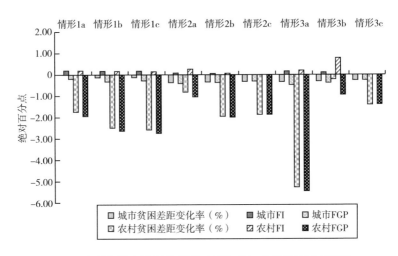

图4　农村和城市地区的FI和FGP（50美元/吨二氧化碳）

六、结论和政策影响

碳定价政策可能成为减少温室气体排放的政策首选项。为了成功实施这种政策，必须确保不违反社会目标，这也是可持续发展目标和《巴黎协定》所倡导的原则。要遵守国际框架，就意味着应该共同实现社会和环境目标。因此，本文以秘鲁为案例进行分析，并提出了改革方案：在实施碳税的过程中，应同时利用现金转移支付来补偿税收损失者。本文结合微观和宏观数据评估了秘鲁全国范围内碳税的短期分配效应。

本文的结果表明，没有补偿的碳税政策会增加贫困，但不会改变相对不平等的程度。重要的是，模拟结果表明，通过返还碳税收入来实施转移支付计划，可以减少贫困。同时，本文还模拟了不同的转移支付计划，并展示了不同政策在减贫效果和使用税收收入份额之间存在权衡。这些结果强调了之前定性研究中提到的一些观点（Jakob，2018），并为有关中低收入国家实施社会公正气候政策提供文献支持。

本文的研究结果对于如何在秘鲁和其他国家设计碳税政策具有重要的意义。

第一，本文的分析显示，在秘鲁实施碳税并不会导致贫困加剧，因此碳税并不是一种累退性的税收。模拟的结果显示，通过返还碳税税收，并结合转移支付计划，可以减少贫困。因此，将碳税与转移支付计划相结合可能会使一系列的政策更有效。因此，碳税不仅可以促进实现环境目标，还可以同时促进实现社会目标，并且可以在减少贫困方面得到政治上的支持。

第二，需要超越贫困和不平等的总体衡量标准，充分理解碳定价的分配影响。例如，本文发现尽管贫困人口数量有所减少，但一些贫困人口却变得更加贫困（财政贫困）。这主要是由于这些人被排除在现金转移计划之外。这也是许多使用 PMT 定位的中低等收入国家和低收入国家实施现金转移计划可能出现的情况。本文使用的分解方法使得分析比传统的税前与税后的贫困比较更加丰富。实现可持续发展目标中的"不让任何人掉队"原则，需要采取一系列措施，包括关注贫困人口的财政收益、提高行政能力以及将计划扩展到目前未覆盖的地区和家庭等。这些措施可以帮助减少贫困和不平等，并确保所有人都能够从可持续发展中受益。

第三，政策设计的重要性。如前面所述，政策设计在减少贫困和不平等方面面临着权衡：一方面，需要满足不同的预算限制；另一方面，需要减少贫困和不平等。这对于政策制定者来说是一个相关的信息，因为很可能并非所有的税收收入都可以通过转移支付计划返还（Carl and Fedor，2016；Klenert et al.，2018）。因此，研究所有可能的解决方案至关重要。此外，了解当前的现金转移架构是否可以充分补偿碳税的损失者，或者是否需要调整这些计划以覆盖更广泛的目标群体，都是需要重要考虑的问题。

第四，与现有研究（Dorband et al.，2019）相比，本文分析的是国家碳税的案例，因为它不需要开展国家之间的合作，因此更容易实施。本文的研究表明，即使是单边气候行动，也能带来社会效益和环境效益。[①]

　　我们的分析框架存在一些固有的局限性，比如没有评估一般均衡（General-Equilibrium，GE）效应，如行为反应、消费模式变化、劳动力供给、健康影响和企业调整等。然而，本文进行了短期效应和影响上限的估计，这对于成功实施政策以及社会和公众接受度至关重要，正如最近在法国和其他国家所看到的那样（Carattini et al.，2018；Klenert et al.，2018；Vogt-Schilb et al.，2019）。[②]事实上，通过对税收分配的分析，可以了解潜在的个人成本（更高的能源价格和更低的购买力）及其分布情况，这对于政策可接受性至关重要（Maestre-Andres et al.，2019）。然而，在评估较长时间范围内的总体影响时，以及在为决策者提供重要的补充信息方面，其他研究方法和GE模型也很重要。根据研究进行设计、选择的建模方法和评估的影响维度，可以揭示不同的发现。例如，有证据表明，向清洁能源系统转型产生的就业效应可能相当小，甚至是积极的（Montt et al.，2018）。此外，一般投资模式可能会受到影响。富勒顿和荷特尔（Fullerton and Heutel，2007）使用GE方法指出，控制污染的措施对资本报酬的损害大于对劳动力的损害。迪苏和西迪基（Dissou and Siddiqui，2014）使用加拿大经济的多部门计算一般均衡模型（Computable General-Equilibrium，CGE）指出，要素价格的变化和大宗商品价格的变化会对不平等产生相反的影响，所以仅考虑商品价格的变化可能会导致长期影响出现误差。有关最近在美国CGE环境中将气候外部性内部化以及其对经济效率的影响的广泛调查，请参见高德和哈夫斯特德的研究（Goulder and Hafstead，2017）。甚至柯布－道格拉斯方法（Fullerton and Ta，2019）也可以评估不同政策选择的长期影响，并揭示引入碳税后经济效率

---

① 尽管如此，全球碳税以及更强大的环境成果将更显著地改善中等收入国家贫困和不平等状况，正如秘鲁卡拉蒂尼等（Peru Carattini，2019）发现的那样，鉴于收入平均分配给全球公民，50美元/吨二氧化碳的全球碳税意味着人均189美元的UBI。这高于本文中发现的值。

② 实物转移和食品券等其他转移计划不在本文讨论范围之内，尽管其由于较少受腐败影响而得到提倡。其背后的原因有很多，尤其与计算限制有关。此外，Juntos计划受益者还可以获得免费健康保险（SIS）。SIS涵盖基本健康保险计划（Plan Esencial de Aseguramiento en Salud，PEAS）中概述的一系列疾病和状况。但用于医疗健康的资金存在重大缺陷（Francke，2013）。因此，将收入投资于医疗卫生系统可以改善长期（和短期）健康结果。这同样适用于对教育系统的投资。秘鲁在PISA测试（国际学生能力评估计划）中垫底（OECD，2012），所以将部分税收用于教育投资也可以进一步促进长期减贫。

的变化。

综上所述，本文详细分析了如何设计由碳税和补偿性转移支付计划构成的政策改革。分析表明，共同实现社会和环境目标是可行的，同时还可以为实现其他目标带来额外的税收收入，积极的社会影响有利于碳定价的实施。考虑到结果对特定国家因素（特别是消费模式和现有社会保障体系的覆盖范围）的敏感性，未来研究的重点方向在于对其他国家进行可比较的详细分析。此外，还需要研究实施方面的问题，包括适当和可行的政策排序问题，这对于减碳至关重要（Meckling et al.，2017），以及碳定价政策的实施问题。同样，分析各国机构能力也是未来研究的方向，这可以解决改革是否会超负荷以及使用什么样的政策组合的问题。最后，我们认识到政治经济问题至关重要。尽管碳税具有减少贫困和促进实现环境目标的潜力，但秘鲁的政治经济体制可能会使碳税的引入变得困难。私营部门反对提高税收，以及对分配影响的担忧被视为碳定价政策的主要障碍（Jakob，2018）。最近由腐败丑闻引起的政治动荡，使得政府与国会之间产生了更加根深蒂固的分歧；此外，新冠疫情引起的经济衰退，以及诸多外部因素可能会使秘鲁未来税制改革的反对声音进一步增强（Zarate and Casey，2019）。[①] 然而，秘鲁在21世纪的第一个十年实施了非常重要的财政和经济改革，尤其是通过强有力的政治领导摆脱了经济危机，因此税制改革必不可少（Carranza，2012）。正如本文研究所强调的那样，改革（包括碳定价计划和面向家庭的转移支付）的潜在社会协同效益能够提高公众的接受度并解决他们对分配影响的担忧（Jakob，2018）。由于其他国家可能会考虑采取碳定价政策来实现经济复苏和气候减排目标（Burke and Bowen，2020；Hepburn et al.，2020），因此需要进一步研究政治经济的参与者及其在实施这些改革中的利害关系。

---

① 详情请参见：https：//www. economist. com/the-americas/2020/01/30/the-difficulty-of-reforming-peru。

附　　录

附表 1　　根据 GTAP 模型计算的秘鲁家庭的虚拟碳排放量和支出

类别	秘鲁家庭的消费支出（百万美元）	与秘鲁家庭在秘鲁境内的消费相关的二氧化碳排放量（千吨）		与秘鲁家庭消费相关的所有二氧化碳排放量（千吨）	
		国家税		全球税	
	（a）	（b）	（c）=（b）/（a）	（d）	（e）=（d）/（a）
水稻	1	0.04	0.037	0.05	0.046
小麦	512	18.50	0.036	155.69	0.304
其他谷物	928	34.43	0.037	189.63	0.204
蔬菜、水果、坚果	2 538	206.00	0.081	330.04	0.130
油籽	34	1.39	0.041	6.24	0.183
甘蔗、甜菜	0	0	0.000	0.01	0.238
植物纤维	142	5.93	0.042	45.01	0.317
其他农作物	3 086	285.56	0.093	372.24	0.121
牛、绵羊和山羊、马	332	20.92	0.063	34.61	0.104
其他动物产品	1 266	80.53	0.064	140.64	0.111
生牛奶	2	0.14	0.060	0.28	0.119
羊毛、蚕茧	0	0.03	0.120	0.03	0.120
林业	174	9.49	0.054	15.65	0.090
渔业	2 037	324.13	0.159	413.87	0.203
煤炭	—	0	—	0	—
油	—	0	—	0	—
天然气	0	0	0	0	0
其他矿物质	1	0.08	0.094	0.30	0.351
牛肉制品	1 273	148.01	0.116	210.80	0.166
其他肉类制品	2 980	245.74	0.082	367.62	0.123
植物油脂	2 381	208.44	0.088	671.71	0.282
乳制品	2 350	223.36	0.095	376.52	0.160
精米	1 074	79.13	0.074	164.85	0.153
糖	1 717	152.54	0.089	232.33	0.135

续表

类别	秘鲁家庭的消费支出（百万美元）	与秘鲁家庭在秘鲁境内的消费相关的二氧化碳排放量（千吨）		与秘鲁家庭消费相关的所有二氧化碳排放量（千吨）	
		国家税		全球税	
	(a)	(b)	(c) = (b)/(a)	(d)	(e) = (d)/(a)
其他食品	3 678	382.54	0.104	579.77	0.158
饮料和烟草制品	4 991	272.34	0.055	419.70	0.084
纺织品	908	6.98	0.008	639.85	0.705
穿着服饰	7 474	668.58	0.089	1 312.08	0.176
皮革制品	1 960	146.57	0.075	387.59	0.198
木制品	2 740	214.94	0.078	368.73	0.135
纸制品、出版	2 590	244.74	0.094	623.66	0.241
石油、煤制品	2 450	7 048.12	2.877	7 597.71	3.101
化工、橡胶、塑料制品	5 423	499.08	0.092	3 041.50	0.561
其他矿产品	479	129.20	0.270	364.49	0.761
黑色金属	446	128.12	0.287	646.97	1.450
其他金属	0	0	0	0.03	0.545
金属制品	372	144.34	0.389	301.23	0.811
机动车辆及零部件	672	24.03	0.036	244.56	0.364
其他运输设备	76	3.21	0.042	39.82	0.526
电子设备	2 284	130.17	0.057	841.42	0.368
其他机械设备	526	24.55	0.047	178.00	0.338
其他制造产品	4 529	844.63	0.186	1 209.07	0.267
电	804	2 752.63	3.425	2 794.35	3.477
天然气生产与销售	2	27.10	10.884	27.15	10.904
水	43	4.85	0.112	7.66	0.178
建筑	141	17.68	0.125	24.26	0.172
贸易	10 270	1 913.09	0.186	2 492.10	0.243
其他运输	7 982	7 308.14	0.916	8 124.73	1.018
水运	401	68.42	0.171	355.58	0.887
航空运输	1 255	663.37	0.529	1 413.09	1.126
传媒	2 215	101.48	0.046	155.24	0.070

续表

类别	秘鲁家庭的消费支出（百万美元）	与秘鲁家庭在秘鲁境内的消费相关的二氧化碳排放量（千吨）		与秘鲁家庭消费相关的所有二氧化碳排放量（千吨）	
		国家税		全球税	
	（a）	（b）	（c）=（b）/（a）	（d）	（e）=（d）/（a）
其他金融服务	1 092	42.71	0.039	55.66	0.051
保险	1 568	81.23	0.052	131.96	0.084
其他商业服务	1 301	59.77	0.046	114.10	0.088
娱乐和其他服务	9 227	1 702.36	0.184	2 072.52	0.225
公共行政、国防、教育、卫生	96	13.48	0.141	15.73	0.164
住宅	568	18.28	0.032	24.70	0.043
总计	101 391	27 731.13	0.274	40 333.12	0.398

资料来源：作者的测算。

参 考 文 献

Abdi, H., Valentin, D. (2007). Multiple correspondence analysis. In N. J. Salkind (Ed.), Encyclopedia of measurement and statistics (pp. 651 – 657). Sage Publications.

Adato, M., Carter, M. R., May, J. (2006). Exploring poverty traps and social exclusion in South Africa using qualitative and quantitative data. Journal of Development Studies, 42 (2), 226 – 247. https：//doi. org/10. 1080/002203805 00405345.

Alarcón, D., Sánchez, J. A. (2015). Assessing convergent and discriminant validity in the ADHD-R IV rating scale：User-written commands for Average Variance Extracted (AVE), Composite Reliability (CR), and Heterotrait-Monotrait ratio of correlations (HTMT). In Spanish STATA Meeting, Vol. 39. Universidad Pablo de Olavide. Retrieved from https：//www. stata. com/meeting/spain15/abstracts/materials/spain15_alarcon. pdf. Accessed March 3, 2022.

Alkire, S., Santos, M. E. (2010). Acute multidimensional poverty：A new index for developing countries. OPHI Working Paper 38, University of Oxford.

Alkire, S., Santos, M. E. (2014). Measuring acute poverty in the developing world: Robustness and scope of the multidimensional poverty index. World Development, 59, 251 – 274. https://doi.org/10.1016/j.worlddev.2014.01.026.

Alkire, S., Foster, J. E., Seth, S., Santos, M. E., Roche, J. M., Ballon, P. (2015). Multidimensional poverty measurement and analysis. Oxford University Press.

Alkire, S., Kanagaratnam, U., Nogales, R., Suppa, N. (2022). Revising the global Multidimensional Poverty Index: Empirical insights and robustness. Review of Income and Wealth. https://doi.org/10.1111/roiw.12573.

Alkire, S., Kanagaratnam, U., Suppa, N. (2018). Multidimensional poverty index 2018: Brief methodological note and results. OPHI MPI Methodological Notes 46, University of Oxford.

Alkire, S., Kanagaratnam, U. (2020). Revisions of the global multidimensional poverty index: Indicator options and their empirical assessment. Oxford Development Studies, 49 (2), 169 – 183. https://doi.org/10.1080/13600818.2020.1854209.

Alkire, S., Jahan, S. (2018). The global MPI 2018: Aligning with the sustainable development goals. UNDP HDRO Occasional Paper, UNDP HDRO.

Angulo, R. C. A., Díaz, B. Y., Pinzón, R. P. (2016). The Colombian multidimensional poverty index: Measuring poverty in a public policy context. Social Indicators Research, 127 (1), 1 – 38. https://doi.org/10.1007/s11205 – 015 – 0964 – z.

Asselin, L. M. (2002). Multidimensional poverty: Composite indicator of multidimensional poverty Working Paper. Institut de Mathématique Gauss.

Asselin, L. M., Anh, V. T. (2008). Multidimensional poverty and multiple correspondence analysis. In N. Kakwani, J. Silber (Eds.), Quantitative approaches to multidimensional poverty measurement (pp. 80 – 103). Palgrave MacMillan.

Atkinson, T. (2019). Measuring poverty around the world. Princeton University Press.

Ballon, P., Duclos, J. Y. (2016). A comparative analysis of multidimensional poverty in Sudan and South Sudan. African Development Review, 28 (S2), 132 – 161. https：//doi. org/10. 1111/1467 – 8268. 12198.

Banks, N. (2016). Urban livelihoods in an era of climate change：Household adaptations and their limitations in Dhaka, Bangladesh. In M. Roy, S. Cawood, M. Hordijk, D. Hulme (Eds.), Urban poverty and climate change：Life in the slums of Asia, Africa and Latin America (pp. 113 – 129). Routledge.

Baharoglu, D., Kessides, C. (2002). Urban poverty. In J. Klugma (Ed.), A sourcebook for poverty reduction strategies (pp. 124 – 159). World Bank.

Batana, Y., Duclos, J. Y. (2010). Multidimensional poverty among West African children：Testing for robust poverty comparisons. In J. Cockburn, J. Kabubo-Mariara (Eds.), Child welfare in developing countries (pp. 95 – 122). Springer.

Bentler, P. M. (2007). Covariance structure models for maximal reliability of unit-weighted composites. In S. Lee (Ed.), Handbook of computing and statistics with applications (Vol. 1) (pp. 1 – 19). Elsevier.

Booysen, F., Servass Van Derberg, R., Von Maltitz, M., Du Rand, G. (2008). Using an asset index to assess trends in poverty in seven sub-Saharan African countries. World Development, 36 (6), 1113 – 1130. https：//doi. org/ 10. 1016/ j. worlddev. 2007. 10. 008.

Brown, C., Ravallion, M., van de Walle, D. (2019). Most of Africa's nutritionally deprived women and children are not found in poor households. Review of Economics and Statistics, 101 (4), 631 – 644. https：//doi. org/10. 1162/ rest_a_ 00800.

Cappellari, L., Jenkins, S. P. (2007). Summarizing multiple deprivation indicators. In S. P. Jenkins, J. Micklewright (Eds.), Inequality and poverty：Re-examined (pp. 166 – 184). Oxford University Press.

Carletto, C., Gourlay, S., Murray, S., Zezza, A. (2016). Cheaper, faster, and more than good enough：Is GPS the new gold standard in land area measurement? World Bank Policy Research Working Paper 7759. World Bank.

Carter, M. R., Barrett, C. B. (2006). The economics of poverty traps and persistent poverty：An asset-based approach. Journal of Development Studies, 42 (2),

178 – 199. https：//doi. org/10. 1080/00220380500405261.

Chakraborty, N. M. , Fry, K. , Behl, R. , Longfielda, K. (2016). Simplified asset indices to measure wealth and equity in health programs：A reliability and validity analysis using survey data from 16 countries. Global Health：Science and Practice, 4 (1), 141 – 154. https：//doi. org/10. 9745/ghsp-d – 15 – 00384.

Chilonda, P. Otte, J. (2006). Indicators to monitor trends in livestock production at national, regional and international levels. Livestock Research for Rural Development, 18, Article 117. Retrieved from http：//www. lrrd. org/lrrd18/8/chil18117. htm. Accessed March 9, 2022.

Chowa, G. , Ansong, D. , Masa, R. (2010). Assets and child well-being in developing countries：A research review. Children and Youth Services Review, 32 (11), 1508 – 1519. https：//doi. org/10. 1016/j. childyouth. 2010. 03. 015.

Costello, A. B. , Osborne, J. W. (2005). Best practices in exploratory factor analysis：Four recommendations for getting the most from your analysis. Practical Assessment, Research & Evaluation, 10 (7), 1 – 9.

Dekkers, G. (2008). Are you unhappy? Then you are poor! Multi-dimensional poverty in Belgium. International Journal of Sociology and Social Policy, 28, 502 – 515. https：//doi. org/10. 1108/01443330810915215.

Deutsch, J. , Silber, J. (2008). The order of acquisition of durable goods and the multidimensional measurement of poverty. In N. Kakwani, J. Silber (Eds.), Quantitative approaches to multidimensional poverty measurement. Palgrave-MacMillan.

Deutsch, J. , Silber, J. , Verme, P. (2012). On social exclusion in Macedonia：Measurement and determinants. In C. Ruggeri Laderchi, S. Savastano (Eds.), Poverty and exclusion in the Western Balkans：New directions in measurement and policy (chapter 7). Springer.

Deutsch, J. , Silber, J. , Wan, G. , Zhao, M. (2020). Asset indexes and the measurement of poverty, inequality and welfare in Southeast Asia. Journal of Asian Economics, 70, 101220. https：//doi. org/10. 1016/j. asieco. 2020. 101220.

Dida, M. F. (2017). Review paper on determining stocking rate in tropical countries by the use of Tropical Animal Unit Month (Taum). International Journal of Microbiology and Biotechnology, 2 (1), 48 – 51. https：//doi. org/10. 11648/ j. ijmb. 20170201. 19.

Dijkstra, A. M., Sinnige, T. C., Rogers, C. W., Gee, E. K., Bolwell, C. F. (2016). Preliminary examination of farriery and hoof care practices and owner-reported injuries in sport horses in New Zealand. Journal of Equine Veterinary Science, 46, 82 – 88.

Dotter, C., Klasen, S. (2014). The multidimensional poverty index：Achievements, conceptual and empirical issues. UNDP Human Development Report Office Occasional Paper, United Nations Human Development Research Office. Economic Commission for Latin America and the Caribbean (ECLAC) (2015). Panorama Social de América Latina. ECLAC.

Ellis, F. (2000). Rural livelihoods and diversity in developing countries. Oxford University Press.

Food and Agriculture Organization of the United Nations (FAO) (2011). Guidelines for the preparation of livestock sector reviews. Animal Production and Health Guidelines No. 5. FAO.

Food and Agriculture Organization of the United Nations (FAO) (2018). Smallholders dataportrait. Retrieved from http：//www. fao. org/family-farming/data-sources/dataportrait/farm-size/en. Accessed June 27, 2018.

Food and Agriculture Organization of the United Nations (FAO), United Nations Environment Programme (UNEP) (1999). The future of our land. FAO and UNEP：Facing the challenge.

Ferguson, B., Tandon, A., Gakidou, E., Murray, C. (2003). Estimating permanent income using indicator variables. In C. J. L. Murray, D. B. Evans (Eds.), Health systems performance assessment：debates, methods and empiricism (pp. 747 – 760) World Health Organization.

Filmer, D., Pritchett, L. H. (1999). The effect of household wealth on educational attainment：Evidence from 35 countries. Population and Development Review, 25 (1), 85 – 120. https：//doi. org/10. 1111/j. 1728 – 4457. 1999. 00085. x.

Filmer, D., Pritchett, L. H. (2001). Estimating wealth effects without expenditure data-or tears: An application to educational enrolments in states of India. Demography, 38 (1), 115 – 132. https://doi.org/10.1353/dem. 2001.0003.

Gallo, C., Roche, J. M. (2012). Análisis multidimensional de la pobreza en Venezuela por entidades federales entre 2001 y 2010. Serie de Documentos N°131, Banco Central de Venezuela.

Giesbert, L., Schindler, K. (2012). Assets, shocks, and poverty traps in rural Mozambique. World Development, 40 (8), 1594 – 1609. https://doi.org/10.1016/j.worlddev. 2012.04.002.

Grace-Martin, K. (2017). The fundamental difference between principal component analysis and factor analysis. Retrieved from https://www.theanalysisfactor.com/the-fundamental-difference-between-principal-component-analysis-and-factor-analysis. Accessed January 10, 2020.

Guio, A. – C., Gordon, D., Marlier, E. (2012). Measuring material deprivation in the EU: Indicators for the whole population and child-specific indicators. Eurostat Methodologies Working Paper. Publications Office of the European Union.

Guio, A. – C., Marlier, E., Gordon, Fahmy, E., Nandy, S., Pomati, M. (2016). Improving the measurement of material deprivation at the European Union level. Journal of European Social Policy, 26 (3), 219 – 233.

Guio, A. – C., Gordon, D., Najera, H., Pomati, M. (2017). Revising the EU material deprivation variables. Eurostat Statistical Working Paper. Publications Office of the European Union.

Harttgen, K., Klasen, S., Vollmer, S. (2013). An African growth miracle? Or: What do asset indices tell us about trends in economic performance? Review of Income and Wealth, 59, 37 – 61. https://doi.org/10.1111/roiw. 12016.

Haveman, R., Wolff, E. N. (2004). The concept and measurement of asset poverty: Levels, trends and composition for the US, 1983 – 2001. Journal of Economic Inequality, 2 (2), 145 – 169. https://doi.org/10.1007/s10888 – 004 – 4387 – 3.

Human Development Report Office (HDRO) (2016). Human development report 2016: Human development for everyone, technical notes. Retrieved from http：// hdr. undp. org/sites/default/files/hdr2016 _ technical _ notes. pdf. Accessed January 9, 2020.

Hichaambwa, M., Jayne, T. S. (2014). Poverty reduction potential of increasing smallholder access to land. Food Security Collaborative Working Papers 171873, Michigan State University, Department of Agricultural, Food, and Resource Economics.

Klasen, S. (2000). Measuring poverty and deprivation in South Africa. Review of Income and Wealth, 46 (1), 33 – 58. https：//doi. org/10. 1111/j. 1475 – 4991. 2000. tb00390. x.

Kline, R. B. (2011). Principles and practice of structural equation modeling (3rd ed.). Guilford Press.

Kovacevic, M., Calderon, M. C. (2014). HDRO's multidimensional poverty index：2014 specifications. UNDP：UNDP Human Development Report Office Occasional Paper.

Kovacevic, M. (2015). Multidimensional poverty and its assessment found their place in the 2030 Agenda. Retrieved from http：//hdr. undp. org/en/content/ multidimensional-poverty-and-its-assessment-found-their-place2030 – agenda. Accessed October 25, 2018.

Lelli, S. (2001). Factor analysis vs. fuzzy sets theory：Assessing the influence of different techniques on Sen's functioning approach. Center of Economic Studies Discussion Paper, 01. 21, K. U. Leuven.

Maitra, S. (2016). The poor get poorer：Tracking relative poverty in India using a durables-based mixture model. Journal of Development Economics, 119, 110 – 120. https：//doi. org/10. 1016/j. jdeveco. 2015. 07. 003.

McKenzie, D. (2005). Measuring inequality with asset indicators. Journal of Population Economics, 18 (2), 229 – 260. https：//doi. org/10. 1007/s00148 – 005 – 0224 – 7.

McNeish, D. (2017). Thanks coefficient alpha, we'll take it from here. Psychological Methods, 23, 412 – 433. https：//doi. org/10. 1037/met0000144.

Morera, O. F., Stokes, S. M. (2016). Coefficient a as a measure of test score reliability：Review of 3 popular misconceptions. AJPH Methods, 106 (3), 458 – 461.

https：//dx. doi. org/10. 2105%2FAJPH. 2015. 302993.

Morris, S. S. , Carletto, C. , Hoddinott, J. , Christiaensen, L. J. (2000). Validity of rapid estimates of household wealth and income for health surveys in rural Africa. Journal of Epidemiology Community Health, 54, 381 – 387. https：//doi. org/ 10. 1136/jech. 54. 5. 381.

Moser, C. (1998). Reassessing urban poverty reduction strategies：The asset vulnerability framework. World Development, 26 (1), 1 – 19. https：//doi. org/ 10. 1016/S0305 – 750X (97) 10015 – 8.

Multidimensional Poverty Peer Network (MPPN) (2021). Some national measures. Retrieved from https：//mppn. org/applications/national-measures. Accessed October 14, 2021.

Narayan, D. , Patel, R. , Schafft, K. , Rademacher, A. , Koch-Schulte, S. (1999). Can anyone hear us? Voices from 47 countries. World Bank.

Narayan, D. , Petsch, P. (2002). Voices of the poor：From many lands. World Bank and Oxford University Press.

Netemeyer, R. G. , Bearden, W. O. , Sharma, S. (2003). Scaling procedures： Issues and applications. Sage Publications.

Nguefack-Tsague, G. , Klasen, S. , Zucchini, W. (2011). On weighting the components of the Human Development Index：A statistical justification. Journal of Human Development and Capabilities, 12 (2), 183 – 202. https：//doi. org/ 10. 1080/19452829. 2011. 571077.

Ngo, D. (2018). A theory-based living standards index for measuring poverty in developing countries. Journal of Development Economics, 130, 190 – 202. https：// doi. org/10. 1016/j. jdeveco. 2017. 10. 011.

Ngo, D. , Christiaensen, L. (2018). The performance of a consumption augmented asset index in ranking households and identifying the poor. World Bank Policy Research Working Paper 8362, World Bank.

Njuki, J. , Poole, J. , Johnson, J. , Baltenweck, I. , Pali, P. N. , Lokman, Z. , Mburu, S. (2011). Gender, livestock and livelihood indicators. ILRI.

Oxford Poverty and Human Development Initiative (OPHI) (2018). Global multidimensional poverty index 2018: The most detailed picture to date of the world's poorest people. University of Oxford.

Paroush, J. (1965). The order of acquisition of consumer durables. Econometrica, 33 (1), 225 – 235. https://doi.org/10.2307/1911897.

Paroush, J. (1973). Efficient purchasing behavior and order relations in consumption. Kyklos, 26 (1), 91 – 112.

Roche, J. M. (2008). Monitoring inequality among social groups: A methodology combining fuzzy set theory and principal component analysis. Journal of Human Development and Capabilities, 9 (3), 427 – 452. https://doi.org/10.1080/14649880802236706.

Rutstein, S. O. (nd). Steps to constructing the new DHS wealth index. Retrieved from https://dhsprogram.com/programming/wealth%20index/Steps_ to_ constructing_the_new_DHS_Wealth_Index. pdf. Accessed October 26, 2018.

Rutstein, S. O., Staveteig, S. (2014). Making the demographic and health surveys wealth index comparable. DHS Methodological Reports No. 9. ICF International.

Sahn, D. E., Stifel, D. C. (2000). Poverty comparisons over time and across countries in Africa. World Development, 28 (12), 2123 – 2155. https://doi.org/10.1016/S0305 – 750X (00) 00075 – 9.

Savalei, V., Reise, S. P. (2018). Don't forget the model in your model-based reliability coefficients: A reply to McNeish (2018). Collabra: Psychology, 5 (1), Article 36. https://psycnet.apa.org/doi/10.1525/collabra.247.

Sen, A. (1999). Development as freedom. Oxford University Press.

Sideridis, G., Saddaawi, A., Al-Harbi, K. (2018). Internal consistency reliability in measurement: Aggregate and multilevel approaches. Journal of Modern Applied Statistical Methods, 17 (1). https://doi.org/10.22237/jmasm/153002719415.

StataCorp (2013). Stata multivariate statistics reference manual, release 13. Stata Press.

StataCorp (2017). Stata item response theory reference manual, release 15. Stata Press.

Steinert, J. I., Cluver, L. D., Melendez-Torres, G. J., Vollmer, S. (2018).

One size fits all? The validity of a composite poverty index across urban and rural households in South Africa. Social Indicators Research, 136, 51 – 72. https: // doi. org/10. 1007/s11205 – 016 – 1540 – x.

Stifel, D. , Christiaensen, L. (2007). Tracking poverty over time in the absence of comparable consumption data. World Bank Economic Review, 21 (2), 317 – 341. https: //doi. org/10. 1093/wber/lhm010.

Townend, J. , Minelli, C. , Harrabi, I. , Obaseki, D. O. , El-Rhazi, K. , Patel, J. , Burney, P. (2015). Development of an international scale of socio-economic position based on household assets. Emerging Themes in Epidemiology, 12 (13), 1 – 11. https: //doi. org/10. 1186/s12982 – 015 – 0035 – 6.

United Nations (UN) (2018). Implementation of the Third United Nations Decade for the Eradication of Poverty (2018 – 2027). UN. Doc A/73/298. Retrieved from https: //undocs. org/A/73/298. Accessed August 6, 2018.

United Nations Economic and Social Commission for Western Asia (UNESCWA), United Nations Children's Fund (UNICEF), Oxford Poverty and Human Development Initiative (OPHI). (2017). Arab multidimensional poverty report. UNICEF and OPHI: UNESCWA.

United Nations Development Programme (UNDP), Oxford Poverty and Human Development Initiative (OPHI) (2019). How to build a national multidimensional poverty index (MPI): Using the MPI to inform the SDGs. University of Oxford.

United Nations Development Programme (UNDP), Oxford Poverty and Human Development Initiative (OPHI) (2021). Global Multidimensional Poverty Index 2021: Unmasking disparities by ethnicity, caste and gender. UNDP.

UN Habitat (2006). The state of the world's cities report 2006/7. 30 years of shaping the habitat agenda. UN-Habitat and Earthscan.

Van der Ark, A. L. , Straat, H. J. , Koopman, L. (2013). Package mokken. Retrieved from https: //cran. r-project. org/web/packages/mokken/mokken. pdf. Accessed August 14, 2018.

Vaz, A. , Alkire, S. , Quisumbing, A. , Sraboni, E. (2018). Measuring autonomy: Evidence from Bangladesh. Asia-Pacific Sustainable Development Journal,

25（2），21－51. https：//doi. org/10. 18356/040ad3b0－en.

Vaz, A., Alkire, S., Quisumbing, A., Sraboni, E.（2013）. Measuring autonomy：Evidence from Bangladesh. OPHI Research in Progress Report 38a, Oxford Poverty and Development Initiative, University of Oxford.

Vollmer, F., Alkire, S.（2020）. On the consolidation and improvement of the measurement of assets deprivation in the global Multidimensional Poverty Index. OPHI Research in Progress 53b, Oxford Poverty and Human Development Initiative, University of Oxford.

Vollmer, F., Alkire, S.（2018）. Towards a global asset indicator：Re-assessing the asset indicator in the global Multidimensional Poverty Index. OPHI Research in Progress 53a, Oxford Poverty and Human Development Initiative, University of Oxford.

Winters, P., Davis, B., Carletto, G., Covarrubias, K., Quiñones, E. J., Zezza, A., Stamoulis, K.（2009）. Assets, activities and rural income generation：Evidence from a multicountry analysis. World Development, 37（9），1435－1452. https：// doi. org/10. 1016/j. worlddev. 2009. 01. 010.

Wittenberg, M., Leibbrandt, M.（2017）. Measuring inequality by asset indices：A general approach with application to South Africa. Review of Income and Wealth, 63（4），706－730. https：//doi. org/10. 1111/roiw. 12286.

World Bank（2017）. Monitoring global poverty：Report of the Commission on Global Poverty. World Bank.

World Bank（2018）. Poverty and shared prosperity 2018：Piecing together the poverty puzzle. World Bank.

Yong, A. G., Pearce, S.（2013）. A beginner's guide to factor analysis：Focusing on exploratory factor analysis. Tutorials in Quantitative Methods for Psychology, 9（2），79－94. https：//doi. org/10. 20982/tqmp. 09. 2. p079.

农场规模限制农业减贫潜力[*]

——以印度东部灌溉式集约化经营农场为例

安东·乌尔费斯 等[**]

摘 要： 印度东恒河平原生活着数百万以农业为生的人，他们收入微薄，常常面临着粮食安全和气候变化的双重压力。为了应对这些挑战，解决这些困难，政策制定者和发展项目计划投资于灌溉式农业集约化。然而，通过农业集约化来实现脱贫这一目标仍然是一项艰巨的任务。本文通过大型住户调查，研究东恒河平原地区主要的水稻—小麦种植系统中农业集约化与农民个人日农业收入（FPDI）之间的关系。我们使用集约化效益指数（IBI）作为评估工具，这个指数综合考虑农场规模和家庭规模，分析农民个人日农业收入是如何随着灌溉式农业集约化而发生变化的。本文的研究结果显示，小农场规模经营在一定程度上限制了农业集约化潜力，这直接影响了处于集约化效益指数（IBI）后 3/4 家庭的贫困状况。尽管在东恒河平原的水稻—小麦体系中，灌溉式农业集约化对抵御气候变化和保障粮食安全具有积极意义，但要真正实现减贫，需要加大投资力度。因此，为改善东恒河平原地区大多数小农户的贫困状况，需要积极创造更多的农业和非农业就业机会。这样一来，农户们就能够通过多元化的收入来源渠道，逐步摆脱贫困。同时，灌溉式农业集约化计划和政策应明确考虑家庭资源、灌溉水平和对农业收入依赖程度的异质性。

---

   * 本文原文请参见：https：//doi.org/10.1016/j.agsy.2023.103618。

   ** 作者简介：安东·乌尔费斯（Anton Urfels）为本文的通讯作者，供职于尼泊尔可持续农业粮食体系项目（SAS）国际玉米和小麦改良中心（CIMMYT）。本文其他作者包括：卡伊·莫什（Kai Mausch）、达夫·哈里斯（Dave Harris）、安德鲁·麦克唐纳（Andrew J. McDonald）、阿维纳什·基肖尔（Avinash Kishore）、巴尔温德-辛格（Balwinder-Singh）、杰拉尔多·范哈尔斯玛（Gerardo van Halsema）、保罗·斯特洛伊克（Paul C. Struik）、彼得·克劳福德（Peter Craufurd）、蒂莫西·福斯特（Timothy Foster）、瓦尔迪卡·辛格（Vartika Singh）、蒂莫西·克鲁普尼克（Timothy J. Krupnik）。

一、引　言

在南亚，东恒河平原这样的以小农户为主的贫困地区通过农业集约化、灌溉系统来发展农业，已经成为增强应对水资源短缺的能力、保障粮食安全（SDG2）、推动气候行动（SDG13）和减贫（SDG1）的广泛策略。东恒河平原上面积最大的印度比哈尔邦，虽然其贫困率从 1994 年的 61% 下降到 2012 年的 34%，但仍落后于该地区各国的平均水平：截至 2010 年，印度为 21%，尼泊尔为 15%，孟加拉国为 20%（World Bank，2016）。东恒河平原位于喜马拉雅山和孟加拉湾之间，由于季风周期愈发不稳定，以及干旱、高温等极端气候的冲击，其农业生产风险加剧（Sheth，2015）。面对日益严重的干旱，地下水成为东恒河平原农民补充灌溉水的主要来源，但供水的稳定性和灌溉强度存在显著的地区差异（Foster et al.，2019；Shah et al.，2009；Urfels et al.，2020）。因此，为促进印度东恒河平原农业转型，印度提出以灌溉为主导、依靠扩大地下水使用的农业集约化策略，以此推动农民增收（Lele，2019；Struik and Kuyper，2017）。这些策略的核心在于加大灌溉基础设施投资力度，以此降低气候风险并提高农业生产率。

然而，虽然有大量文献论述了灌溉式农业集约化在提高产量方面的潜力，但鲜有研究证明通过提高农作物生产收入能够直接减少贫困。正如巴拉苏布拉马尼亚和斯蒂夫尔（Balasubramanya and Stifel，2020）所强调的那样，尽管已有研究概述了发展灌溉系统对跨部门减贫的直接及间接影响，但关于灌溉与减贫之间联系的证据仍然有限（Namara et al.，2010）。最近，对撒哈拉以南非洲的研究（Frelat et al.，2016；Harris，2019）已经表明，农业生产投资只能在一定程度上改善家庭的贫困状况，而想要进一步改善贫困状况，则需要跨部门共同努力，进而实现可持续发展目标。这些研究表明，与国家和国际贫困线相比，人均土地比率限制了农业集约化带来的预期个人日农业收入（FPDI）（Harris，2019）。然而，以东恒河平原的水稻—小麦种植系统为例的研究十分稀缺，填补这一研究空白可为设计有针对性的政策和发展计划提供重要参考，从而促进农业的可持续和集约化发展。

本文使用集约化效益指数（IBI）（Harris，2019）和一个大型数据集来评估灌溉式农业集约化的机会空间，分析灌溉式农业集约化是否可以提高东恒河平原水稻—小麦生产系统中的农民收入。我们根据购买力平价（PPP）计算的每天 1.90 美元的国际贫困线来评估这些收益（World Bank，2020）。我们发现，虽然灌溉技术提高了作物产量，但小规模农场限制了农民通过农业集约化实现收入增长的潜力。本文从四个方面展开分析：第一，我们研究了家庭人均土地比率的分布，以分析农场规模及其对作物生产日收入的影响。第二，在假定灌溉是免费的前提下，我们比较了水稻和小麦的生产力，并对生产成本进行了评估，进而推算灌溉增加带来的家庭个人日农业收入和卡路里供应量的变化。第三，我们围绕灌溉成本进行敏感性分析，以发现灌溉技术差异带来的灌溉价格差异对个人日农业收入的影响。第四，我们评估了灌溉系统中稻麦生产的家庭消费趋势和市场参与模式及其对农户整体生计情况的影响。

二、研究材料和方法

（一）研究区域与数据

东恒河平原包括印度北方邦和比哈尔邦的部分地区，尼泊尔的特莱地区以及孟加拉国西北部，与印度西部和巴基斯坦干旱的恒河中上游平原形成鲜明对比。该地区每年的降水量通常达 1 000～1 500 毫米，其中 80% 以上的降水量发生在 6～9 月的雨季。这里是世界上最广阔的冲积平原，拥有最为肥沃的土壤和丰富的含水层，其形成归功于恒河及其从喜马拉雅山脉携带来的丰厚的沉积物。通常，小农户是指在不超过 10 公顷土地上工作的农户，但在我们的样本中，小农户耕作的土地面积不超过 5 公顷（见表 1），在雨季以水稻种植为主（>90%），其次是小麦（>60%），但也种植其他作物，如扁豆、油籽和土豆等，在 11 月水稻收获后，农民们利用田里剩余的水种植这些作物，并在来年 3 月下旬进行收割。

作为南亚谷物系统倡议和印度农业研究理事会（ICAR）合作收集的数据的一部分，2017～2018 年农民主要稻田和小麦田的家庭生产数据（以下简称

"家庭数据"）是通过发放 ODK 调查问卷收集的（Ajay et al.，2022），其核心包括土地所有权特征、地块特征、投入和管理活动以及产量。本文采用随机抽样方式，在印度北方邦东部和比哈尔邦的 36 个地区中随机抽取 25 个村庄，在这些村庄中随机抽取 10 个家庭。每个季节的家庭数据都是独立采样的，合计样本量为 18 000 个家庭，剔除无效数据后，有效样本量为 16 016 个。

表 1 关键变量的描述性统计

类别		土地面积（公顷）	家庭成员数量	灌溉频率	每公顷每季化肥成本（按购买力平价美元计算）	产量（吨/公顷）	每美元强化效益指数（以美分计量）	个人日收入（按购买力平价美元计算）	每公顷每年获得的利润（按购买力平价美元计算）
水稻（样本数量：8 244）	平均值	0.85	7.91	3.90	270	4.06	0.031	0.59	1 720
	标准差	0.76	2.66	2.42	154	1.19	0.029	0.71	1 045
	最小值	0.01	1.00	0.00	0	0.52	0.000	−1.14	−3 860
	第一四分位数	0.33	6.00	2.00	167	3.25	0.012	0.13	996
	中位数	0.63	8.00	3.00	242	4.00	0.022	0.36	1 688
	第三四分位数	1.10	10.00	5.00	358	4.80	0.041	0.78	2 435
	最大值	4.85	12.00	13.00	5 114	13.54	0.196	4.72	4 455
小麦（样本数量：7 328）	平均值	0.69	7.92	2.27	342	2.98	0.025	0.32	1 210
	标准差	0.68	2.71	0.76	92	0.84	0.025	0.44	708
	最小值	0.01	1.00	1.00	0	0.53	0.000	−1.03	−1 119
	第一四分位数	0.25	6.00	2.00	285	2.40	0.009	0.08	687
	中位数	0.49	8.00	2.00	346	3.00	0.017	0.18	1 161
	第三四分位数	0.80	10.00	3.00	409	3.40	0.031	0.39	1 629
	最大值	4.98	12.00	5.00	794	6.50	0.196	4.24	4 109

注：土地持有量、灌溉频率、肥料成本和产量是原始数据。其他变量如本文"方法"部分所述，对每个家庭进行计算得到。

资料来源：家庭数据（详见本文第二部分）。

我们对东恒河平原 2017～2018 年水稻—小麦—水稻种植季节的家庭调查数据进行分析，作物年组合如下：水稻—小麦的种植组合有 16 016 个；其中水稻种植户为 8 589 个，小麦为 7 427 个。种植小麦的农户中，有 81% 的农民在种植小麦前先种植水稻；而在 2017 年，75% 的水稻种植农户先种植小麦，到 2018 年这一比例为 84%。除了水稻和小麦，该地区还种植其他作物，但本文末考虑拉比稻（Rabi rice）。土地细碎化导致小农在各地块的经营管理方式不同，这一现实为我们收集生产数据带来了很大挑战。我们假设农民对所有地块采用相同的管理方法，并获得与其最大地块相同的产量，以此来简化分析（Fraval et al.，2019；Niroula and Thapa，2005）。此外，与类似数据集的常见问题一样，农民对所拥有土地的估计不准确和地块面积过小可能会导致较大的异常值，我们通过连续削减受影响变量（IBI、FPDI、拥有土地的规模和利润）的第99百分位数的家庭来剔除这些异常值。经处理后共获取15 572个总数据集（其中，水稻8 244个；小麦7 328个）。从受访者的受教育程度来看，样本包含了不同教育背景：硕士（1.6%）、学士（8.7%）、中学（11%）、小学（30%）、预科（21%）、未受过教育（27%）。

2017年水稻季节的降水量处于平均水平，标准化降水指数（SPI）为0，2018年小麦季和2018年水稻季降水量低于平均水平，SPI为 – 1 ～ – 3（IRI，2020）。这导致我们的数据只能在一定程度上解释天气因素，因此只能为灌溉强度增加对东恒河平原水稻—小麦种植系统的恢复力和稳健性提供有限的推断。具体来说，由于普遍气候条件，本文数据对灌溉优势存在"偏高"估计。

（二）完全补贴灌溉和集约化效益指数的利润估算

1. 集约化效益指数

为了分析灌溉频率增加对家庭收入的影响，我们首先计算了家庭的集约化效益指数（IBI）（Harris，2019）。该指数表示农户从农场系统中获得盈利的能力，以每天的收入表示（美元/人·天），也是农场规模和家庭规模的函数［式（1）］。由于该比率的两个部分都以同种货币表示，IBI可以直接用美分/美元为单位来比较不同国家的农户。IBI与家庭人均土地（LPC）成正比，式（1）简化为LPC/365。

$$IBI\left(\frac{cents}{dollar}\right) = \frac{\left(\frac{1\ S/ha/year \times 100}{365\ daye}\right)}{household\ size(persons)} \times cropped\ area(ha) \quad (1)$$

2. 个人日农业收入（FPDI）

根据各观察值中家庭报告的每公顷水稻和小麦生产的年盈利能力值，我们估算出FPDI，单位为美元/天［（式（2）］。为了方便将收入指标与国际标准以及与国际贫困线进行比较，我们使用世界银行报告的 2018 年 18.10 印度卢比—美元（按购买力平价计）的转换系数，将投入和销售成本转换为美元（按购买力平价计，记为 PPP$）。随后，我们通过以吨/公顷为单位的自报产量乘以报告的农场出场价格（PPP$ t^{-1}），得到总产量的价值。我们将生产的全部净值视为收入。为了便于分析，假设没有家庭消费，农民需要以类似的价格购买谷物，这样就无须考虑与商业价值链相关的额外成本、时间价格波动和质量差异等因素。我们还使用 IBI 从每公顷总产量中计算特定作物的个人每日可用卡路里（以千卡/日为单位），水稻和小麦的平均值分别为 2 800 千卡/千克、3 340 千卡/千克（D'Odorico et al.，2014）。

$$FPDI = \left[(yield \times farm\ gate\ price) - input\ cost \right] \times IBI \qquad (2)$$

然后，我们减去以 PPP$ 计算的投入成本来估算利润水平。由于我们的数据集不包含完整的生产成本信息，因此采用具有生产价值的关键成本（机械、种子、劳动力和肥料）来近似估算 FDPI。在肥料方面，我们将部分受访农民的肥料用量乘以每千克肥料的关键成本（尿素 0.9PPP$；磷酸二胺 1.06PPP$）。剩余部分，我们使用印度政府报告中的比哈尔邦机械值（水稻：221.82PPP$/公顷，小麦：327.96PPP$/公顷）、种子（水稻：178.67PPP$/公顷，小麦：178.67 印度卢比/公顷）和雇佣劳动力（小麦：251.05PPP$/公顷，水稻：525.80PPP$/公顷），因为我们的数据集不包括这些信息（CACP，2017a，2017b）。在灌溉成本方面，我们首先将灌溉视为免费（即全额补贴），然后进行了敏感性分析，考虑了不同类型的典型灌溉系统和相关成本，详见本部分末尾的论述。此外，我们通过将 FPDI 与自报的市场化生产份额相乘，比较了计入生产净值的 FPDI 与现金收入，并计算了家庭留存的人均每日卡路里。我们进一步分析了农户自己上报的农业收入占家庭总收入中的份额，以及被调查作物在农业收入中所占的份额。

3. 灌溉、产量和日收入

我们评估了产量和日收入在雨水灌溉和完全灌溉两种情形下的差异。我们的目标不是分离灌溉频率对产量和日收入的因果效应，而是根据数据集中的观测结果确定农民在不同灌溉强度水平下可能获得的实际产量和日收入。鉴于成本数据的局限性，我们通过调查文献中的总产值和每公顷利润值，将这两项数据与数据集中农场的 IBI 值联系起来，从而进一步确保结果的可靠性。然后，我们对比了低灌溉强度和高灌溉强度农场的水稻—小麦种植系统的盈利能力，并根据灌溉强度范围，将家庭分为低灌溉组和高灌溉组（见表1）：灌溉次数小于三次为低灌溉组［水稻（28%），小麦（63%）］，灌溉次数大于三次为高灌溉组［水稻（44%），小麦（36%）］。由于缺乏面板数据，我们对每组的水稻和小麦分布进行了汇总，以评估整体效益。我们进一步展示了随机森林模型的结果，该模型用于比较分析不同的灌溉频率对应的产量、每日利润的平均趋势和差异（Biau and Scornet，2016；Breiman，2001）。

　　在理论上，由于灌溉强度与日收入之间的关系是非线性的，因此我们使用非参数随机森林模型来估计数据集中不同灌溉频率的平均产量和日收入（Hastie and Tibshirani，1990；Roberts，2004；Yee and Mitchell，1991）。灌溉频率较低的农场对于灌溉频率增加的反应可能受到多种因素的影响（如土壤类型、品种、施肥率等）。尽管如此，由于数据量较大，数据集涵盖了包括灌溉频率在内的众多因素的变化。因此，选取高灌溉频率的平均产量和收入值作为这些系统的基准是合理的。鉴于我们的数据集确实包含一些关键因素，因此通过将其纳入随机森林回归来研究它们的影响（Lundberg and Lee，2017；Yang，2021），其中考虑了大量的预测因素，包括土壤和排水等级、教育程度、施肥量、作物销售份额、土地规模、除草次数、非生物和生物胁迫、作物生长期、市场距离、品种类型、种植日期、土地所有权、投入品供应的及时性和灌溉来源。产量预测模型使用 R 语言 Ranger（Wright and Ziegler，2017）快速实现随机森林算法来进行拟合，以克服原始工具中的性能问题（Liaw and Wiener，2002）。模型以 500 棵树运行，并将 mtry 设置为变量数的平方根。

　　这个模型表明，灌溉的积极作用在不同地区存在差异，并且与其他因素和协变量有关，如土壤类型、作物种类、投入强度和农民教育（这超出了本文的范围）。然而，正如预期那样，由于数据体量庞大，即使考虑了其他因素和协变量，雨水灌溉系统和完全灌溉系统之间的产量和收入水平的符号以及数量差异也得到了证实（见本文第三部分）。重要的是，农场规模仍然是影响日收入的主要变量。此外，有关小农场效率和农场规模—生产率动态的研究（Deininger et al.，2017；Paul and Githinji，2018）表明，内生性在一定程度上可能会影响灌溉对农场收入的因果推断分析，因此需要在未来的研究中仔细考虑这个问题。在补充材料①中，我们提供了以下探索性概述：（1）跨 IBI 组的灌溉频率和 FDPI 的 GAM 模型的偏效应估计值；（2）针对不同作物类型和土壤类型组合的不同灌溉水平，对估计的 FDPI 进行平滑样条处理，以便为感兴趣的读者提供更多详细信息。

最后，在灌溉成本的敏感性分析中，我们评估了灌溉式集约化生产的盈利能力，分析其是如何随着典型抽水成本的变化而变化的。我们使用了基于实地调查数据和文献的灌溉成本值，包括（租用的）大型柴油泵、小型柴油泵、（租用的）电动泵和全额补贴的灌溉（Foster et al.，2019；Shah et al.，2009；Urfels et al.，2020）。我们假设灌溉 60 毫米，燃料消耗 3.59PPP＄/升，电力消耗 1.21PPP＄/度；大型水泵的燃料消耗为 1.25 升/小时，出水量为 12 升/秒；小型水泵的燃料消耗为 0.5 升/小时，出水量为 10 升/秒；电动能耗为 1 度/小时，出水量为 8 升/秒。

三、结果与讨论

（一）集约化效益指数分布和家庭中位数

数据集中的家庭 IBI 值中位数非常小，仅为 0.02 美分/美元，且呈现显著的右偏分布（作物数据见表 1）。这意味着达到 IBI 价中位数，作物生产利润达到 1 000PPP＄/公顷·年的家庭，每天的收入为 0.20PPP＄。若日收入要达到 1.90PPP＄，则需要每年每公顷 9 500PPP＄ 的利润，才能超过国际贫困线（World Bank，2017）。在我们的数据集中，家庭成员数量的中位数为 7.8，家庭拥有的土地面积为 0.54 公顷（作物数据见表 1）。具体而言，IBI 价中位数为 0.02 美分/美元，这代表一个拥有 0.64 公顷土地和 8 人的家庭，也可能代表一个拥有 0.32 公顷土地和 4 人的家庭，或者更笼统地说，这代表了人均土地比率为 0.08 公顷的家庭。

---

① 补充材料请参见：https://ars.els-cdn.com/content/image/1 - s2.0 - S0308521X23000239 - mmc1.docx。

为了理解 IBI 的逻辑，我们进行如下思考：如果一个家庭的土地持有量增加（例如，由于购买土地而增加 1 倍），那么达到贫困线所需的种植系统盈利能力将会减少一半（4 500PPP＄/公顷·年）。同样，随着家庭成员数量的减少，IBI 值也会随着人均可用土地量的相对增加而增加。例如，如果一名家庭成员离开家庭（如青壮年到其他地方寻求工作机会），这也将降低农户超越贫困线的利润要求（但可能会增加额外的劳动力成本，从而限制利润的实现）。

此外，即使灌溉强度增加，小型农场的生产力和管理也可能受到机械和劳动力的可用性等其他因素的进一步限制（Urfels et al.，2021）。因此，灌溉式集约化可能在已经有大量投资的地区发挥显著的积极作用，以便在灌溉效益实现之前消除其他的生产限制。

此外，我们发现，对于样本中的水稻—小麦种植家庭的中位数，估算的全部生产净值为 2 905PPP＄/公顷·年和 0.56PPP＄/天（作物数据见表 1）。平均产出为 3.9 吨/公顷（水稻）和 2.8 吨/公顷（小麦），按中位数 0.02 的综合指数计算，可提供 4 054 千卡/人·天热量（见表 1）。稻麦系统虽然没有使家庭脱贫，但为家庭粮食安全作出了重要贡献。我们的数据显示，大部分产品是被消耗掉的而不是销售（销售收入份额中位数：572PPP＄/公顷·年和 0.11PPP＄/天）。此外，农民往往更愿意用非农业收入补充农业收入。对于中位数家庭来说，稻麦收入仅占总收入的 20%，而农业收入约占总收入的 40%（见图 1）。也就是说，中位数家庭从稻麦生产以外的来源获得的收入约为 0.55PPP＄/天。这些数据均表明，稻麦生产对家庭粮食安全作出了相当大的贡献，但尽管稻麦生产降低了贫困程度，要使中位数家庭脱贫，还需要大幅度提高作物生产收入。

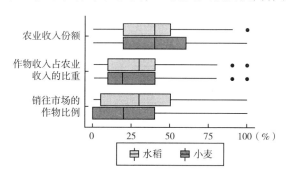

图 1 EGP 地区水稻—小麦种植农户的收入份额和作物销售份额分布情况

总之，我们的数据表明，大多数农民生活在国际贫困线以下，数据中50%的人口的稻麦产量价值为 56.50 PPP$ 或更低（考虑到我们对其他收入来源的估计，增加到 1.11 PPP$）。因此，如果种植系统的盈利能力提高 1 倍，仅作物生产收入一项，FDPI 就会从贫困线的 29% 增加到 58%。尽管这大大降低了贫困的程度，但 FDPI 需要增加近 4 倍才能确保作物生产收入超过贫困线，这会削弱仅靠改进农业管理方法来改变农户贫困状况的潜力。

（二）免费灌溉导致的灌溉频率增加对收入和生产力的影响

根据研究数据，总体而言，在水稻种植中，8% 的稻农只灌溉一次或根本不灌溉，20% 的稻农灌溉两次，27% 的稻农灌溉三次，16% 的稻农灌溉四次，28% 的稻农灌溉五次及以上。在小麦种植中，14% 的农民灌溉一次，50% 的农民灌溉两次，30% 的农民灌溉三次，5% 的农民灌溉四次，13 名农民（不到 1%）灌溉五次。结果表明，增加灌溉频率可能会使产量增加，但大多数农民灌溉频率较低（见图 2）。不出所料，水稻（雨季种植）的产量低于小麦。小麦平均灌溉频率为两次，水稻则为三次。对于水稻而言，低灌溉频率和高灌溉频率系统的平均产量相差 0.17 吨/公顷（见图 2，$p < 0.01$）。对于小麦而言，低灌溉和高灌溉频率系统的产量中位数相差 0.7 吨/公顷（见图 2，$p < 0.01$）。在控制其他变量和影响因素的情况下，灌溉强度增加对产量的正向影响仍然是有效的（见图 2）。尽管我们的模型没有控制未观察到的变量，但相关的农艺学研究一致表明，播种日期、肥料、品种、土壤类型，尤其是灌溉始终是预测产量最重要的指标（Devkota et al.，2021；McDonald et al.，2022）。

接下来，我们谨慎地估算了 FDPI。为了充分利用数据集，我们重点关注报告的肥料等关键的成本，以及种子、劳动力和使用机械的每公顷平均值。对于灌溉，我们首先假设免费灌溉，然后通过敏感性分析分别估算灌溉成本的影响。考虑到成本估算的局限性，真实的 FDPI 可能更低。

研究结果表明，灌溉式集约化对与国际贫困线相关的 FPDI 的影响有限。在低灌溉频率下，稻麦系统提供的中位数为 0.36 PPP$/天，相当于贫困线的18.9%。在低灌溉频率和高灌溉频率系统中，水稻和小麦的 FDPI 中位数差异分别为 0.15 PPP$/天和 0.10 PPP$/天。水稻增加了 56%，小麦增加了 70%

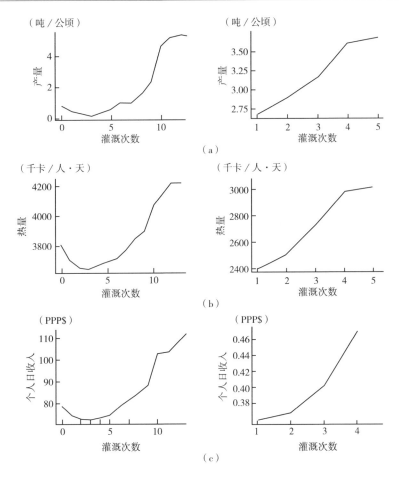

图2　非参数模型（randomForest）的部分关系

注：该模型包含了多种参数，以估算在不考虑其他因素的情况下，产量［图（a）］、热量［图（b）］和FDPI［图（c）］随灌溉次数增加而发生的平均变化。Rug（X轴）表示数据可用性，因此也表示推断空间的限制。

（见图2，p<0.01）。对于灌溉良好的稻麦系统，其FDPI中位数为0.61PPP\$/天。FDPI的增长有助于缩小与贫困线的差距，但仍显著低于1.90PPP\$/天。高灌溉组的第90百分位数（可实现的产量和利润的通用定义）的每公顷利润估计值为水稻3 363PPP\$/公顷，小麦2 397PPP\$/公顷，合计5 760PPP\$/公顷。对于中位数家庭来说，这离贫困线的差距仍然较大，贫困线要求的利润为9 500PPP\$/公顷。对于IBI值较低的50%的农民来说，情况更是如此。控制其他变量的随机森林模型的部分依赖图（见图2）证实了稻麦系统中灌溉频率

增加会使收益增长，但增幅十分有限。此外，我们的每公顷产量和盈利能力结果与亚洲作物生产系统净产量改善的类似结果具有一定的可比性（Hussain，2007），这进一步表明我们的估算在数量上是正确的，并且显然不太可能实现更高的利润。

最后，本研究无法直接解释水稻对灌溉的非线性影响（见图2）。有两种可能的解释：一种解释是，正如其他研究所指出的，低灌溉频率系统中的农民较晚灌溉不是为了提高产量，而是为了挽救作物，这一行为可能会使产量下降；另一种解释是，水可能不是限制产量的唯一因素（Urfels et al.，2020）。对这些方面的解释，还需要进一步的研究。

（三）灌溉成本、高价值农业和最低支持价格

在东恒河平原，人们通常认为从农村经济角度来看，减贫工作受到高灌溉成本和低农产品市场价格的制约（Shah et al.，2012；Sidhu et al.，2020；Singh，2018）。我们对这一假设进行了探讨，但发现对于大多数水稻和小麦种植户来说，农场规模仍是限制农户从灌溉式集约化生产中获利的主要因素。为了验证这些说法，我们首先对灌溉成本进行了敏感性分析，并研究了其向所有农民所提供的官方最低支持价格，而非他们所获得的更低的农场出场价格的影响。

在灌溉方面，在东恒河平原存在几种不同定价机制的灌溉技术。灌溉技术至关重要，因为在东恒河平原的稻麦种植系统中，灌溉通常是投入品中成本最高的。高价的柴油泵和昂贵的租赁成本导致成本居高不下（Shah et al.，2012；Urfels et al.，2020），但存在降低灌溉成本的方法，如选择更好的水泵（Bom et al.，2001；Foster et al.，2019；Urfels et al.，2020）或转向使用在该地区迅速发展的电能。

平均而言，与低灌溉强度组相比，高灌溉强度组的经济收益估计值为：租赁泵0.11PPP$/天，小型柴油泵0.34PPP$/天，电动泵0.38PPP$/天（见图3和表2）。但是，右偏的IBI分布导致处于IBI值最低四分位数家庭的收益明显较小（见图4）。对于低灌溉组与高灌溉组，它们之间的FDPI中位数差异为0.14PPP$/天（电力灌溉价），而IBI前四分位为1.85PPP$/天（见图4）。

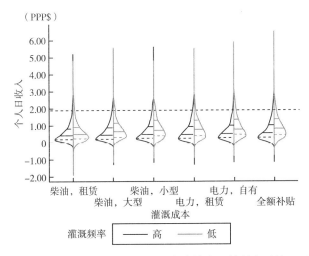

图3 不同灌溉成本下灌溉频率低和灌溉频率高的农民的稻麦系统 FDPI 分布差异

注：小提琴图显示了稻麦生产全净值的个人日收入分布。纵线表示各组的密度函数，横虚线表示第25和第75百分位数，实线表示中位数。黑色水平虚线代表1.90PPP\$/天的贫困线。

**表2   通过双侧匹配 t 检验比较各灌溉成本组灌溉频率高
和灌溉频率低的系统的 FDPI 差异**

价格组	估计值（PPP\$）	统计值	置信区间下限值（PPP\$）	置信区间上限值（PPP\$）	研究方法	备选方法
柴油，租赁	0.09	7.29	0.06	0.11	配对 t 检验	双侧检验
柴油，大规模	0.24	17.72	0.21	0.26	配对 t 检验	双侧检验
柴油，小农	0.36	24.79	0.33	0.38	配对 t 检验	双侧检验
电力，租赁	0.35	24.15	0.32	0.37	配对 t 检验	双侧检验
电力，自有	0.39	26.41	0.36	0.42	配对 t 检验	双侧检验
全额补贴	0.40	26.27	0.37	0.43	配对 t 检验	双侧检验

所有检验均具有统计学意义（$p < 0.01$）。结果展示了不同灌溉成本的情况下，灌溉频率低的农户与灌溉频率高的农户之间的平均 FDPI 差异。这一比较旨在了解灌溉成本对 FDPI 的影响程度。

无论灌溉强度或灌溉成本如何，低 IBI 组的 FDPI 仍然较低。有关这些平均结果在不同土壤和作物类型（关键影响变量）之间的差异，以及控制影响变量时的效应大小，参见补充材料[①]。FDPI 仅对 IBI 较高的组别有显著影响。

———————————

① 补充材料请参见：https://ars.els-cdn.com/content/image/1-s2.0-S0308521X23000239-mmc1.docx。

尽管斜率为负表明租用柴油泵的高成本将导致水稻种植利润减少，但对 IBI 的影响而言，日收入的影响比灌溉成本更大。收入来源于水稻［图 4（a）和图 4（b）］和小麦［图 4（c）和图 4（d）］按农场交货价格［图 4（a）和图 4（c）］和 2020 年最新的最低支持价格［图 4（b）和图 4（d）］计算的全部净产值。虚线为 1.90PPP$/天的国际贫困线。非线性特征可能表明共同变量（如限制因素）对产量的影响。

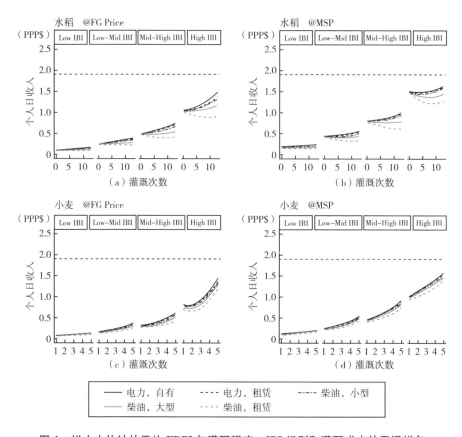

图 4　样本中估计的平均 FDPI 与灌溉强度、IBI 组别和灌溉成本的平滑样条

鉴于我们之前的结果没有考虑灌溉成本的假设，所以灌溉成本的降低不会改变我们的结论。但灌溉价格对农业收入的影响较小，这意味着灌溉价格不太可能像通常假设的那样，成为影响灌溉行为有效的政策杠杆（Sidhu et al.，2020）。敏感性分析表明，灌溉价格仅对最大农场的 FDPI 具有显著的影响（见表 2、图 3、图 4），而对大多数的其他农场没有显著影响。

其他经常被提及的提高农民收入的政策杠杆包括更优的市场价格，如谷物的最低支持价格或转向种植高价值作物，因其能够提高农民收入而引起广泛关注。我们的数据表明，与灌溉成本一样，最低支持价格（见图4）仅对最高家庭IBI四分位产生有意义的影响。如果在我们的数据集中，向农民支付2020年的官方最低支持价格，那么对于灌溉强度低的系统，IBI最低四分位的FPDI中位数为0.26PPP＄/天，而对于灌溉强度高的系统，则为0.30PPP＄/天（而对于IBI最高四分位，则分别为2.84 PPP＄/天和3.14PPP＄/天）。农民的FD-PI增加，贫困程度减轻，但如果他们获得的是最低支持价格，就不会出现超越贫困线的实质性转变（见图3）。

灌溉增加FDPI的另一个途径是允许种植经济作物或三季作物。由于我们的数据集不包含此类信息，因此我们使用文献中的盈利能力值进行分析：该地区多样化或集约化农场系统的盈利能力估算值为每年4 000～13 000PPP＄，如果选择第三种作物（如绿豆）和/或取代水稻及小麦的重要园艺整合（Khan and Verma，2018；Mishra et al.，2021；Sen et al.，2017）。对于中位数家庭而言，这种利润率相当于0.80～2.60PPP＄/天。如果我们数据集中的所有农民都能获得13 000PPP＄/公顷的最高收入，37%的农民仍将处于贫困线以下，15.7%的农民将处于低于1PPP＄/天的门槛以下。这意味着，高生产力的农业系统通过有效控制的三季作物种植和良好运作的市场，可能会将相当数量的农场提升至每天1.90PPP＄/天的贫困线以上，但仍然有超过1/3的农场低于这一标准。此外，这些多样化的农业系统的可推广性还受到生物物理、粮食安全和稻谷小麦种植文化等方面的限制，也依赖于市场整合、价格波动以及农民能否维持运营成本和资本投资成本。对于许多小农户来说，多样化虽然为他们提供了一些减贫机会，但也伴随着重大的风险，并会大幅增加其投资成本。

这些结果对于灌溉式农业集约化政策和项目具有重要的意义。首先，对于大多数农场来说，将资源投入（灌溉式）农业集约化的经济激励是相当有限的。例如，将灌溉基础设施升级为太阳能灌溉系统的前期投资成本很高，可能无法为大多数农场提供足够的回报（Shah et al.，2018）。对于大多数农民来说，低资本投资选项可能更为可行，如接入不断扩展并能够得到补贴的农村电网。高资本投资的灌溉系统最适合园艺式农场和具有较高IBI值的农场，因为它们期望获得更高的回报。偏远和资源有限的谷物种植者在没有稳定通电前，可能会依赖成本相对低廉、便携、易于使用和维修的柴油泵。同样地，寻找适合通电农场的电费政策（这是被广泛讨论的政策杠杆）不太可能通过提高农作物生产收入来对农村收入产生重大影响（Sidhu et al.，2020）。我们的研究结果表明，即使在名义上采用穷人易于接受的统一电价结构（Sidhu et al.，2020），东恒河平原的农民从作物生产中获得的日收入也不太可能有显著提高。

相对而言，与印度政府设定的在2024年之前将农民收入在2015～2016年的基础上翻番这一政策目标保持一致，收入的小幅提高仍可被视为成功地降低了贫困程度（Government of India，2017；Lele，2019）。然而，由于初始收入较低（如我们估计IBI后四分位的FDPI中位数为0.27PPP＄/天），从农业收入翻番（如达到0.54PPP＄/天）到改变农民的贫困状况并达到1.90PPP＄/天，仍然还有很长的路要走。即使农业生产率和利润率按每公顷面积计算的增幅很显著，但这也不会直接惠及大多数小农户，而是使那些已经比较富裕的农户受益。为使小农户受益，政策制定者需要加大对农业价值链的协调升级（包括灌溉）以及就业培训计划的投资力度，为小农户创造包容性和多样化的就业机会。

（四）家庭消费和市场参与

鉴于仅通过改善作物生产难以改变大多数小农的贫困状况，本部分探讨了家庭消费和市场参与的模式，以揭示粮食安全和非农收入方面的问题。如第三部分（见图1）所述，大多数小农户的水稻和小麦种植只能满足自给自足的消费水平。人们可能会认为，家庭消费充足（如2 700千卡/人·天）的家庭会通过出售额外的产品来增加收入。但家庭、非家庭和地理等因素会影响小农的市场参与（Barrett，2008）。

因此，在我们的数据集中，灌溉次数更多和产量更高的家庭会生产出更多的产品，对应更高的热量，但他们并未把这些产品出售给市场。IBI值较高的家庭保留的热量非常高；对于水稻，从平均546千卡/人·日（SD：279）（IBI底部25%）到平均2 624千卡/人·日（SD：1 277）（IBI顶部25%）不等；对于小麦，从平均531千卡/人·日（SD：251）（IBI底部25%）到平均2 641千卡/人·日（SD：1 365）（IBI顶部25%）不等。然而，大多数家庭，包括IBI底部25%的家庭，都会向市场出售一些大米（见图1），对于灌溉频率高的小农户来说，他们所出售农产品获得的FDPI是灌溉频率低的农户的两倍：灌溉频率高和灌溉频率低的小农户出售产品的 FDPI 值分别为 0.07PPP＄/天和 0.15PPP＄/天。这些差异可能是村内保险和交换导致的（Meghir et al. , 2019；Townsend, 1994），较富裕的家庭可能会增加消费，而较贫穷的家庭需要出售农产品以满足基本的现金需求。

在我们的数据集中，非农业收入至少占大多数家庭收入的50%（见图1），这表明非农业工作是农业收入的补充，可能为气候和社会产生的冲击提供增强抵御能力的后备选择（Meghir et al. , 2019）。这些发现与非农业收入来源日益成为家庭粮食安全的重要来源这一普遍观点相吻合（Pingali et al. , 2019；Sugden et al. , 2014），因为该地区的农村经济目前正在经历快速的结构转型。家庭消费和实物交易正在被日益商品化、非农就业和购买粮食作物所取代。

已有大量文献对动态结构转型及其对资源配置以及家庭粮食安全动态的影响进行了研究（Pingali and Sugden, 2017；Tomich et al. , 2019；Webb and Block, 2012）。这些研究表明，主营作物生产力和农业收入的增加并不一定对减贫、粮食安全及营养产生积极影响，这与我们研究的结果一致。例如，副食的供应和价格水平可能无法满足日益增长的需求。投资副食价值链和支持生产是提高灌溉式集约化效益的一种潜在途径。这样做有助于维持较低的价格水平，使膳食更加多样化，同时大型农场可以提高产量，小农户也可以寻求更多的农场外就业机会。

（五）政策影响与建议

本文发现，农民通过灌溉式集约化规模来提高农业生产力的增收效果，但小规模农场在很大程度上收效甚微。然而，需要明确指出两点：首先，我们的重点是通过一个独特的数据集来系统地评估增加农民作物生产收入的机会空间和结构限制。其次，本文并不认为灌溉式农业集约化收益很小，相反，我们认为其收益很显著。需要强调的是，农民在作物生产中获得的收入增长在结构上受限于小农场规模，因此对于东恒河平原地区大多数小农来说，其收入可能仍然远低于贫困线，因为其 IBI 很难迅速发生变化。这些结论对研究和制定政策具有重要意义。

我们的研究结果表明，虽然灌溉式集约化与稻麦系统的生产力提高有关，但由于大多数农场规模太小，无法通过灌溉式集约化大幅增加作物生产的收入。这些结论与气候冲击对不同类型农场的影响以及当地采用保护性农业的研究相一致（Keil et al.，2019；Lopez-Ridaura et al.，2018）。这可能会导致结构转型，使得许多小农退出农业生产市场，然后将零散土地整合成更大的土地块（Dorward et al.，2009）。然而，包括日本和泰国在内，亚洲其他稀缺土地的稻米生产国的农业发展并没有像欧洲或北美那样扩大农场规模。尽管这些国家的农民老龄化严重、补贴水平高且农场管理效率低下，但采用适当规模的机械化和家庭农场水稻种植已成为一种普遍的水稻种植模式（Doner and Schneider，2016；Faysse et al.，2020；Veilhuizen et al.，2020）。因此，要实现更广泛的灌溉，从而提高生产力水平，就需要政策制定者满足投资偏好各异的大小农户的需求。这些不仅需要考虑灌溉成本，还需要考虑流动性、非农工资率、家庭劳动力以及在田间施水所需的繁重劳动的变化情况（Keil et al.，2019；Khatri-Chhetri et al.，2020）。要想为东恒河平原地区的农民带来更可靠的灌溉收益，就必须更好地了解政策在哪里实施、对谁有效，以及为什么有效。

例如，消息灵通的农民和拥有更多土地的农民可以通过升级太阳能或电网供电系统来大幅提高家庭收入。针对集体所使用的太阳能系统补贴，可以为在附近拥有园艺用地、和市场联系紧密和交通基础设施的小农户带来一些额外的好处（Agrawal and Jain，2019）。然而，许多小农户偶尔会租用水泵来灌溉离家较远的大片土地（Deininger et al.，2017）。对他们来说，电气化或改用小型柴油泵可以降低租金，通过增加灌溉频率来提高产量，或许还能降低干旱风险（由于我们的数据来自降水量充足的年份，因此需要更多干旱年份的数据来检验这一假设），从而保障粮食安全，提高气候适应能力。但是，从小块土地和不可靠的市场联系中获得的微薄利润并不利于农村转型（de Bont et al.，2019；Leil et al.，2019）。对于小农户来说，稻麦集约化和一般作物生产的利润微薄，因此并不能作为他们未来减贫的途径。他们需要更好的非农业机会，而农业价值链的升级也许能够提供一些机会。

然而，稻麦种植的集约化在预防贫困人口饥荒和小农以外群体的粮食安全方面具有显著的作用。因此，政策制定者和实践者应促进灌溉基础设施的公平分配，并根据更广泛的可持续农业集约化尝试，围绕田间可持续和有效的水资源管理，逐步建立农村知识基础。这种成本较低的灌溉方式可以通过增加粮食产量和降低其价格来帮助贫困家庭缓解贫困。粮食价格下降将提高贫困人口的购买力，减轻他们的贫困程度。然而，分析这种灌溉对减贫的一般均衡效应超出了本文的范围。此外，不应将灌溉作为小型农场摆脱贫困的直接途径，而应为小农户设计可供选择的方案，使其能够达到辅助创收的效果，或让那些愿意这样做的人退出农业生产市场，同时利用灌溉来缓冲气候冲击对生产的影响。提供真实的反馈，并告诉小农户他们根本无法从耕种土地中获得足够的收入，最好的方案是考虑其他创收方案。

通过灌溉带动稻麦生产集约化，以此来提高土地生产力，这与减贫并不矛盾，而且有助于实现粮食安全等目标。但要实现这两个目标，需要采取多方面的措施，包括关注农民的生计、无地者的粮食安全以及加强和提高农业投入和产出价值链（Hanjra et al.，2009；Namara et al.，2010）。升级价值链需要相关机构以及职能部门和地方政府之间的协调，以促进上下游利益相关方之间的信任，避免技术封锁，并投资于关键、可靠的基础设施（Doner and Schneider，2016；Veilhuizen et al.，2020）。政府应该在这一过程中发挥关键作用。例如，通过投资农民培训教育，向其传授适用于农场内外的宝贵技能，消除农业工作没有吸引力的观念，并使农户变得更成功。培训计划还可以使非农工人和企业家支持农业转型工作，帮助农村经济升级（Hanjra et al.，2009；Ogundari，2014；Reimers and Klasen，2013）。例如，支持水泵和钻井部门逐步发展可持续、公平、安全和高效的基础设施建设，这应被视为创造有吸引力的就业机会的切入点。

此外，要更加重视可持续性问题。从中短期来看，由于地下水补给量大（大于 300 毫米/年），东恒河平原地区面临地下水枯竭的风险很小（Mukherji，2018；Shah et al.，2018）。由于含水层面积很大，西孟加拉邦地下水灌溉电气化并未导致地下水位大幅下降，即使是密集的波罗（Boro）水稻灌溉也是如此（Sarkar，2020）。然而，从长期来看，非农业部门日益增长的用水需求，以及日益频繁的气候冲击影响带来了更多的可持续性问题，需要进一步研究地下水使用与集约化之间的联系（Raymond et al.，2020）。例如，高温导致的干旱期可能会影响作物生长，因此可能需要改变作物选择或培育抗逆性更强的新品种来满足粮食生产需求（Kadam et al.，2014）。同样，连续干旱的影响和日益不稳定的降水造成的地下水补给减少问题，也会使得东恒河平原地区灌溉的长期可持续性受到较大影响。评估气候变化对地下水补给影响的新方法能为政策制定提供有用的信息，同时需要探索多样化和可持续的种植系统（Dillon et al.，2019；Kirby et al.，2016）。这些可持续性问题也凸显了气候适应能力对确保粮食安全的重要性，灌溉式集约化会加大粮食安全保障。

最后，政策方案应明确阐明集约化稻麦种植和农业集约化的主要目标。这可能不会改变小农户的贫困状况，但可靠的稻麦灌溉耕作可以保障粮食安全，并增强抵御气候冲击的能力。要实现上述目标，需要了解提高生产率的有效途径，同时注意保持农民的积极性以及生物物理、社会经济和社会技术因素之间复杂的相互作用、梯度以及它们与其他可持续性成果的相互联系（Molden et al.，2010；Rockstrom et al.，2017；Suhardiman et al.，2018；Zewdie et al.，2020）。多种因素相互作用，形成了最适宜的灌溉方式。这些因素包括地块的土壤和排水类型、天气条件、作物品种、作物类型以及灌溉的及时性和次数。同时，不同的社会和技术要求提高了灌溉系统的复杂性，这会对灌溉的效果产生限制作用（Westling et al.，2019）。农民知识经验的积累对于管理地块至关重要。后续的研究需要制定解决方案，以了解最新动态，并指出提高土地生产力和系统盈利能力的可能途径，这些途径应立足于特定环境和地点的发展历史，并考虑村落内及村落间的空间异质性（Lambe et al.，2020）。扩大灌溉范围和增加灌溉次数在政治议程上占据重要地位，新一轮有关灌溉的研究亟待开展，以有效利用灌溉基础设施，促进有针对性和系统性地改进粮食系统。

四、结　　论

本文研究了灌溉式稻麦系统集约化如何影响东恒河平原小农户的农业生产收入。我们发现，仅靠农作物生产可能无法使大多数家庭摆脱贫困，因为大多数农场规模较小，无法从作物生产（尤其是谷物）获得可观的收入。然而，灌溉可以减轻贫困程度，为农业生产带来巨大的收益，在预防饥荒、加强粮食安全和气候适应能力方面发挥关键作用。因此，我们认为，灌溉应被视为跨部门协同合作的重要部分，这能够促进农村经济的协调发展，创造更多的农业和非农业就业机会和技能。因此，政策制定者应制定有针对性的投资方案，以支持灌溉式农业集约化发展，从而最大限度地保障粮食安全和增强气候适应能力。

参 考 文 献

Agrawal, S., Jain, A. (2019). Sustainable deployment of solar irrigation pumps: Key determinants and strategies. Wiley Interdiscip. Rev. Energy Environ., 8 (2), e325. https://doi.org/10.1002/wene.325.

Ajay, A., Craufurd, P., Kumar, V., Samaddar, A., Malik, R. K., Sharma, S., Ranjan, H., Singh, A. K., Paudel, G., Pundir, A. K., Poonia, S., Kumar, A., Kumar, P., Singh, D. K., Singh, M., Iftikar, W., Ignatius, M., Banik, N., Mohapatra, B., et al. (2022). Large survey dataset of rice production practices applied by farmers on their largest farm plot during 2018 in India. Data in Brief, 45, 108625. https://doi.org/10.1016/j.dib.2022.108625.

Balasubramanya, S., Stifel, D. (2020). Viewpoint: Water, agriculture & poverty in an era of climate change: Why do we know so little? Food Policy, 93, 101905. https://doi.org/10.1016/j.foodpol.2020.101905.

Barrett, C. B. (2008). Smallholder market participation: Concepts and evidence from eastern and southern Africa. Food Policy, 33 (4), 299 – 317. https://doi.org/10.1016/j.foodpol.2007.10.005.

Biau, G., Scornet, E. (2016). A random forest guided tour. Test, 25 (2), 197 – 227.

Bom, G. J., van Raalten, D., Majundar, S., Duali, R. J., Majumder, B. N. (2001). Improved fuel efficiency of diesel irrigation pumpsets in India. Energy Sustain. Dev. 5 (3), 32 – 40. https://doi.org/10.1016/s0973 – 0826 (08) 60274 – 4.

Breiman, L. (2001). Random forests. Mach. Learn, 45 (1), 5 – 32. https://doi.org/10.1023/ A: 1010933404324.

Commission for Agricultural Costs and Prices (2017a). Price policy for Kharif Crops. A. Urfels et al. Agricultural Systems 207 (2023) 10361811.

Commission for Agricultural Costs and Prices (2017b). Price policy for Rabi Crops.

De Bont, C., Komakech, H. C., Veldwisch, G. J. (2019). Neither modern nor traditional: Farmer-led irrigation development in Kilimanjaro region, Tanzania. World Dev., 116, 15 – 27. https://doi.org/10.1016/j.worlddev.2018.11.018.

Deininger, K., Monchuk, D., Nagarajan, H. K., Singh, S. K. (2017). Does land fragmentation increase the cost of cultivation? Evidence from India. J. Dev. Stud., 53 (1), 82 – 98. https://doi.org/10.1080/00220388.2016.1166210.

Devkota, K. P., Devkota, M., Paudel, G. P., McDonald, A. J. (2021). Coupling landscape scale diagnostics surveys, on-farm experiments, and simulation toidentify entry points for sustainably closing rice yield gaps in Nepal. Agric. Syst., 192, 103182. https://doi.org/10.1016/j.agsy.2021.103182.

Dillon, P., Stuyfzand, P., Grischek, T., Lluria, M., Pyne, R. D. G., Jain, R. C., Bear, J., Schwarz, J., Wang, W., Fernandez, E., Stefan, C., Pettenati, M., van der Gun, J., Sprenger, C., Massmann, G., Scanlon, B. R., Xanke, J., Jokela, P., Zheng, Y., et al. (2019). Sixty years of global progress in managed aquifer recharge. Hydrogeol. J., 27 (1), 1 – 30. https://doi.org/10.1007/s10040 – 018 – 1841 – z.

D'Odorico, P., Carr, J. A., Laio, F., Ridolfi, L., Vandoni, S. (2014). Feeding humanity through global food trade. Earth's Future, 2 (9), 458 – 469. https://doi.org/10.1002/2014ef000250.

Doner, R. F., Schneider, B. R. (2016). The middle-income trap. World Polit., 68 (4), 608 – 644. https://doi.org/10.1017/s0043887116000095.

Dorward, A., Anderson, S., Bernal, Y. N., Vera, E. S., Rushton, J., Pattison, J., Paz, R. (2009). Hanging in, stepping up and stepping out: Livelihood aspirations and strategies of the poor. Dev. Pract., 19 (2), 240 – 247. https://doi.org/10.1080/09614520802689535.

Faysse, N., Aguilhon, L., Phiboon, K., Purotaganon, M. (2020). Mainly farming…but what's next? The future of irrigated farms in Thailand. J. Rural. Stud., 73, 68 – 76. https://doi.org/10.1016/j.jrurstud.2019.12.002.

Foster, T., Adhikari, R., Urfels, A., Adhikari, S., Krupnik, T. J. (2019). Costs of diesel pump irrigation systems in the Eastern IndoGangetic Plains: What options exist for efficiency gains? CSISA Research Notes, Issue. C. S. I. f. S. A. (CSISA).

Fraval, S., Hammond, J., Wichern, J., Oosting, S. J., De Boer, I. J. M., Teufel, N., Lannerstad, M., Waha, K., Pagella, T., Rosenstock, T. S. (2019). Making the most of imperfect data: A critical evaluation of standard information collected in farm household surveys. Exp. Agric., 55 (2), 230 – 250. https://doi. org/10. 1017/S0014479718000388.

Frelat, R., Lopez-Ridaura, S., Giller, K. E., Herrero, M., Douxchamps, S., Andersson Djurfeldt, A., Erenstein, O., Henderson, B., Kassie, M., Paul, B. K., Rigolot, C., Ritzema, R. S., Rodriguez, D., van Asten, P. J., van Wijk, M. T. (2016). Drivers of household food availability in sub-Saharan Africa based on big data from small farms. Proc. Natl. Acad. Sci. U. S. A., 113 (2), 458 – 463. https://doi. org/10. 1073/pnas. 1518384112.

Government of India (2017). Doubling farmers' income: Rationale, strategy, prospects and action plan. G. O. India.

Hanjra, M. A., Ferede, T., Gutta, D. G. (2009). Reducing poverty in sub-Saharan Africa through investments in water and other priorities. Agric. Water Manag., 96 (7), 1062 – 1070. https://doi. org/10. 1016/j. agwat. 2009. 03. 001.

Harris, D. (2019). Intensification benefit index: How much can rural households benefit from agricultural intensification? Exp. Agric., 55 (2), 273 – 287. https://doi. org/10. 1017/s0014479718000042.

Hastie, T. J., Tibshirani, R. J. (1990). Generalized additive models. Routledge. https://doi. org/10. 1201/9780203753781.

Hussain, I. (2007). Direct and indirect benefits and potential disbenefits of irrigation: Evidence and lessons. Irrig. Drain., 56 (2), 179 – 194. https://doi. org/10. 1002/ird. 301.

International Research Institute for Climate and Society (IRI) (2020). Bihar Climate Maproom. http://iridl. ldeo. columbia. edu/maproom/Agriculture/Bihar/Monitoring/SPI/Analysis. html.

Kadam, N. N., Xiao, G., Melgar, R. J., Bahuguna, R. N., Quinones, C.,

Tamilselvan, A. , Prasad, P. V. V. , Jagadish, K. S. V. (2014). Agronomic and physiological responses to high temperature, drought, and elevated CO_2 interactions in cereals. Adv. Agron. , 127, 111 – 156. https：//doi. org/10. 1016/B978 – 0 – 12 – 800131 – 8. 00003 – 0.

Keil, A. , Mitra, A. , Srivastava, A. K. , McDonald, A. (2019). Social inclusion increases with time for zero-tillage wheat in the Eastern Indo-Gangetic Plains. World Dev. , 123, 104582. https：//doi. org/10. 1016/j. worlddev. 2019. 06. 006.

Khan, K. , Verma, R. K. (2018). Diversifying cropping systems with aromatic crops for better productivity and profitability in subtropical north Indian plains. Ind. Crop. Prod. , 115, 104 – 110. https：//doi. org/10. 1016/j. indcrop. 2018. 02. 004.

Khatri-Chhetri, A. , Regmi, P. P. , Chanana, N. , Aggarwal, P. K. (2020). Potential of climate smart agriculture in reducing women farmers' drudgery in high climatic risk areas. Clim. Chang. , 158 (1), 29 – 42. https：//doi. org/10. 1007/ s10584 – 018 – 2350 – 8.

Kirby, J. M. , Mainuddin, M. , Mpelasoka, F. , Ahmad, M. D. , Palash, W. , Quadir, M. E. , Shah Newaz, S. M. , Hossain, M. M. (2016). The impact of climate change on regional water balances in Bangladesh. Clim. Chang. , 135 (3 – 4), 481 – 491. https：//doi. org/10. 1007/s10584 – 016 – 1597 – 1.

Lambe, F. , Ran, Y. , Jurisoo, M. , Holmlid, S. , Muhoza, C. , Johnson, O. , Osborne, M. (2020). Embracing complexity：A transdisciplinary conceptual framework for understanding behavior change in the context of development-focused interventions. World Dev. , 126, 104703. https：//doi. org/10. 1016/j. worlddev. 2019. 104703.

Lele, U. (2019). Doubling farmers' income under climate change. Int. Water Manag. Institute (IWMI). https：//doi. org/10. 22004/ag. econ. 296735.

Liaw, A. , Wiener, M. (2002). Classification and regression by random Forest. R News, 2 (3), 18 – 22.

Lopez-Ridaura, S. , Frelat, R. , van Wijk, M. T. , Valbuena, D. , Krupnik, T. J. , Jat, M. L. (2018). Climate smart agriculture, farm household typologies and food security：An ex-ante assessment from Eastern India. Agric. Syst. , 159, 57 – 68. https：//doi. org/10. 1016/j. agsy. 2017. 09. 007.

Lundberg, S. M. , Lee, S.-I. (2017). A unified approach to interpreting model predictions. Adv. Neural Inf. Proces. Syst. 30.

McDonald, A. J. , Balwinder-Singh, Keil, Srivastava, A. , Craufurd, P. , Kishore, A. , Kumar, V. , Paudel, G. , Singh, S. , Singh, A. K. , Sohane, R. K. , Malik, R. K. (2022). Time management governs climate resilience and productivity in the coupled rice-wheat cropping systems of eastern India. Nat Food, 3, 542 – 551. https：//doi. org/10. 1038/s43016 – 022 – 00549 – 0.

Meghir, C. , Mobarak, A. M. , Mommaerts, C. D. , Morten, M. (2019). Migration and informal insurance. In National Bureau of Economic Research Working Paper Series, 26082. https：//doi. org/10. 3386/w26082.

Mishra, J. S. , Poonia, S. P. , Kumar, R. , Dubey, R. , Kumar, V. , Mondal, S. , Dwivedi, S. K. , Rao, K. K. , Kumar, R. , Tamta, M. , Verma, M. , Saurabh, K. , Kumar, S. , Bhatt, B. P. , Malik, R. K. , McDonald, A. , Bhaskar, S. (2021). An impact of agronomic practices of sustainable rice-wheat crop intensification on food security, economic adaptability, and environmental mitigation across eastern indo-Gangetic Plains. Field Crop Res. , 267, 108164. https：//doi. org/10. 1016/j. fcr. 2021. 108164.

Molden, D. , Oweis, T. , Steduto, P. , Bindraban, P. , Hanjra, M. A. , Kijne, J. (2010). Improving agricultural water productivity：Between optimism and caution. Agric. Water Manag. , 97 (4), 528 – 535. https：//doi. org/10. 1016/ j. agwat. 2009. 03. 023.

Mukherji, A. (2018). In Mukherjee, A. (Ed.), Groundwater of South Asia. Springer Singapore.

Namara, R. E. , Hanjra, M. A. , Castillo, G. E. , Ravnborg, H. M. , Smith, L. , Van Koppen, B. (2010). Agricultural water management and poverty linkages. Agric. Water Manag. , 97 (4), 520 – 527. https：//doi. org/10. 1016/j. agwat. 2009. 05. 007.

Niroula, G. S. , Thapa, G. B. (2005). Impacts and causes of land fragmentation, and lessons learned from land consolidation in South Asia. Land Use Policy, 22 (4), 358 – 372. https：//doi. org/10. 1016/j. landusepol. 2004. 10. 001.

Ogundari, K. (2014). The paradigm of agricultural efficiency and its implication on food security in Africa：What does meta-analysis reveal? World Dev. , 64, 690 – 702. https：// doi. org/10. 1016/j. worlddev. 2014. 07. 005.

Paul, M. , Githinji, M. W. (2018). Small farms, smaller plots：Land size, fragmentation, and productivity in Ethiopia. J. Peasant Stud. , 45 (4), 757 – 775. https：//doi. org/10. 1080/03066150. 2016. 1278365.

Pingali, P. , Sunder, N. (2017). Transitioning toward nutrition-sensitive food systems in developing countries. Ann. Rev. Resour. Econ. , 9 (1), 439 – 459. https：//doi. org/10. 1146/annurev-resource-100516 – 053552.

Pingali, P. , Aiyar, A. , Abraham, M. , Rahman, A. (2019). Indian food systems towards 2050：Challenges and opportunities. In Pingali, P. , Aiyar, A. , Abraham, M. , Rahman, A. (Eds.), Transforming Food Systems for a Rising India. Springer International Publishing, 1 – 14. https：//doi. org/10. 1007/978 – 3 – 030 – 14409 – 8_1.

Raymond, C. , Horton, R. M. , Zscheischler, J. , Martius, O. , Agha Kouchak, A. , Balch, J. , Bowen, S. G. , Camargo, S. J. , Hess, J. , Kornhuber, K. , Oppenheimer, M. , Ruane, A. C. , Wahl, T. , White, K. (2020). Understanding and managing connected extreme events. Nat. Clim. Chang. , 10 (7), 611 – 621. https：//doi. org/10. 1038/s41558 – 020 – 0790 – 4.

Reimers, M. , Klasen, S. (2013). Revisiting the role of education for agricultural productivity. Am. J. Agric. Econ. , 95 (1), 131 – 152. https：//doi. org/ 10. 1093/ajae/aas118.

Roberts, S. (2004). Interactions between particulate air pollution and temperature in air pollution mortality time series studies. Environ. Res. , 96 (3), 328 – 337.

Rockstrom, J. , Williams, J. , Daily, G. , Noble, A. , Matthews, N. , Gordon, L. , Wetterstrand, H. , DeClerck, F. , Shah, M. , Steduto, P. , de Fraiture, C. , Hatibu, N. , Unver, O. , Bird, J. , Sibanda, L. , Smith, J. (2017). Sustainable intensification of agriculture for human prosperity and global sustainability. Ambio, 46 (1), 4 – 17. https：//doi. org/10. 1007/s13280 – 016 – 0793 – 6.

Sarkar, A. (2020). Groundwater irrigation and farm power policies in Punjab and West Bengal：Challenges and opportunities. Energy Policy, 140, 111437. https：// doi. org/10. 1016/j. enpol. 2020. 111437.

Sen, B. , Venkatesh, P. , Jha, G. K. , Singh, D. R. , Suresh, A. (2017). Agricultural diversification and its impact on farm income：A case study of Bihar. Agric. Econ. Res. Rev. , 30 (conf), 77. https：//doi. org/10. 5958/0974 – 0279. 2017. 00023. 4.

Shah, T. , Ul Hassan, M. , Khattak, M. Z. , Banerjee, P. S. , Singh, O. P. , Rehman, S. U. (2009). Is irrigation water free? A reality check in the indo-Gangetic Basin. World Dev. , 37 (2), 422 – 434. https：//doi. org/10. 1016/ j. worlddev. 2008. 05. 008.

Shah, T. , Giordano, M. , Mukherji, A. (2012). Political economy of the energy-groundwater nexus in India：Exploring issues and assessing policy options. Hydrogeol. J. , 20 (5), 995 – 1006. https：//doi. org/10. 1007/s10040 – 011 – 0816 – 0.

Shah, T. , Rajan, A. , Rai, G. P. , Verma, S. , Durga, N. (2018). Solar pumps and South Asia's energy-groundwater nexus：Exploring implications and reimagining its future. Environ. Res. Lett. , 13 (11), 115003. https：//doi. org/10. 1088/1748 – 9326/aae53f.

Sheth, A. (2015). Research announcement – Moody's：India's vulnerability to drought poses credit challenges. Moody's Investors Service. Retrieved 09/08/2020 from https：//www. moodys. com/research/Moodys-Indias-vulnerability-to-drought-posescredit-challenges-PR_331911.

Sidhu, B. S. , Kandlikar, M. , Ramankutty, N. (2020). Power tariffs for groundwater irrigation in India：A comparative analysis of the environmental, equity, and economic tradeoffs. World Dev. , 128, 104836. https：//doi. org/ 10. 1016/j. worlddev. 2019. 104836.

Singh, S. (2018). Doubling farmers' incomes. Econ. Polit. Wkly. , 53 (7), 15.

Struik, P. C. , Kuyper, T. (2017). Sustainable intensification in agriculture: The richer shade of green. A review. Agron. Sustain. Dev. , 37 (5), 39. https: // doi. org/10. 1007/s13593 – 017 – 0445 – 7.

Sugden, F. , Maskey, N. , Clement, F. , Ramesh, V. , Philip, A. , Rai, A. (2014). Agrarian stress and climate change in the eastern Gangetic Plains: Gendered vulnerability in a stratified social formation. Glob. Environ. Chang. , 29, 258 – 269. https: //doi. org/10. 1016/j. gloenvcha. 2014. 10. 008.

Suhardiman, D. , Pavelic, P. , Keovilignavong, O. , Giordano, M. (2018). Putting farmers' strategies in the centre of agricultural groundwater use in the Vientiane Plain, Laos. Int. J. Water Resour. Dev. , 36 (1), 149 – 169. https: //doi. org/ 10. 1080/07900627. 2018. 1543116.

Tomich, T. P. , Lidder, P. , Coley, M. , Gollin, D. , Meinzen-Dick, R. , Webb, P. , Carberry, P. (2019). Food and agricultural innovation pathways for prosperity. Agric. Syst. , 172, 1 – 15. https: //doi. org/10. 1016/j. agsy. 2018. 01. 002.

Townsend, R. M. (1994). Risk and insurance in village India. Econometrica, 62, 539 – 591. https: //doi. org/10. 2307/2951659.

Urfels, A. , McDonald, A. J. , Krupnik, T. J. , van Oel, P. R. (2020). Drivers of groundwater utilization in water-limited rice production systems in Nepal. Water Int. , 45, 39 – 59. https: //doi. org/10. 1080/02508060. 2019. 1708172.

Urfels, A. , McDonald, A. J. , van Halsema, G. , Struik, P. C. , Kumar, P. , Malik, R. K. , Poonia, S. P. , Balwinder, S. , Singh, D. K. , Singh, M. , Krupnik, T. J. (2021). Social ecological analysis of timely rice planting in Eastern India. Agron. Sustain. Dev. , 41 (2), 14. https: //doi. org/10. 1007/s13593 – 021 – 00668 – 1.

Veldhuizen, L. J. , Giller, K. E. , Oosterveer, P. , Brouwer, I. D. , Janssen, S. , Van Zanten, H. H. , Slingerland, M. A. (2020). The missing middle: Connected action on agriculture and nutrition across global, national and local levels to achieve Sustainable Development Goal 2. Global Food Security, 24, 100336. https: //doi. org/10. 1016/j. gfs. 2019. 100336.

Webb, P. , Block, S. (2012). Support for agriculture during economic transformation: Impacts on poverty and undernutrition. Proc. Natl. Acad. Sci. U. S. A. , 109 (31), 12309 – 12314. https: //doi. org/10. 1073/pnas. 0913334108.

Westling, E. L. , Sharp, L. , Scott, D. , Tait, S. , Rychlewski, M. , Ashley, R. M. (2019). Reflexive adaptation for resilient water services: Lessons for theory and practice. Glob. Environ. Chang. , 57, 101937. https: //doi. org/10. 1016/j. gloenvcha. 2019. 101937.

World Bank (2017). Monitoring global poverty report of the Commission on Global Poverty. W. Bank.

World Bank (2020). Poverty and shared prosperity 2020: Reversals of fortune. World Bank. https: //doi. org/10. 1596/978 – 1 – 4648 – 1602 – 4.

World Bank Group (2016). Bihar-poverty, growth and inequality (English) (India state briefs, Issue). http: //documents. worldbank. org/curated/en/781181 467989480762/Bihar-Poverty-growth-and-inequality.

Wright, M. N. , Ziegler, A. (2017). Ranger: A fast implementation of random forests for high dimensional data in C plus plus and R. J. Stat. Softw. , 77 (1), 1 – 17. https: //doi. org/10. 18637/jss. v077. i01.

Yang, J. (2021). Fast Tree SHAP: Accelerating SHAP value computation for trees. , arXiv preprint, 2109. 09847, 1 – 22. arXiv: 2109. 09847.

Yee, T. W. , Mitchell, N. D. (1991). Generalized additive models in plant ecology. J. Veg. Sci. , 2 (5), 587 – 602. https: //doi. org/10. 2307/3236170.

Zewdie, M. C. , Van Passel, S. , Moretti, M. , Annys, S. , Tenessa, D. B. , Ayele, Z. A. , Tsegaye, E. A. , Cools, J. , Minale, A. S. , Nyssen, J. (2020). Pathways how irrigation water affects crop revenue of smallholder farmers in Northwest Ethiopia: A mixed approach. Agric. Water Manag. , 233, 106101. https: //doi. org/ 10. 1016/j. agwat. 2020. 106101.

探究墨西哥贫民窟中边缘群体所面临的能源贫困与流动性贫困[*]

迪伦·弗西弗·德尔里奥　本杰明·索瓦库尔[**]

摘　要： 居住在墨西哥城都市圈非正规定居点的所谓"贫民窟居民"常常面临健康状况不佳、住房不安全等问题，并经常遭受社会歧视和种族歧视。此外，生活环境的不稳定及危险要素也时常威胁着这些群体的健康福祉。本文通过对墨西哥城都市圈的贫民窟居民进行焦点小组访谈、家庭访谈和现场访问等，调查研究他们的能源和住房需求、交通和出行模式，以及整体生活质量和健康所面临的挑战。墨西哥城都市圈是全球最大的都市圈之一，其中大多数居民具有"双重能源脆弱性"，即人们面临能源贫困和交通贫困的双重困境。本文围绕三个关键主题展开，在探讨极端贫困和脆弱性问题时，展示了贫民窟居民所面临的问题和存在的非法行为，如窃电。在永久边缘化方面，本文展示了当地存在的社会歧视、种族歧视等问题。最后，本文提出了一系列旨在实现空间正义的政策建议。

一、引　　言

经济合作与发展组织（以下简称经合组织）的报告指出，在过去 15 年中，主要大都市地区的人口增长速度快于其他地区。伴随着汽车的普及，这种快速城市化导致城市扩张、交通拥堵和通勤距离延长（OECD，2018）。同时，快速的城市化导致城市贫困加剧，推动农村人口向城市中心迁移，并间接地促成了非正

　＊　本文原文请参见：https：//doi. org/10. 1016/j. worlddev. 2022. 106093。

　＊＊　作者简介：迪伦·弗西弗·德尔里奥（Dylan D. Furszyfer Del Rio）是本文的通讯作者，他与本文的另一位作者本杰明·索瓦库尔（Benjamin K. Sovacool）均供职于英国萨塞克斯大学。

规定居点的形成（Aguilar，2008；Glaeser，Kahn and Rappaport，2008）。

墨西哥城都市圈是城市增长失控的一个典型案例。六个墨西哥人中就有一个居住在这一地区，它是经合组织国家中人口排名第三的都市圈，也是除亚洲地区以外最大的都市圈（INEGI，2018）。墨西哥城都市圈的人口从1980年的1 400万人增长到2017年的2 100多万人，增长率达1.1%，远高于世界平均水平，尤其是高于欧洲和美国的增长水平。与此同时，城市面积年增长率高达3.3%，从1980年的61 820.37公顷增长到2017年的约2.35亿公顷（ONU-Habitat，2018）。其中，增加的大部分面积为非正规定居点和位于城市边缘的商业住房，而居住在此的贫民窟居民将住房用于开设商店和本地企业（Guerra et al.，2018）。近几十年来，由于城市化进程加速，墨西哥城都市圈成为美洲历史上城市化程度最高的地区之一（Monkkonen，Giottonini and Comandon，2021）。

城市贫困问题由来已久，但在墨西哥城，这种贫困是由当地地形和殖民地土地利用引起的。低收入群体居住在陡峭的山坡、干涸的湖床和易受洪水影响的地区，并形成了非正规定居点，通常被称为贫民窟（UN-HABITAT，2003）。目前，墨西哥25%的城市人口居住在非正规定居点，其中60%的人口被认为处于贫困或中度贫困，并表现出不同程度的贫困和社会异质性（Roy，Bernal and Lees，2019）。尽管非正规定居点在一定程度上有助于居民跨越阶层向上流动，但就墨西哥城而言，居住在此的大多数人甚至连基本服务都无法获得。罗伊等（Roy et al.，2019）将此类城市增长定性为"高度非生产性的，加剧了不平等，并会增加污染"。为了防止非正规定居点的扩张，政府当局采取了各种政策，如呼吁进行搬迁、规划安居房、对贫民窟进行就地开发、强制驱逐等。

此外，墨西哥城都市圈作为全球最大的都市区之一，当地大多数居民具有"双重能源脆弱性"，即人们同时面临着严重的能源和交通贫困的风险（Simcock et al.，2021）。但针对这一问题的研究还很少。本文的研究填补了这一空缺，深入探讨了墨西哥城都市圈贫民窟居民的住房、交通、健康和福祉情况。基于现场访问、51个家庭访谈和2个贫民窟居民焦点小组，分析了贫民窟居民的交通和出行模式、住房和能源需求以及生活质量。我们的讨论集中在三个领域：永久的边缘化（包括文化对立和不宽容）、空间正义（包括提高生活质量的工具，以及生活在该地区的边缘群体的流动性和能源结果），以及极端贫困和脆弱性（包括韧性和应对的概念）。

二、背景：墨西哥城大都市区概况

本文首先介绍墨西哥城都市圈的背景和总体情况。

（一）墨西哥城都市圈的一般特征

墨西哥城都市圈的内陆盆地海拔为 2 240 米，直径约 50 千米，扩展空间有限。该地区的人口密度很高，为每平方千米 6 000 人，主要以工业和商业活动为主。墨西哥城都市圈人口约占墨西哥总人口的 20%，温室气体排放占墨西哥总温室气体排放量的 9%，每年排放超过 6 000 万吨的二氧化碳（Molina et al.，2009）。墨西哥城都市圈包括墨西哥城以及墨西哥州和希达尔戈州的 60 个相邻市镇。尽管大部分经济活动和服务都在墨西哥城进行，但居民并不住在墨西哥城，而是多居住在都市圈的边缘地区，这些地区主要位于墨西哥州（Mejía-Dorantes and Villagrán，2020）。

墨西哥城都市圈也许是最具吸引力的迁移地，来自全国各地的人们涌向该地区，为了寻找工作，获得更好的医疗服务和教育资源。墨西哥城都市圈还呈现出明显分区，中高收入家庭在特定的城区或郊区聚居，而低收入人群则分布在多个边缘地区。这导致不同地区在公共服务、设施和机会方面存在较大差异（Vargas and Magaña，2020）。事实上，与许多其他拉美大城市一样，墨西哥城都市圈有三个主要特点：第一，低收入家庭聚集在低密度的边缘地区，通常缺乏或没有城市服务；第二，高收入家庭集中在特定的城区，通常靠近历史中心；第三，低收入社区具有相同的社会经济特征（Monkkonen et al.，2021）。墨西哥城都市圈面临的重要问题包括污染、城市拥堵、过长的通勤时间、不安全和低效的公共交通、匮乏的公共空间等（INEGI，2014）。这些情况尤其影响到低收入人群，包括儿童、老年人、妇女和其他弱势群体。

墨西哥城都市圈城市发展的无序性使得该地区存在许多非正规定居点，这些定居点主要位于城市东部、东北部和山区的西部斜坡上。此外，工作岗位的集中化也带来了新的问题。该地区的主要就业位于墨西哥城，占 68%，而剩余的 32% 位于墨西哥州（ITDP，2015）。墨西哥城都市圈的非正规就业人口占全国的54%，而这一地区生活着全国最富裕的家庭，承载着主要的联邦政府机构，拥有全国最重要的文化机构。同时，墨西哥城对国内生产总值（GDP）的贡献达23%（Pojani and Stead，2017）。工作岗位的集中化和墨西哥城聚集的重要经济活动导致了交通拥堵、通勤时间过长和对汽车的依赖（Guerra et al.，2018），这些问题严重影响了当地居民的生活质量。研究估计，由于拥堵程度日益加剧、大规模快速交通系统的缺乏（特别是墨西哥城的边缘社区），城市交通每天造成330万人时的损失（IMCO，2019）。另一项研究报告显示，1994~2007年墨西哥城都市圈的拥堵水平不断上升，使公共交通的平均速度下降了3.6%，使私人交通的平均速度下降了9%（OECD，2015a）。

（二）墨西哥城都市圈的家庭能源使用和消费情况

自1938年以来，墨西哥政府通过墨西哥石油公司（PEMEX）和联邦电力委员会（CFE）控制能源市场。然而，由于能源消耗增加、环境问题日益严重、现有和新能源项目投资公共资金短缺以及效率低下等问题，墨西哥政府试图通过宪法修正案开放能源市场以引入竞争机制（EIA，2020）。墨西哥的电力和汽油补贴在全球范围内属于最高水平（Rosas-Flores et al.，2017），这带来了极高的财政资源消耗。例如，2005~2010年墨西哥政府的能源补贴累计支出达到11 500亿墨西哥比索，相当于年均GDP的10%（Rosas-Flores，2017）。能源补贴还存在增长趋势，例如，2019~2020年能源补贴实际金额增长了31%，从520亿比索增加到700亿比索（Solís，2019）。

高补贴带来了许多负面影响。维拉纽瓦（Villanueva，2021）指出，受益于高额补贴，用户并未充分了解实际应支付的能源服务费用，因此，市场缺乏价格信号。高能源补贴的另一个影响是可能导致能源消耗增加，这对社会支出、生产力、环境和收入分配都产生了不利影响（Coady et al.，2017；Moshiri and Santillan，2018）。汽油补贴也促使私家车使用增加，而非城市公共交通系统的改善，这会导致温室气体排放增加、交通拥堵和健康问题（Granado et al.，2012）。其他研究表明，由于富人使用的能源更多，能源补贴会对这一群体带来更多好处。同时，能源补贴还会挤占其他主要惠及低收入群体社会计划的经济资源。比如，2012年，墨西哥在汽油消费上的补贴超过了该国投入卫生和减贫核心计划（Oportunidades）的资金（Parker and Petra，2017）。全国范围内的电力补贴也更多地惠及富人，因为他们花在电费上的支出约为低收入群体的 3 倍（Moshiri and Santillan，2018）。除了高电力补贴，电力盗窃也是墨西哥城都市圈面临的一个严重问题。例如，墨西哥国家电力公司的报告称，2021 年上半年，公司因电力盗窃带来的损失超过 1.75 亿美元，电力盗窃数额为 36.6 千瓦时，占墨西哥国家电力公司 2021 年上半年销售总额的 11.6%（Cervantes，2021）。电力盗窃的形式包括消费者擅自修改电表、非法接线以及计费问题（未付账单等违规行为）（Sharma et al.，2016；Smith，2004；Wong et al.，2021）。这些非法活动的共同点是会导致公用事业公司的收入损失。此外，这种犯罪行为对电力公司的影响巨大，会使电力公司的系统短路或过载，进一步导致住宅和商业用电的供应中断（Lewis，2015），影响客户设备的性能，甚至损坏设备。这些负面影响不仅体现在此，公用事业公司还经常被迫实施更高的电费率以维持电力供应，这会使行为合法的客户的电费上涨（Winther，2012）。在墨西哥城都市圈，数以百万计的非法用户私拉电线偷电，已经迫使电网接近极限。因此，每天有成千上万的企业和家庭面临着停电问题（Sullivan，2002）。

有关能源供应领域的研究指出，腐败问题仍然是能源设备或能源服务被盗（包括电力供应、分配或输送中的非技术损失）方面不容忽视的重要问题（Sovacool，2021）。例如，史密斯（Smith，2004）指出，电力盗窃的一个主要原因是客户与公用事业员工勾结，从而产生了计费不规范和虚报问题，但这不会损坏电表。通过非法连接偷电还会带来安全问题，如受到电击，甚至可能导致死亡。裸露的电线可能引发火灾，尤其是在极端天气条件下，可能导致因触电受伤甚至死亡（Depuru，Wang and Devabhaktuni，2011）。

本文认为电力盗窃问题源于多种因素，对此在结果和讨论部分进行了解释。同时，本文也提出了一种应对机制来增加居民电力获取的可能性。基于此，我们劝诫读者不要批判或污名化被迫采取这种行为的人。

（三）墨西哥城都市圈的交通和出行

与全球南方的许多城市一样，墨西哥城都市圈的公共交通系统极不规范，通常缺乏安全协议、明确的站点以及举报犯罪的工具（Tun et al.，2020）。尽管存在这些缺陷，在墨西哥城都市圈，仍有约 2/3 的人使用公共交通工具出行。在墨西哥城都市圈中生活的人们日出行次数约 4 900 万次；其中，约有

53%的人乘坐公共交通工具，17%的人乘坐私家车，30%的人选择非机动交通方式（29%的人选择步行，1%选择骑自行车）（OECD，2019）。墨西哥城都市圈有超过550万辆车，人均单次出行往返平均需要两个小时，而从都市圈到墨西哥城市中心的人每天的通勤时间可能超过五个小时。平均而言，墨西哥城都市圈的居民在交通上的花费超过收入的19%，约等于每月815比索（约合39.81美元）。此外，每年有超过1065人死于与交通相关的事故，其中51.7%的受害者为行人。

墨西哥城都市圈中最受欢迎的交通方式是小型公共巴士（colectivo）。这是由私人拥有和运营的小型汽车和中巴车，主要为居民提供公共交通服务（Guerra，2014）。对于小型公共巴士，著名的是"曼恩巴士"（Man-bus）模式。在这一模式下，个人选择并支付一定金额。然而，世界资源研究所认为，这种模式是不可持续的，因为它不利于车辆的定期更新和服务的持续改进。此外，金融部门并不认可这种模式，并通过限制和阻止发放贷款而使其成本增加，变得更加昂贵（WRI，2015）。墨西哥城都市圈机动化和城市化水平的急速发展也导致了公共交通基础设施供应的巨大差异。例如，地铁系统仅覆盖了墨西哥城2/3的地区，而墨西哥州的地铁建设仍较为落后。仅约25%的墨西哥城居民可以使用快速公交Metrobus①，而在墨西哥州，只有约13%的居民可以使用快速公交Mexibus②（OECD，2015b）。这些情况对低收入人群影响最大，特别是那些生活在墨西哥城和墨西哥城都市圈郊区的人，他们的通勤费用可能高达收入的25%，且出行选择有限（UN-HABITAT，2017）。

关于交通的可达性障碍，研究指出，由于人口高度聚集，导致交通拥挤，公共交通通常超出交通系统的承载能力，同时高峰期的长时间出行，这些都阻碍了交通发展（Mejía-Dorantes and Villagrán，2020）。同时，研究指出，尽管小型巴士（microbus）是最受欢迎的交通方式，但用户指出司机的专业化程度不足。同时，小型巴士的老化和其他问题也严重威胁着乘客的安全（Mejía-Dorantes，2018）。另一项研究表明，墨西哥的公共交通费用相对于其质量而言是昂贵的，因为墨西哥交通系统的区域覆盖面不足，同时缺乏质量控制，安全

① Metrobus是墨西哥城快速公交（BRT）系统，2005年6月19日，1号线开通。
② Mexibus是一个快速公交（BRT）系统，服务范围涵盖墨西哥城和墨西哥州的部分地区。

性和可靠性都缺乏保障（Crôtte，Noland and Graham，2010）。这些因素影响了公共交通服务的用户体验，不利于城市发展，也有损乘客福利。因此，当收入增加时，家庭往往会购买机动车而不再选择公共交通（Díaz and Medlock，2021）。古厄拉（Guerra，2014）指出，一些小的改进措施，如更安全的车道或信号优先以及更舒适的交通工具，可以产生巨大的社会和经济效益，并消除上述一些障碍。

（四）墨西哥城都市圈的环境健康和有毒气体问题

由于墨西哥城都市圈地区周围环绕着山脉和火山，空气经常无法流通，从而导致污染物积聚。因此，20世纪90年代，墨西哥城都市圈被认为是全球空气质量最差的城市（Mage et al.，1996）。尽管当前该地区的空气质量有所改善，但每年仍有4 000人因空气问题过早死亡，这也给社会带来超过300亿墨西哥比索的经济损失（International Transport Forum，2017；Parry and Timilsina，2010）。事实上，统计数据显示，墨西哥城都市圈内所有区域的排放均超过了世界卫生组织所规定的每年10微克/立方米的标准（López-Feldman，Heres and Marquez-Padilla，2021）。另一项研究报告指出，墨西哥城每年减少10%的PM10和臭氧排放，将分别产生9.2亿美元和1.6亿美元的年度效益（以2015年美元为基期）（Davis，2017）。大多数致力于改善环境质量的政策集中于交通部门，因为该部门的二氧化氮排放量（臭氧的前体）约占总排放的75%，颗粒物生成量占总量的40%（Parry and Timilsina，2010）。这使得墨西哥城都市圈成为墨西哥中部高原大气污染物最大的排放源之一（Carabali et al.，2021）。墨西哥当局试图通过限制私人汽车使用和减少工业生产来降低臭氧排放，从而减轻排放带来的负面影响。然而，这些措施并未获得民众的广泛接受，只是短期的权宜之计（Velasco and Retama，2017）。

然而，并非所有的环境问题都源于交通工具的使用。研究表明，墨西哥城都市圈的城市发展混乱，很少考虑环境因素（Brandon et al.，2005）。例如，持续的森林砍伐和地表水的大量消耗导致陆地表面的生态系统失衡，而森林和地表水是调节墨西哥城都市圈气候的重要因素。这一变化不仅导致了该地区的一些极端天气事件（如更强烈的风暴），而且会使当地人口面临更多的山体滑坡和城市洪水风险（Vargas and Magaña，2020）。近年来，墨西哥城都市圈的温度急剧变化以及降水增加明显加剧了该地区的气候风险，使极端天气事件更频繁，强度更大。

三、研究设计和概念方法

基于上述背景，本文将重点探讨三个主题（环境毒性和暴露、交通和出行，以及家庭能源使用）中的人文因素和生活经验。为了便于读者更好地理解那些居住在墨西哥城都市圈贫民窟中的人的生活，将说明概念方法和研究设计。

（一）混合方法研究设计

目前没有关于墨西哥城都市圈贫民窟居民交通和能源贫困关系的二手数据集，因此笔者自行收集了相关数据。本文采用了以下研究方法来收集数据：（1）实地考察和自然观察；（2）对贫民窟社区和家庭进行访谈；（3）与墨西哥城都市圈城市和农村贫民窟居民进行的两个焦点小组讨论；（4）有针对性的文献综述。

考虑到前文所述的交通和能源规划的系统性获取障碍，本文将研究重点放在直接对墨西哥城都市圈贫民窟居民访谈上。本文研究团队对埃卡特佩克、内萨瓦尔科约特尔、奇马鲁坎、特斯科科和特奥蒂瓦坎的贫民窟居民进行了51次家庭和社区访谈，并进行了两个焦点小组讨论，一个是农村焦点小组（共九个小组），另一个是城市焦点小组（共九个小组），受访者来自墨西哥城都市圈的不同区域，具体描述见表1和表2。在招募和抽样方面，研究团队与 Observatorio de Desarrollo Regional y Promoción Social A. c 合作，以推动实地考察并与居民进行初步沟通。当研究团队来到具体地点后，研究者会通过滚雪球方式招募受访者。居民通常会将研究人员引荐给他们认识的人，而这些人也同意参与本次研究。这意味着本文的样本具有说明性和目的性，但不具备代表性。

表1　按地点、受访者人数、性别和一般性描述划分的社区和家庭访谈概述（N=51）

自治城市	社区	受访者编号	性别	一般性描述*
圣胡安特奥蒂瓦坎	哈圭德雷耶斯	TEO01	女	刚辞去服务员工作的成年人，有四个子女
圣胡安特奥蒂瓦坎	哈圭德雷耶斯	TEO02	女	失业的老年人
圣胡安特奥蒂瓦坎	哈圭德雷耶斯	TEO03	男	建筑工人，有三个子女（全部为男性）
圣胡安特奥蒂瓦坎	哈圭德雷耶斯	TEO04	男	年轻的建筑工人
圣胡安特奥蒂瓦坎	哈圭德雷耶斯	TEO05	男	在五金店当出纳员的年轻人
圣胡安特奥蒂瓦坎	哈圭德雷耶斯	TEO06	男	在玉米饼店做送货员的年轻人
圣胡安特奥蒂瓦坎	无	TEO07	男	在自己家开秘密酒吧的老人，以前在一家屠宰场工作
圣胡安特奥蒂瓦坎	无	TEO08	女	做女佣和性工作者的年轻人
圣胡安特奥蒂瓦坎	阿里斯塔中心的特奥蒂瓦坎	TEO09	女	上了年纪的家庭主妇，有三个女儿
圣胡安特奥蒂瓦坎	阿里斯塔中心的特奥蒂瓦坎	TEO10	女	在街头摆摊卖纪念品的年轻人
圣胡安特奥蒂瓦坎	阿里斯塔中心的特奥蒂瓦坎	TEO11	女	年轻的成年人
圣胡安特奥蒂瓦坎	阿里斯塔中心的特奥蒂瓦坎	TEO12	女	失业的年轻人
圣胡安特奥蒂瓦坎	无	TEO13	女	成年女裁缝
莫雷洛斯埃卡特佩克	北阿尔马西戈	ECA01	女	失业的成年人，有两个子女，曾在清洁服务部门工作
莫雷洛斯埃卡特佩克	阿尔马西戈苏尔	ECA02	女	在街头卖养乐多的成年人（她是这个社区的代表）
莫雷洛斯埃卡特佩克	格兰加斯埃卡特佩克	ECA03	男	骑自行车卖甜面包的老人
莫雷洛斯埃卡特佩克	格兰加斯埃卡特佩克	ECA04	男	曾经在建筑行业工作的成年人
莫雷洛斯埃卡特佩克	路易斯唐纳多科洛西奥	ECA05	男	与家人住在一起，拾荒老人

续表

自治城市	社区	受访者编号	性别	一般性描述*
莫雷洛斯埃卡特佩克	阿兹特卡城	ECA06	男	为联邦政府工作的成年人，有一个女儿和一个儿子
莫雷洛斯埃卡特佩克	波利格诺3	ECA07	女	街头小摊主（卖一手和二手物品），有一个患有脑瘫和癌症的女儿
莫雷洛斯埃卡特佩克	洛斯奥克斯	ECA08	女	在文化中心担任教师的成年人，同时也是家庭主妇
莫雷洛斯埃卡特佩克	洛斯奥克斯	ECA09	女	在自家门口卖水果、糖果和零食的成年人，有两个女儿
莫雷洛斯埃卡特佩克	圣安德烈斯奥科特兰	ECA10	男	在娱乐圈工作的成年人，和两条狗一起生活
特克斯可可	拉马格达莱纳帕诺亚	TEX01	女	照顾孙女的老人，以贩卖油炸玉米饼为生，每周做两次女佣
特克斯可可	九月十六街道	TEX02	男	成年农民，靠种地自给自足
特克斯可可	九月十六街道	TEX03	男	在联邦政府大楼的自助餐厅工作的年轻人
特克斯可可	无	TEX04	女	家庭主妇，有两个子女
特克斯可可	拉马格达莱纳帕诺亚	TEX05	女	女裁缝，有两个子女
特克斯可可	帕拉西奥里瓦维森特	TEX06	女	年轻的家庭主妇，有两个子女
特克斯可可	帕拉西奥里瓦维森特	TEX07	女	在一家药店当收银员，有一个女儿
特克斯可可	帕拉西奥里瓦维森特	TEX08	女	裁缝，有一个儿子
特克斯可可	帕拉西奥里瓦维森特	TEX09	女	在家开设服装厂，有四个子女
特克斯可可	无	TEX10	女	在街头摆摊卖水果的残疾人，有一个刚上大学的女儿
内扎瓦尔科约尔	雷伊·内扎	NEZA01	女	年轻的家庭主妇，有三个子女
内扎瓦尔科约尔	雷伊·内扎	NEZA02	女	在新冠疫情间失业的老年人，曾在垃圾填埋场做垃圾分类的工作

续表

自治城市	社区	受访者编号	性别	一般性描述*
内扎瓦尔科约尔	雷伊·内扎	NEZA03	女	负责公园和花园卫生设施的老年人。当她的女儿在美国工作时，她负责照顾孙女
内扎瓦尔科约尔	雷伊·内扎	NEZA04	女	在阿兹特克电视台当清洁工的年轻人，有三个子女
内扎瓦尔科约尔	雷伊·内扎	NEZA05	女	在街头卖玉米的老人
内扎瓦尔科约尔	雷伊·内扎	NEZA06	男	无法行走的老年人，目前失业
内扎瓦尔科约尔	雷伊·内扎	NEZA07	女	做圣人和圣母微型雕塑的成年人，有三只狗
内扎瓦尔科约尔	雷伊·内扎	NEZA08	男	垃圾回收者，老年人，有五个孙子（女）
奇马哈坎	普拉特罗斯	CHI01	男	担任音乐教师的年轻土著
奇马哈坎	普拉特罗斯	CHI02	女	年轻土著，目前是一名教高中未毕业的成年人的教师，有两个孩子
奇马哈坎	普拉特罗斯	CHI03	男	年轻土著，目前是一名大学生
奇马哈坎	普拉特罗斯	CHI04	女	年轻土著，学生，有一个女儿
奇马哈坎	圣巴勃罗	CHI05	女	老年人
奇马哈坎	乔契琴科	CHI06	女	年轻的家庭主妇，在家做手工艺品，有两个子女
奇马哈坎	圣洛伦佐	CHI07	女	在街头摆摊卖仙人掌的老人
奇马哈坎	洛斯奥利沃斯	CHI08	女	和儿子住在一起的老人，目前失业
奇马哈坎	洛斯奥利沃斯	CHI09	女	非正规回收铁的年轻人，正在学习网络工程
奇马哈坎	洛斯奥利沃斯	CHI10	男	残疾老年人，在自家门口卖香烟、糖果和零食

注：*所有的访谈都是匿名的，以保护受访者（弱势群体），并完全遵守机构的道德要求。

表2 按地点、受访者人数、性别、年龄组和一般性描述（之前和现在的就业状况）划分的焦点小组受访者概述（N = 18）

A. 农村焦点小组：来自农村焦点小组的受访者的一般性特征（n = 9）

地点	受访者编号	性别	年龄组	就业现状	之前的就业状况
特拉尔潘/CDMX	RTLAL01	女	36～45 岁	路边停车看管员	在街头摆摊卖衣服
特拉瓦克/CDMX	RTLAHC02	女	18～24 岁	家庭主妇	农民
特拉瓦克/CDMX	RTLAH03	女	25～35 岁	家庭主妇	学生
特卡马克/墨西哥州	RTECA04	男	18～24 岁	学生	在街头摆摊
圣胡安特奥蒂瓦坎市/墨西哥州	RSJT05	男	18～24 岁	运输工业材料	—
特拉瓦克/CDMX	RTLAH06	女	25～35 岁	学生	在街头摆摊
特拉尔潘/CDMX	RTLAL07	女	46～54 岁	路边停车看管员	家庭主妇
圣胡安特奥蒂瓦坎市/墨西哥州	RTEO08	男	36～45 岁	为一个分权的联邦机构工作	农民
特卡马克/墨西哥州	RTECA09	女	25～35 岁	学生	—

B. 城市焦点小组：来自城市焦点小组的受访者的一般性特征（n = 9）

地点	受访者编号	性别	年龄组	就业现状	之前的就业状况
特拉尔潘/CDMX	UTLAL01	男	18～24 岁	学生	学生
维努斯蒂亚诺卡兰扎/CDMX	UVC02	男	25～35 岁	在一家服装公司工作	学生
阿尔瓦罗奥布雷贡/CDMX	UAO03	女	25～35 岁	一家小公司的经理	学生
埃卡特佩克/墨西哥州	UECA04	女	55～74 岁	家庭主妇	—
特卡马克/墨西哥州	UTECA05	男	55～74 岁	失业	公交车司机
奥霍德阿瓜/墨西哥州	UODA06	女	25～35 岁	家庭主妇	学生
内扎华尔约特/墨西哥州	UNEZA07	女	18～24 岁	在社会服务机构工作	学生
奇马尔瓦坎/墨西哥州	UCHI08	男	25～35 岁	失业	一家中型公司的人力资源经理
伊兹塔帕拉帕/CDMX	UIZTA09	女	36～45 岁	经营一家中小型企业	为联邦政府工作

注：所有的访谈都是匿名的，以保护受访者（弱势群体），并完全遵守机构的道德要求。

本研究使用的数据收集于 2021 年 11～12 月，焦点小组和访谈均以西班牙语进行，而后由作者进行英文翻译（作者中有一位是西班牙语母语人士），每次访谈时间为 15～60 分钟。约一半以上的受访者目前仍居住在非正规定居点，而其余的受访者则由非法定居点转到合法地点定居。因此，本文研究团队选择了各种类型的居住点进行访谈，包括用木材、波纹沥青纸板（薄板）、砖块等建造的非正规定居点，以及正规定居点（如砖石房屋）。

所有访谈均被录音并进行了完整的转录、翻译和编码。在编码方面，本研究采用了归纳性的数据分析技术。由于转录内容长度适中，不存在编码间的一致性要求，笔者基于收集到的访谈数据进行编译，以避免结果有偏。

在完成访谈后，研究团队对结果进行了主题分析。主题分析是一种用于分析分类和展示与数据相关的主题（模式）的定性分析（Alhojailan，2012）。该分析主要通过仔细、反复阅读材料来识别核心主题（在本案例中，该主题为人们在交通、出行和健康方面的生活经历），从而实现模式识别（Fereday and Muir-Cochrane，2006）。与人类学、现象学和内容分析等社会科学中使用的其他方法相似，主题分析包括数据提取、数据确定、数据锐化、数据记录和重复主题判断（Javadi and Zarea，2016）。在本文中，主题分析可以详尽分析有关能源使用、出行和健康的各种成因。数据收集完成后，本文就关于能源和交通贫困、边缘化和空间正义的文献进行了综述。

家庭访谈的地点选择受到各地主要特征的影响，这些特征在表 3 中进行了总结，包括高犯罪率、贫困水平、农村居民数量和服务可及性等。

表 3　　　　　　　　进行家庭访谈和实地访问的城市的一般特点

城市	贫困和人口状况	关于犯罪的认知和数据	获得服务的情况
埃卡特佩克	埃卡特佩克有超过 1 645 352 名居民，48.5% 为男性，51.5% 为女性；大约 40% 生活在贫困中，6% 生活在极端贫困中。只有大约 0.07% 的人口居住在农村地区。64.06% 的人口为经济活跃人口，6.22% 的人口失业。城市人口密度为每平方千米 1 065 名居民	埃卡特佩克在墨西哥犯罪指数中排名第 18 位，是墨西哥人认为该国最不安全的地方之一。例如，94.4% 的人（18 岁以上）感觉埃卡特佩克不安全。在公共交通方面，大多数人（超过 94%）认为乘坐公共交通不安全。这听起来并不令人惊讶，因为埃卡特佩克是公共交通暴力抢劫投诉最多的地区，有 748 份公开档案。在埃卡特佩克，每 10 万居民中就有 64 起公共交通抢劫	2020 年，埃卡特佩克 0.16% 的人口没有污水处理系统，0.94% 没有供水网络，0.069% 没有能源接入，64.9% 的家庭可以上网

续表

城市	贫困和人口状况	关于犯罪的认知和数据	获得服务的情况
内扎瓦尔科约尔	内扎瓦尔科约尔有超过 1 077 208 名居民，48.3% 为男性，51.7% 为女性；大约35% 生活在贫困中，3.5% 生活在极端贫困中。只有大约0.01% 的人口居住在农村地区。城市人口密度为每平方千米 16 436.2 名居民	内扎瓦尔科约尔是墨西哥暴力犯罪率非常高的城市之一，在墨西哥的犯罪指数中排名第44位。71.1% 的民众认为该城市不安全；然而，从公共交通角度来看，这一比例上升到84.2%。这个城市每 10 万居民中就有 54.41 起公共交通抢劫	2020 年，内扎瓦尔科约尔城中 0.042%的人口没有污水系统，0.3% 没有供水网络，0.061% 的家庭没有能源接入，68.7% 的家庭可以上网
奇马尔瓦坎	奇马尔瓦坎有超过 705 193 名居民，其中 48.9% 为男性，51.1% 为女性；约52.3% 生活在贫困中，9.17% 生活在极端贫困环境中。只有大约0.3% 的人口生活在农村地区。城市人口密度为每平方千米 1 613 183 名居民	奇马尔瓦坎是墨西哥州最危险的城市之一。71.6% 的民众认为内扎瓦尔科约尔不安全。在交通方面，10% 的居民认为乘坐公共交通不安全。在这个城市，每 10 万居民中就有 27.42起公共交通抢劫	2020 年，奇马尔瓦坎 0.042% 的人口没有污水处理系统，0.83% 没有供水网络，0.2% 没有能源接入，51% 的家庭可以上网
特克斯可可	特克斯可可有超过 277 562名居民，48.6% 为男性，51.4% 为女性；约39.4% 生活在贫困中，6.4% 生活在极端贫困中。大约13.62%的人口生活在农村地区。城市人口密度为每平方千米539.83 名居民	特克斯可可是另一个暴力犯罪率高的城市，在墨西哥最危险的城市中排名第 11 位。当局认定，乘坐公共交通被抢劫最有可能发生在周二早 6～9 点，从埃卡特佩克上车，在墨西哥－特克斯可可高速公路行驶的公交车上	2020 年，特克斯可可 1.69% 的人口没有污水处理系统，8.25% 没有供水网络，0.023% 没有能源接入，54.1% 的家庭可以上网
特奥蒂瓦坎	特奥蒂瓦坎有超过 58 507 名居民，其中 48.2% 为男性，51.8% 为女性；约49.9% 生活在贫困中，3.74% 生活在极端贫困中。约 7.44% 的人口居住在农村地区。城市人口密度为每平方千米 641.4名居民	我们找不到关于对特奥蒂瓦坎犯罪的看法和数据的相关信息	2020 年，特奥蒂瓦坎 0.86% 的人口没有污水处理系统，3.42% 没有供水网络，0.22% 没有能源接入，45.9% 的家庭可以上网

资料来源：作者；Animal Politco（2019），Ayuntamiento Constitucional（2015），DataMexico（2021），INEGI（2021），INFOBAE（2020）。

最后，本文对墨西哥城都市圈相关的政策和学术文献进行了有针对性的文献综述，以便更好地分析研究结果，从而弥补现有研究空白。本文使用谷歌学术（Google Scholar）和科学指引（ScienceDirect）进行搜索，搜索中所用的关键词为"Mexico City Metropolitan Area"（墨西哥城都会区）和"Mexico City"（墨西哥城）。同时，在此基础上，本文还结合了"energy"（能源）、"energy poverty"（能源贫困）、"transport"（交通）和"public transport"（公共交通）等关键词，搜索过去25年的文献，文章中引用了其中大部分研究，作为本研究的学术支撑。

（二）概念方法

除了以经验证据为基础进行研究外，本文还进行了文献收集以论证并详述本文的研究主题。第一类是交通和能源贫困，或称为出行不公正或能源贫困（Lowans et al.，2021；Martiskainen et al.，2021）。能源贫困指的是家庭没有足够资金支付所需的能源服务和电力或热力供应（Sovacool，2012）。能源贫困群体通常面临住房供暖不足以及一系列相关的健康问题，包括早期心脏病发作、成年人循环和呼吸系统疾病风险增加、社交孤立和心理健康问题风险增加、儿童哮喘以及老年人冬季死亡率增加（Rudge and Gilchrist，2005；The Comptroller and Auditor General，2003）。

在墨西哥，能源贫困是一个普遍问题。例如，有学者（Cao and Frigo，2021）指出，墨西哥宪法中没有规定与能源获取相关的正式权利；相反，宪法仅提到了公共卫生问题和生物生存问题。研究还指出，墨西哥法律具有不一致性，笔者认为有关能源效率（第71条）、可再生能源（第71条）和节能（第71条和第83条）的条文未能保证用户接入并获取能源。研究显示，41%的墨西哥人（5 240万人）生活在多维贫困中，7.4%的墨西哥人（约930万人）生活在极端多维贫困中（CONEVAL，2019），这些都凸显了当地严重的能源贫困问题。在能源贫困方面，加西奥－奥克和格兰兹伯德（Garcia-Ochoa and Graizbord，2016）指出，约7.2%的家庭（超过217万户）生活在极端能源贫困状态，即六项"基本"能源服务中有五项缺失。

交通贫困是指，由于无法负担、获得或者接触，人们无法获得参与社会活动所需的出行服务（Lucas，2012，2018；Mattioli，Lucas and Marsden，2017；Mullen and Marsden，2016）。交通贫困会对健康产生负面影响，包括难以融入社会、疾病率增加以及更易面临污染问题（Council，2001）。

尽管墨西哥城都市圈的公共交通相对便宜，巴士的最高票价为26比索

（约 1.26 美元/次），Metrobus 的票价为 30 比索（约 1.45 美元/次），地铁的票价为 5 比索（约 0.024 美元/次），但当地交通仍然存在显著问题，包括可及性问题（地理排斥）、高污染、安全问题、缺乏替代方案和交通拥堵。例如，室外空气污染每年导致该地区每 1 万居民中有 5 人死亡。此外，墨西哥城都市圈的城市设计更适合私家车，而非其他交通方式（如骑自行车和步行）。这不仅导致了道路无序扩张、车辆数量激增（年均增长率为 5.3%），还导致了孤立和隔离的社区的发展。因此，尽管乘坐公共交通对于某些人来说更为廉价，但为了到达目的地，他们必须乘坐多趟公交车和地铁，有时还要乘坐出租车或小巴（combi），进一步导致成本和时间大幅增加。同时，人们面临着更高的暴力和犯罪风险，以及室外空气污染问题。

接下来，本文的研究将进一步指出交通贫困和能源贫困通常可以同时发生并相互加强，从而导致"双重能源脆弱性"（Simcock et al.，2021；Sovacool and Furszyfer，2022）。

本文研究的第二个主题涉及社会公正和环境政治文献中出现的边缘化过程（Park and Sovacool，2018）。边缘化描绘了某些社区的边缘化情况，以及这些地区面临的环境问题（有时是在这些社区未曾允许的情况下）。研究指出，这一过程揭示了政治、民主（或缺乏民主）、政治权力（或权力缺失）以及环境不平等模式之间的联系。该研究还指出，边缘化通常由五个相互关联的因素驱动：（1）在经济上边缘化群体常遭到排斥，几乎没有收入或无法获得就业机会；（2）他们经常面临重大的环境威胁，并且所处环境常受到破坏；（3）他们在文化上被边缘化，既感到无力和孤立，同时也会对自身地位产生矛盾心态；（4）他们在地理上被边缘化，并且常常被迫居住在社会的边缘或偏远地区；（5）他们对于所在社区的相关决策的政治权力通常有限（Blowers and Leroy，1994）。

在墨西哥，当前边缘化问题主要集中于北部地区以及与美国接壤的边境地区的工业污染物、工业设施带来的相关排放（Grineski and Collins，2008，2010）。同时，卡克拉波蒂等（Chakraborti et al.，2015）就有毒金属的废水处理情况进行了一项全国性分析调查。调查显示，边缘群体（即生活在较贫困社区的人）与污染之间存在正向关联，表明低收入地区更容易接触到有毒的水污染物。最后，洛莫 - 赫尔塔多等（Lome-Hurtado et al.，2020）的研究指出，与具有较高社会经济地位的人相比，墨西哥城的弱势群体的生活环境面临较多的污染（如 PM10 和臭氧）。

本文研究的最后一个主题涉及空间正义。相关文献提出了对于不公正问题的潜在应对策略和解决办法（Brock，Sovacool and Hook，2021）。本文参考应用了索加（Soja，2010）提出的有关空间正义的概念，这一概念有助于理解社会等级制度如何根植于可能导致"不公正地理"的空间或地理模式中。还提供了解决空间不公正的几种方法。第一种方法是进行城市重构（对本文的研究而言，是边缘群体重构），不再将城市视为中立个体，而将其视为资源和利益的积极斗争者。第二种方法是地理位置转变，同时强调需要正视研究者对于未来结果的影响、塑造和引导的内在能力。第三种方法提到了参与性民主。在这种方法中，索加呼吁采用更具代表性和包容性的决策形式，以反映边缘群体或当地社区的利益。第三种方法在城市可持续性发展中发挥了重要作用。本文参考了第三种方法，提出应当用全局观念看待边缘群体，综合考虑长期的整体可持续性，致力于社区福祉和健康的改善。

空间不公正的问题在墨西哥农村和土著社区更为显著。例如，维克萨雷塔雷（Wixaritari）[①]的领土和生计受到北方全球采矿公司的威胁，这些公司现在拥有该地区 70% 的土地。这一地区的劳动者现在主要从事露天采矿和金银矿物挖掘工作。在这一地区，有社区领导人遭到谋杀，土著居民也被迫离开自己的领土，这里的土地受到了污染，土著群体的文化受到了威胁（Reporte Indigo，2017）。另一个相关案例出现在瓦哈卡州，这一地区聚集了众多土著，高度边缘化和不平等现象盛行（Velasco-Herrejon and Bauwens，2020）。诸多学者对该地区进行了长期研究，以探究可再生能源系统对土著群体的影响，以及这一系统对环境不公正的影响（Dunlap，2021；Dunlap and Arce，2022；Ramirez and Böhm，2021）。当有 84% 的人生活在中度、高度或非常高的边缘化条件下，并呈现出高度收入不平等时（2016 年基尼系数达到 43.4），该地区的重要性更具相关性（CONAPO，无日期）。正如本文的研究所揭示的，空间不公正不仅存在于农村和土著社区，也存在于城市和半农村环境中。

本文的第五部分将再次探讨这些主题（贫困、边缘化和正义）。

---

① 这是位于西马德雷山脉南部的一个土著群体。

四、结果：贫民窟居民生活方式中的能源、交通和健康问题

本部分介绍了关于住房和能源需求、出行和交通、福祉和健康等问题的研究结果。这些结果与第二部分的分析结果一致。

（一）住房和能源需求

大多数居住在贫民窟和非正规定居点的人常面临动荡的环境，寻找安全且经济的住房可能是这一群体的首要问题。我们将"贫民窟"或"贫民区"居民定义为在城市地区居住，同时至少缺乏以下条件之一的群体：（1）充足的居住空间，即同一房间居住人数不超过三人；（2）便宜且充足的安全饮用水供应；（3）能够抵御极端气候条件的耐用住房；（4）适当的卫生设施，如公共厕所应可供一定数量的人共同使用；（5）住房产权保障，以确保不被强制驱逐（UN-HABITAT，2003）。本文中使用的"贫民窟"一词并非具有贬义，该词得到了居住在那里的人的认同。

除了住在贫民窟，大多数受访者还居住在非正规定居点。这些定居点的主要特点有：（1）建在高风险区域，房屋靠近河、湖泊和山脉，容易受到洪水和山体滑坡的影响；（2）无法充分获得水、燃气、电力、厨房设施和污水处理等服务；（3）房屋建筑材料质量差，不能有效抵御寒风、风暴、沙尘和滑坡的侵袭（Aguilar，2008）。生活在贫民窟和非正规定居点的人还面临一些其他的困境，如大部分人无法获得社会保障，常常从事非正规就业。此外，由于居住条件的不稳定性，在此生活的群体通常会遇到健康问题（Riley et al.，2007；Roy et al.，2019）。在访谈中，受访者 TEO04 提到：

"生活在这里并不容易。雨季时，所有的水都会灌进房子里，因此屋内总是很潮湿。如果下大雨，我们都会被淋湿。另外，房子是用一层薄薄的材料搭建的，隔热效果很差，外面很热时，屋里也非常热，让人无法忍受，而天冷时，则冻得要命。我们的房子没有门，在刮大风的时候，只能裹上毛毯，但这在冬天和雨季一点儿用都没有。在新冠疫情期间也不知道是不是天太冷了，加

重了病情。我们都病得很重，孩子们不得不去医院。"

在实地考察中，我们还发现了基础设施缺乏和住房不安全等会产生长期影响的问题，如表4所示。大多数受访者生活在住房不稳定的环境中，他们的房屋通常由纸板、木材搭建，有的使用了砖块和混凝土搭建，还有一些用薄铁皮代替门。屋子里时不时会钻进有毒的动物，而且通常电线四处散落。由于洪水频发，附近堆满了各种废弃物并散发出难闻的有害气味。这些房屋还缺乏足够的供水。

表4　　　　贫民窟居民对住房不安全和设施匮乏的看法

受访者	访谈内容
UECA01	在山上，冬天会变得很冷。但就像你所看到的，我们甚至连门都没有，只有张床单挂在那儿，当作门来用，但这根本挡不住冷空气。现在我爸爸年纪大了，我妹妹生了孩子，尤其要注意保暖。我们想办法让房子尽可能地保持温暖，但我们不再烧柴来保持家里的温度，因为这不利于我侄子和我爸爸的健康
TEO07	我们的房子一团糟。房子是由层压板搭建的，冬天冷，夏天热。在雨季，房子因为太潮湿了，会受潮。屋子里时不时会钻进有毒的动物，我们总是要格外小心
ECA07	街区的所有电线都在我的车库上方，而且都松了，挂得很低。我让墨西哥国家电力公司挪走这些电线，我女儿有脑瘫，这些电线会给她带来安全隐患。但电力公司的人从未来过，所以我自己把这些电线移到了我的屋顶上
TEX10	虽然我从未遇到过任何事情，但我知道所有这些电线都挂得这么低，这样很危险。下雨时，人们会尤其担心，因为如果出了什么意外，可能会被电死
ECA08	由于今年夏天的洪水，我家被淹了三天，水深大概15～20厘米，导致房子的所有结构都受到了损坏。现在，这里更冷了，墙壁糟糕极了。当然，没有人会来帮助我们。修复房子的费用只能我们自己支付。
NEZA01	铁路的另一边有一个开放的废水通道，有时味道特别大，让人觉得恶心和头痛。我的孩子也讨厌那种气味，但我们已经习惯了
NEZA06	人们应该停止向我们这里扔垃圾。有时候废水通道的味道特别大，让人觉得恶心。在夏天炎热的时候，垃圾会引来成千上万的苍蝇。我们经常开玩笑说苍蝇在我们眼前吃我们的食物，这也是为什么我们学会了要吃得比它们快
CHI08	我住在废水渠旁边，特别讨厌人们来这里倒垃圾。住在这里很糟糕。废水渠里面全是死掉的动物，有时候还会有人的尸体。因为味道太大，让人难以忍受，根本无法入睡。人们应该尊重我们，我们的街道需要打扫，因为现在这样是不人道的
UECA04	我从没觉得安全，即便是在我自己的家里也没有。想象一下，我住的地方危险到连优步或警察都不来这里，因为他们也害怕。政府当局对这里也无能为力。这里就像一个无政府的丛林，没有相关机构，缺乏权威，只有最卑鄙和最强大的人才能生存。我可以告诉你，在我住的地方，年轻人在堕落，政府当局和环境在不断恶化

续表

受访者	访谈内容
RTLAH03	我住的地方几乎没有什么基础设施，每三个月有一次供水，如果想做饭或洗澡，就得买水。在雨季，我们会使用一个集水系统，不然可能几个月的时间都没有水用
UIZTA09	在我家，每周只有两次供水，这让人非常不舒服。夏天的时候很热，我会一直感到头晕目眩，因为没有水，所以没有办法让自己精神一点儿。新冠疫情期间，没有人有水洗手，所以每个家庭都感染了病毒，我所有的邻居都感染了病毒。我们都需要水来洗手，以阻止新冠病毒的传播

高昂的能源支出（燃气和电力）通常被视为维持体面生活水平和致贫的关键因素。正如表 5 所总结的那样，几乎所有需要支付能源费用的受访者都面临着难以支付相关费用的窘境。他们经常说燃气和电费太贵了，所以他们不得不烧木柴做饭。还有一位受访者说："能源费用和吃饭，我只能负担得起其一。"其他受访者说，电费"从 450 比索到 1 700 比索不等"，而且可能会继续上涨，所以他们始终需要做好应对额外开支的准备。此外，还有一种观点：由于用户无法支付电费，他们不得不开始窃电，并声称"墨西哥国家电力公司是真正的小偷，因为他们敲诈勒索低收入社区"。

表 5　　　　　　　　　贫民窟居民对电力和燃气消费和支出的看法

受访者	访谈内容
NEZA02	我不用付电费，但对于燃气，以前每月要付约 300 比索（约合 14.65 美元），有时会少一点儿。我今年 84 岁，失业了，怎么能指望我每个月付那么多燃气费？失业后，我又开始烧柴，因为在目前的情况下，我再也没办法用燃气了，因为燃气太贵了。但是燃气对所有家庭来说都很重要，无论我们的收入如何，都应该能用上燃气
TEO04	我们用燃气要支付 350 比索（约合 17.09 美元），用电要支付约 500 比索（约合 24.42 美元）。这笔支出占我们工资的很大一部分。有时我们负担不起这些费用。所以，我们烧柴做饭，烧水洗澡。我不介意烧柴做饭，有时这样做出来的饭味道更好，但洗澡就不太行了（笑）
CHI01	大多数时候，我很难承担燃气费和电费。燃气用完了，就只能烧柴。只要我们有钱，就可以再次购买燃气。当他们断我们的电时，我们可以用蜡烛和灯笼。在燃气方面，我们必须花费大约 400 比索（约合 19.54 美元），这与我们在用电上的花费差不多
UAO03	我们家每个月都会使用燃气。曾经我们家的电费是每两个月 450 比索（约合 21.98 美元）。现在我是一名学生，不再工作了，所以我们家不得不削减一些开支，比如电费。当我们没有其他选择时，就会烧柴做饭，但我们会尽量避免这样做
RTEO08	我每个月支付大约 1 000 比索（约合 48.84 美元）的燃气费和电费，让人难以负担。在我无法支付燃气费时，就必须烧柴做饭，或者去朋友家借一些吃的

续表

受访者	访谈内容
TEX04	我不再付电费了，因为费用实在是太高了。以前，我的电费大约是 250 比索（约合 12.21 美元），而后来需要支付 2 800 比索（约合 136.76 美元）。就在那时，我决定停止向墨西哥国家电力公司付钱。在燃气费上，我们家每月花费约 500 比索（约合 24.42 美元）。因为需要付燃气费，所以在我不去做女佣或不卖玉米饼的时候，就需要削减其他费用。因此，我们家的伙食很差，而且买不起衣服，也没办法买孩子想要的礼物
CHI10	我花在燃气费和电费的钱大约 450 比索（约合 21.98 美元）到 200 比索（约合 9.77 美元）不等。然而，有一次我不得不向墨西哥国家电力公司支付 1 700 比索（约合 83.03 美元）。为此我需要动用大部分储蓄，因为我的收入不足以支付那个账单，我觉得他们是在逼我离开。我总是按时支付账单，但我真的不明白那个月是怎么了。事实上，我确信我是这个社区唯一一个真正支付电费的人。我不是小偷，墨西哥国家电力公司才是真正的小偷，因为他们敲诈勒索低收入社区，欺负诚实的人
TEO02	我支付的电费差不多是 300 比索（约合 14.65 美元）到 500 比索（约合 24.42 美元），但我真的不明白为什么会这么多。我家除了一个电灯和一个冰箱，没有别的电器了。我得到的唯一解释是，冰箱很耗电，因为它太旧了。在燃气费方面，我每个月的花销大约是 175 比索（约合 8.55 美元）
CHI08	在燃气方面，我每月花费约 400 比索（约合 19.54 美元），每周 100 比索（约合 4.88 美元）。但是电费很贵，每两年需要支付 800 比索（约合 39.07 美元）至 1 300 比索（约合 63.50 美元）不等。我问过为什么我的账单这么贵，他们说"仪表上显示的就是这么多"。所以，除了付钱，我别无选择
UOAD06	在电费方面，我支付的最高金额是 800 比索（约合 39.07 美元），但我妈妈收到过 10 000 比索（约合 488.83 美元）的账单。我不明白为什么我的账单这么贵，因为我没有那么多电器。也许是网络、手机或笔记本电脑比较耗电，但我对此表示怀疑。我多次要求他们能给我一个解释，但没人理我。谢天谢地，好在他们从来没有断过我的电
NEZA03	失业后，我开始烧柴做饭、烧水。从那时起，我不再担心支付高到可能会耗尽我储蓄的燃气费。而且因为我不支付房租、电费或水费，负担大大减轻了。柴火是免费的，人们一般会把木头扔掉，而我会去捡那些木头用来烧火做饭

通常，人们使用燃气是为了烧水和做饭，受访者中没有人有给房屋供暖的能源系统。电费主要花在使用家电（如洗衣机、电视）和给手机充电。然而，令人惊讶的是，在 69 位受访者中，有 33 人承认曾经偷过电，而其他一些人虽然在采访中没有明确自己偷过电，但他们并没有安装电表。相关文献中提到的电力盗窃的主要原因包括电价过高、腐败、对电力盗窃法律的执行不力，以及供电质量差（Lewis，2015；Sharma et al.，2016；Smith，2004；Wong et al.，2021；Yakubu，2018）。在此基础上，本研究进一步发现，至少在墨西哥城都

市圈地区，电力盗窃还有其他原因，如表6所示。例如，"不公平的账单"和政治原因导致了电力盗窃，一些受访者甚至提到唯一能够团结他们社区的事情就是停止支付电费的斗争。其他一些受访者，特别是在农村地区的受访者指出，他们唯一能够获取电力的途径是"盗窃"，因为"电力网络无法覆盖到他们的家庭"。

表6　　　　　　　　　　　贫民窟居民偷电的理由和解释

受访者	访谈内容
ECA02	我们不付电费，甚至没有与墨西哥国家电力公司签订合同。我们也没有水表。一共有两户人家住在这所房子里。我们会偷偷用电。有一次，墨西哥国家电力公司的一名技术人员来安电线和电表，以阻止我们继续偷电，但邻居们想出了一个计划，我们决定贿赂墨西哥国家电力公司的技术人员以便于继续偷电。这么多年来，我们一直处于同样的境地：我们所在的这个街道的大多数人不付电费。我知道没有人付电费，因为电力公司的一名技术人员提出与这里的每户人家私下交易，而我们都接受了这个建议。我们的街道是一个有六户人家的斜坡，大家都从同一来源获取电力。在过去的两年里，我一直没有付电费，而我家附近的30多个人也不会付电费
UTLAL01	我爸爸偷电已经超过15年了
RTECA04	我父母偷电至少十年了，甚至更久
ECA08	老实说，我更乐意偷电，因为我不需要担心高额的账单。慢慢地我已经习惯了不付钱就能用电（笑）
TEX02	我就在偷电。因为当Luz y Fuerza撤出之后，墨西哥国家电力公司向我们收取的费用比我们过去支付的要多得多。以前，我每两个月支付400比索（约合19.54美元），但在墨西哥国家电力公司接管这里后，我的电费账单高达1 800比索（约合87.92美元）。他们从未告诉我为什么我需要付这么多钱，我也从未结清过账单。在我拒绝付款后，电力公司就切断了我的电。但我只经历了四个小时的断电时间，因为我立即雇人来修好了电线。从那以后，我就一直在偷偷用电，到现在已经八年多了
CHI05	我不付电费，而是通过偷电来生活。我拒绝付电费，我可不会为我没有使用或消费的东西付钱。有一天，墨西哥国家电力公司在没有事先告知我的情况下安装了电表，从那以后，我的用电量增加到近2 000比索（约合97.69美元）。我无法支付那些账单，所以我决定偷电
RTLAH02	在Luz y Fuerza停止在这里运营，由墨西哥国家电力公司来接管这个片区后，我和我的许多邻居抱怨账单太贵了，与我们消费的和之前的账单不匹配。比如，以前，在Luz y Fuerza负责这里时，我的电费在200比索（约合9.57美元）到250比索（约合12.21美元），但现在我收到的账单变成了1 500比索（约合73.26美元），我可不会付钱。许多人聚集在一起，抗议电价上涨。我们在家门外放抗议牌，拒绝支付这些费用，并支持让Luz y Fuerza公司回来。从那以后，我们就没付过电费了

续表

受访者	访谈内容
ECA04	我不付电费，我想这个社区唯一团结的地方就在于我们都拒绝支付不清不楚的电费。我记得当他们想安装电表时，我们组织了一场抗议，把这些垄断者赶走了，并威胁他们永远别再回来，否则"他们会知道后果的"。我们反对预付电费，因为一些邻居收到了极其昂贵的账单，从 8 000 比索（约合 390.74 美元）到 15 000 比索（约合 732.64 美元）不等，但这只在电表装上之后才会发生。这就是为什么我们拒绝为我们没有使用的服务付费
UNEZA07	我买的房子之前无人居住，但有一天我突然收到了一张 480 比索（约合 23.44 美元）的墨西哥国家电力公司电费账单。当我问他们为什么收费时，他们说虽然我的电表没怎么转，我仍然需要付款。即使我是对的，他们也永远不会理我。你永远无法打败他们，要么支付不公平的账单，要么他们切断你的电，要么你开始偷电。他们不可能说，好吧，我们搞错了，这才是你真正该付的。现在，我只要支付 50 比索（约合 2.44 美元），因为我调了电表
TEX09	在电费上，我花了很多钱。前几天他们把我的电表拿走了，因为我付不起账单，费用太高了，要 10 000 比索（约合 488.43 美元）。但因为我没有足够的钱及时付款，现在我必须支付 15 000 比索（约合 732.64 美元）来结清这笔账。他们从未向我解释过为什么我欠他们这么多钱，或者为什么我的账单这么高。以前，我每两个月才支付 52 比索（约合 2.54 美元）。除非我中了彩票，否则我无法支付目前的债务
UCHI08	我住的街道有七户人家，包括我们在内，大家都从同一来源偷电。就算付了钱，你能获得的电力服务也不会发生改变，甚至可能会被收取更多费用，因为你同时还要支付邻居消费的那些电。我们试图与墨西哥国家电力公司达成协议，但我们还有 22 000 比索（约合 1 074.54 美元）的债务。我们也不想偷电，但我们付不起这笔钱。他们告诉我们："没有达成协议的空间。你除了付钱之外别无选择。"如果我失业了，他们怎么能指望我付那么多钱呢？
RTLAH06	我以前住在米尔帕阿尔塔，那里是农村，我们从不付电费。但我现在搬到了特拉瓦克的米斯基克，这是个发展中的农村社区，在这里我们没有获得任何服务。我们没有排水系统或互联网，也不能获得需要的能源。所以我们只能从主街上偷电，因为那里有一个大变压器。所有邻居同意一起分摊接到变压器上的电线费用。然而，电线经常被烧毁或被人偷走。因此，我们需要再次聚在一起解决这个问题。事实上，不久前，变压器着火了，所以我们要求墨西哥国家电力公司安装新的变压器并延长电网。但是，由于这是一个有播种田地的农村地区，当地还有未清偿的债务，公司说他们不会过来安装。我们觉得是墨西哥国家电力公司让我们偷窃的，因为他们不想为我们的社区提供电力服务

（二）交通和出行方式

交通和出行方式也对贫困产生了影响，并进一步反映出在获取有关车辆、公交车、地铁和出租车服务方面存在不平等。事实上，有研究表明，无法获得所需交通服务可能是引发社会排斥的潜在因素（Graham Currie et al.，2010；Lucas，2006）。在本文的案例研究中，出行限制对于墨西哥城郊区的低收入人群的影响最大，因为这些居民通常在出行和经济资源方面的选择较少。研究表明，交通费用是家庭支出的第二大必需品（占收入的18.5%）。然而，对于住在墨西哥城大都市区的居民来说，这一比例可能高达25%（UN-HABITAT，2017）。

　　在拥有车辆（包括摩托车）方面，在本研究选取的69位受访者样本中，只有约28%（20人）的受访者表示自己拥有车辆。在那些拥有车辆的人中，除一个人之外，没有人的车是新车，有些车的使用年限接近25年。表7说明了拥有汽车的费用，一些受访者说："拥有一辆车不再是奢侈品，而是一种需求"，"汽油费是我最大的开支"。一些受访者甚至将他们花在车上的开支与"养活另一个家庭"相比较。还有人说他们可以步行去上班，但这样不安全。其他人则指出了步行可能面临的风险，如遭到抢劫或被袭击。

表7　　　　墨西哥城都市圈贫民窟居民拥有汽车和步行的出行方式

受访者	访谈内容
UECA04	汽油价格太高了，更别提还要支付石油的费用。如果轮胎没气了，更换轮胎也要花很多钱。但是，拥有一辆汽车是必需的
UTECA05	汽车的维护费用非常昂贵，汽油价格持续上涨。政府向我们承诺会下调燃料价格，但价格仍在继续上涨。想想我们需要花多少钱来养一辆汽车，压力真的很大
UCHI08	我已经七年没有缴纳租赁税了。太贵了，我负担不起
TEO05	我宁愿花一大笔钱交税和买汽油来养车，也不愿在高峰时段乘坐公共交通工具，那样的话被抢劫的风险太大了
RTLAH06	拥有一辆车就像拥有另一个家庭（笑），因为我花在维护车辆上的钱和花在家人身上的钱一样多。我需要洗车，交税，加汽油，为它投保，更换灯和轮胎。我还买了一个好的音响装在车上。我想最终我还会花更多钱，因为如果车辆坏了，我需要花费一大笔钱去修车
NEZA08	交通对生活和工作至关重要。我可以开我的皮卡车上下班。汽油费是我最大的支出，每周大约需要花900比索（约合43.96美元）来加油
CHI04	我们不再步行，因为走在这个区域太危险了。如果想要出去散步，你还需要叫上两个人一起，否则可能会遇到抢劫，或者其他更危险的事情
NEZA05	我可以步行到我工作的地方，但我一直觉得走在路上不安全
ECA04	我是整个街区中最幸运的，步行去我工作的地方只需要不到10分钟。现在我退休了，不用再走路了

（三）健康、福祉和生活质量

住房、能源（电力和燃气）、交通和出行方式影响着贫民窟居民，并对他们的健康、福祉和生活质量感知产生了负面影响。表8列举了本访谈所提到的一系列问题。例如，受访者称他们因为烧柴做饭而导致健康状况恶化。与此同时，在谈到交通问题时，大多数受访者都表明曾遭遇过抢劫，并提到长时间通勤会影响健康。此外，对于女性而言，她们不仅容易遭受抢劫，并且几乎所有女性受访者都经历了某种形式的性骚扰。一些受访者甚至指出连警察也会遭到抢劫，还可能被腐败的出租车司机绑架，以及"各种性暴力"。

表 8　　　　　　　　贫民窟居民对健康和生活质量下降的看法

受访者	访谈内容
NEZA08	我在公交车上被抢劫过三次。有一次，我认出了强盗，他们只抢走了我的手机，没有抢走我的钱。还有一次，有一群十四五岁的孩子上了公交车并持刀抢劫，他们抢走了我身上的所有东西，总共20比索（约合0.98美元）
ECA02	公交车绝对是糟糕的地方。如果你带了值钱的东西上车，就会有人抢走。如果你身上没有任何东西，那些强盗会打你，因为他们不能从你身上得到好处。前不久，我目睹了一起抢劫事件，当时一名乘客是个警察，当她试图保护自己和其他乘客时，强盗冲着她的头和胸部开了枪。看到如此可怕的事情后，我一直很难受。在公交车上，你几乎永远不会感到安全。最糟糕的是，乘客中还有一些是青少年和小孩子。我想知道他们看到那个场景后感觉如何？
ECA07	我在10天内被抢劫了四次。在我第四次被抢的时候，我认出了那个人，并告诉他："前几天你已经拿走了我的手机，我身上没有其他东西了。"他试图抢走我的眼镜，但被我制止了。我告诉他："拜托，不要把我的眼镜拿走，没有眼镜我什么也看不到。"所以他没抢走我的眼镜，而是把我身上的硬币洗劫一空。但我仍然觉得自己好像赢了，因为我留住了我的眼镜
TEO08	在公交车上我的手机被偷过至少三次，我讨厌那些扒手。有一天晚上我坐了一辆出租车，因为周围没有公交车。但出租车司机从我这里抢走了一切，我还差点儿被打死。在那之后，我觉得坐出租车也不再安全了
TEO02	有一次，我在出租车上被绑架了。我记得我当时想撞开车门，我想在落入那个家伙的手里之前自行了结。后来，他们用绳子把我绑起来，然后半夜把我扔在洛斯帕托斯。我以为我死了，因为当我醒来时，地板很热，闻起来有股硫黄味。但我并没有死，他们只是把我双手绑起来，蒙着我的眼睛，把我扔进了一堆燃烧的垃圾里
NEZA01	作为女性，乘坐公交车感觉更糟糕。有一次晚上，我从我爸爸家出来，上了一辆公交车。车上还有另外三个男人，其中一个男的一直盯着我，但我没理他，直到他开始对我大喊大叫。当我转过头时，我看到他在手淫。我惊慌失措，大喊大叫，其他乘客和司机把他赶下了公交车。当时，我的感觉比被抢劫还要糟糕

续表

受访者	访谈内容
UODA06	我男朋友住在离我家步行 20 分钟的地方。有一天，因为已经很晚了，我决定坐出租车回去。一般坐出租车需要付 30 比索（约合 1.47 美元），但那次司机收了我 47 比索（约合 2.3 美元）。出租车开得非常慢，所以我告诉司机："我现在想下车。"但当我试图打开门时，他猛地锁上了门，同时他已经解开了裤子的拉链，正在脱衣服。然后他赤身裸体地扑向我，当时我脑子里只有一个念头："我要死了。"我不知道该怎么办，但我用膝盖撞了他，然后打开门跑了，一直跑进一家开着的商店。商店里的女人看到我脸色苍白，浑身发抖，她们好心地送我回家。当我去警察局报案时，他们反而开始质问我，好像是我犯了错。他们问我穿什么，问我有没有勾引司机，但他们却没有问我对方是如何试图强奸我的
RTLAH03	乘坐公共交通工具的妇女遭受着各种性暴力。无论选择何种交通方式，都会遇到很多变态
RTLAH06	无论年龄大小，女性都是墨西哥城最脆弱的群体。我们不能穿自己喜欢的衣服，因为我们害怕有人掀起我们的裙子。如果你喜欢穿迷你裙，很抱歉，在这里你不能再穿这种衣服了。一上车，就会有男人不怀好意地一直盯着你。当你试图保护自己并对他们说点儿什么时，他们会反过来让你觉得这是你的错。他们会说这样的话："如果你不喜欢男人盯着你，你就不应该穿这样的衣服。"我觉得我们的自由受到了限制，每次我上街都会担心受到攻击。前几天，我和妹妹去了墨西哥城的市中心。我们在公交车上打盹，醒来时我发现我妹妹在训斥一个男人，因为他未经允许就擅自碰她。那个人只说："不要假装你不喜欢这个。"然后他就下车了。他为什么假设她喜欢那种行为？如果他们认为这是现实，需要有人把他们敲醒
NEZA02	我知道烧柴做饭不利于身体健康。现在我每天都在烧柴做饭，这让我更加呼吸困难了。医生告诉我，我的肺已经堵塞，不能再烧柴了。但我没有任何其他方法来准备食物或加热水，我还能怎么做呢？
CHI04	是的，如果我们没有燃气，就需要烧柴做饭，虽然烧柴产生的烟雾会影响我们自己和孩子们的健康。就在你到这儿的时候，我正在烧柴做饭（正如你看到的这样），我的眼睛被熏得很难受，还想咳嗽。每当我烧柴做饭时，都会觉得肺部不舒服。我知道长期烧柴做饭会影响我的健康
TEO	天气太热时，我会感到又热又渴。天气太冷时，我容易得肺炎。我认为，我生病主要是因为我坐公交车出行花了太多时间，以至于我没有足够的时间睡觉和休息。我经常失眠，这一直影响着我的健康，不仅仅是因为太热或太冷
ECA01	交通出行也影响了我的健康。想象一下，市中心交通拥挤，长时间待在那儿，吸入有毒的汽车尾气，肯定会影响我的健康，我能感觉到自己的呼吸不对劲。另外，为了按时上班，我曾经在凌晨 4 点起床，在早上 7 点到达办公室。然后，在下午 6 点离开工作岗位，晚上 9 点到家，有时甚至更晚，所以我一直感觉很累。每当我在公交车上找到座位坐下后都会睡着。我不止一次因为睡过头而坐过站。我认为我每天都感到筋疲力尽，这很不正常。现在我辞职了，我觉得我的呼吸有所改善，而且我不再整天都没精打采的了

这些访谈陈述与许多定量指标和统计数据的结果相吻合，揭露了墨西哥城大都市区惊人的犯罪率。犯罪不受惩治的比例为 0.9%，占报告案件的 6.4%（Observatorio Ciudad de Mexico Seguridad y Justicia，2021）。难以获得基本服务和通勤时间过长也对墨西哥城居民的健康造成了负面影响。例如，多项研究表明，使用木材作为燃料会对健康产生不利影响（Mazumder et al.，2019；Simkovich et al.，2019；WHO，2018），这一行为尤其会对儿童、孕妇和老年人等弱势群体产生负面影响（Furszyfer et al.，2020；LaFave et al.，2021）。其他研究调查了墨西哥城和墨西哥城大都市区接触有害空气污染物带来的负面健康影响（Carabali et al.，2021；Kelly and Zhu，2016；Menezes et al.，2005）。此外，还有部分研究论证了出行时间如何影响乘客的健康（Boniface et al.，2015；Tranter，2010）。因此，本文研究证实了先前的研究结果，即弱势群体更容易患上长期性疾病，出现健康问题或残疾（Ekbrand and Halleröd，2018；Ridley et al.，2020；Van Cleemput et al.，2007），同时贫民窟居民可能并未意识到与其他群体相比，自己的健康状况有多么糟糕。

五、讨论：贫困和脆弱性、永久边缘化和空间正义

本文的研究结果揭示了贫民窟居民面临的能源服务和住房条件低下的问题、危险且昂贵的交通出行模式，以及生活福祉和生活质量下降的复杂模式，并指出这些情况受到三个主要因素的影响，即极端贫困、永久边缘化和空间不公正。接下来分别探讨了这些因素产生的原因以及带来的结果。

（一）极端的能源和交通贫困

墨西哥城大都市区的贫民窟居民容易陷入能源和交通贫困的"双重脆弱性"，因为他们在交通和能源服务上的支出占据了收入的相当大比例。例如，大多数受访者表示家庭最大的开支是交通费用，要么是支付公共交通服务费用，要么是支付汽油费用。因此，贫民窟居民可能没有足够的钱来支付其他服务，如医疗、教育、电力或燃气。这一结论意义重大，因为很大一部分受访者（参见表 1 和表 2）是失业者或从事于非正规部门（例如，在街上看护汽车或

在街市上销售水果/糖果）。此外，超过84%的受访者（60人）表示，他们难以支付交通服务和能源账单。在许多情况下，受访者表示高昂的电价迫使他们偷电（见表6）。与此同时，其他支出包括支付这些服务、吃饭或购买药品。为了说明这些情况，受访者ECA07和TEO02分别作出了以下回答：

"我每月在燃气和电费上总共需要花费约1300墨西哥比索（约合63.5美元）。我真的认为这个社区的每个人都必须为了支付他们的能源账单而努力奋斗。这就是为什么每个人都偷电，虽然我不偷。不偷电会让你陷入困境，因为你要么得多付燃气费，要么就得减少用电量，两者很难兼顾。在其他情况下，你要么吃饭，要么支付能源服务费用，也不能做到两者兼得。"

"如果我们支付燃气和电费，那么就没有足够的钱购买其他东西了。作为一名年纪较大的女性，如果我选择支付燃气和电费，就没有足够的钱买药。我经常觉得我是在牺牲健康来获得基本服务。我不认为这是公平的，我应该有权享有健康的身体，而不用牺牲我的基本需求。"

如上所述，能源和交通贫困不仅与经济能力有关，还需要从多维视角来进一步解释和分析。本研究认为，为了让人们不陷入能源和交通贫困，能源和交通服务必须做到在需要时可用、足够适用、质量良好、价格合理、健康安全且可靠便捷。

例如，有研究表明，虽然能源贫困与收入有关，但即便当一个家庭不处于贫困时，也可能面临能源贫困（Simcock，Frankowski and Bouzarovski，2020），从而面临无法获得室内暖气或能源服务的情况（Cong，Nock，Qiu and Xing，2022；Sovacool，2015）。在交通贫困方面，类似的情况也时有发生。经历这些情况的人不仅仅是由于自身经济条件不好，还可能是因为他们所居住地区的公共交通服务并不完善，或者是身有残疾（Churchill，2020；Grahama Currie et al.，2009；Mejia-Dorantes，2018；Mejía-Dorantes and Villagrán，2020）。本研究证实了前人的观点，同时进一步指出能源贫困和交通贫困经常重叠并相互强化。

正如本文之前提到的那样，许多贫民窟居民通过自身努力或偷电来获得能源和交通服务。然而，访谈对象还提到了其他一些应对策略，包括家庭成员和邻居之间相互帮助，免费获取燃料以及欺骗交通规定和当局，见表9。

表9　　　　　墨西哥城都市圈应对极端能源贫困和运输贫困的机制

受访者	访谈内容
TEO11	每当我没有足够的钱支付燃气费或电费时，都需要向家人和朋友借钱
NEZA01	在燃气用完之后，我得向岳母借钱，或者在她家做饭。我没有任何其他选择
NEZA06	人们会扔掉不值钱的木头，而我会把这些木头捡回家。只要是木头，就能烧，并用来生活
CHI02	市政当局提供木头，我们与他们达成了协议，可以免费获得这些木头
UCHI08	如果你住在墨西哥州，当你没有按照规定缴纳汽车税时，可以贿赂警察，这样就可以很轻松地逃脱惩罚。这可比缴税便宜

（二）永久的边缘化

贫民窟居民往往处于墨西哥经济、社会、政治和空间的边缘。表10展示了我们的受访者所经历的令人无法忍受但又显而易见和持久存在的种族歧视。这些行为包括对其土著背景的歧视、对其社会经济地位的歧视以及对其不流利的西班牙语的嘲讽。这些行为通常让受访者感到受到了"审判"。受访者还谈到自己经常感到格格不入，受到警方的不公平对待，因肤色而被拒绝服务，受到言语攻击或被当作"老鼠"一般对待。

弗洛雷斯和泰莱斯（Flores and Telles，2012）认为，墨西哥的排斥和歧视模式存在于个人特征中，如肤色和阶级背景；这些因素在墨西哥社会内部又进一步造成了社会不平等。同样，有研究指出，肤色较黑的孩子更容易就读质量较低的学校，且毕业率也更低，因为他们（肤色也较黑的父母）更有可能是穷人。这种系统性的偏见可能反映出之前几代人所受的歧视。此外，有研究表明，在弱势群体中，墨西哥的土著人尤其容易成为歧视的受害者。例如，最近的一项研究指出，墨西哥土著人的生活条件比非土著人更加不稳定，土著人在历史上一直面临贫困和脆弱，其中70%的土著人生活在贫困中（CONEVAL，2018）。这意味着墨西哥领土上有830万名土著人生活在贫困中。然而，需要特别注意的是，其中有320万名土著人生活在极端贫困中（Molina，2018）。

表10　　　　　墨西哥城都市圈内部的歧视、排斥和暴力行为

受访者	访谈内容
CHI03	我觉得受到了歧视。我的母语是米斯特克语（Mixteco），当人们听到我说话时，他们会讥笑我。他们有时会说："这个外地人现在想要什么。"他们会根据我们的观念、着装和外表来评判我们。这种歧视一直存在，我不认为这会轻易消失

受访者	访谈内容
TEX02	我认为人们应该停止评判有土著背景的低收入者。人们不应该因为我们说话的方式和穿着而作出片面的判断。我们都应该受到平等对待，我们非常友好地要求他们尊重我们的习俗和价值观。我们如何说话或如何穿着并不重要，真正重要的是我们如何思考
CHI02	在乘坐公共交通工具时，我也多次觉得受到了歧视。当我到达奇马尔瓦坎时，我不知道人们会因为我的土著背景而对我评头论足，但他们就是这样做的。由于我的皮肤比较黑，而且我说话有口音，他们会用一种好像我不属于这里的眼神看着我。每次我开口时，我都觉得有人在嘲讽我
CHI06	许多土著和低收入社区并不了解情况，我们从未质疑过为什么我们在燃气和电力服务上花费甚至如此之多。这里的许多家庭的成员甚至都不会说正确的西班牙语，当我们试图抱怨时，没有人愿意去理解我们。我认为人们利用了这些边缘群体不会说流利西班牙语的事实
TEX01	我觉得自己受到了墨西哥国家电力公司的歧视。有一次，他们说我们是偷电贼并对我们罚款，只因为我们是这个街区里最贫穷的，但我们却是唯一支付电费的。公司对那些真正的窃电者置之不理。当我们要求一个解释时，他们从不理会，只是要求我们付钱，我们只能照做。但他们对我们非常不友好，我感到自己受到了歧视
ECA01	我希望被倾听，而不是被歧视。我因年龄、土著背景以及贫穷而受到歧视。他们说："回到山里去，该死的印第安人！"我想得到更有尊严的对待
ECA07	在能源方面，我一直感到自己受到了歧视，因为我已经告诉电力公司无数次，让他们来修电线。我已经向他们说明了我的孩子的情况，把这些电线挂在我的车库上有多危险。这么多年来，我只有这一个要求，但他们从没来过，现在我确信他们永远不会解决这个问题。我觉得自己受到了歧视，有时我觉得他们对我进行了区别对待，就因为我是一个年老的女人
NEZA02	由于我的背景、年龄和不识字，没有人会给我工作。我感到受到了歧视，因为没有人愿意给我一个机会
NEZA04	我觉得自己被歧视了，特别是在我的女儿们因为无法上网而不能参加在线课程时，在我们请求帮助却被忽视时。我女儿不得不休学一年，因为我们没有可以参加在线课程的相关资源。数百万人都能够上网课，而我们却别无选择，因为我们连不上互联网。我的兄弟住在离这里几个街区远的地方，他也因为没有电脑而失去了工作。那年，我想知道谁可以帮我女儿复学。我们没有钱买这些设备并不意味着我们不想上学了。如果再次遇到封锁，会发生什么？我女儿还会再休学一年吗？
TEX02	当墨西哥国家电力公司来安装一个我完全不知道是什么的设备时，我觉得受到了歧视。他们对镇上的每个人都非常恶劣。其中一名技术人员甚至开车压过我的一头奶牛，你可以想象他们是有多么粗心大意。他们甚至派了军队，就因为我们拦着他们不让进来。所以，在墨西哥国家电力公司来到这里时，我确实觉得自己受到了歧视

值得注意的是，在本文所研究的整个样本中，只有三位受访者使用低碳能源，主要是太阳能。受访者 RTLAH03、TEX05 和 UIZTA09 分别提到了这些技术的好处：

"我父亲使用太阳能光伏板，能节省很多能源费用。如果我们都能够使用太阳能，或许能更容易地省下钱来。"

"我安装了太阳能热水器。初期的使用成本很高，但这是一项很好的投资。我非常满意。"

"太阳能热水器非常有用，使我们节省了很多燃气费用。现在，使用太阳能热水器变得非常有价值，因为燃气价格大幅上涨。"

在使用清洁技术（如太阳能光伏板、电动汽车和混合动力汽车）方面，边缘化的问题仍然存在，因为贫民窟居民没有经济资源来购买，尽管他们也想使用新能源产品。关于这一点，受访者 RTECA09、RTLAH03、UCHI08 和 UTLAL01 分别表示：

"混合动力汽车的油耗并不高，而且从长远来看，比使用汽油车便宜得多。混合动力汽车还可以帮助我节省开支。但不幸的是，这些车的价格超出了我们的承受范围。就现在的价格而言，我永远也负担不起。"

"政府应该为低收入家庭提供激励措施，使其承担得起太阳能和混合动力汽车。他们知道我们大部分的钱都用在能源和交通上，使用新能源产品对于我们来说，可以带来巨大的经济效益。"

"许多国家开始使用清洁能源，但在墨西哥不是这样。在墨西哥，总统押注于石油，而不是推广太阳能光伏和其他技术，他们正在赋予墨西哥国家电力公司更多权力，而他们多年来一直选择对我们视而不见。"

"谁不想拥有一辆（电动汽车）呢？但真的太贵了。我在我的社区从来没有见过一辆，我认识的人里也没有谁有一辆。"

本文研究认为，边缘化和歧视加剧了能源和交通贫困。事实上，研究表明那些少数民族、低收入社区或残疾群体更有可能面临能源贫困（Carley and Konisky，2020；Ivanova and Middlemiss，2021；Memmott et al.，2021）和交通贫困（Churchill，2020），或同时面临这两种贫困（Sovacool and Furszyfer，2022），正如本文研究所示。受访者 RTLC03 描述了歧视和边缘化如何加剧能源和交通贫困以及边缘化模式，她说道："我对墨西哥城的不平等现象感到愤怒，因为农村地区和贫困社区无法获得相同的资源，总是被落下。我从未听说过圣塔费或波兰科的居民超过一周没有水，但在我们那儿，这种情况经常发生，这是不公平的。我们也纳税，我们和他们一样都是人。政府把我们当作‘老鼠’，他们不能这样对待我们。无论我们怎么抱怨缺水问题对我们的影响，但我们的声音从来没有被听到过。我从未见过圣塔费或波兰科的人抗议，因为他们拥有一切，有水、有铺好的道路和能源。但对我们来说却不同，我感到国家已经抛弃了我们。"

（三）空间正义

在本部分的最后，我们提出了贫民窟居民实现一定程度的空间正义的一种途径，并为未来的地方政策提出了一些建议。我们的第一个建议是，城市规划部门应根据人口需求实施低成本住房计划。例如，政府可以安装屋顶太阳能光伏和太阳能热水系统，为非正式定居者提供能源，从而推广可再生能源的使用，而非扩大电网网络。这样，墨西哥国家电力公司可以减少因电力盗窃而导致的技术损失，低收入群体的燃气和电费开支也会降低，对于木材等污染燃料的使用也会减少。

当局应着重减少与交通服务相关的犯罪率。本研究的大多数受访者都认为，由于警察部门的腐败行为，墨西哥城都市圈的交通系统成为犯罪发生的"热门"地点。例如，受访者 UTECA05、ECA02、TEX10 和 TEO06 分别说道：

"在小巴车和地铁内安装摄像头非常重要。如果警察不采取行动对付那些恶棍，他们将继续盗窃和杀人。"

"我曾经在 4 点钟出门上班。那时，很多公交车司机或小巴司机都吸毒和酒后驾驶。不管他们开得多糟糕，警察从来不采取任何行动加以阻止。而且在少数几次被警察抓住的时候，司机会塞给警察 50 比索，求他们放过自己。"

"司机将所有人的生命置于危险之中，而警察从未阻止他们。我不明白为什么当局任由他们在街上自由行驶。"

"每个人都知道谁是罪犯，但你不能告诉警察，因为他们肯定勾结在一起，所以你不知道该信任谁。"

然而，腐败和问责并不仅限于警察部门。有两个来自特拉瓦克的受访者要求特拉瓦克地铁事故涉及的有关部门提供程序正义，这起事故造成至少 24 人丧生，但至今没有人被认定有罪。对此，受访者 RTLAH02 和 RLAL03 说道：

"我不认为钱能解决这个问题。生命是无价的；花钱再建 12 号线并不能解决墨西哥现有的腐败问题。一个家庭在失去父母后被摧毁，这不能通过金钱来修复，只能通过正义来修复。"

"他们夺走了我家唯一体面的出行工具；无辜的人们因腐败的当局想要填满自己的腰包而丧命。我和我认识的每个人都希望在这场悲剧中获得正义。腐败必须结束。"

其他研究（Niner，2003）指出，由于土地所有权和土地利用规划的现有政策，人们常会感到遭受排斥和歧视。因此，将非法定居点变为正式/合法定居点可能给当地居民带来巨大的好处，如获得所需的各项基础服务和重新获得身份认同。受访者 NEZA07、NEZA08 和 UIZTA 分别表达了自己的观点：

"在能源服务方面，我感到受到了歧视。由于我们生活在非法定居点，每当我们想要支付能源服务费用时，都会被拒绝。在他们看来，我们不是合法居民，我们只是小偷。我们也希望支付我们的电费用以获得居住证明。现在，我们只有一种方式来证明自己的身份，那就是通过选民卡。对当局来说，由于我们生活在这样的条件下，他们不承认我们的存在。"

"我也感到受到了歧视，因为当局不承认我们有获得能源的权利。由于我们没有合法身份，他们不愿意为我们提供这些服务。他们说，我们应该对目前的状况感到满足。他们不把我们当作人看待，因为他们有家和稳定的工作，他们认为自己更优越；他们总是看不起我们，把我们当作下等人。这里居住着 265 个家庭，只有在选举时他们才会转过头来看我们，只有在那个时候，我们的存在才会被看到。"

"我住在伊斯塔帕拉巴和特拉瓦克交界处，伊斯塔帕拉巴的环境很糟糕，而特拉瓦克就是一个乡村城镇。在离我家十分钟路程的地方，人们仍然骑马出行，那里有很多人生活在极度贫困中。他们没有水和排水系统，当局曾多次试图驱逐他们。所有这些问题都是因为他们生活在非法定居点，而当局不承认他们的身份，并想赶走他们。"

六、结　论

为了探究墨西哥非正规定居点中陷于能源和交通贫困的人们的生活经历，本文研究团队对 18 个城市和农村的受访者进行了两个焦点小组讨论，对 51 个家庭进行了访谈，并对墨西哥城都市区的五个区域进行了实地考察。研究显示，大多数受访者经历了"双重能源脆弱性"，即人们同时面临着能源贫困和交通贫困的双重风险。此外，本文揭示了能源贫困和交通贫困会因外围化、边缘化和歧视而加剧，并且贫困不仅仅源于支付能力不足，必须通过多维角度来解决能源贫困和交通贫困问题。

贫民窟居民是城市地区最脆弱的群体之一，也是墨西哥城都市区最脆弱的人群。通过广泛的实地研究和焦点小组讨论，本文通过研究揭示了住房、交通和能源需求对这一群体的生活方式至关重要。许多贫民窟居民将自己的一半收入用于交通和能源服务，其中交通费用通常占据其家庭支出的主要部分。在其他情况下，由于能源价格上涨，贫民窟居民发现自己不得不忽略健康受到的负面影响而烧柴做饭，或者被迫偷电。本文的研究还显示，贫民窟居民的住房条件普遍较差，获得服务的情况很糟糕，这往往会对他们的健康产生负面影响，其中包括在乘坐公共交通工具时遭到抢劫或谋杀，以及在安装非法电力接入装置时触电身亡。

墨西哥城贫民窟居民的持续边缘化为我们敲响了警钟，提醒着人们即使在墨西哥城这样的工业化城市，也存在着极端贫困、种族主义和歧视问题。尽管当前政府的优先事项是"帮助穷人"，但效果甚微，我们的受访者并没有看到生活条件的改善，而是恶化、腐败、贫困、歧视和更差的服务。这项研究还提醒我们，低收入群体每天都在为生存而奋斗，他们往往会成为暴力和腐败的受害者，这甚至对他们的生存构成了威胁。对于这些社区来说，能源、交通和环境健康不仅仅是服务或奢侈品，它们是提升生活质量的重要因素和核心因素。

参 考 文 献

Aguilar, A. G. (2008). Peri-urbanization, illegal settlements and environmental impact in Mexico City. Cities, 25 (3), 133 – 145. https：//doi. org/10. 1016/j. cities. 2008. 02. 003.

Alhojailan, M. (2012). Thematic analysis：A critical review of its process and evaluation. West East Journal of Social Sciences, 1 (1), 39 – 47. http：// westeastinstitute. com/journals/wp-content/uploads/2013/02/4 – Mohammed Ibrahim-Alhojailan-Full-Paper-Thematic-Analysis-A-Critical-Review-Of-Its-Process-And-Evaluation. pdf.

Animal Politco (2019). Robo en transporte público en el Edomex aumentó 700% en tres años. https：//www. animalpolitico. com/2019/11/robo-transporte-publico edomex-municipios/.

Ayuntamiento Constitucional. (2015). Sistema Municipal de Información Estadística y Geográfifica. https：//www. ipomex. org. mx/recursos/ipo/fifiles_ipo/2013/33/9/d87 84b983ee99fc3db1cd3d86b7bc36b. pdf.

Lewis, B. (2015). Costly "Throw-Ups"：Electricity theft and power disruptions. The Electricity Journal, 28 (7), 118 – 135. https：//doi. org/10. 1016/j. tej. 2015. 07. 009.

Blowers, A. , Leroy, P. (1994). Power, politics and environmental inequality：A theoretical and empirical analysis of the process of "Peripheralisation". Environmental Politics, 3 (2), 197 – 228. https：//doi. org/10. 1080/09644019408414139.

Boniface, S. , Scantlebury, R. , Watkins, S. J. , Mindell, J. S. (2015). Health implications of transport：Evidence of effects of transport on social interactions. Journal of Transport & Health, 2 (3), 441 – 446. https：//doi. org/10. 1016/ j. jth. 2015. 05. 005.

Brandon, K. , Gorenflflo, L. J. , Rodrigues, A. S. L. , Waller, R. W. (2005). Reconciling biodiversity conservation, people, protected areas, and agricultural suitability in Mexico. World Development, 33 (9), 1403 – 1418. https：//doi. org/

10. 1016/j. worlddev. 2004. 10. 005.

Brock, A., Sovacool, B. K., Hook, A. (2021). Volatile photovoltaics： Green industrialisation, sacrififice zones, and the political ecology of solar energy in Germany. Annals of the American Association of Geographers, 111 (6), 1756 – 1778. https：// doi. org/10. 1080/24694452. 2020. 1856638.

Cao, U., Frigo, G. (2021). Of social movements, human rights and electricity access： Exploring an indigenous civil resistance in Chiapas, Mexico. Energy Research and Social Science, 72. https：//doi. org/10. 1016/j. erss. 2021. 102015102015.

Carabali, G., Villanueva-Macias, J., Ladino, L. A., Álvarez-Ospina, H., Raga, G. B., Andraca-Ayala, E., Riveros-Rosas, D. (2021). Characterization of aerosol particles during a high pollution episode over Mexico City. Scientifific Reports, 11, 22533. https：//doi. org/10. 1038/s41598 – 021 – 01873 – 4.

Carley, S., Konisky, D. M. (2020). The justice and equity implications of the clean energy transition. Nature Energy. https：//doi. org/10. 1038/s41560 – 020 – 0641 – 6.

Cervantes, P. T. (2021). Pérdidas de energía de CFE ascienden a más de 50, 000 mdp, la mayoría porrobo. Forbes. https：//www. forbes. com. mx/cfe-perdidas-energia mas – 50 – mil-mdp/.

Chakraborti, L., Santamaría, J. J. S. (2015). Do industries pollute more in poorer neighborhoods? Evidence from toxic releasing plants in Mexico (DTE 587).

Churchill, S. A. (2020). Ethnic diversity and transport poverty. Transportation Research Part A： Policy and Practice, 139, 297 – 309. https：//doi. org/10. 1016/ j. tra. 2020. 07. 012.

Coady, D., Parry, I., Sears, L., Shang, B. (2017). How large are global fossil fuel subsidies? World Development, 91, 11 – 27. https：//doi. org/10. 1016/ j. worlddev. 2016. 10. 004.

CONAPO (n. d.). Datos abiertos del índice de marginación. Retrieved August 3, 2022, from http：//www. conapo. gob. mx/es/CONAPO/Datos_Abiertos_del_Indice_ de_Marginacion.

CONEVAL (2018). La pobreza en la población indígena de México, 2008 –

2018. https：//www. coneval. org. mx/Medicion/MP/Documents/Pobreza_Poblacion_indigena_2008 – 2018. pdf.

CONEVAL （2019）. 10 años de medición de pobreza en México，avances y retos en política social. https：//www. coneval. org. mx/SalaPrensa/Comunicadosprensa/Documents/2019/COMUNICADO_10_MEDICION_POBREZA_2008_2018. pdf.

Cong，S. ，Nock，D. ，Qiu，Y. L，Xing，B. （2022）. Unveiling hidden energy poverty using the energy equity gap. Nature Communications，13，2456. https：//doi. org/10. 1038/s41467 – 022 – 30146 – 5.

Crôtte，A. ，Noland，R. B. ，Graham，D. J. （2010）. An analysis of gasoline demand elasticities at the national and local levels in Mexico. Energy Policy，38 （8），4445 – 4456. https：//doi. org/10. 1016/j. enpol. 2010. 03. 076.

Currie，G. ，Richardson，T. ，Smyth，P. ，Vella-Brodrick，D. ，Hine，J. ，Lucas，K. ，Stanley，J. （2009）. Investigating links between transport disadvantage，social exclusion and well-being in Melbourne – Preliminary results. Transport Policy，16 （3），97 – 105. https：//doi. org/10. 1016/j. tranpol. 2009. 02. 002.

Currie，G. ，Richardson，T. ，Smyth，P. ，Vella-Brodrick，D. ，Hine，J. ，Lucas，K. ，Stanley，J. （2010）. Investigating links between transport disadvantage，social exclusion and well-being in Melbourne – Updated results. Research in Transportation Economics，29 （1），287 – 295. https：//doi. org/10. 1016/j. retrec. 2010. 07. 036.

DataMexico （2021）. Ecatepec de Morelos. https：//datamexico. org/es/profifile/geo/ecatepec-de-morelos.

Davis，L. W. （2017）. Saturday driving restrictions fail to improve air quality in Mexico City. Scientifific Reports，7，41652. https：//doi. org/10. 1038/srep41652.

Depuru，S. S. S. R. ，Wang，L. ，Devabhaktuni，V. （2011）. Electricity theft：Overview，issues，prevention and a smart meter based approach to control theft. Energy Policy，39 （2），1007 – 1015. https：//doi. org/10. 1016/j. enpol. 2010. 11. 037.

Díaz，A. O. ，Medlock，K. B. （2021）. Price elasticity of demand for fuels by income level in Mexican households. Energy Policy，151. https：//doi. org/10. 1016/j. enpol. 2021. 112132 112132.

Dunlap, A. (2021). More wind energy colonialism（s）in Oaxaca? Reasonable fifindings, unacceptable development. Energy Research & Social Science, 82. https：//doi. org/10. 1016/j. erss. 2021. 102304 102304.

Dunlap, A. , Arce, M. C. (2022). "Murderous Energy" in Oaxaca, Mexico： Wind factories, territorial struggle and social warfare. Journal of Peasant Studies, 49, 455 – 480. https：//doi. org/10. 1080/03066150. 2020. 1862090.

EIA（2020）. Energy information administration, 2016. Overview data from Mexico. https：//www. eia. gov/international/content/analysis/countries_long/Mexico/mexico. pdf.

Ekbrand, H. , Halleröd, B. (2018). （108 C. E. ）. The more gender equity, the less child poverty? A multilevel analysis of malnutrition and health deprivation in 49 low- and middle-income countries. World Development, 221 – 230. https：//doi. org/10. 1016/j. worlddev. 2018. 01. 028.

Fereday, J. , Muir-Cochrane, E. (2006). Demonstrating rigor using thematic analysis： A hybrid approach of inductive and deductive coding and theme development. International Journal of Qualitative Methods, 5 （1）, 80 – 92. https：//doi. org/10. 1177/160940690600500107.

Flores, R. , Telles, E. (2012). Social stratifification in Mexico： Disentangling color, ethnicity, and class. American Sociological Review, 77 （3）, 486 – 494. https：//doi. org/10. 1177/0003122412444720.

Furszyfer, D. D. , Lambe, F. , Roe, J. , Matin, N. , Makuch, K. E. , Osborne, M. （2020）. Do we need better behaved cooks? Reviewing behavioural change strategies for improving the sustainability and effectiveness of cookstove programs. Energy Research & Social Science. https：//doi. org/10. 1016/j. erss. 2020. 101788.

General Consumer Council of Northern Ireland （2001）. The Transport trap – How transport disadvantages poorer people. https：//www. consumercouncil. org. uk/sites/default/fifiles/original/transport_trap. pdf.

Glaeser, E. L. , Kahn, M. E. , Rappaport, J. (2008). Why do the poor live in cities? The role of public transportation. Journal of Urban Economics, 63 （1）, 1 – 24. https：// doi. org/10. 1016/j. jue. 2006. 12. 004.

del Granado, F. J. A. , Coady, D. , Gillingham, R. (2012). The unequal benefifits of fuel subsidies: A review of evidence for developing countries. World Development, 40 (11), 2234 – 2248. https://doi. org/10. 1016/j. worlddev. 2012. 05. 005.

Grineski, S. E. , Collins, T. W. (2008). Exploring patterns of environmental injustice in the Global South: Maquiladoras in Ciudad Juárez, Mexico. Population and Environment, 29, 247 – 270. https://doi. org/10. 1007/s11111 – 008 – 0071 – z.

Grineski, S. E. , Collins, T. W. (2010). Environmental injustices in transnational context: Urbanization and industrial hazards in El Paso/Ciudad Juárez. Environment and Planning A: Economy and Space, 42 (6), 1308 – 1327. https://doi. org/ 10. 1068/a42392.

Guerra, E. (2014). Mexico City's suburban land use and transit connection: The effects of the Line B Metro expansion. Transport Policy, 32, 105 – 114. https://doi. org/10. 1016/j. tranpol. 2013. 12. 011.

Guerra, E. , Caudillo, C. , Monkkonen, P. , Montejano, J. (2018). Urban form, transit supply, and travel behavior in Latin America: Evidence from Mexico's 100 largest urban areas. Transport Policy, 69, 98 – 105. https://doi. org/10. 1016/ j. tranpol. 2018. 06. 001.

IMCO (2019). Indice de movilidad urbana: Barrios mejor conectados para ciudades mas incluyentes. https://imco. org. mx/wp-content/uploads/2019/01/Índice-deMovilidad-Urbana_Documento. pdf.

INEGI (2014). Cuaderno estadístico y geográfifico de la zona metropolitana del Valle de México 2014. https://www. inegi. org. mx/contenidos/productos/prod_serv/contenidos/espanol/bvinegi/productos/nueva_estruc/702825068318. pdf.

INEGI (2018). Encuesta Origen Destino en Hogares de la Zona Metropolitana del Valle de México (EOD) 2017. https://www. inegi. org. mx/programas/eod/ 2017/.

INEGI (2021). Encuesta Nacional de Seguridad Pública Urbana (ENSU) (Septiembre 2021). https://www. inegi. org. mx/contenidos/saladeprensa/boletines/ 2021/ensu/ensu2021_10. pdf.

INFOBAE. (2020). Cómo es vivir en Ecatepec, la ciudad más insegura de México. Mexico. https：//www. infobae. com/america/mexico/2020/08/05/como-es-vivir en-ecatepec-la-ciudad-mas-insegura-de-mexico/.

Instituto Nacional de Estadística y Geografía (2017). Mexico City Metropolitan Area. Estadísticas sociodemográfificas.

International Transport Forum (2017). Strategies for mitigating air pollution in Mexico City. https：//www. itf-oecd. org/sites/default/fifiles/docs/air-pollution mitigation-strategy-mexico-city. pdf.

ITDP (2015). Transporte Público Masivo en la Zona Metropolitana del Valle de México. Proyecciones de demanda y soluciones al 2024. https：//mexico. itdp. org/documentos/transporte-publico-masivo-en-la-zona-metropolitana-del valle-de-mexico-proyecciones-de-demanda-y-soluciones-al－2024/.

Ivanova, D. , Middlemiss, L. (2021). Characterizing the energy use of disabled people in the European Union towards inclusion in the energy transition. Nature Energy, 6, 1188－1197. https：//doi. org/10. 1038/s41560－021－00932－4.

Javadi, M. , Zarea, K. (2016). Understanding thematic analysis and its pitfall. Journal of Client Care, 1 (1), 34－40. https：//doi. org/10. 15412/J. JCC. 02010107.

Kelly, F. , Zhu, T. (2016). Transport solutions for cleaner air. Science, 352 (6288), 934－936. https：//doi. org/10. 1126/science. aaf3420.

LaFave, D. , Beyene, A. D. , Bluffstone, R. , Dissanayake, S. T. M. , Gebreegziabher, Z. , Mekonnen, A. , Toman, M. (2021). Impacts of improved biomass cookstoves on child and adult health：Experimental evidence from rural Ethiopia. World Development, 140. https：//doi. org/10. 1016/j. worlddev. 2020. 105332 105332.

Lome-Hurtado, A. , Touza-Montero, J. , White, P. C. L. (2020). Environmental injustice in Mexico City：A spatial quantile approach. Exposure and Health, 12, 265－269. https：//doi. org/10. 1007/s12403－019－00310－2.

López-Feldman, A. , Heres, D. , Marquez-Padilla, F. (2021). Air pollution exposure and COVID-19：A look at mortality in Mexico City using individual-level data. Science of the Total Environmente, 756. https：//doi. org/10. 1016/j. scitotenv. 2020. 143929 143929.

Lowans, C., Furszyfer, D., Sovacool, B. K., Foley, A., Rooney, D. (2021). What is the state of the art in energy and transport poverty metrics? A critical and comprehensive review. Energy Economics, 105360. https：//doi. org/10. 1016/j. eneco. 2021. 105360.

Lucas, K. (2006). Providing transport for social inclusion within a framework for environmental justice in the UK. Transportation Research Part A：Policy and practice, 40 (10), 801 – 809. https：//doi. org/10. 1016/j. tra. 2005. 12. 005.

Lucas, K. (2012). Transport and social exclusion：Where are we now? Transport Policy, 20, 105 – 113. https：//doi. org/10. 1016/j. tranpol. 2012. 01. 013.

Lucas, K. (2018). Editorial for special issue of European transport research review：Transport poverty and inequalities. European Transport Research Review, 17 (10). https：//doi. org/10. 1007/s12544 – 018 – 0288 – 6.

Mage, D., Ozolins, G., Peterson, P., Webster, A., Orthofer, R., Vandeweerd, V., Gwynne, M. (1996). Urban air pollution in megacities of the world. Atmospheric Environment, 30 (5), 681 – 686. https：//doi. org/10. 1016/ 1352 – 2310 (95) 00219 – 7.

Martiskainen, M., Sovacool, B. K., Lacey-Barnacle, M., Hopkins, D., Jenkins, K. E. H., Simcock, N., ... Bouzarovski, S. (2021). New dimensions of vulnerability to energy and transport poverty. Joule, 5 (1), 3 – 7. https：// doi. org/10. 1016/j. joule. 2020. 11. 016.

Mattioli, G., Lucas, K., Marsden, G. (2017). Transport poverty and fuel poverty in the UK：From analogy to comparison. Transport Policy, 59, 93 – 105. https：//doi. org/10. 1016/J. TRANPOL. 2017. 07. 007.

Mazumder, S., Lee, A., Dube, B., Mehra, D., Khaing, P., Taneja, S., D'Armiento, J. M. (2019). A clean fuel cookstove is associated with improved lung function：Effect modification by age and secondhand tobacco smoke exposure. Scientifific Reports, 9, 2487. https：//doi. org/10. 1038/s41598 – 018 – 37887 – 8.

Mejia-Dorantes, L. (2018). An example of working women in Mexico City：

How can their vision reshape transport policy? Transportation Research Part A：Policy and Practice，116，97 – 111. https：//doi. org/10. 1016/j. tra. 2018. 05. 022.

Mejía-Dorantes，L.，Villagrán，P. S. (2020). A review on the inflfluence of barriers on gender equality to access the city：A synthesis approach of Mexico City and its Metropolitan Area. Cities，96. https：//doi. org/10. 1016/j. cities. 2019. 102439.

Memmott，T.，Carley，S.，Graff，M.，Konisky，D. M. (2021). Sociodemographic disparities in energy insecurity among low-income households before and during the COVID-19 pandemic. Nature Energy，6，186 – 193. https：//doi. org/10. 1038/s41560 – 020 – 00763 – 9.

Menezes，A. M. B.，Perez-Padilla，R.，Jardim，J. B.，Muiño，A.，Lopez，M. V.，Gonzalo Valdivia，M.，Victora，C. G. (2005). Chronic obstructive pulmonary disease in fifive Latin American cities (the PLATINO study)：A prevalence study. The Lancet，366 (9500)，1875 – 1881. https：//doi. org/10. 1016/S0140 – 6736 (05) 67632 – 5.

Molina，H. (2018，August). En pobreza，71% de los indígenas en México. The Economist. https：//www. eleconomista. com. mx/politica/En-pobreza – 71 – de-los indigenas-en-Mexico – 20180809 – 0145. html.

Molina，L. T.，de Foy，B.，Martínez，O. V.，& Figueroa，V. H. P. (2009). Air quality，weather and climate in Mexico City. https：//public. wmo. int/en/bulletin/air quality-weather-and-climate-mexico-city.

Monkkonen，P.，Giottonini，P.，Comandon，A. (2021). Socioeconomic segregation in Mexico City：Scale，social classes，and the primate city. In J. H. van Ham M.，Tammaru T.，Ubarevičiene，R. (Ed.)，Urban socio-economic segregation and income inequality. The Urban Book Series. Springer，Cham. https：//doi. org/https：//doi. org/10. 1007/978 – 3 – 030 – 64569 – 4_20.

Moshiri，S.，Santillan，M. A. M. (2018). The welfare effects of energy price changes due to energy market reform in Mexico. Energy Policy，113，663 – 672. https：//doi. org/10. 1016/j. enpol. 2017. 11. 035.

Mullen，C.，Marsden，G. (2016). Mobility justice in low carbon energy transitions. Energy Research & Social Science，18，109 – 117. https：//doi. org/

10. 1016/j. erss. 2016. 03. 026.

Niner, P. (2003). Accommodating nomadism? An examination of accommodation options for gypsies and travellers in England. Housing Studies, 19 (2), 141 – 159. https：//doi. org/10. 1080/0267303032000168568.

Observatorio Ciudad de Mexico Seguridad y Justicia (2021). Reporte de incidencia delictiva del primer trimestre de 2021. https：//onc. org. mx/uploads/ Presentacion – 1t – 2021. pdf.

Ochoa, R. G. , Ed, B. G. (2016). Privation of energy services in Mexican households：An alternative measure of energy poverty. Energy Research & Social Science, 18, 36 – 49. https：//doi. org/10. 1016/j. erss. 2016. 04. 014.

OECD (2015a). OECD territorial reviews：Valle de México, Mexico. https：// doi. org/10. 1787/9789264245174 – en.

OECD (2018). OECD regions and cities at a glance 2018. https：//doi. org/ 10. 1787/reg_cit_glance – 2018 – en.

OECD (2019). Latin American economic outlook. https：//doi. org/10. 1787/ 20725140.

ONU-Habitat (2018). Informe CPI extendido aglomeración urbana de la Ciudad de México. https：//publicacionesonuhabitat. org/onuhabitatmexico/cpi/extendidos/ CDMX_web. pdf.

Park, J. , Sovacool, B. K. (2018). The contested politics of the Asian atom： Peripheralisation and nuclear power in South Korea and Japan. Environmental Politics, 27 (4), 686 – 711. https：//doi. org/10. 1080/09644016. 2018. 1439436.

Parker, S. W. , Todd, P. E. (2017). Conditional cash transfers：The case of Progresa/Oportunidades. Journal of Economic Literature, 55 (3), 866 – 915. https：//doi. org/ 10. 1257/jel. 20151233.

Parry, I. W. H. , Timilsina, G. R. (2010). How should passenger travel in Mexico City be priced? Journal of Urban Economics, 68 (2), 167 – 182. https：//doi. org/ 10. 1016/ j. jue. 2010. 03. 009.

Pojani, D. , Stead, D. (2017). The urban transport crisis in emerging economies. Springer.

Ramirez, J. , Böhm, S. (2021). Transactional colonialism in wind energy investments: Energy injustices against vulnerable people in the Isthmus of Tehuantepec. Energy Research & Social Science, 78. https://doi. org/10. 1016/j. erss. 2021. 102135 102135.

Ridley, M. , Rao, G. , Schilbach, F. , Patel, V. (2020). Poverty, depression, and anxiety: Causal evidence and mechanisms. Science, 370 (6522). https://doi. org/10. 1126/science. aay0214.

Riley, L. W. , Ko, A. I. , Unger, A. , Reis, M. G. (2007). Slum health: Diseases of neglected populations. BMC International Health and Human Rights, 7 (2). https://doi. org/10. 1186/1472 – 698X – 7 – 2.

Rosas-Flores, J. A. (2017). Elements for the development of public policies in the residential sector of Mexico based in the Energy Reform and the Energy Transition law. Energy Policy, 104, 253 – 264. https://doi. org/10. 1016/j. enpol. 2017. 01. 015.

Rosas-Flores, J. A. , Bakhat, M. , Rosas-Flores, D. , Zayas, J. L. F. (2017). Distributional effects of subsidy removal and implementation of carbon taxes in Mexican households. Energy Economics, 61, 21 – 28. https://doi. org/10. 1016/j. eneco. 2016. 10. 021.

Roy, D. , Bernal, D. , Lees, M. (2019). An exploratory factor analysis model for slum severity index in Mexico City. Urban Studies, 57 (4), 789 – 805. https://doi. org/10. 1177/0042098019869769.

Rudge, J. , Gilchrist, R. (2005). Excess winter morbidity among older people at risk of cold homes: A population-based study in a London borough. Journal of Public Health, 27 (4), 353 – 358. https://doi. org/10. 1093/pubmed/fdi051.

Sharma, T. , Pandey, K. K. , Punia, D. K. , Rao, J. (2016). Of pilferers and poachers: Combating electricity theft in India. Energy Research & Social Science, 11, 40 – 52. https://doi. org/10. 1016/j. erss. 2015. 08. 006.

Simcock, N. , Frankowski, J. , Bouzarovski, S. (2020). Rendered invisible: Institutional misrecognition and the reproduction of energy poverty. Geoforum, 124, 1 – 9. https://doi. org/10. 1016/j. geoforum. 2021. 05. 005.

Simcock, N. , Jenkins, K. E. H. , Lacey-Barnacle, M. , Martiskainen, M. ,

Mattioli, G. , Hopkins, D. (2021). Identifying double energy vulnerability: A systematic and narrative review of groups at-risk of energy and transport poverty in the global north. Energy Research & Social Science, 82. https: //doi. org/10. 1016/j. erss. 2021. 102351 102351.

Simkovich, S. M. , Goodman, D. , Roa, C. , Crocker, M. E. , Gianella, G. E. , Kirenga, B. J. , Checkley, W. (2019). The health and social implications of household air pollution and respiratory diseases. Npj Prim. Care Respir. Med, 29 (12). https: // doi. org/10. 1038/s41533 − 019 − 0126 − x.

Smith, T. B. (2004). Electricity theft: A comparative analysis. Energy Policy, 32 (18), 2067 − 2076. https: //doi. org/10. 1016/S0301 − 4215 (03) 00182 − 4.

Soja, E. (2010). Seeking Spatial Justice. University of Minnesota Press.

Solís, A. (2019). La administración de AMLO gastará 70, 000 mdp en subsidios a la luz. Forbes https: //www. forbes. com. mx/gobierno-de-amlo-gastara − 70000 − mdp-en-subsidiar-la-luz/.

Sovacool, B. K. (2012). The political economy of energy poverty: A review of key challenges. Energy for Sustainable Development, 16 (3), 272 − 282. https: // doi. org/10. 1016/j. esd. 2012. 05. 006.

B. K. (2015). Fuel poverty, affordability, and energy justice in England: Policy insights from the Warm Front Program. Energy, 93 Part 1, 361 − 371. https: // doi. org/10. 1016/j. energy. 2015. 09. 016.

Sovacool, B. K. (2021). Clean, low-carbon but corrupt? Examining corruption risks and solutions for the renewable energy sector in Mexico, Malaysia, Kenya and South Africa. Energy Strategy Reviews, 38. https: //doi. org/10. 1016/j. esr. 2021. 100723 100723.

Sovacool, B. K. , Furszyfer, D. D. (2022). "We're not dead yet!": Extreme energy and transport poverty, perpetual peripheralization, and spatial justice among Gypsies and Travellers in Northern Ireland. Renewable and Sustainable Energy Reviews, 160. https: //doi. org/10. 1016/j. rser. 2022. 112262 112262.

Sullivan, K. (2002, January 20). Power pirates leave Mexico City in the dark and electricity theft: A comparative analysis. The Washington Post. https: //www. washingtonpost. com/archive/politics/2002/01/20/power-pirates-leave mexico-city-in-the-dark/1daabd95 – dd62 – 47ef-a2b7 – 8bd19b9facfa/.

The Comptroller and Auditor General(2003). Warm front: Helping to combat fuel poverty. https: //www. nao. org. uk/report/warm-front-helping-to-combat-fuel poverty.

Tranter, P. J. (2010). Speed Kills: The Complex links between transport, lack of time and urban health. Journal of Urban Health, 87 (155 – 166). https: //doi. org/10. 1007/s11524 –009 –9433 –9.

Tun, T. H. , Welle, B. , Hidalgo, D. , Albuquerque, C. , Castellanos, S. , Sclar, R. , Escalante, D. (2020). Informal and semiformal services in Latin America: An overview of public transportation reforms. https: //doi. org/http: //dx. doi. org/10. 18235/0002831.

UN-HABITAT (2003). The challenge of slums: Global report on human settlements. https: //www. un. org/ruleoflflaw/fifiles/Challenge of Slums. pdf.

UN-HABITAT (2017). Reporte nacional de movilidad urbana en México 2014 – 2015. https: //publicacionesonuhabitat. org/onuhabitatmexico/Reporte-Nacional-de-Movilidad-Urbana-en-Mexico – 2014 – 2015. pdf.

Van Cleemput, P. , Parry, G. , Thomas, K. , Peters, J. , Cooper, C. (2007). Health-related beliefs and experiences of Gypsies and Travellers: A qualitative study. Journal of Epidemiology & Community Health, 61 (3), 205 – 210.

Vargas, N. , Magaña, V. (2020). Climatic risk in the Mexico city metropolitan area due to urbanization. Urban Climate, 33. https: //doi. org/10. 1016/j. uclim. 2020. 100644 100644.

Velasco-Herrejon, P. , Bauwens, T. (2020). Energy justice from the bottom up: A capability approach to community acceptance of wind energy in Mexico. Energy Research & Social Science, 70, 1017011. https: //doi. org/10. 1016/j. erss. 2020. 101711.

Velasco, E. , Retama, A. (2017). Ozone's threat hits back Mexico city. Sustainable Cities and Society, 31, 260 – 263. https: //doi. org/10. 1016/j. scs. 2016. 12. 015.

Villanueva, D. (2021). Supera $47 mil millones el subsidio a las gasolinas: SAT. La Jornada. https://www.jornada.com.mx/notas/2021/11/17/economia/supera – 47 – mil-millones-el-subsidio-a-las-gasolinas-sat/.

WHO (2018). Promoting health through the life-course. Global Alliance for Clean Cookstoves https://www.who.int/life-course/partners/clean-cookstoves/en/.

Winther, T. (2012). Electricity theft as a relational issue: A comparative look at Zanzibar, Tanzania, and the Sunderban Islands, India. Energy for Sustainable Development, 16 (1), 111 – 119. https://doi.org/10.1016/j.esd.2011.11.002.

Wong, J.C.Y., Blankenship, B., Urpelainen, J., Ganesan, K., Balani, K. (2021). Perceptions and acceptability of electricity theft: Towards better public service provision. World Development, 140. https://doi.org/10.1016/j.worlddev.2020.105301 105301.

WRI (2015). Acuerdos para la movilidad en la Zona Metropolitana del Valle de México. https://wriciudades.org/sites/default/fifiles/ciudadanosconvision.pdf.

Yakubu, O., C., N.B., Adjei, O. (2018). Electricity theft: Analysis of the underlying contributory factors in Ghana. Energy Policy, 123, 611 – 618. https://doi.org/10.1016/j.enpol.2018.09.019.